KGR.
HWEDEN
Stockholm
Riga
Tilsit
1807
Napoleon
1812
Borodino
Smolensk
Wilna
hagen
Königsberg
Rep.
Da.
Kgr.
Preußen
Berlin
Warschau
Ghzm.
Warschau
KSR. RUSSLAND
Austerlitz
1806
Preßburg
1805
Wien
1809
KSR. ÖSTERREICH
Belgrad
EN
Sofia
Montenegro
Konstantinopel
Neapel
OSMANISCHES REICH
Ionische
Inseln
brit. bes.
Athen
EN

ALAN PALMER

Alexander I.

Alan Palmer

Alexander I.

Gegenspieler Napoleons

BECHTLE

Englische Original-Ausgabe: Alan Palmer · *Alexander I, Tsar of War and Peace*,
Weidenfeld and Nicolson, London

Aus dem Englischen von Irmingard Bechtle

Umschlaggestaltung: Christel Aumann
Herstellung: Franz Nellissen
Satz: Schaber, Wels
Druck und Binden: Wiener Verlag
Printed in Austria 1982
ISBN 3-7628-0408-7

Inhalt

Vorwort

Alexander I., der im ersten Viertel des 19. Jahrhunderts in Rußland regierte, ist heute noch hauptsächlich aus drei Gründen von Bedeutung und interessant:

Erstens als Feldherr, der sich nach dem Fall von Moskau im Jahre 1812 weigerte, mit den Franzosen Frieden zu schließen, zweitens als Idealist, der 1815 versuchte, die Herrscher Europas in der Heiligen Allianz zu vereinen, und drittens als Zar, der im Winter 1825 in dem im Süden Rußlands gelegenen Seehafen Taganrog starb – oder angeblich starb. In der letzten Zeit hat sich die Forschung vor allem mit dem dritten Ereignis befaßt, obwohl besonders die Jahre des Kampfes gegen Napoleon immer wieder das Interesse der Historiker wecken werden.

Die oben erwähnten Ereignisse waren aber nicht die einzigen wichtigen Vorkommnisse im Leben und während der Regierungszeit Alexanders. So erklärte zum Beispiel sechs Jahre nach Alexanders Thronbesteigung der amerikanische Präsident Thomas Jefferson: »Ich glaube, daß es keinen anderen Menschen gibt, der solche Tugenden besitzt und der mit so viel Begeisterung gewillt ist, das Los der Menschheit zu verbessern.« Elf Jahre später schrieb der englische Außenminister Castlereagh in einem Privatbrief an seinen Bruder, daß »ihm in der Geschichte kein Herrscher bekannt ist, der solchen Ruhm ernten durfte«.

Dagegen beklagten sich sowohl Napoleon als auch Metternich über Alexanders Wankelmütigkeit und Unzuverlässigkeit. Es gab unzählige Ereignisse, bei denen er seine Zeitgenossen in Verwirrung brachte oder verärgerte. War er ein aufrichtiger Herrscher, der seinen Grundsätzen treu blieb? War er tatsächlich in der Lage, im Kriege auch die Armeen zu führen, die ihm bei Paraden so gut gefielen? Waren die vielen Stunden, die er im Gebet und beim Studium der Heiligen Schriften verbrachte, vielleicht nur eine Flucht vor der Verantwortung, sein großes Reich sorgfältig zu regieren oder eher ein Mittel, ihm für diese Aufgabe Kraft und Inspiration zu geben? War er überhaupt im Stande, einen Gedanken logisch durchzudenken und dann in die Tat umzusetzen?

Solche Fragen und Zweifel häuften sich bereits während seines Lebens. Damals schon war es schwierig, Antworten zu finden, und obwohl heute bereits mehr als 150 Jahre seit seinem Tode verflossen sind, ist es dennoch nicht einfacher geworden, die Probleme zu lösen. Alexander hatte einen vielschichtigen, schwierigen und widersprüchlichen Charakter, und deshalb liegt nicht nur über seiner Persönlichkeit, sondern auch über der Art und Weise, wie er sein Volk und Reich regierte, der Schleier eines Geheimnisses. Es ist deshalb nicht von ungefähr, daß er manchen rückblikkend als »der geheimnisvolle Zar« galt.

In diesem Buch wird der Versuch unternommen, sowohl dem Menschen als auch dem Herrscher gerecht zu werden und dadurch zu einem besseren Verständnis beizutragen. Allerdings muß betont werden, daß das Werk nicht den Anspruch erhebt, endgültige Antworten und Schlüsse gefunden zu haben, denn dies ist unmöglich. Der russische Dichter Alexander Puschkin, ein Zeitgenosse des Zaren, behauptete einmal, daß Alexander »eine Sphinx gewesen sei, die ihr Geheimnis mit ins Grab genommen habe«. Es gibt Leute, die behaupten, daß dieses Grab leer ist.

I. Europa zur Zeit Alexanders I.

500km
Archangelsk
SIBIRIEN
Ural
Kronstadt
Ladoga-See
St. Petersburg
Gatschina
Nowgorod
Perm
Twer
Wolga
Jaroslawl
Nischnij-Nowgorod
Wladimir
Kasan
Moskau
Wjasma
Moschajks
Oka
Smolensk
Kaluga
Tula
Simbirsk
S L A N D
Orel
Kursk
Woronesch
Orenburg
Ural
Charkow
Poltava
Tschugujew
Don
Dnjepr
Jekaterinoslaw
Alexandrovsk
Taganrog
Wolga
Astrachan
Kaspisches Meer
Asowsches Meer
KRIM
Bachtschisarai
Sebastopol
Meer

I. TEIL

KAPITEL 1

Eine Krähe im Pfauenkleid

Das bronzene Reiterdenkmal

Bei herrlichem Sommersonnenschein erwachte die Stadt St. Petersburg am frühen Morgen. Das Datum des Kalenders zeigte Mittwoch, den 7. August 1782. Kurz nach Tagesanbruch hörte man in den langen Straßen der russischen Hauptstadt das Echo militärischer Aufmärsche. Von der Peter-Pauls-Festung schallten die Signalhörner. Die Hufe von Kavalleriepferden hallten durch den Newskij-Prospekt bis zu den Kais aus Granit am linken Ufer der Newa, und die Soldaten marschierten mit Militärmusik an den Regierungsgebäuden mit ihren gradlinigen Fassaden vorbei. In der Mitte des großen viereckigen Platzes zwischen der Admiralität und dem Senatsgebäude waren am frühen Morgen acht Regimenter aufmarschiert, die einen Kreis bildeten und deren Blicke nach der Außenseite gerichtet waren. Die einflußreichen Familien des Reiches sahen sich dieses Schauspiel aus geschmückten Fenstern an. Sie harrten mit Geduld der Dinge, die da kommen würden. Das einfache Volk – Maurer, Zimmerleute, Regierungsbeamte von niederem Rang und ihre Familien, fremde Kaufleute, Matrosen und Bauern – strömte in die Stadt, und überall war großes Gedränge. Ein Geschwader von Schlachtschiffen lag vor Anker. In dem hellen Nordlicht traten Wimpel und Flaggen klar heraus, so daß der glatte, graue Fluß bunte Farben widerspiegelte. Jemand hatte ausgerechnet, daß in den letzten zehn Jahren nur an einem von je vier Tagen die Sonne den ganzen Tag geschienen hatte und daß durchschnittlich ein halbes Jahr lang immer schlechtes Wetter gewesen war: Entweder hatte es geregnet oder geschneit. Die Fest- und Feiertage Katharinas der Großen waren vom Glück immer begünstigt und fanden stets bei gutem Wetter statt.

Endlich öffneten sich die hohen, französischen Fenster des Senatsgebäudes. Die aufmarschierten Truppen salutierten, als Katharina II., Zarin und Herrscherin über alle Reußen, den Balkon betrat. Mit Neugierde beobachtete sie aus einem Fenster, das über dem Balkon lag, ihren ältesten Enkel, Großfürst Alexander Pawlowitsch, der in vier Monaten fünf Jahre alt werden würde. Die Kaiserin hatte darauf gedrungen, Alexander und seinen jüngeren Bruder Konstantin an der Feier teilnehmen zu lassen, denn hier war Gelegenheit, sowohl die Vergangenheit als auch die Zukunft mit der Gegenwart zu verbinden. Den Mittelpunkt der Feierlichkeiten bildete diesmal nicht die Zarin, sondern ihr berühmter Vorgänger, Zar Peter der Große. Der französische Bildhauer Falconet hatte von dem verstorbenen Zaren ein Reiterdenkmal geschaffen, das heute in St. Petersburg eingeweiht werden sollte. Kanonenschüsse donnerten, die letzten Holzverkleidungen fielen, und aus Pulver und Staub erhob sich klar das majestätische Reiterdenkmal aus Bronze. Auf einem Sockel bäumte sich wild das Pferd, während der Reiter seine Hand in Richtung des Flusses und des Finnischen Meerbusens ausstreckte. Es sah aus, als ob Peter dem Fluß und seinen Wellen Befehl geben wollte, in gebührender Distanz von der Stadt zu bleiben, die seinen Namen trug.

Auf dem Sockel aus finnischem Granit stand eine einfache, doch sinnreiche Aufschrift in lateinischer Sprache:

Petro Primo Catharina Secunda*

Auf diese Weise pries eine Selbstherrscherin einen anderen Autokraten fast kameradschaftlich und stellte sich zu gleicher Zeit zwanzig Millionen ihrer Untertanen als sein wahrer und legitimer Nachfolger vor. [1]

Und doch war Katharina nicht durch direkte Erbfolge russische Zarin, sondern eine deutschstämmige Thronräuberin, die aus Heiratsgründen vom lutherischen Protestantismus zum griechisch-orthodoxen Glauben übergetreten und durch eine Palastrevolution von Gardeoffizieren auf den Thron gekommen war. Im April 1729 wurde sie in Stettin an der Ostsee als älteste Tochter des Fürsten Christian von Anhalt-Zerbst geboren und mit sechzehn Jahren an ihren Vetter ersten Grades, Peter, nach Rußland verheiratet. Peter war der Enkel und Namensvetter Peters des Großen. Nach dem Tode seiner Tante Elisabeth wurde der Gemahl Katharinas als Zar Peter III. Nachfolger der Zarin. Sowohl als Ehemann als auch als Herrscher war Peter völlig untauglich. Nach Katharinas

* Peter dem Ersten Katharina die Zweite.

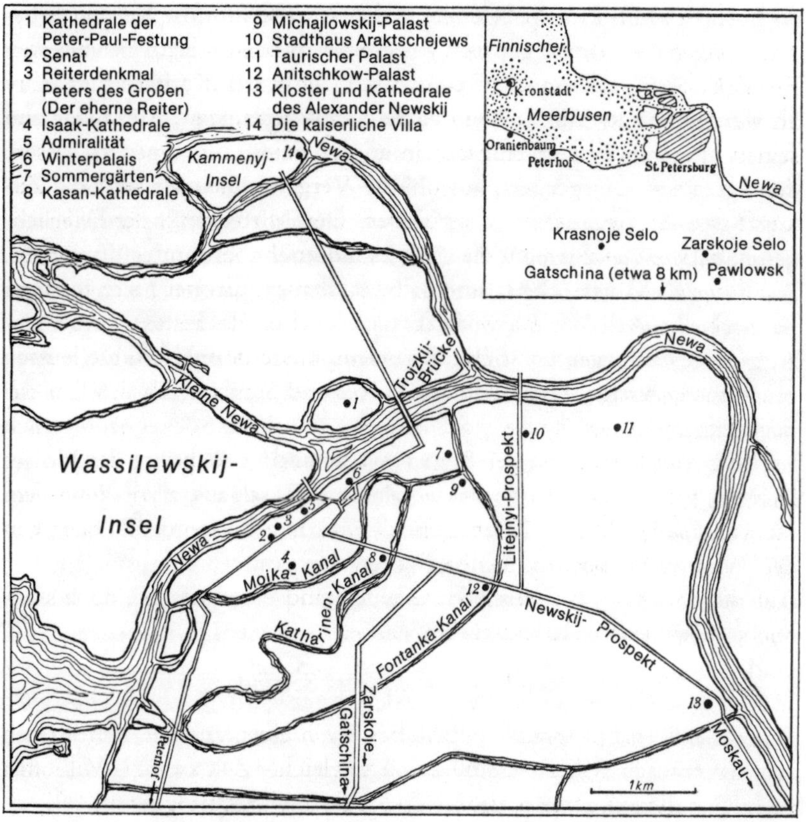

II. St. Petersburg zu Beginn des 19. Jhs.

Memoiren zu schließen, wurde die Ehe nie vollzogen. Doch wurde im September 1754 ein Sohn, Paul, geboren. Aber die väterliche Abkunft des Großfürsten Paul wurde immer in Frage gestellt, und Katharina selbst deutete an, daß der Vater des Zarewitschs Prinz Sergej Saltykow gewesen sei, der gut aussehende Sproß einer alten russischen Adelsfamilie. Peter III. regierte nur siebenundzwanzig Wochen und verärgerte den Adel und die hohen Würdenträger der Kirche durch seine Verachtung der Sitten und Gebräuche des Reiches, das er geerbt hatte. Im Gegensatz zu ihrem Gemahl gewann Katharina in der Hauptstadt Freunde, weil sie die russische Tradition respektierte. In den letzten Juniwochen des Jahres 1762 gingen die Sympathien der Garderegimenter auf Katharina über, und der Zar wurde gezwungen abzudanken. Dann wurde Katharina zu seiner Nachfolgerin ausgerufen. Peter wurde nach Ropscha, etwa 40 Kilometer von St. Petersburg entfernt, verbannt.

Wenige Tage später, nach einem Zechgelage, das in eine Schlägerei ausartete, wurde der Ex-Zar in der Verwirrung erdrosselt. Seinen Wärtern geschah nichts, und seine Witwe gab bekannt, er sei an einer plötzlich auftretenden Kolik gestorben. Innerhalb von drei Monaten ließ sich Katharina in Moskau zur Zarin krönen. Diplomaten ausländischer Mächte, die Augenzeugen waren, wie sich die Fürstin vor Rußlands heiligsten Reliquien niederwarf, gaben ihr in diesem barbarischen Land wenig Überlebenschancen. [2]

Im August 1782, zwanzig Jahre später, wurden jedoch ihre Nachfolger Zeugen, wie sie den berühmtesten Zaren der Vergangenheit, Peter den Großen, als ihresgleichen betrachtete. Sie hatte eine erstaunliche Fähigkeit entwickelt, einen Günstling gegen den anderen auszuspielen, und diejenigen, die gegen sie Ränke schmiedeten, ließ sie nicht in Ungnade fallen, sondern sie versuchte, sie für sich zu gewinnen. Die Grenzen Rußlands waren nach Westen und Süden ausgedehnt worden, und in Bälde sollten neue Gebiete annektiert werden. Jetzt wurde Katharina von allen Staatsmännern Europas als politisches Genie gefeiert, und der französische Philosoph Voltaire taufte sie »Katharina die Große«. Es war aber nicht nur die Staatskunst der Kaiserin, die Bewunderung erregte. Sie arbeitete einen Reformplan aus, der in seinen Ideen so radikal und liberal war, daß die Regierung Ludwigs XV. versuchte, seine Verbreitung in Frankreich zu verhindern, denn man fürchtete, daß gewisse Kräfte eine Änderung der Gesetze in der Monarchie verlangen könnten. Im ganzen russischen Reich wurde die Todesstrafe abgeschafft und formal die Folter verboten. Niemand konnte an der Größe und dem Phantasiereichtum ihrer Unternehmungen zweifeln. Peter I. hatte das Moskauer Zarentum verändert. Anstatt nach Asien, sah es jetzt nach Westen; Katharina II. sorgte dafür, daß das Reich weiter wuchs. Peters Auffassung der Monarchie versuchte sie zu schützen, indem sie das Reich gegen die gefährlicheren politischen Krankheiten Europas mit liberalen französischen Ideen impfte. Viele ihrer politischen Taten wirkten sich später als selbstzerstörerisch aus, aber im Sommer 1782 schienen ihre Unternehmungen noch von Er-

folg gekrönt zu sein. Im Zenit ihrer Regierung stand der junge Großfürst Alexander an der Seite seiner Großmutter.
Ihr Sohn, Großfürst Paul, war bei der Denkmalsenthüllung des Reiterstandbildes nicht anwesend. Mit der Zustimmung seiner Mutter hatte er sich im Herbst des vergangenen Jahres auf eine Reise begeben, um verschiedene europäische Fürstenhöfe zu besuchen. Paul wurde von seiner zweiten Gemahlin, einer württembergischen Prinzessin, begleitet, die er in Berlin kennengelernt hatte und die er im Herbst 1776 heiratete. Als sie zur griechisch-orthodoxen Kirche übertrat, nahm sie den Namen Maria Fjodorowna an. Die Großfürstin war hochgewachsen und hatte eine gute Figur, war eher vornehm in ihrer Erscheinung als hübsch und während ihrer ersten Jahre in Rußland bekannt für ihre Geduld und ihr bescheidenes Auftreten. Es gibt keinen Zweifel, daß die Großfürstin ihren Gemahl sehr liebte; in ihren Briefen sprach sie stets in wohlwollenden Worten von ihm. Es war für sie bestimmt keine leichte Aufgabe, einen Mann mit einem solchen Temperament zu trösten und ihn zu ehren, der durch Jahre der Vernachlässigung verbittert war. Paul mißtraute jedem Schritt, den seine Mutter machte, und er war davon überzeugt, daß ihn der Geist Peters des Großen verfolgte und ihn durch die Straßen der Hauptstadt begleitete. Er hörte das Gespenst traurig murmeln: »Paul, armer Paul!«
Auch die Verwandten Marias waren mit ihrer berühmten Schwiegermutter nicht immer zufrieden. Maria war erst achtzehn Jahre alt, als sie am 24. Dezember 1777 ihr erstes Kind gebar, das nach dem russischen Nationalheiligen Alexander Newskij* auf den Namen Alexander getauft wurde. Katharina war über dieses frohe Ereignis glücklich, aber mit dem Taufnamen war sie wegen seines Hinweises auf historische Größe nicht ganz einverstanden. Die Zarin behauptete, daß Maria viel zu jung sei, um ihren Erstgeborenen richtig pflegen zu können, und deshalb bestimmte sie von Anfang an jede Kleinigkeit im Leben Alexanders. [3] Er durfte nicht verhätschelt werden: Seine Matratzen wurden mit Stroh gefüllt; selbst im kalten russischen Winter mußte in seinem Zimmer immer ein Fenster offenstehen. Er schlief in einem Flügel des Winterpalais, der neben der Admiralität lag, so daß sein Ohr sich an die Kanonenschüsse ge-

* Alexander Newskij (1220–1263) besiegte 1240 an der Newa die Schweden und 1242 auf dem Eis des Peipussees die deutschen Schwertritter. Er galt als russischer Nationalheld.

wöhnte. Über die psychologischen Auswirkungen solcher Erfahrungen im Kindesalter kann man geteilter Meinung sein. Es ist kein Wunder, daß er frühzeitig über Taubheit im linken Ohr klagte.

Auch bei der Geburt des zweiten Sohnes, den Maria im Mai 1779 zur Welt brachte, war die Zarin genauso herrisch. Sie bestand nicht nur darauf, wie er erzogen werden sollte, sondern bestimmte auch seinen Namen. Er wurde Konstantin getauft. Katharina, deren Armeen die Türken ins Schwarze Meer trieben, war davon überzeugt, daß ihr zweiter Enkelsohn eines Tages am Bosporus als Kaiser eines neuen byzantinischen Reiches regieren würde. Eine normale Mutter wäre durch die fortgesetzte Anwesenheit der Zarin im Kinderzimmer sehr eingeengt und niedergedrückt gewesen, aber Maria Fjodorowna war eine Ausnahme. Durch die Schlachten, die sie am Hofe verlor, gewann sie Charakterstärke; Ähnliches hatte Katharina in früheren Jahren erfahren.

Nur der Wille der Zarin bestimmte und zählte. Ihre Persönlichkeit war widersprüchlich und voll von Paradoxien wie das ganze russische Reich selbst. Da gab es eine stolze Katharina, die von Schmeicheleien übersättigt war und noch mehr suchte. Ein englischer Diplomat schrieb über sie kurz nach seiner Ankunft in Rußland, »ein Mensch, dem man wegen seiner Gottähnlichkeit mit Ehrfurcht begegnen muß«. [4]

Aber da gab es auch eine als bescheiden gepriesene Katharina, die an Friedrich II. von Preußen schrieb, ihre geistigen Kräfte seien übertrieben worden, denn im Grunde genommen sei sie nichts anderes als »eine Krähe im Pfauenkleid«. [5]

Dann gab es eine sinnliche Katharina, eine leidenschaftlich Liebende, deren Herz für Gefühle und das Dramatische immer in Flammen stand. Und dann gab es eine Katharina, ein literarisches Genie, das in vier Jahren neun Stücke schrieb und in der eigenen Hauptstadt eine Zeitschrift herausgab, in der die Gesellschaft satirisch beschrieben wurde. Aber Katharina spielte noch andere Rollen, wie man aus den Memoiren ihrer Zeitgenossen ersehen kann: eine Herrscherin, die die Routine des täglichen Geschäftsganges beherrschte; eine demütige Hohe Priesterin bei einer Pilgerfahrt zum Troizkij-Kloster oder zu den Reliquien des Heiligen Dimitrij in Rostow; eine Rationalistin die mit Voltaire und Diderot Gedanken austauschte; eine Imperialistin, die Polen teilte und gierig von den Bergen über Sewastopol nach den von den Türken besetzten Ufern des Schwarzen Meeres blickte. Es ist traurig, daß es am Ende ihrer Regierungszeit noch eine andere Katharina gab: eine desillusionierte Tyrannin, die Alexander Radischtschew in Ketten nach Sibirien verbannte, weil er eine Anklageschrift gegen die Leibeigenschaft verfaßt hatte, die sie selbst in früheren Jahren wegen ihres Mitgefühls mit dem Los der Bauern gutgeheißen hatte. Alle diese verschiedenen Katharinas waren von ihren Zeitgenossen respektiert oder gefürchtet; und tatsächlich wurde jede von ihnen später ein Teil der Legendenbildung um ihre Persönlichkeit. Eine Seite ihres Charakters offenbarte sich nicht so leicht, da sie im Gegensatz stand zu vielen ihrer Taten, und doch zeigte sie sich in den letzten neunzehn Jahren ihrer Regierung als bewundernswerte Großmutter. Allen ihren acht Enkelkindern gab sie die Liebe, die sie deren Vater in seiner Kindheit verweigert hatte. Aber keines besaß ihr Herz in einem solchen Maße wie Alexander. [6]

Alexanders Kindheit

Die Hoffnungen, die Katharina auf die beiden ältesten Großfürsten setzte, vertraute sie einem ungewöhnlichen Berater, Melchior Grimm, an. Grimm, ein Freund des Philosophen Jean-Jacques Rousseau, war von Geburt Deutscher und Literaturkritiker vor allem französischer Neuerscheinungen. Im Jahre 1773 war Grimm in St. Petersburg bei der Zarin zu Besuch gewesen, und sie fand die Unterhaltungen mit ihm so anregend, daß sie bis an ihr Lebensende mit ihm im Briefwechsel stand. Es war unvermeidlich, daß Katharina Geschichten über ihre Enkelkinder an Grimm berichtete, und Grimm war raffiniert genug, Fragen zu stellen, die eine in ihre Enkelkinder vernarrte Großmutter gerne beantwortete.

Wenn man Katharinas Berichten Glauben schenken darf, so war Großfürst Alexander ein besonders frühreifes Kind. Bereits im Alter von zweieinhalb Jahren schickte er ihr aus seinem Schlafzimmer schriftliche Mitteilungen, und stolz berichtete sie an Grimm: »Schon heute weiß er mehr als ein Kind im Alter von vier oder fünf Jahren.« [7] Als er vier Jahre alt war, schrieb sie, daß er auf einem Globus jede Stadt finden könne, die man ihm nenne. Kurz vor seinem fünften Geburtstag schrieb sie rührselig, daß ihr Enkel den Wunsch geäußert habe, einen gewissen »Alexander den

Großen« kennenzulernen. Das Kind war tief enttäuscht, als man ihm mitteilte, daß eine Begegnung nicht in die Wege geleitet werden könne. [8]
Zu gewissen Zeiten beschrieb sie in großmütterlicher Begeisterung Erlebnisse, die Baron Grimm sicherlich als Lappalien betrachtete. Im Frühsommer 1781 sandte sie ihm aus ihrem Schloß Zarskoje Selo einen Brief, in welchem sie von zwei deutschen Gedichten berichtete, die ihr ganz besonders gefielen. Unter anderem schrieb sie ihm, daß sie für ihren Enkel ein einteiliges Kinderkleid entworfen habe, das man leicht an- und ausziehen könne. Von seinem sechsten Lebensjahr an hatte Alexander dieses Kleidungsstück getragen, und stolz fuhr sie in ihrem Brief fort: »Nicht nur der König von Schweden, sondern auch die Prinzessin von Preußen haben mich um das Schnittmuster gebeten.« Damit sich Grimm auch ihren »Geniestreich« in Wirklichkeit vorstellen konnte, schickte sie ihm sogar eine Skizze. [9]
In puncto Erziehung hatte sie ihre eigenen Ideen. Ihre Enkelsöhne mußten während des Spielens beobachtet werden, und auf die Phantasie der Kinder sollte man so früh wie möglich achten, um ihre Entwicklung zu fördern. Auch sollten die Kinder Selbstachtung lernen, damit sie nicht kriecherisch fügsam vor älteren Menschen oder Vorgesetzten in Erscheinung traten. Gegenüber Menschen von geringerer Geburt sollten die Knaben Mitgefühl und Sympathie zeigen und nicht arroganten Stolz. [10]
Am Hofe der Eltern in Gatschina, nicht ganz 50 Kilometer südlich von St. Petersburg, herrschte ein Ton, der in krassem Widerspruch zu der aufklärerischen Erziehung stand, die die Zarin für ihre Enkelsöhne wünschte. Der Gegensatz zwischen dem Haushalt des Großfürsten Paul in Gatschina und dem Haushalt der Zarin im Winterpalais hatte auf die charakterliche Entwicklung Alexanders einen größeren Einfluß als seine Großmutter ahnen konnte. Bereits in den ersten Lehrjahren seines Lebens wurde er mit der Kunst der Heuchelei bekannt, ein Verhalten, das nicht auf dem Lehrplan der Zarin stand.
Ihre Methode zeigte aber noch andere Schwächen. Wer in Rußland hatte das Zeug, Alexander nach den Wünschen der Kaiserin zu unterrichten? An Grimm schrieb sie, daß das Kind einen Lehrer brauche von »höchster Makellosigkeit und Integrität, mit liberalen Ideen und außerordentlichen Kenntnissen in Geschichte, Geographie, Mathematik und Philosophie«. [11] Sie mußte allerdings zugeben, daß solch ein Vorbild in den Grenzen ihres Reiches nicht zu finden sei. Nun kam ihr aber Grimm zu Hilfe. Er

schrieb, daß in der Schweiz ein hervorragender Gelehrter lebe, der zweifellos auch die Gabe zum Lehrer hätte. Seiner Überzeugung nach war dieser Mann der richtige Lehrer für Alexander. Er hieß Frédéric César de La Harpe, und im Februar 1783, neunundzwanzig Jahre alt, kam er nach Rußland. Ursprünglich sollte er als Hauslehrer die Brüder eines Günstlings der Kaiserin unterrichten. Obwohl die Kaiserin wußte, daß La Harpe in St. Petersburg lebte, behielt sie ihn »in Reserve«, wie sie an Grimm berichtete. [12] Als Alexanders und Konstantins Eltern sich auf eine längere Reise an verschiedene europäische Fürstenhöfe begeben hatten, wurden die jungen Großfürsten unter die Obhut einer Gouvernante, der Gräfin Sophie Benckendorff, gestellt, die bei der Zarin Hofdame war. Katharina wollte an und für sich diese Regelung beibehalten, da sie die Kinder dadurch oft sehen konnte.
Am 19. September 1783 brach Sophie Benckendorff im Dienst der Kaiserin im Schlosse Zarskoje Selo zusammen und starb. Nun konnte die Angelegenheit von Alexanders Erziehung nicht mehr auf die lange Bank geschoben werden. Sie beschloß, daß ihr Enkel nicht nur einen Hauslehrer, sondern auch einen Gouverneur bekommen sollte. Für diesen Posten wählte sie den General Nikolaj Iwanowitsch Saltykow aus, den jüngeren Bruder des Mannes, von dem sie behauptete, er sei Pauls richtiger Vater. Unter der Leitung Saltykows sollte ein Rat von Erziehern zusammenarbeiten. [13] La Harpe wurde als einer der Erzieher ausgewählt, aber erst im Herbst 1784 schrieb sie in einem ihrer Briefe, daß er jetzt an »Alexanders Seite« sei. Die Verantwortung mußte er mit Frédéric Masson, der in französischer Sprache Hofmemoiren schrieb, und drei Russen teilen.
Es unterlag keinem Zweifel, daß alle diese oben genannten Erzieher den armen General Saltykow verabscheuten, obwohl dies ungerecht war. Seine nicht beneidenswerte Aufgabe erledigte der General in zufriedenstellender Weise. Es steht fest, daß er kein Gelehrter, sondern ein Mensch war, dem es nur schwer gelang, Sympathien zu erringen. Auf jeden Fall war er kein fanatischer Militarist. Er hatte natürliches Taktgefühl und sandte an Paul in Gatschina und die Kaiserin im Winterpalais begeisterte Berichte, es gelang ihm, sowohl bei Alexanders Eltern als auch bei dessen Großmutter in Gunst zu stehen. Ganz gleich, was andere über den General und seine Fähigkeiten dachten, Alexander hat ihn Zeit seines Lebens mit großem Respekt behandelt. Es ist von Bedeutung, daß Alexander während der Krisen 1812 und 1815 Saltykow als Vorsitzenden des Mini-

sterkomitees wählte. Schon als Kind hatte Alexander gesehen, daß Saltykow als einziger über den Reibereien und Zwistigkeiten stand, vorsichtig und doch obrigkeitshörig, was ihm sehr imponierte. [14]
In späteren Jahren erinnerte sich allerdings niemand mehr, daß Saltykow auf Alexanders Entwicklung einen nicht zu unterschätzenden Einfluß hatte. Für des Zaren großzügige Ideen lobte und verurteilte man ausnahmslos *La Harpe*.
Alexander selbst gab in gewissen Augenblicken seines liberalen Höhenflugs zu, daß er La Harpe viel verdanke, denn durch ihn hörte er vom alten Griechenland und Rom, lernte die Renaissance kennen, die Theorien Lockes wurden ihm vermittelt, und er verstand, warum seine Großmutter Voltaire bewunderte. Als im Jahre 1792 ein Abgesandter aus Paris zu seiner Überraschung Alexander die Menschenrechte und die französische Verfassung diskutieren hörte, sprach aus dem Munde des Großfürsten sein Erzieher La Harpe. [15] Man muß zugeben, daß es ihm schwerfiel, solche Ideen wirklich zu verstehen. Die französische Sprache lernte er nur sehr langsam. Erst im April 1785, als er bei Masson und La Harpe bereits ein Jahr Französisch gelernt hatte, wagte er, seiner Großmutter ein paar einfache Sätze zuzuschicken: *»Chère Grand-Maman«*, schrieb er, *»comme Maman vous écrit, je veux vous écrire aussi et dire que je vous aime de tous mon cœur«.** [16] Auf jeden Fall war Katharina beeindruckt, und sie teilte Grimm mit, daß La Harpe auf die Intelligenz ihres Enkels große Hoffnungen setze.
Wie bei jedem Kind war Alexanders geistige Entwicklung auch durch Ereignisse bestimmt, die sich außerhalb seines Klassenzimmers abspielten. Der Hof seiner Großmutter zählte zu den glänzendsten Höfen Europas, und die Kaiserin legte Wert darauf, daß Alexander frühzeitig als Prinz in Erscheinung trat.
Mit dreizehn Jahren war er wie ein Dandy gekleidet, denn die Zarin verlangte, daß ihr ältester Enkel Brokatmäntel aus Frankreich, Schnallenschuhe aus England, bunte Westen aus Italien und Spitzen aus den Niederlanden trug. Alexander war ein schöner Mensch, und die Kaiserin machte in ihren Briefen begeisterte Bemerkungen über sein gutes Auftreten bei Staatsempfängen.

---

* (Liebe Großmutter, wie Mama Dir schreibt, möchte ich Dir auch schreiben, daß ich Dich von ganzem Herzen lieb habe ...)

Doch das Leben bei seinen Eltern in Gatschina war bemerkenswert anders. Großfürst Paul betrachtete seinen Besitz als ein Miniaturkönigreich, das im Stile mehr Preußen als Frankreich ähnlich war. Für die Bauern sorgte er sehr gut, und sie hatten eine eigene Kirche, ein Krankenhaus und eine eigene Schule. Paul liebte militärische Schauspiele. Er schuf eine Privatarmee in preußischen Uniformen, eine Privatarmee die nach militärischen Vorschriften, die sein Vater, Peter III., während seiner kurzen Regierungszeit eingeführt hatte, gedrillt wurde. Gatschina wurde mit Armeedisziplin und harten Kommandos regiert. Um vier Uhr morgens ertönte das erste Wachsignal, und während des Tages fanden Paraden oder Feldübungen statt. Am Abend gab es formelle Unterhaltung, und um zehn Uhr trat Ausgehverbot in Kraft. Diese Routine wurde an Feiertagen manchmal durch eine Kirchenparade und ein Marine-Planspiel auf dem See unterbrochen. Großfürst Paul hatte den Ehrentitel eines General-Admirals der russischen Flotte. Gäste aus St. Petersburg langweilten sich in Gatschina, doch Alexander und sein Bruder besuchten die Eltern gerne, obwohl sie dort nicht so viel Freiheit wie am Hofe ihrer Großmutter hatten. Sie mußten eng anliegende Uniformen des Gatschinaer Regiments tragen, doch wurden sie von den Offizieren, die zum Hofstaat ihres Vaters gehörten, mit übertriebenem Respekt behandelt. [17] In jenen Tagen gab es zwischen Alexander und seinem Vater noch keinen Bruch, und der junge Großfürst schien sich in dem soldatischen Feldlager von Gatschina genauso wohlzufühlen wie im eleganten Ballsaal der Hauptstadt.

Doch manchmal führte der Argwohn Pauls gegen die Kaiserin zum offenen Bruch zwischen Gatschina und dem Winterpalais. Ende des Jahres 1786 beschloß Katharina, eine Einladung ihres Günstlings Potjomkin anzunehmen, das südliche Rußland und die Krim zu besuchen. Sie wollte mit eigenen Augen die Gegend sehen, in der er die Kriege gegen die Türken geführt hatte. Seit diese reichen Gebiete jetzt ein Teil des russischen Reiches geworden waren, hoffte er, sie zu erben. Paul bat seine Mutter, ob er sie begleiten dürfe, doch Katharina lehnte seine Bitte ab. Sie wollte dagegen Alexander und Konstantin mitnehmen. Paul wurde sehr ärgerlich, und auch Maria Fjodorowna schloß sich seiner Haltung an und protestierte gegen die geplante Reise, denn die Gegenden, die erst kürzlich von den Tataren und Türken befreit worden waren, schienen für Knaben von neun und sieben Jahren kein geeigneter Winteraufenthalt zu sein. Die Vorsehung entschied: Am Vorabend des Beginns der Reise bekam Konstantin die Masern, und man fürchtete, daß er Alexander anstecken würde. Die Ärzte bestanden deshalb darauf, daß beide in St. Petersburg blieben.

Als im Herbst der Krieg gegen die Türken erneut ausbrach, bat Paul, seine Truppen in die Schlacht führen zu dürfen, doch Katharina gab ihm ihre Einwilligung nicht. Während Potjomkin und Suworow erneut Lorbeeren durch militärische Siege errangen, mußten Paul und sein Regiment in Gatschina bei Manövern bleiben. Es ist wahr, daß die in Gatschina stationierten Truppen die Hauptstadt vor einem eventuellen Angriff der Schweden schützten. Aber die Rolle, die Paul spielen mußte, war alles andere als heroisch. Über das Veto seiner Mutter war Paul verbittert, schwor, Rache an ihrem Favoriten zu nehmen und konnte nur schwer seinen Neid verbergen, denn er bewunderte die militärischen Führer an der türkischen Front. [18]

In den Jahren der Siege gegen die Türken konnte Paul nicht sehr viel mehr machen, als seiner Mutter Glückwünsche zu schicken. Ende des Jahres 1780 stand der Einfluß von Grigorij Potjomkin, Generalgouverneur von Neurußland (Noworossija) und Fürst von Taurien, im Zenit. Fünfzehn Jahre lang war er Katharinas treuester Liebhaber gewesen, der stets, wenn er vom Hofe abwesend war, für Ersatzliebhaber gesorgt hatte. Er war aber zu gleicher Zeit auch Rußlands größter Kolonialfeldherr, der Tausende von Kilometern eroberte und dem russischen Reich einverleibte. Alexander sollte in dieser Hinsicht Potjomkin Ehre erweisen. Pflichtbewußt tat Alexander, was man von ihm verlangte, und die Kaiserin konnte nur schwer ihr Entzücken verbergen, als sie hörte, mit welchen Komplimenten Potjomkin den Großfürsten überschüttete. In einem Brief an Grimm schrieb die Kaiserin, Potjomkin hätte geäußert, daß Alexander »die äußere Erscheinung Apolls habe, verbunden mit großer Bescheidenheit und Charakter. Unter tausend Thronanwärtern wäre es schwer, einen zu wählen, der für diesen Posten geeigneter wäre als der Großfürst«. [19] Am 28. April 1791 gab Potjomkin für Katharina sein letztes großes Fest im Taurischen Palast, bei dem außer einem Bankett und einer Tanzveranstaltung auch zwei Schauspiele, zwei Ballettvorführungen und eine Chorkantate zu Ehren der Kaiserin stattfanden. Mehr als zweihundert Kandelaber aus Kristall erstrahlten im Kerzenlicht und beleuchteten drei große Säle des Palastes, und zu ihrem größten Vergnügen sah die Zarin, daß Alexander die erste Quadrille anführte. Vielleicht war es für den heranwachsenden Alexander gut, daß dies Potjomkins letztes großes Galafest war. Kurz darauf reiste Potjomkin wieder in die südlichen Provinzen ab und starb zu Katharinas großem Kummer am 5. Oktober an Malaria.

Verlobung und Heirat

Der plötzliche Tod Potjomkins erschreckte und betrübte Katharina in gleicher Weise. Sie war zweiundsechzig Jahre alt und zehn Jahre älter als ihr Günstling. Obwohl über sexuelle Ausschweifungen der Kaiserin immer noch geklatscht wurde, so unterlag es keinem Zweifel, daß sie doch vorzeitig gealtert war. Katharina, die um ihre schwindenden Kräfte wußte, ließ ihre Gedanken vermehrt zu ihrer Familie und Dynastie wandern. Sie hatte sich selbst davon überzeugt, daß Alexander durch seine gute äußere Erscheinung und sein charmantes Benehmen die Herzen aller jungen Damen der St. Petersburger Gesellschaft höher schlagen ließ. Sie beschloß, Alexander vorzeitig ins Mannesalter zu führen, und deshalb mußte für ihren Lieblingsenkel so rasch als möglich eine Frau gefunden werden.

Aber noch ein anderes Problem quälte und beschäftigte die Kaiserin. Was sie von Paul und seinem Kasernenhofdrill in Gatschina hörte, beunruhigte sie zunehmend. »Ich kann mir gut vorstellen, in was für Hände mein Reich nach meinem Tode fallen wird«, sagte sie einmal bitter nach einer Aussprache mit ihrem Sohn. »Wir werden in eine Provinz verwandelt, die von dem Willen Preußens abhängig ist«, [20] fürchtete sie. Es war, als ob der Geist ihres verstorbenen Gemahls sie zum Narren halten wollte. Aber war es denn wirklich unumgänglich, daß Paul ihr Nachfolger wurde? Vorausgesetzt, Alexander wäre verheiratet und wäre in der Lage, die Sympathien, die er beim Volk genoß, zu erhalten, warum sollte Katharina nicht einen Ukas erlassen, der Paul von der Thronfolge ausschloß und seinen ältesten Sohn zum Erben des Reiches bestimmte? Dieser Gedanke war auch Paul und anderen Mitgliedern am Hofe schon gekommen. Gerüchte wollten wissen, daß die Kaiserin am Hochzeitstage Alexanders den Thronfolger proklamieren würde. Doch scheute sich die Zarin, ihre Absichten bekanntzugeben und handelte abwartend.

Im September 1792 sandte sie eine ihrer Hofdamen, die Gräfin Schuwalowa, nach Süddeutschland mit Anweisungen, die beiden Töchter des Erbprinzen von Baden nach St. Petersburg zu begleiten. Luise feierte im Herbst ihren vierzehnten Geburtstag, während ihre jüngere Schwester erst elf Jahre alt war. Am Abend des 31. Oktober kamen sie in St. Petersburg an. Katharina war von Luise sofort begeistert und schrieb an Grimm, sie hoffe, daß sich Alexander diese Gelegenheit nicht entgehen lassen werde, obwohl sie zugeben mußte, daß »hierzulande die Menschen nicht so jung heiraten«. Sie fügte hinzu, daß Alexander »nicht an eine Ehe dächte, denn er hat ein unschuldiges Herz, und ich spiele mit ihm einen teuflischen Trick, weil ich ihn in Versuchung führe«. [21]

Durch die große Gunst der Zarin und den blendenden Glanz des Hofes war die junge Prinzessin Luise übertrieben ehrfürchtig geworden. Später gab sie in ihrem Tagebuch zu, daß die erste Begegnung mit ihrem zukünftigen Gatten nicht glücklich verlaufen war, denn »er warf mir einen unfreundlichen Blick zu«. [22] Die beiden jungen Mädchen wurden von allen am Hofe willkommen geheißen, doch Luise erhielt den Vorrang. War der vierzehn Jahre alte Alexander wirklich reif für eine Ehe?

Die Kaiserin sah sehr bald deutlich genug, daß sich Luise Hals über Kopf in Alexander verliebt hatte, und sie legte dessen Gefühlskälte als natürliche Zurückhaltung aus. Für ein junges Mädchen mit vierzehn Jahren war die Verpflanzung vom einfachen, doch angesehenen Hof in Karlsruhe in die eleganten Paläste von St. Petersburg wahrlich ein verwirrendes Erlebnis. Nicht ganz ein halbes Jahrhundert vorher hatte Katharina ähnliches erlebt, und sie zeigte für Luises Heimweh großes Verständnis. Es schien, als ob dies das normale Schicksal deutscher Prinzessinnen war, denn erst vor einigen Jahren war Alexanders Mutter von Stuttgart nach St. Petersburg geholt worden. Für Katharina gab es natürlich keinen Vergleich zwischen ihrer eigenen, erbärmlichen Vermählung und den großen Möglichkeiten, die auf Luise warteten. Die Schwierigkeiten, in die die junge Prinzessin durch das Bestehen des zweiten Hofes in Gatschina geraten war, sah die Kaiserin nicht. Weder Paul noch Maria Fjodorowna wurden von Katharina über das Heiratsprojekt ihres Sohnes zu Rate gezogen. Zwei Tage nach Ankunft der badischen Prinzessinnen reisten beide von Gatschina nach St. Petersburg. Maria Fjodorowna war tatsächlich von Luise genauso begeistert wie die Zarin. »Die Älteste fand ich entzückend«, schrieb sie, »ich fand sie nicht nur hübsch, sie besitzt auch eine schöne Figur, und ich glaube, daß auch ein ganz gleichgültiger Mensch sie lieben müßte, [23] vor allem wegen ihrer Freundlichkeit und Offenheit«, fügte sie hinzu. Auch Paul hieß Luise willkommen. Aber was in der Hauptstadt erlaubt war, schien in Gatschina unter Verbot zu stehen. Obwohl Luise sich alle Mühe gab, den Eltern Alexanders zu gefallen, war es für ein junges Mädchen ihres Alters unmöglich, die Atmosphäre einer Garnison nicht bedrückend zu finden, aber noch viel schwerer war es für sie, daß sie ihre wahren Gefühle nicht zeigen durfte. Es fiel ihr auf, daß sich Alexander über die beiden rivalisierenden Höfe keine Gedanken zu machen schien. Sie war jedoch so sehr in ihn verliebt und von zu Hause aus an ein glückliches Familienleben gewöhnt, daß auch sie leicht über diese Gegensätze hinwegging.

Im Frühjahr des darauffolgenden Jahres war alles vorbereitet. Am Ostertag, sieben Monate nachdem sich die beiden jungen Menschen zum ersten Mal begegnet waren, umarmten sie sich zweimal. Luise schrieb taufrisch und mit entzückender Unschuld einen Brief nach Hause: »Zweimal hintereinander küßte ich ihn!« Sie fuhr fort: »Du kannst Dir gar nicht vorstellen, wie komisch es war, daß ich von einem Mann umarmt wurde, der weder mein Vater noch mein Onkel war.« [24] Aber bald danach mußte sie sich mit weit wichtigeren Ereignissen beschäftigen. In der zweiten Maiwoche 1793 trat Luise zum griechisch-orthodoxen Glauben über und erhielt den Namen Elisabeth Alexejewna. Am nächsten Tage wurde sie offiziell mit Alexander verlobt und in den Rang einer Großfürstin erhoben. In glühenden Worten beschrieb die Zarin dieses Ereignis: »Alle sagten, daß sich hier zwei Engel die Treue schworen. Es gab nichts Rührenderes zu sehen, als diesen fünfzehnjährigen Bräutigam mit seiner vierzehnjährigen Braut.« [25]

Weitere Festlichkeiten folgten. Die frisch gebackene Großfürstin Elisabeth vertraute ihrer Schwester an, daß sie sehr glücklich sei. Alexander dagegen bedauerte, daß er seine Studien vernachlässigte, eine Entwicklung, die ihn betrübte. Doch seit dem Ableben Potjomkins hatte niemand am Hofe die Zarin so guter Dinge gesehen.

Doch bald darauf fielen der armen Elisabeth die Schattenseiten im Charakter ihres Verlobten auf. Hinter seiner nach außen gezeigten Freundlichkeit versteckte er eine beißende Ironie, ihrer romantischen Verbindung gegenüber trug er eine beinahe gelangweilte und manchmal ungeduldige Abneigung zur Schau, und triviale Kleinigkeiten, die oft das Ent-

zücken eines heranwachsenden jungen Mädchens sind, lehnte er glattweg ab. Doch Elisabeth zweifelte keinen Augenblick, daß sie die große Liebe ihres Lebens gefunden hatte und bestätigte ihre Gefühle in jedem Brief an ihre Mutter. Aber zur gleichen Zeit beichtete sie auch, daß sie sich über die »Undurchsichtigkeit seiner Haltung« Sorgen machte, und während der Sommermonate fühlte sie sich immer einsamer und verlassener. [26]
In den ersten Tagen des Monats August packte ihre Schwester ihre Sachen und fuhr nach Baden zurück, wahrscheinlich weil der letzte Günstling der Zarin, Platon Subow, ein Auge auf sie geworfen hatte. Es schmerzte Elisabeth, daß ihre Schwester so ungerecht behandelt wurde. Doch bald wurden Verleumdungen hinsichtlich ihres eigenen Benehmens bekannt, die das, was über ihre Schwester in Umlauf gesetzt wurde, weit übertrafen. Es wurde behauptet, Elisabeth sei während ihres Aufenthalts in Pawlowsk von außen in Alexanders Zimmer geklettert. Der Klatsch erreichte sogar Baden, und sie war gezwungen, sich bei ihrer Mutter gegen die Verleumdung zur Wehr zu setzen. Bald merkte die junge Großfürstin, daß eifersüchtige und böse Zungen mit Leichtigkeit falsche Gerüchte in die Welt setzten.
Obwohl die Kaiserin von diesen Intrigen gehört hatte, legte sie ihnen keine große Bedeutung bei. Als im Sommer Gerüchte umherschwirrten, daß Alexander auf eine große Reise durch Europa geschickt würde und daß deshalb die Hochzeit aufgeschoben werde, dementierte die Kaiserin dies kategorisch: »Die Hochzeit wird hier stattfinden und noch vor Weihnachten«, schrieb sie am 5. August. Sie behauptete fest, daß es eine »Liebesheirat« sei. Sie fuhr fort, die Schönheit Elisabeths zu preisen – die Klarheit ihrer blauen Augen, die klassischen Züge ihres Profils und ihre melodische Stimme. Die Kaiserin behauptete nämlich, daß Elisabeth genauso aussehe, wie sie ausgesehen habe, als sie damals aus dem fernen Deutschland nach Rußland kam. Man suchte krampfhaft nach Bildern der Kaiserin vor fünfzig Jahren. Die Ähnlichkeit zwischen den beiden Fürstinnen war nicht auffallend, und einige am Hofe fühlten die Blamage. Ein schrecklicher Verdacht kam auf. Hatte die Kaiserin nicht manchmal einen ganz hinterhältigen Humor? [27]
Am 9. Oktober 1793 fand die Hochzeit in der Hofkirche statt. In elf Wochen feierte der Bräutigam seinen sechzehnten Geburtstag, und die Braut war nur zehn Monate jünger. Drei Hofdamen und ihre Zofen waren beauftragt, sowohl Katharina als auch Maria Fjodorowna über das Verhältnis

der Ehegatten zueinander zu informieren. Es wäre falsch zu glauben, Katharina hätte irgendwelche Zweifel am Glück der Neuvermählten gehegt. »Die allerliebsten Kinder sind so glücklich«, schrieb sie übertrieben an Elisabeths Mutter in Baden. An einen ihrer älteren Freunde, den Prinzen de Ligne, schrieb sie genauso enthusiastisch: »Es war eine Heirat zwischen Amor und Psyche!« [28] Und doch waren Alexander und Elisabeth noch viel zu jung, um die Verantwortung einer Ehe auf sich nehmen zu können. Beide waren intelligente Kinder, die zwar erstklassige Erzieher hatten, aber wenig lernten, da sie keinen regelmäßigen Unterricht hatten. In ihren Temperamenten waren sich beide sehr ähnlich. Beide besaßen einen verführerischen Charme des Benehmens und ein dickköpfiges persönliches Freiheitsbedürfnis. Dieses Freiheitsbedürfnis wurde manchmal geschwächt durch blindes Vertrauen in die Loyalität und das Urteil von bevorzugten Begleitern. Von Natur aus war Alexander ein freundlicher Mensch mit vielen Tugenden, doch neigte er zur Trägheit und Wortverdreherei. [29] Seine Hauslehrer hofften, daß Elisabeths Energie und Lebendigkeit ihren Gatten beeinflussen würde, doch dies war von einem fünfzehnjährigen Mädchen, das bereits durch das unkonventionelle Verhalten seiner Umgebung eingeschüchtert war, zu viel verlangt. Leichter war es für sie – und das entsprach auch mehr ihrem Naturell –, daß sie die Begeisterung Alexanders für Banalitäten teilte. Der Tanz einer Polonaise oder einer Mazurka, ein neuer Walzerschritt, das gab Anlaß, daß die Großfürstin nach jedem Ball der Wintersaison einen freudigen Brief nach Karlsruhe schickte. An manchen Abenden wurde Hausmusik gemacht: Alexander spielte die Violine, und seine älteren Schwestern sangen Duett, während die große Kaiserin Katharina zustimmend nickte. In dem kleinen Theater der Eremitage wurden an anderen Abenden Schauspiele, Opern und Ballette aufgeführt. Nach dem letzten Akt beobachteten zwei Generationen gespannt zuerst die Reaktion der Kaiserin, ob sie Applaus spenden durften oder nicht. Nicht alle Vergnügungen spielten sich in der Öffentlichkeit ab. Zur Bestürzung seiner Lehrer vergeudete Alexander Stunden mit seinem neuesten Spielzeug, einem Marionetten-Theater. Auch in Elisabeths Tollheiten sah man eine naive Unschuld. Drei Monate vor Erreichung ihres sechzehnten Lebensjahres schrieb die junge Großfürstin, daß sie bis spät in die Nacht mit zwei ihrer Hofdamen aufgeblieben sei. Sie erzählten sich gegenseitig Gruselgeschichten und sahen in den Räumen nach, ob es nicht spukte. Um sich in

Katharinas Palästen auf diese Art und Weise zu amüsieren, bedurfte man ausgesprochen starker Nerven. [30]
Die Gerüchte, daß die Kaiserin in Bälde Alexander zu ihrem Nachfolger ernennen würde, verstummten nicht. Jetzt glaubte man, der geeignete Zeitpunkt wäre in dem Augenblick gekommen, in dem Alexander Vater würde. Während des ganzen Sommers 1794 wurde die arme Elisabeth immer wieder in Verlegenheit gebracht, weil alle Welt sie nach ihrer Gesundheit fragte. Ihre Schwiegermutter Maria Fjodorowna hatte sogar die Taktlosigkeit, Alexander direkt zu fragen, ob seine Gattin in anderen Umständen sei. Es sah aber nicht so aus, als ob bei dem jungen Paar schon bald ein glückliches Ereignis bevorstehe. Im Januar 1795 wurde Maria Fjodorownas siebtes Kind, eine Tochter, Anna, geboren, und es war, als ob das Schicksal Elisabeth zum Narren halten wollte. Aber noch nicht genug, nach achtzehn Monaten gebar ihre Schwiegermutter noch einen Sohn, den zukünftigen Zaren Nikolaus I. Plötzlich zeigte die Kaiserin mehr Interesse für die Familie ihres Sohnes in Pawlowsk und Gatschina als für Alexander und seine junge Frau. [31]
Am Ende des Jahres 1794 wurde Katharina plötzlich argwöhnisch über La Harpes »jakobinische Ideen« und was er seinen Schüler Alexander lehrte. Sie entschloß sich, ihm seine Stellung als Hauslehrer zu kündigen und redete ihm zu, in die Schweiz zurückzukehren. Vor seiner Abreise mußte er aber noch eine wichtige Angelegenheit erledigen. Er fuhr nach Gatschina zu Paul. Später schrieb er, daß er eine »zweistündige Audienz« gehabt habe, bei der er dem Großfürsten »sein Herz ausschüttete«. Er drängte auf eine Versöhnung zwischen dem Vater und seinen Söhnen. Paul zeigte sich gerührt. Wider Erwarten lud er La Harpe zu einem Ball nach Gatschina – zu Ehren Konstanstins – ein und bat ihn zu bleiben. Ja, er lieh ihm sogar ein Paar weiße Handschuhe, so daß der viel geschmähte Hauslehrer, ohne in Verlegenheit zu geraten, an der Polanaise teilnehmen konnte. (Dieses Geschenk hat der schweizerische Republikaner bis zu seinem Lebensende aufbewahrt.) [32] Es ist nicht bekannt, ob La Harpe über die Absichten der Kaiserin, die Thronfolge betreffend, mit Paul sprach, denn man wußte, daß die Zarin darüber mehrmals La Harpes Rat eingeholt hatte. Paul nahm sich die Unterredung zu Herzen und legte Wert darauf, seine Söhne Alexander und Konstantin im kommenden Jahr öfter zu sehen. Auch ohne die Einmischung La Harpes hätte Alexander bestimmt versucht, die Beziehungen zwischen sich und seinen Eltern zu verbessern.

Noch immer sprach Katharina nicht direkt mit Alexander über ihre Zukunftspläne, obwohl sie bereits versucht hatte, Maria Fjodorowna und einige ihrer Berater für den Plan einer Thronfolge Alexanders zu gewinnen. Alexander wollte von dem Projekt nichts wissen, denn er fürchtete seinen Vater und wollte kein Zankapfel sein. Außerdem hegte er im Herzen Respekt für seinen Vater und hatte ein gewisses Maß gesunden Menschenverstandes, so daß er dessen berechtigten Thronansprüchen loyal gegenüberstand. Immer, wenn er in Gatschina oder Pawlowsk zu Besuch war, stand er unter dem Einfluß seiner Mutter. Elisabeth dagegen litt unter der Familienversöhnung, denn sie konnte nur mühsam Pauls übertriebene Vorliebe für militärische Paraden ertragen und war zu selbstbewußt, um sich von Maria Fjodorowna bevormunden zu lassen.
Es gab noch eine andere Frage, durch die Alexander und Paul sich näherkamen. Beide waren mit Katharinas polnischer Politik nicht einverstanden, denn im Jahre 1794 hatte sie die traditionellen Freiheiten des Landes so geschmälert, daß es zum ersten neueren patriotischen Aufstand der Polen gegen Rußland kam, bei dem die Stadt Warschau zum Zentrum der Revolution für ganz Osteuropa wurde. Obwohl die russischen Truppen die polnischen Aufständischen mit drakonischen Maßnahmen behandelten und Katharina bei dieser Gelegenheit die Grenzen ihres Reiches bis zu den Flüssen Njemen und Bug erweitern konnte, standen Paul und Alexander auf dem Standpunkt, daß die endgültige Zerschlagung des alten polnischen Königreiches moralisch und politisch nicht gerechtfertigt sei. Beide sympathisierten mit dem polnischen Patrioten Tadeus Kościuszko, der im Oktober 1794 durch die Russen gefangengenommen wurde und ins Gefängnis kam. Katharina ging über die Einwände der beiden hinweg, denn sie war überzeugt, daß Alexander im Grunde keine hochverräterischen Absichten hegte, und was für Befehle Paul im Kasernenhof von Gatschina seiner Schattenarmee erteilte, interessierte sie schon lange nicht mehr. [33]

Es war ein eigenartiger Zufall, daß es Katharina selbst war, die den Anstoß gab, daß Alexanders Interesse an Polen in andere Bahnen gelenkt wurde. Von romantischer Schwärmerei blieb nichts mehr übrig, denn er hatte Gelegenheit, die politischen Realitäten aus erster Hand kennenzulernen. Achtzehn Monate nach der Eheschließung ihres Enkels ließ sie zwei Mitglieder des polnischen Adels, die Prinzen Adam und Konstantin Czartoryski nach St. Petersburg kommen. Es war unvermeidlich, daß diese beiden charmanten und gut erzogenen Neuankömmlinge bald die Neugierde des Großfürsten weckten. Es dauerte nicht lange, und zwischen dem Prinzen Adam Czartoryski und Katharinas ältestem Enkel entwikkelte sich eine lebenslange Freundschaft. Dies war allerdings nicht im Interesse der Zarin. Die Familie Czartoryski war eine der liberalsten Adelsfamilien der polnischen Aristokratie und deshalb in der Vergangenheit nicht abgeneigt gewesen, mit Rußland zusammenzuarbeiten. [34] Bei dem Aufstand 1794 unterstützten sie allerdings Kościuszko, und deshalb sollten ihre Besitzungen beschlagnahmt werden. Katharina II. gab jedoch zu verstehen, daß sie eine Ausnahme machen wolle. Wenn die beiden jungen Prinzen Adam und Konstantin nach Petersburg kämen und in russische Dienste träten, um so die Loyalität der Familie zu gewährleisten, sollte das Vermögen nicht konfisziert werden. Adam Czartoryski, der während des Aufstands außer Landes gewesen war, hatte Kościuszko nicht aktiv unterstützt und kam in St. Petersburg im Frühjahr 1795 an. Er war sieben Jahre älter als Alexander.

Für einen Mann von fünfundzwanzig Jahren hatte er ein erstaunliches Verständnis für politische Fragen. Man kann es sich gut vorstellen, warum Alexander sich zu ihm hingezogen fühlte. Er selbst war nie im Ausland gewesen, ja, er hatte noch nicht einmal die frisch eroberten Gebiete Rußlands im Westen und Süden besichtigt; doch hier stand er einem Mann gegenüber, der die eleganten Salons von Paris und die Clubs in London kannte und der mit den bedrohlichen liberalen Ideen einer freien Gesellschaft in Kontakt gekommen war.

Es gab aber außer Czartoryski noch zwei andere Männer, die Alexanders Entwicklung in den letzten Jahren der Regierung der Kaiserin Katharina beeinflußten. Der eine war Graf Viktor Kotschubej, der andere Oberst Alexej Araktschejew. Beide hatten nicht nur verschiedene Charaktere, sondern auch beruflich einen anderen Werdegang gehabt. Kotschubej verbrachte einen großen Teil seiner Jugend im Ausland, ehe er in das russische diplomatische Korps eintrat. Einige Jahre war er in Schweden gewesen und hatte auch eine Reise nach London, Wien und in das revolutionäre Paris unternommen. Bei der russischen Aristokratie sollte diese sogenannte »Grand Tour« bald in Mode kommen. In vielem stimmte der Graf mit den Ideen der Aufklärung überein, und er überzog sich, wie ein Bekannter spöttisch bemerkte, »mit einem Firnis von weltmännischem Benehmen«. Diese Eigenschaften machten ihn rasch zum Liebling der Gesellschaft. [35]

Araktschejew dagegen war Berufssoldat und kam aus der Familie eines Gutsbesitzers, der in der Provinz lebte. Deshalb war sein geistiger Horizont begrenzt, und er sah nicht sehr weit über den Umkreis seiner Leibeigenen hinaus.

Als Kadett war Araktschejew in der Artillerieschule so tüchtig gewesen, daß er 1792 zu Pauls Gatschinaer Korps abkommandiert wurde. Dort beförderte man ihn bald, nicht nur wegen seiner Tüchtigkeit, sondern auch wegen seines Pflichtbewußtseins und seiner strengen Disziplin, die seinem Vorgesetzten besonders gefiel. Als im Jahre 1795 Alexander und Konstantin anfingen, den Paraden und Manövern ihres Vaters beizuwohnen, wurden sie von Araktschejew betreut, der Alexander davor bewahrte, sich militärisch zu blamieren, denn dies hätte nur den Ärger Pauls hervorgerufen. [36]

War es nicht eine sonderbare Grundlage, auf der diese Freundschaft aufgebaut wurde? Nein, denn gerade in diesem Lebensabschnitt benötigte Alexander den Oberst viel mehr als die jungen Aristokraten mit ihren liberalen Ideen. Diese weiteten zwar seinen Horizont, aber Araktschejews Aufgabe war für ihn wichtiger, denn er lehrte Alexander, wie man soldatische Tugenden vortäuschte, Fähigkeiten, die der Großfürst nicht besaß. Von Kindheit an war Alexander auf dem linken Ohr taub. Seine Größe gab ihm natürliche Würde, doch bewegte er sich linkisch, da er sich bei einem Sturz vom Pferde die Hüfte verletzt hatte. Frühzeitig machte sich auch Kurzsichtigkeit bemerkbar. Durch Araktschejews einfühlende Geduld mit seinem Zögling war Alexander in der Lage, vor Paul und den anderen Offizieren der Gatschinaer Garnison seine Schwächen zu verbergen.

Psychologisch gesehen, waren diese Heucheleien Alexanders Charakter abträglich. Im Sommer 1796 war sein Charakter bereits durch Vorspiegelung falscher Gefühle völlig verdorben. In gewissem Sinne hatte er sich nicht sehr geändert. Zwischen dem Hof seiner Großmutter und dem seiner Eltern hin und her pendelnd, hatte seine charakterliche Entwicklung zur Ehrlichkeit Schaden gelitten und sich daher nie voll entfalten können. Und doch ist Selbstbetrug mit neunzehn Jahren gravierender als in der Kindheit. Jetzt sprach er mit Czartoryski und seinen liberalen Freunden wie ein Aufklärer, war aber außerstande, die Aufklärung wirklich zu verstehen. Er spielte den Soldaten in einem Armeekorps, das selbst ein Schattendasein führte. Er versuchte eine Ehe zu führen, in der die Liebe flackerte, aber nie lichterloh brannte.

Die Zukunftsaussichten waren noch trüber, und er fürchtete sich davor. Im Mai 1796 schrieb er an Kotschubej, der in Konstantinopel als Diplomat tätig war:

> »Bei uns ist alles durcheinander. Kann unter solchen Umständen ein Mann einen Staat regieren, ohne ihn zu verraten? Das geht über die Kraft eines Menschen, der mehr Fähigkeiten besitzt als ich selbst, sei er auch ein Genie. Ich habe immer gesagt, daß es besser ist, etwas zu unterlassen, als es schlecht zu machen. Es ist meine Absicht, mich mit meiner Frau am Rhein niederzulassen, wo ich in Frieden als Privatperson in der Gesellschaft von Freunden beim Studium der Natur glücklich leben werde.« [37]

Innerhalb von fünf Monaten stellte ihm ein unerwartetes Ereignis Fragen, die er vorher nicht beantworten wollte. Am 22. September 1796 erlitt die Zarin Katharina einen Schlaganfall. Nun konnte die Entscheidung der Thronfolge nicht mehr aufgeschoben werden. Am 26. September wurde ein vorläufiger Befehl nach Gatschina geschickt, in dem die Anwesenheit Alexanders in der Hauptstadt angeordnet wurde. [38] Er kam sofort und hatte eine lange Aussprache mit der Zarin. Da niemand außer den beiden an der Unterredung teilnahm, ist nicht bekannt, was besprochen wurde. Es dürfte jedoch feststehen, daß Katharina ihn offiziell von ihrem Wunsch, er möchte nach ihrem Ableben den Thron besteigen, in Kenntnis gesetzt hat. Sie vertraute ihm eine Menge Staatspapiere an, auch Aktennotizen, die sie selbst entworfen hatte. Unter diesen Dokumenten befand sich sicherlich auch ein Entwurf der Proklamation, in der sie den Thronverzicht Pauls zugunsten seines Sohnes Alexander bestimmte. Diese Papiere sind alle verschwunden, aber Alexanders Antwort auf Katharinas Vorschläge geben ein klares Bild ihrer Bedeutung. Am 4. Oktober antwortete er ihr mit diplomatischer Heuchelei:

> »Niemals kann ich Eurer Majestät danken für die Ehre und Liebenswürdigkeit, mit der Sie handschriftlich einen Kommentar zu den Papieren gaben. Ich hoffe, Eure Majestät sehen meinen Eifer und daß ich Ihres unschätzbaren Vertrauens mich würdig erweise. *(J'espère que Votre Majesté verra, par mon zèle, à mériter ses precieuses bontés, que j'en sens tout le prix.)* Nicht mit meinem Blut kann ich Ihnen zurückbezahlen, was Sie für mich getan haben und noch immer für mich tun wollen. Aus diesen Papieren, von denen Sie mir Mitteilung machten, geht ganz klar hervor, mit welchen Gedanken sich Eure Majestät beschäftigen. Wenn ich meine Meinung äußern darf, so halte ich sie für gerecht. Noch einmal möchte ich Eurer Kaiserlichen Majestät meine tiefste Dankbarkeit bekunden, und ich nehme die Freiheit, mit tiefer Ehrfurcht und unauflöslicher Anhänglichkeit Eurer Majestät bescheidenster und treuester Diener und Enkel zu sein.«
>
> Alexander [39]

Obwohl Alexander die folgenden Monate in der Hauptstadt blieb, wurde keine Proklamation verkündet. Wahrscheinlich wußte er selbst nicht, was er wollte. In einer Gemütswallung sagte er seinen Freunden, daß er alle seine Privilegien aufgeben und als einfacher Bürger in die Vereinigten Staaten auswandern wolle. Alexander entwickelte eine Meisterschaft, seine innersten Gefühle zu verbergen, ja in manchen Fällen sogar vor sich selbst, denn am Tage, ehe er oben zitierten Antwortbrief an die Zarin sandte, nannte er seinen Vater in einem Brief an Araktschejew: »Seine Kaiserliche Hoheit.« [40]

KAPITEL 2

Ein Reich tritt zur Parade an

Der Großfürst kommt in die Stadt

Sechs Wochen später war St. Petersburg in Aufruhr. In den Morgenstunden des 15. November 1796 erlitt die Kaiserin einen zweiten Schlaganfall. Zu diesem Zeitpunkt waren weder ihr Sohn noch ihr Enkel im Winterpalais anwesend: Paul war in Gatschina, Alexander besuchte Konstantin Czartoryski. Ein Bote holte ihn an das Krankenbett seiner Großmutter. Es war bezeichnend für ihn, daß er keinen Versuch machte, sich selbst zum Thronfolger ausrufen zu lassen. Ohne zu zögern, beauftragte er Fjodor Rostoptschin, einen Vertrauten seines Vaters, nach Gatschina zu reiten und Paul zu informieren. Alexander blieb in der Hauptstadt und wartete die Anweisungen seines Vaters ab. Rostoptschin begegnete Paul, von einer kleinen Eskorte begleitet, bereits auf dem Wege nach St. Petersburg.

»Ach, Kaiserliche Hoheit, was für ein wichtiger Augenblick ist dies für Sie!« sagte Rostoptschin zum Großfürsten und drückte ihm herzlich die Hand. »Abwarten, abwarten, mein lieber Freund«, antwortete Paul. »Zweiundvierzig Jahre habe ich gelebt, und Gott der Allmächtige hat mir bis heute geholfen. Hoffentlich schenkt er mir die Kraft und die Willensstärke, mein Schicksal zu meistern!« [1]

Auf seinem Weg nordwärts wurde Paul von mehr als zwanzig Höflingen stürmisch begrüßt. Zu dem Zeitpunkt, an dem die Kutsche des Großfürsten die Außenbezirke St. Petersburgs erreichte, hatte sich die Eskorte bereits verdoppelt. Es sah so aus, als ob sich für diese Gelegenheit seit geraumer Zeit schon eine Kavalkade, bestehend aus Männern mit gespornten Stulpenstiefeln, bereitgehalten hätte. Die Nacht war frostig, doch klar. Da es nicht geschneit hatte, dröhnte das Geräusch der Wagenräder über das Kopfsteinpflaster des Schloßplatzes vor dem Winterpalast, auf dessen Stufen Alexander und Konstantin schon auf die An-

kunft ihres Vaters warteten. Sie hatten die schweren dunkelgrünen Uniformen des Gatschinaer Korps angezogen, die bei Lebzeiten der Kaiserin in der Hauptstadt nie bei öffentlichen Anlässen getragen werden durften. Als man Paul in das Winterpalais führte, gingen seine Söhne schweigend hinter ihm her. Man empfing Paul, so bemerkte Rostoptschin später, als ob er bereits der unumschränkte Herrscher über ganz Rußland wäre.
Während der nächsten zwanzig Stunden spielten sich im Palast außergewöhnliche Szenen ab. Paul zog sich in ein kleines Arbeitszimmer zurück, das auf der anderen Seite des Schlafzimmers der Kaiserin lag und nur durch dieses betreten werden konnte, so daß alle höheren Beamten und Offiziere, die plötzlich in das Schloß eilten, am Sterbebett Katharinas vorbeigehen mußten, um ihm Bericht zu erstatten. In dem kleinen Kabinett saß Paul über Staatspapiere gebeugt und studierte begierig die Geheimnisse des Regierens. Als Araktschejew endlich eintraf, übertrug er seine persönliche Sicherheit nicht nur seinem Sohn Alexander, sondern zu gleicher Zeit auch seinem geliebten Gatschinaer »Feldwebel«. Im Galopp hatte Araktschejew die Hauptstadt erreicht. Daher war seine Uniform mit Schmutz bespritzt, weshalb Alexander, der in diesen Dingen besonders empfindlich war, darauf bestand, ihn in seine eigenen Räume mitzunehmen. Er gab ihm ein frisches Hemd, und diese Geste beeindruckte den rauhen Artilleristen sehr. [2]
Aber erst am Abend des 17. November, zwei und einen halben Tag nach ihrem Zusammenbruch, starb Katharina. Über Nacht ging für St. Petersburg und für ganz Rußland eine Epoche zu Ende. Es unterlag keinem Zweifel, daß Katharina trotz ihrer Fehler und Torheiten in großem Stil regiert hatte und mit Recht von der Nachwelt »Katharina die Große« genannt wurde. Ihr Nachfolger, ein unbedeutender Tyrann, wartete begierig darauf, nach altmodischen Prinzipien, die er bereits in Gatschina bei seinen Soldaten eingeführt hatte, Rußland zu regieren. Wenige Stunden nach Katharinas Tod spürte man in St. Petersburg bereits mehr, daß Rußland einen neuen Zuchtmeister bekommen hatte. Aus dem Palast kamen offizielle Erlässe, die die gesellschaftlichen Sitten und Gebräuche regelten: Es war zum Beispiel verboten, runde Hüte und Rockschöße zu tragen; wieviel Pferde vor eine Kutsche gespannt werden durften, hing von der gesellschaftlichen Stellung des Wagenbesitzers ab; große Empfänge oder Privatgesellschaften durften in Zukunft nur mit Genehmigung des Kaiserlichen Haushalts gegeben werden (außerhalb der Hauptstadt

nur mit Genehmigung des Gouverneurs der Provinz). Offiziere mußten immer Uniform tragen. Bücher aus dem Ausland unterlagen Einfuhrbestimmungen, und wissenschaftliche Institute, die unter Katharinas Regierung aufgeblüht waren, wurden streng kontrolliert. Den neuen Zaren schien außer dem täglichen Drill seiner Soldaten nichts zu interessieren. Masson, der frühere Lehrer Alexanders, beschrieb einige Jahre später die Situation folgendermaßen:

> »Der Brennpunkt seiner Regierung und für ihn die wichtigste Institution war die Parade der Garde. Ohne Rücksicht auf die Witterungsbedingungen und die Kälte, nahm er jeden Morgen in der einfachen dunkelgrünen Uniform, mit hohen Stiefeln und breitrandigem Hut an den Exerzierübungen teil ... Umgeben von seinen Söhnen und Adjutanten, stampfte er mit seinen Absätzen auf das Pflaster, um sich zu erwärmen. Auf seinem kahlen Kopf trug er keinen Hut, seine Nase steckte er in die Luft, eine Hand hielt er auf dem Rücken, während die andere einen Stock hielt. Im Takt dirigierte er und rief: ›Ras, dwa – Ras, dwa ...‹ (eins, zwei, eins, zwei ...)« [3]

Für ein Reich mit 40 Millionen Einwohnern waren das düstere Aussichten.

Nach der Thronbesteigung seines Vaters hatte Alexander mit revolutionären Maßnahmen gerechnet, aber er war, wie viele andere, durch Pauls Benehmen verwirrt und besorgt. Es war ganz natürlich, daß Paul nach dreißig Jahren Demütigung und Vernachlässigung gegen seine Mutter und deren Politik verbittert war. Und doch, obwohl er Katharinas Günstlinge aus St. Petersburg entfernte, bestrafte er sie nicht, obwohl er rechtlich wegen Veruntreuung gegen sie hätte vorgehen können. Er nahm lieber Rache am guten Ruf seiner Mutter als an ihren Verehrern. Während der Regierungszeit Pauls blieb der Sommerpalast von Zarskoje Selo unbewohnt, und in den Englischen Gärten, in denen Katharina so gerne gesessen hatte, wuchs das Unkraut. Der Taurische Palast, voll von Erinnerungen an ihre Liebe zu Potjomkin, wurde in einen Stall für die Kavallerie umgebaut, und auf dem marmornen Fußboden des Ballsaales häufte sich der Pferdemist. Die kaiserliche Familie wurde durch eine ganz eigenartige Handlung Pauls am Anfang seiner Regierungszeit aus der Fassung gebracht. Zwei Tage nach Katharinas Tod befahl der neue Zar dem Abt des Alexander-Newskij-Klosters, den Sarg des ermordeten Ehegatten der Kaiserin, Peters III., auszugraben. Der Einbalsamierte wurde in einen reich dekorierten Sarkophag umgebettet und neben Katharinas Leiche zur Schau gestellt. Endlich traf Paul Vorkehrungen zu einem gemeinsamen Begräbnis der »kaiserlichen Majestäten«, die er selbst überwachte. Graf Alexej Orlow, der bei der Ermordung Peters eine undurchsichtige Rolle gespielt hatte, wurde gezwungen, direkt hinter dem Sarg des Opfers die Krone des Zaren durch die Straßen zu tragen. [4] Zwölf Monate lang mußte für den verstorbenen Zaren und die Zarin im ganzen Reich getrauert werden. Dieses makabre Schauspiel gab Anlaß, Pauls Geisteszustand anzuzweifeln. Ein Brief Elisabeths an ihre Mutter gibt einen wahrheitsgetreuen Bericht über die neue Regierung Pauls. Es wäre schrecklich gewesen, wenn diese Botschaft in die Hände Pauls gefallen wäre, und sie gab deshalb den Brief einem zuverlässigen Kurier zur Beförderung. Zehn Wochen nach seiner Thronbesteigung wagte sie es, ihre ersten Eindrücke aufzuschreiben:

»Liebe Mutter, ich bin sicher, daß der Tod der guten Kaiserin Dich tief getroffen hat. Was mich betrifft, so darf ich Dir versichern, daß ich nicht aufhören kann, an sie zu denken. Du kannst Dir gar nicht vorstellen, wie hier selbst die unbedeutendste Kleinigkeit auf den Kopf gestellt wurde. Auf mich machte das alles einen so entsetzlichen Eindruck, ganz besonders in den ersten Tagen, daß ich mich selbst kaum mehr erkannte. Ach, wie furchtbar waren die ersten Tage! Anna (Gattin des Großfürsten Konstantin) war mein einziger Trost; und ich war der ihrige. Sie lebte praktisch mit mir und kam morgens zu mir und zog sich auch hier an. Meistens aßen wir auch zusammen und blieben den ganzen Tag beieinander, bis wir zum Kaiser befohlen wurden. Unsere Männer waren fast nie zu Hause, und wir wußten nicht viel mit uns selbst anzufangen, da unser Leben nicht in allen Dingen eingeteilt war. Wir mußten jeden Augenblick bereit sein, zu der Kaiserin Maria Fjodorowna gerufen zu werden. Die große Leere kannst Du Dir gar nicht vorstellen und wie traurig und mißmutig jedermann war, außer den neuen Majestäten *(les nouvelles Majestés)*. Ach, wie war ich erschüttert, daß der Kaiser so gar keinen Schmerz empfand. Man hatte den Eindruck, als ob sein Vater und nicht seine Mutter gerade gestorben wäre, denn er spricht nur von diesem und läßt in jedem Zimmer ein Bild von ihm aufhängen. Über seine Mutter verliert er kein Wort, es sei denn, daß er sie verurteilt oder alles herunterreißt, was zu ihren Lebzeiten angeordnet wurde.« [5]

Dem Zarewitsch kommen Zweifel*

Im April 1797 reiste Zar Paul mit seinen Söhnen und dem gesamten Hofstaat zu seiner Krönung nach Moskau. Die Krönung seiner Mutter im Jahre 1762 war bereits zu einer Legende geworden. Sie hatte mehrere Monate im Kreml gewohnt und großartige Feste gegeben, so daß rückblickend das Leben damals als ein nicht endenwollender Karneval erschien, bei dem reiche Geschenke an alle Schichten der Bevölkerung verteilt wurden.

Im Gegensatz zu damals war die Krönung Pauls eine nüchterne, streng religiöse Zeremonie, der sich eine formelle Huldigung und eine unvermeidliche militärische Parade anschloß. [6] Später in der Woche wurden die herkömmlichen Krönungsbälle und Empfänge abgehalten – Paul war nicht der Mensch, der mit der Tradition völlig brechen wollte. Aber niemand amüsierte sich. Der kaiserlichen Familie wurde strenge Etikette befohlen, und während des gesamten Aufenthalts in Moskau mußte sie die zeremoniellen Gewänder oder Paradeuniformen tragen. Für die achtzehn Jahre alte Elisabeth war es eine zu starke Nervenbelastung: Nach ihrer Rückkehr brach sie in St. Petersburg zusammen und erholte sich erst im Sommer von den Strapazen.

Für Alexander dagegen war die Krönung seines Vaters aus zwei Gründen wichtig: dynastisch und persönlich. Am Tag seiner Krönung (24. April) erließ Paul einen Ukas, der den Ukas Peters des Großen aus dem Jahre 1722 ungültig machte, durch den der Zar und Alleinherrscher seinen Nachfolger selbst bestimmen konnte. [7] Von jetzt ab sollte die kaiserliche Krone in normaler Erbfolge auf den erstgeborenen Sohn übergehen. Sollte dieser keinen männlichen Erben haben, so würde die Krone nach dem Erstgeburtsrecht auf seine Brüder übergehen. Alexander war nun offiziell als Thronfolger, Zarewitsch, anerkannt und zugleich der erste Großfürst des Reiches. Die erste Auswirkung war, Alexanders Stellung unter seinen Brüdern, die auch Offiziere waren, zu erhöhen. Und doch war das interessanteste Ergebnis seiner Moskauer Reise die Erweiterung seines Freundeskreises. Dort traf er zum ersten Mal Pawel Stroganow und Nikolaj Nowossilzow, seinen Vetter. [8] Die beiden jungen Männer (Stroganow war fünfundzwanzig und Nowossilzow zehn Jahre älter)

* Wir haben hier die bekanntere Form Zarewitsch benutzt, obwohl durch einen Ukas Pauls I. aus dem Jahre 1797 der Thronfolger des Zaren *Zesarewitsch* genannt wurde.

waren gute Bekannte der Brüder Czartoryski und teilten deren Sympathien und kulturelle Interessen. Die neuen Freunde Alexanders hatten freidenkerische, rationale und kultivierte Ansichten. Von ihnen lernte er exaktes Denken, das normalerweise durch ein Universitätsstudium vermittelt wird. Es war unvermeidlich, daß viele ihrer Ideen, mit denen sie ihn bekanntmachten, oberflächlich waren, sozusagen ein Sammelsurium moderner, geistiger Strömungen, aber nicht wissenschaftlich durchdacht. Aber zum mindesten wurde sein geistiger Horizont über die Ebene eines Kasernenhofes hinaus erweitert. Unglücklicherweise mußte sich Alexander kurz danach wieder vorwiegend mit militärischen Fragen beschäftigen. Sofort nach der Krönung beschloß der Zar, eine Reise in die westlichen Provinzen seines Reiches zu machen und befahl Alexander, ihn zu begleiten. [9] Paul glaubte mit Recht, daß es für den zukünftigen Thronerben von größter Wichtigkeit wäre, persönlich die Eigenheiten des russischen Volkes und des Landes kennenzulernen; es würde ihm guttun, die künstliche, enge Atmosphäre des Lebens in der Hauptstadt für einige Zeit zu verlassen. Die Gegend, durch die der Zar mit seinem Gefolge reisen wollte, hatte besondere strategische Bedeutung. Am 14. Mai verließen sie Moskau und besuchten zuerst Smolensk. Dann wurden Gebiete besichtigt, die vor der Teilung Polens, die zur Regierungszeit Katharinas durchgeführt wurde, zum Königreich Polen gehört hatten. Ehe sie wieder in das russische Kurland (Lettland) nach Riga zurückkehrten, besuchten sie Orscha, Mogiljow, Minsk, Wilna, Grodno, Kowno und Mitau. Über Narwa führte ihr Weg in die Sommerresidenz Pauls bei Pawlowsk.

Durch die Besessenheit Pauls für alles Militärische wurde die Expedition zu einer Inspektionsreise, und deshalb konnte Alexander nur wenig Einblick in die Lebensgewohnheiten seiner späteren Untertanen gewinnen. Mehr und mehr benötigte er Araktschejews Rat in militärischen Fragen. »Haben Sie bitte die Liebenswürdigkeit, und kommen Sie selbst, wenn meine Leibwache aufzieht, damit alles in Ordnung geht«, schrieb Alexander bezeichnenderweise an den General. Immer wieder verhinderte Araktschejew, daß sich Alexander während der Parade lächerlich machte. Es gab aber auch Augenblicke, in denen sich die beiden Männer nicht verstanden, und es kam gelegentlich vor, daß Alexander die harten disziplinarischen Maßnahmen Araktschejews kritisierte. Doch öfters erzählte er dem General über die Streitigkeiten und Schwierigkeiten, die er mit seinem Vater hatte. Im September 1797 war er so niedergeschlagen, daß er

Araktschejew im Vertrauen mitteilte, er wolle in Zukunft keine Verantwortung mehr teilen und sich mit Elisabeth im Ausland niederlassen; der General tröstete ihn, indem er für Alexander eine bessere Zukunft voraussagte. Der gleichen Ansicht waren Czartoryski und seine liberal gesinnten Freunde. Einige ihrer Pläne sind uns durch einen Brief Alexanders an La Harpe bekannt, der durch Nowossilzow aus Rußland geschmuggelt und über Schweden an ihn geschickt wurde. Der Brief trägt das Datum: Gatschina, 8. Oktober 1797. Am Anfang des Briefes schreibt Alexander über die Mißwirtschaft der Regierung während der letzten Regierungsjahre Katharinas und fährt dann fort:

> »Als mein Vater auf den Thron kam, wollte er alles reformieren. Der Anfang seiner Regierungszeit war vielversprechend, aber später wurden die in ihn gesetzten Erwartungen nicht erfüllt. Alles wurde auf den Kopf gestellt ... Sie haben immer gewußt, daß ich manchmal mit dem Gedanken spielte, mein Land zu verlassen ... Der gegenwärtige traurige Zustand meines Vaterlandes hat mich meine Ansichten ändern lassen. Sollte ich jemals an die Regierung kommen, so wird es besser für mich sein, mich nicht in freiwilliges Exil zu begeben, sondern mich der Aufgabe zu widmen, meinem Land Freiheiten zu gewähren, um zu verhindern, daß es in der Zukunft in der Hand eines Wahnsinnigen zu einem Spielzeug wird. Ich bin in Kontakt mit aufgeklärten Menschen, die ebenfalls seit langer Zeit so denken wie ich. Im ganzen sind wir nur vier an der Zahl, und zwar: M. Nowossilzow, Graf Stroganow, der junge Prinz Czartoryski, mein Adjutant (ein junger Mann unter Millionen) und ich selbst. Wir haben die Idee, daß wir während der derzeitigen Regierung möglichst viele ausländische Bücher in die russische Sprache übersetzen sollten. Wir wollen dann von diesen, vorausgesetzt es ist erlaubt, möglichst viele drucken lassen und andere für spätere Gelegenheiten aufheben ... Wenn ich an der Reihe sein werde, so wird es notwendig sein, langsam Schritt für Schritt sich vorwärts zu arbeiten, um den Weg einer Volksvertretung zu ermöglichen ... sollte es auch eine freie Verfassung sein. An diesem Zeitpunkt wäre meine Autorität zweifellos zu Ende, und wenn die Vorsehung unsere Anstrengungen begünstigen sollte, werde ich mich dann irgendwohin zurückziehen und in Frieden leben. Das glückliche Schicksal meines Landes werde ich mit Befriedigung weiter verfolgen und mich mit ihm freuen.«

Alexander schloß den Brief in der Hoffnung, daß La Harpe diesem Plan zustimmen würde und den vier liberalen Enthusiasten mit Rat zur Seite stehen möge. [10]
Es gibt wenig Dokumente, die so klar Alexanders Ziel-Verwirrung und unklare idealistische Gedanken zeigen. Wäre dieser Brief abgefangen worden, so hätte Paul nicht nur gegen die Freunde seines Sohnes, sondern auch gegen Alexander selbst bestimmt strenge Maßnahmen ergriffen. Denn unabhängiges Denken hielt der Zar für Verrat, und alle Fragen einer neuen Verfassung, ohne Unterschied, waren für ihn Jakobinertum. Der Inhalt des Briefes scheint harmlos zu sein und gleicht mehr einem Märchen mit einem glücklichen Schluß als einem revolutionären Manifest. Die Idee, daß man das russische Volk durch die Übersetzung nicht näher bezeichneter ausländischer Bücher zur Selbstregierung erziehen könnte, war eine nostalgische Erinnerung, sozusagen ein Echo der frühen »aufgeklärten« Jahre Katharinas II.: Die Idee war unrealistisch und in der harten, anti-intellektuellen Atmosphäre, die während der Regierungszeit Pauls herrschte, ausgesprochen unpraktisch. Wie die Briefe des Zarewitschs an Araktschejew zeigen, war Alexander doch auch der Sohn Pauls, den der Anblick einer erstklassig gedrillten Truppe, die in blinder Ergebenheit über den Exerzierplatz marschierte, faszinierte. In depressiven Stunden der Selbstanalyse bedrückte ihn seine Reaktion, und seine liberalen Freunde aus der Aristokratie zeigten sich ebenfalls besorgt.
Der Brief Alexanders enthält jedoch noch eine besondere Note, die beweist, daß er bereits über Möglichkeiten nachdachte, die er nicht zuzugeben wagte, nicht einmal gegen sich selbst. Als Alexander das erste Mal im Herbst 1797 mit seinen Freunden über die künftige Regierungsform zu diskutieren anfing, war Zar Paul erst dreiundvierzig Jahre alt. Abgesehen von seinen sprunghaften Launen war seine Gesundheit gut, und kein körperliches Gebrechen hinderte ihn daran, Rußland noch ein Vierteljahrhundert oder auch länger zu regieren. Warum also machte sein Sohn Pläne, was er nach seiner Thronbesteigung tun würde? Es ist nicht schwer, die Gründe zu erraten. Alexander fühlte, daß das Wirken seines Vaters zu einer Katastrophe führen mußte. In den vergangenen sechzig Jahren hatten die Garderegimenter dreimal eine Palastrevolution in St. Petersburg gemacht und sich von dem Herrscher befreit, weil sie kein Vertrauen mehr zu ihm hatten. Jedoch hatte kein früherer Zar so absichtlich mit der herkömmlichen Tradition gebrochen, wie es Paul Tag

für Tag tat. In diesem Oktober schien es nur eine Frage von Monaten zu sein, bis ein verbittertes Mitglied der Aristokratie in einer Verschwörung die Garde gegen den regierenden Herrscher aufwiegeln würde. Sollte der Fall wirklich eintreten, auf welcher Seite würde Alexander stehen? Auf der einen Seite hatte er natürlichen Respekt für das autokratische Regierungsprinzip, und echte Liebe zu seinen Eltern machte ihm ein solches Vorhaben verhaßt, auf der anderen Seite jedoch sympathisierte er mit den berechtigten Beschwerden der jungen Aristokraten und Offiziere. Er sah, daß manche Gelegenheit unnütz vertan wurde. Aus seinen Briefen, die er mit Araktschejew wechselte, geht klar hervor, daß er mit einer Militärrevolte rechnete, doch traf er keine Gegenmaßnahmen. [11] Über ein hypothetisches Dilemma wollte er jetzt nicht grübeln. Es paßte besser zu seinem Temperament, die Ereignisse abzuwarten, als diesen zuvorzukommen.

Aber noch andere, außer Alexander, fühlten die Gefahr. In zwei privaten Briefen, die Maria Fjodorowna im August 1797 in Pawlosk schrieb, sprach sie von einer Meuterei der Garde und von ihrer Angst. Vier Monate später äußerte sie sich in einem aufschlußreichen Schreiben über ihre Besorgnisse, als während eines falschen Feueralarms alle Truppen, die in der Hauptstadt stationiert waren, nach der einen Seite des Palastes eilten, während Paul für einige Zeit völlig isoliert auf der anderen Seite stand. [12] Paul entschloß sich, einen neuen, stark befestigten Palast in der Hauptstadt zu bauen, mit Wassergräben, Zugbrücken, Höfen, die mit Geschütztürmen umgeben waren; eine natürliche Zitadelle, die zu gleicher Zeit die Wohnung des Herrschers werden sollte. Ende des Jahres 1797 wurde mit den Aushebungsarbeiten begonnen, und am 8. Februar 1798, am Tage, an dem Maria Fjodorowna das letzte ihrer neun Kinder zur Welt brachte, wurde der Grundstein gelegt. Sowohl der neugeborene Sohn als auch der Palast wurden zu Ehren des Erzengels Michael getauft, der seit langem in der Kirche als der Schutzherr der Soldaten gefeiert wurde. Dieser Heilige war ein Schutzengel ganz nach Pauls eigenem Herzen. Es schien unmöglich zu sein, den Michajlowskij-Palast in weniger als drei Jahren zu bauen. Es gab viele, die der Ansicht waren, daß Pauls Regierungszeit nicht lange genug währen würde, um in diesen Mauern jemals hof zu halten.

Am 29. Mai 1799 gebar die Großfürstin Elisabeth ein Mädchen, das auf den Namen Maria Alexandrowna getauft wurde. Das Neugeborene war dunkelhäutig und hatte schwarze Haare, und seine Gesichtszüge ähnelten weder denen seiner Mutter noch Alexanders. Der Hofklatsch behauptete, daß nicht der Großfürst, sondern sein Freund Adam Czartoryski der Vater sei. [13] Die Tatsache, daß Czartoryski plötzlich im August 1798 mit einer diplomatischen Mission im Ausland betraut wurde und bis zur Thronbesteigung Alexanders im Exil blieb, wurde in den zeitgenössischen Memoiren als Beweis angesehen, daß Paul die Romanze des Polen mit Elisabeth entdeckt hatte und daß er die beiden Liebenden voneinander trennte. Paul mag der Ansicht gewesen sein, daß Czartoryski sowohl auf seinen Sohn als auch auf seine Schwiegertochter einen schlechten Einfluß ausübte, aber er kann unmöglich geglaubt haben, daß der Prinz der Vater der kleinen Maria war. Es steht fest, daß Czartoryski St. Petersburg am 22. August 1798 verließ, genau neun Monate und eine Woche vor der Geburt des Kindes. Zu diesem Zeitpunkt war es für Elisabeth oder für jemand anderen zu früh, eine Schwangerschaft festzustellen. Der Zar behandelte Elisabeth während ihrer Schwangerschaft mit Freundlichkeit und nicht mit Mißfallen und zeichnete zur Geburt ihres Kindes Mitglieder ihres persönlichen Haushalts aus. Tragischerweise starb die kleine Maria nach vierzehn Monaten an Krämpfen, aber während ihres kurzen Lebens gibt es keinen Beweis, daß zwischen ihren Eltern eine Entfremdung eingetreten wäre. Sollte Czartoryski tatsächlich der Vater des Kindes gewesen sein, so tat dies der wohlwollenden Freundschaft Alexanders keinen Abbruch.

Mittlerweile änderte sich im täglichen Leben Alexanders nur sehr wenig. Als Thronerbe mußte er sich immer in der Nähe seines Vaters aufhalten. Er hatte mehr als irgendein anderer Gelegenheit, die öfters auftretende geistige Verwirrung seines Vaters zu beobachten. [14] Obwohl ausländische Beobachter in ihren Geheimberichten oft zungenfertig über den »Wahnsinn« des Zaren schrieben, war die Wahrheit viel komplexer. Seine angeborene Vitalität verhinderte, daß sein Verfolgungswahn sein gesamtes Benehmen bestimmte, und deshalb gab es keinen Augenblick, in dem man ihn für total verrückt hätte erklären können. Seine schlimmste Charaktereigenschaft waren seine völlig unberechenbaren Launen und die

daraus resultierenden Gemütsschwankungen. An einem Tage konnte er einen Menschen an seinem Hofe auszeichnen, um ihn am nächsten Tage in Schande auf seine Güter oder nach Sibirien zu verbannen. Selbst seine nächsten Vertrauten aus der Gatschinaer Zeit wurden Opfer seines Argwohns: Sowohl Araktschejew als auch Rostoptschin fielen plötzlich in Ungnade und wurden aus dem Dienst in St. Petersburg entlassen. Alexander, zu dem sein Vater anläßlich eines Balles am Abend vorher ganz besonders freundlich gewesen war, wurde von einem Adjutanten Pauls aufgesucht. Pauls Abgesandter las dem Großfürsten auf Anweisung seines Vaters aus einer russischen Geschichtschronik das Kapitel laut vor, in dem die Leiden und der Tod des Zarewitschs Alexej beschrieben wurden, der angeblich in eine Verschwörung gegen Peter den Großen verwickelt gewesen war. [15] Pauls schwieriger, psychopathischer Geisteszustand war für Alexander unbegreiflich.
Eine Verschwörung lag in der Luft, und im Frühjahr des Jahres 1800 begann sie bestimmte Formen anzunehmen. [16] Die Rädelsführer waren Admiral de Ribas und Graf Nikita Panin, ein vertrauter Berater in diplomatischen Fragen. Der Nachfolger Araktschejews und Stadtkommandant von St. Petersburg, Graf Peter von Pahlen, wußte von der Verschwörung und sympathisierte mit Panin. Auf Pahlens Ratschlag hin traf Panin Alexander und versuchte sein Bestes, ihn von der Tatsache zu überzeugen, daß die Stunde geschlagen habe, seinen Vater vom Thron zu stürzen. Es steht nicht genau fest, was während dieser Unterredung tatsächlich vereinbart wurde, aber es scheint, daß der Zarewitsch den Eindruck hatte, daß Panin für eine gewisse Zeit Paul unter Hausarrest stellen wollte. Während dieser Zeit sollte Alexander zum Regenten ausgerufen werden. Aus diesem Plan wurde jedoch nichts. Alexander wollte sich nicht festlegen.
Es wurde immer klarer, daß die Zügellosigkeit Pauls, die immer mehr zunahm, beschnitten werden mußte. Sowohl die auswärtige als auch die Innenpolitik hingen von seinen persönlichen Launen ab. Paul glaubte, daß Konsul Bonaparte ein Mensch sei, den er respektieren konnte, weil er als Soldat die revolutionäre wilde Bestie in Frankreich gezähmt und in Europa Ruhe und Ordnung geschaffen hatte. Im Dezember des Jahres 1800 und im Januar 1801 schrieb der Zar drei persönliche Briefe an Bonaparte und schlug ein Treffen vor, bei dem allgemeine Friedensmöglichkeiten und Druck auf die Engländer besprochen werden sollten, denn Paul glaubte, daß die Briten die größte Gefahr für einen lang anhaltenden Frieden in

Europa wären. [17] Zur gleichen Zeit legte Paul auf den Handel zwischen England und Rußland ein Embargo und befahl einer Truppe von zwanzigtausend Don-Kosaken, von Orenburg über Chiwa und Buchara zum Indus aufzubrechen, wo sie eine Vorhut für eine geplante gemeinschaftliche französich-russische Invasion Indiens bilden sollten. Die Wirtschaftspolitik des Zaren war in den baltischen Provinzen unbeliebt, die Expedition nach Indien aber wurde von den Armeegenerälen als absoluter Wahnsinn bezeichnet, denn es gab keinen Nachschub in die zentralasiatischen Wüsten, und hinter Chiwa wußte man nicht, welche Straßen es da gab. [18] Großfürst Konstantin, an und für sich von Natur aus kein Mensch, der leicht Aphoristisches von sich gab, bemerkte: »Mein Vater hat dem gesunden Menschenverstand den Krieg erklärt und ist fest davon überzeugt, niemals Frieden mit ihm zu schließen.« [19]

Pauls Charakter veränderte sich in den letzten Monaten seines Lebens, jeder Zug seiner zwiespältigen Persönlichkeit artete aus, und er wurde zu einer gräßlichen Karikatur seiner selbst. Wenn Offiziere miteinander sprachen, vermutete er immer eine geheime Verschwörung. Sein Verfolgungswahn richtete sich jetzt sogar gegen seine Frau und seine frühere Geliebte Katharina Nelidowa, zwei Frauen, die »unserem lieben Kaiser« treu ergeben waren und sich sehnlichst wünschten, ihm zu helfen. [20] Manchmal hatte man den Eindruck, daß er vor den Schatten zitterte, die er selbst heraufbeschworen hatte, wenn er ängstlich seine Leibwache kontrollierte, um sicher zu sein, daß die Wache nicht ohne sein Einverständnis abgelöst worden war. Am 13. Februar 1801 zog Paul in den Michajlowskij-Palast ein. Zu seiner neuen Geliebten sagte er, dort fühle er sich sicher und ließ direkt unter seinen Gemächern für sie eine Wohnung einrichten. [21] Die Sicherheitsmaßnahmen hatte er selbst überwacht – Doppeltüren, Wassergräben und Zugbrücken. Der Michajlowskij-Palast wurde sozusagen der Kreml von St. Petersburg. Paul erwartete, daß die kaiserliche Familie und deren Haushalte mit ihm in den Palast ziehen würden. Wie hätte er sonst überwachen können, was Alexander, Konstantin und Maria Fjodorowna gegen ihn im Schilde führten? Am 5. März zogen die beiden Großfürsten mit ihren Frauen mißmutig in den Palast ein.

Ende Februar hatte Alexander eine Verabredung mit Graf von Pahlen, der versuchte, den Großfürsten über einen eventuellen Thronverzicht Pauls auszuhorchen. [22] Alexander blieb verschlossen, denn auf der einen Seite war er an den Treueid gebunden, den er bei den Krönungsfeierlichkeiten geschworen hatte, und deshalb konnte er eine Verschwörung nicht gutheißen, deren Hauptziel es war, den Herrscher zur Abdankung zu zwingen. Pahlen jedoch blieb fest. Endlich bekam er von Alexander die mündliche Zusage für einen Plan, der Paul unter Hausarrest stellen sollte und anschließend eine Regentschaft Alexanders vorsah. Der Großfürst jedoch bestand darauf, daß seinem Vater nichts geschehen dürfe. Er glaubte, es bestehe die Möglichkeit, ihn in einem der vielen kaiserlichen Paläste, die in der Nähe von St. Petersburg lagen, unterzubringen. Da alles im Namen des Zaren geschehen sollte, hatte es den Anschein, als ob die Verschwörung legal vonstatten gehen würde und deshalb der geschworene Treueid nicht gebrochen werden müsse. Es ist jedoch unglaubwürdig, daß Alexander und Pahlen wirklich glauben konnten, daß Paul, wenn auch nur kurzfristig, zum Verzicht auf seine angestammten Rechte überredet werden könnte. Wahrscheinlich glaubte im tiefsten Grunde seines Herzens keiner der beiden an die Möglichkeit, denn Pahlen war eine so grausame Natur, daß ihn solche Spitzfindigkeiten nicht weiter berührten, während Alexander auf der anderen Seite die Charaktereigenschaft der Selbsttäuschung besaß, die ihn in die Lage versetzte, ein Ereignis vorauszuahnen, aber nicht die Konsequenzen, die daraus entstanden. Es fehlte ihm der Mut, logisch zu Ende zu denken, was passierte, wenn das eintrat, was er am meisten fürchtete. Obwohl Pahlen ihn über den Fortschritt der Verschwörung auf dem laufenden hielt, ihm sogar den Zeitpunkt mitteilte, war er der Überzeugung, daß das Leben seines Vaters nicht in Gefahr sei. Durch diese falsche Beurteilung der kommenden Ereignisse quälten Alexander bis zum Ende seines Lebens Gewissensbisse.

Die meisten der Mitverschwörer Pahlens dienten in den Garderegimentern, die Pauls Verachtung für ihre Traditionen immer mit tiefem Groll zur Kenntnis genommen hatten. Da waren aber auch andere, die alte Rechnungen begleichen wollten, Günstlinge aus der Regierungszeit Katharinas wie die Brüder Subow, Aristokraten wie Prinz Jaschwil und Prinz Wjasemskij, den Paul beleidigt hatte. Der Kopf der Verschwörung aber war der in Hannover geborene General Levin Bennigsen, ein Berufsoffizier, dreiundfünfzig Jahre alt, der fast die Hälfte seines Lebens in russischen Diensten gestanden hatte. Seine Streitigkeiten mit Paul waren nicht persönlicher Art, sondern verstandesmäßig bedingt: Er war verzweifelt über einen Oberbefehlshaber, der solcher Wutausbrüche fähig war; er fürchtete für den Fortbestand eines Reiches, in welchem der Selbstherrscher auf Grund einer augenblicklichen Laune Bündnisverträge mit fremden Mächten lösen konnte. Die Verschwörer waren Männer mit Mut, aber sie hatten keine hohen Ideale.

In der zweiten Märzwoche bekam Paul Wind von der Verschwörung. Unerwartet forderte er Pahlen bei ihrem nächsten Zusammentreffen heraus, obwohl er dem Stadtkommandanten seit seiner Ernennung vor achtzehn Monaten blind vertraut hatte. Pahlen gab zu, daß Offiziere gegen den Zaren etwas im Schilde führten und sagte, er hätte sich in die Verschwörung eingeschlichen, um sie zu gegebener Zeit aufzudecken. »Dann verlieren Sie keine Zeit!« schrie Paul ihn an. »Erinnern Sie sich, daß mein Vater 1762 ermordet wurde!« [23] Paul tat so, als ob er Pahlens Worten Glauben schenkte, aber er war alarmiert. Er bedauerte die Art und Weise, in welcher er die tapferen Recken aus den Gatschinaer Tagen, Araktschejew und Rostoptschin, verbannt hatte. Insgeheim schickte er am Samstag, dem 21. März, einen Reiter nach Araktschejews Gut Grusino (etwa 130 Kilometer entfernt) mit einem Schreiben für den General: »Ich brauche Sie: Kommen Sie sofort!« Pahlen fing den Kurier ab, konfiszierte die Mitteilung und stellte den Zaren zur Rede, indem er behauptete, er nehme an, daß es sich um eine Fälschung handele, um auch Araktschejew in die Verschwörung zu verwickeln, da der Brief ohne sein Wissen abgeschickt worden sei. Der Zar war bereits zu verängstigt, um einen Wutanfall zu bekommen. Er bestand darauf, daß der Bote nach Grusino geschickt werde und machte zur gleichen Zeit einen Versuch, ein ähnliches Schreiben an Rostoptschin zu senden. [24] Die Krise wurde beschleunigt, als bekannt wurde, daß Paul bei den »Männern von Gatschina« Hilfe suchte. Am Sonntagabend, dem 22. März, rief Pahlen die Hauptverschwörer zusammen. Es wurde beschlossen, daß ein Bataillon des Semjonowskij-Garderegiments am darauffolgenden Abend die Palastwache stellen und daß General Bennigsen mit sechs Verschwörern um Mitternacht in das Schlafzimmer des Zaren eindringen sollte. Dann wollte man Paul verhaften und in die Peter-Paul-Festung transportieren, die am anderen Ufer des Flusses lag. Es hat den Anschein, als ob Alexander über den nahen Ausbruch der Krise nicht informiert war, bis zu dem Zeitpunkt, als Pahlen ihn am Montag um sechs Uhr abends besuchte. Noch einmal wurde dem Großfürsten die Versicherung gegeben, daß seinem Vater keine Unbill geschehen und daß er in einem kaiserlichen Palast im Raume von St. Petersburg untergebracht werde. Nachdem Pahlen Alexanders Gemächer verlassen hatte, begab er sich direkt in die Wohnung des Generals Talysin, des Kommandeurs des Semjonowskij-Garderegiments, wo etwa sechzig Offiziere sich mit mehr Wein betrunken hatten, als es für sie in einer kalten Nacht gut war. Einer der älteren Verschwörer, der nüchterner als die anderen war, stellte die Frage, die Alexander immer ignoriert hatte: Was wird geschehen, wenn der Zar sich zur Wehr setzt? Pahlen antwortete ruhig: »Meine Herren, man kann kein Omelette backen, wenn man nicht Eier zerschlägt!« [25]

Unterdessen hatte Paul im Michajlowskij-Palast an diesem Abend siebzehn Personen zum Diner eingeladen. [26] Seine beiden ältesten Söhne mit ihren Frauen und seine vierzehn Jahre alte Tochter Maria waren anwesend. Seine Gäste waren meist Offiziere der Garnison, ältere Jahrgänge, unter denen General Kutusow, von seiner Frau begleitet, der berühmteste war. Außer Alexander wußte keiner der Tischgäste, was in den späteren Abendstunden geplant war. Paul, der während des ganzen Tages krankhaft argwöhnisch gewesen war, hatte gute Laune und freute sich besonders über ein neues Speiseservice, das auf jedem Teller und auf jeder Schüssel Ansichten des Michajlowskij-Palastes zeigte. Es fiel ihm auf, daß Alexander keinen großen Appetit hatte, und er schlug deshalb vor, er solle seinen Leibarzt, den Schotten James Wylie, konsultieren. Als das Essen beendet war, brachten die Gardeoffiziere die Anweisungen des nächtlichen Rapports, und sofort sahen die Gäste des Zaren, wie er vor Wut rot anlief. Die Pflichten der Wache waren nicht durch seine reguläre Leibwache übernommen worden, sondern durch das Semjonowskij-Regiment, dessen Offiziere er für geheime Jakobiner hielt. Er beharrte auf seiner Ansicht, daß Pahlen es besser hätte wissen müssen und seine Männer nicht durch die Soldaten des Semjonowskij-Regiments hätte ersetzen lassen sollen. Es war nicht verwunderlich, daß die Einladung nicht lange dauerte. Alexander, der eine Verdauungsstörung vorgab, zog sich in seine Gemächer zurück, die gegen den Sommergarten lagen. Paul ging nach oben in seine eigene Suite, die aus fünf Räumen bestand und die im Hof diagonal zu den Räumen lag, die sein ältester Sohn bewohnte. Jede Tür wurde abgeschlossen, auch diejenige, die mit den Gemächern Maria Fjodorownas verbunden war. Zwei Kammerdiener blieben im Vorzimmer als Wache und sahen in voller Husarenuniform besonders beeindruckend aus. Über das, was in dieser Nacht geschah, gibt es verschiedene Aufzeichnungen, von denen sich einige grundlegend widersprechen. [27] Um elf Uhr nachts lag die Stadt wie ausgestorben da. Ein Offizier der Preobrashenskij-Garde ließ die Verschwörer in den äußeren Hof herein. Pahlen, der sofort in Richtung der Räume Alexanders ging, machte keinen Lärm und versuchte nicht, den Großfürsten zu wecken. Bennigsen führte seine Gruppe, die jetzt auf achtzehn Offiziere angewachsen war, direkt zu den Gemächern des Zaren. Die beiden Kammerdiener wurden überrumpelt, die Tür wurde aufgebrochen, und man betrat das Schlafgemach. Dort brannte nur eine einzige Kerze, und zuerst war vom Zaren nichts zu sehen. Bennigsen jedoch, der die Kerze über seinen Kopf hielt, sah, wie Paul sich ängstlich hinter einem Wandschirm verbarg. »Sire«, erklärte er, »Ihre Regierungszeit ist zu Ende, und wir verhaften Sie im Namen des Kaisers Alexander.« [28] Paul gab keine Antwort, denn er war sich nicht sicher, ob es sich um Wirklichkeit oder um einen Alptraum handle. Dann begann er zu diskutieren, doch die Offiziere, stark angetrunken, waren nicht in der Stimmung, ein längeres Gespräch mit ihm zu führen. Dann kam es zu einem wirren Handgemenge, und Paul schrie um Hilfe. Nikolaj Subow nahm eine schwere Schnupftabakdose und schlug sie gegen die linke Schläfe Pauls. Als dieser zu Boden fiel, nahm ein anderer Verschwörer einen seidenen Schal und begann, ihn zu erwürgen, und im gleichen Augenblick drückte ein anderer Offizier einen Briefbeschwerer aus Malachit gegen seine Luftröhre, solange, bis er zu atmen aufhörte. Niemand konnte mit Sicherheit sagen, wer ihn umgebracht hatte. Es war einige Minuten nach ein Uhr morgens, am 12. März 1801 nach dem russischen Kalender und am 24. März nach dem gregorianischen Kalender Westeuropas.

Mit der Nachricht, daß sein Vater gestorben war, weckte Pahlen Alexander auf. Er erzählte ihm, daß Paul durch die Drohung der Gefangennahme einen Schlaganfall bekommen habe, an dem er gestorben sei. Alexander ließ sich nicht täuschen. Der neue Selbstherrscher über alle Reußen brach vor Schmerz zusammen: »Ich kann das Amt nicht übernehmen«, seufzte er, »ich habe keine Kraft zu regieren. Laßt einen anderen meine Nachfolge antreten«, erklärte er und lehnte sein Haupt gegen die Schulter Elisabeths. [29] Sie aber, zwar bestürzt durch die Neuigkeit, zeigte eine überraschende, großartige Standhaftigkeit. Sie bat ihren Gemahl, die Nerven nicht zu verlieren und, um weitere Schwierigkeiten zu vermeiden, sich der Truppe zu zeigen. Endlich, widerstrebend und vor Erschütterung kaum in der Lage, seine Beine zu bewegen, war er damit einverstanden, seine Wohnräume sofort zu verlassen, um sich in das Winterpalais zu begeben und seine Pflichten als Herrscher seines Reiches anzutreten.

Er sprach zu der Truppe und sagte, daß sein Vater gestorben sei; er würde im Geiste und nach den Prinzipien der Kaiserin Katharina regieren. Der Arzt Dr. James Wylie wurde in den Michajlowskij-Palast gerufen und bestätigte, daß Paul tatsächlich an einem Schlaganfall gestorben sei, eine offizielle Erfindung, die mehr als ein Jahrhundert aufrechterhalten wurde. Selbst zu jener Zeit glaubten nur wenige daran. Maria Fjodorowna brach zusammen und schluchzte hysterisch, als man ihr die Nachricht von Pauls Ableben überbrachte. [30] Zuerst klagte sie Alexander an, daß er stillschweigend den Tod seines Vaters geduldet habe, und sie weigerte sich, ihn in ihren Gemächern zu empfangen. Gegen Mittag jedoch hatte sie sich so weit gefangen, daß sie mit ihrem ältesten Sohn ein vernünftiges Gespräch führen konnte. Dessen Schmerz überzeugte sie davon, daß er nicht gewußt hatte, daß das Leben seines Vaters in Gefahr war. »Draußen«, so schrieb in späteren Jahren die Prinzessin Lieven, »ging eine wunderbare Sonne über diesem herrlichen und schrecklichen Tag auf... Es gab Hochrufe der Befreiung und der Freude.« [31] Drinnen im Winterpalais konnte ein junger Mann von dreiundzwanzig Jahren kein Wort mehr herausbringen, und seine breiten Schultern zitterten noch immer von krampfartigem Schluchzen.

Alexanders Nerven waren stark angegriffen. Für viele darauffolgende Wochen konnte er in der vertrauten Atmosphäre des Winterpalais bei seinen Mahlzeiten nur Elisabeth ertragen. Sie glaubte, daß die Art und Weise, wie sein Vater in dem schmutzigen Handgemenge bei Kerzenlicht ermordet wurde, der Grund seiner depressiven Gemütsstimmung war. Vierzehn Tage später schrieb sie an ihre Mutter: [32] »Seine sensible Seele wird für immer Qualen erleiden...« Und doch, wie die Monate zu Jahren wurden und die Mörder unbestraft weiterlebten, wurde es klar, daß die Verschwörung, von der Alexander zu viel und zu wenig gewußt hatte, ihn verfolgte, obwohl er selbst bei dem Verbrechen nicht als Zeuge dabeigewesen war. Bis zum Ende seines Lebens kamen immer wieder schwarze Tage der Verzweiflung, an denen er sich selbst oder seiner Aufgabe nicht mehr sicher zu sein schien. Allein mit seinen Zweifeln und Reflexionen, drehte sich sein Gewissen unruhig umher, und der Zar aller Reußen ähnelte einem Eichhörnchen im Käfig, das durch die Schatten eines Vatermörders verfolgt und gequält wurde.

KAPITEL 3

Tauwetter

Man munkelt von Reformen

Im Frühjahr 1801 war die Stimmung der Bewohner von St. Petersburg unterschiedlich. Die meisten begrüßten mit Erleichterung die Thronbesteigung eines jungen und schönen Kaisers, aber in ihre Freude mischten sich Zweifel und Ungewißheit, als ob sie nicht ganz sicher wären, daß die groteske Tyrannei der letzten vier Jahre tatsächlich zu Ende sei. Paul starb am Dienstag der Passionswoche, und sein einbalsamierter Körper lag vom darauf folgenden Nachmittag bis zum Abend des Karfreitags im Michajlowskij-Palast aufgebahrt. Während dieser Tage defilierten mehr als hunderttausend Männer und Frauen - die Hälfte der Bevölkerung der Hauptstadt - an seinem Katafalk vorbei. [1] Als seine Untertanen ganz sicher waren, daß Pauls Regierung tatsächlich zu Ende war, schlüpften sie flink wieder in ihre alten Sitten und Gewohnheiten zurück. In diesem Jahr kam das Frühjahr erstaunlich zeitig, und bei warmem Sonnenschein begann das Eis der Newa zu brechen und rasch zu schmelzen, was abergläubische Menschen für ein gutes Omen hielten. Obwohl die Hofetikette mehrere Wochen allgemeiner Trauer vorschrieb, hob Alexander alle Verbote traditioneller Osterfeierlichkeiten in der Karwoche auf. Die Menschen fanden einfach Vergnügen an Dingen, die während der vergangenen Monate durch strenge Vorschriften verboten gewesen waren. Niemand kümmerte sich länger um die Form eines Hutes oder den Schnitt eines Rockes, und die wohlhabenderen Familien konnten wieder Einladungen und Empfänge ohne Polizeigenehmigung abhalten. Diese plötzlich ausgebrochene Heiterkeit in der Hauptstadt faszinierte fremde Beobachter, und der österreichische Gesandte beschrieb am eindruckvollsten die veränderte Atmosphäre. Als er Ende April nach einer mehrwöchigen Reise von Riga nach St. Petersburg zurückkehrte, war er überrascht von der »Zufriedenheit« und »Lebensfreude«, die er um sich herum sah. Über die Sympathien, die die Untertanen dem neuen Zaren entgegenbrachten, bemerkte er in begeisterten Vorschußlorbeeren: »Menschen aus jedem Stand, ganz gleich ob Frau oder Mann und welchen Alters, waren einfach begeistert ... sie freuten sich ... unter einem Herrscher leben zu dürfen, der die Eigenschaften eines gütigen, gerechten und barmherzigen großen Monarchen hat ...« [2]

Die Russen verlangten zu viel von einem jungen Mann von dreiundzwanzig Jahren, der von seinem Reich noch nicht viel gesehen hatte und schon gar nichts von der weiten Welt, die außerhalb der Grenzen seines Landes lag. Alexander war sich bewußt, daß man von ihm große Dinge erwartete, und diese Aussichten erschreckten ihn. Wenige Stunden nach dem Tode seines Vaters erließ er eine Proklamation und legte feierlich das Versprechen ab, »sein Volk so zu regieren, wie es ihm Gott der Allmächtige anvertraut habe, in Übereinstimmung mit den Gesetzen und dem Geist Unserer verehrten, verstorbenen Großmutter, Katharina der Großen, deren seliges Andenken Uns und im ganzen Vaterland unvergessen sein wird«. [3] Diese Worte wurden mit wahrem Enthusiasmus aufgenommen. Aber es war leicht, Anerkennung zu bekommen, wenn man fein geschliffene Worte in eine übertriebene Sprache einkleidete: Viel schwerer war es, dies in Taten umzusetzen. Die Männer, die Alexander am Hofe umgaben, waren im Grunde ihres Herzens Konservative und keine Reformer. Eifersüchtig wollten sie Privilegien behalten, die sie seiner Großmutter in schwachen Momenten abgerungen hatten und die später durch die Willkürherrschaft seines Vaters in Frage gestellt wurden. Sie waren dem neuen Herrscher dankbar, daß er denjenigen, die ungerechterweise in Ungnade gefallen waren, verzieh und daß er sinnlose Maßnahmen einer Kleinlichkeitskrämerei für ungültig erklärte. Nur zu gut wußte Alexander, daß ihren Anschauungen, die sie als Grundstruktur seines Zarentums annehmen würden, Grenzen gesetzt waren.

Äußerst vorsichtig rief er die jungen liberalen Aristokraten, die Paul verbannt hatte, zurück, und er sandte eine Einladung an La Harpe, der sich in Paris aufhielt, nach Rußland zurückzukehren. Zu dieser Zeit bemühte er sich, nicht in den Hader verschiedener Parteiströmungen hineingezogen zu werden. Es war noch kein Monat nach seiner Thronbesteigung vergangen, als er einen ständigen Staatsrat bildete, dessen Mitglieder vor allem alte Veteranen aus der Regierungszeit seiner Großmutter waren, allen voran Troschtschinskij. Einige Wochen später gab Alexander bekannt, daß er ein Komitee gründen wolle, um die Vollmachten des Senats zu überprüfen. Der Senat war als administrative und juristische Autorität ursprünglich durch Peter den Großen 1711 ins Leben gerufen worden, aber in den letzten Regierungsjahren ignorierte Katharina ihn, und Paul hatte ihn nur teilweise wieder eingesetzt. [4] Die Aussicht auf zunehmenden Einfluß des Senats gefiel dem Landadel und stellte seine Bereitschaft sicher, Alexander in allen administrativen Reformen, die er einzuführen gedachte, bereitwilligst zu unterstützen.

Das Geheimkomitee und seine Feinde

Alexanders Ehrgeiz hatte schon lange darin bestanden, daß Klarheit und gesunder Menschenverstand die russische Regierung leiten sollten. Er war jedoch kein Jurist; außerdem hatte er nur eine mehr als oberflächliche Kenntnis der Fachausdrücke der politischen Wissenschaft. Manchmal äußerte er sich wie viele seiner Untertanen in einem modernen Jargon, den er selbst nicht richtig verstand. Die Herrschaft des Volkes bedeutete ihm nichts, und obwohl ihm die Doktrin der Teilung der Gewalten bekannt war, so legte er sie als eine Teilung der Verwaltung aus, aber nur aus Gründen der Bequemlichkeit. Obwohl er auch von einer »Verfassung« sprach und schrieb, so legte er diese mehr als ein Gesetzbuch aus und nicht als eine umfassende Neuordnung der Gesellschaft. [5] Genau wie Napoleon, ging er an alle Regierungsfragen mit dem Verstand eines Soldaten heran, der an Reglementierungen innerhalb eines anerkannten hierarchischen Systems gewöhnt ist. Im Frühjahr und Sommer des Jahres 1801 stürzte er sich in Arbeit, hatte aber viel zu wenig Erfahrung, um die wirklichen Probleme seines Reiches zu erfassen. Er förderte die Diskussion der Verwaltungsreform; es gefiel den Kaufleuten, daß er die hohen Schutzzölle des Jahres 1797 und alle anderen Handelseinschränkungen, die sein Vater eingeführt hatte, aufheben wollte; er zeigte Anteilnahme am Schicksal der Unglücklichsten seiner Untertanen, indem er ein Gesetz erließ, das die bisher übliche Gewohnheit, Leibeigene zum Verkauf in den Zeitungen von St. Petersburg und Moskau anzubieten, verbot. Diese Maßnahmen waren im Grunde genommen nur beschönigende Gesten.

Wenige Wochen nach seiner Thronbesteigung bildete er eine Art unzeremonielles Beratungskabinett, das sogenannte »Geheime Komitee« (Neglasnyj komitet), das eine Ergänzung bilden sollte zum offiziellen ständigen Staatsrat und dem Reformkomitee des Senats. Die erste Zusammenkunft des Geheimen Komitees fand am 6. Juli 1801 statt. [6] Es bestand aus nur vier Mitgliedern, den drei Freunden, die Alexander in seinem Brief an La Harpe genannt hatte - Czartoryski, Nowossilzow und Pawel Stroganow - zusammen mit Viktor Kotschubej, der sich aber zu dieser Zeit im Ausland aufhielt. Als La Harpe im Spätsommer des Jahres 1801 nach St. Petersburg zurückkehrte, wurde er, und manchmal auch andere prominente Höflinge, um Rat gefragt, aber an den Beratungen selbst nahmen nur die ursprünglichen Mitglieder und der Zar teil.
Im Grunde genommen war es die Zusammenkunft einer Freundesrunde. Die meisten Entscheidungen, die sie trafen, waren negativer Art. Sie erklärten, daß die Lebensbedingungen in Rußland zu verschieden wären, um formell ein Verfassungsgesetz zu erlassen, das für alle Provinzen Geltung hätte, daß die Aristokratie zu selbstsüchtig sei, um mit der Exekutive betraut zu werden, daß das System der Leibeigenschaft zu den Fundamenten der russischen Wirtschaft gehöre und daß deshalb seine Abschaffung zu massiven sozialen Unruhen führen müsse, obwohl es ein verschwenderisches und unproduktives System war. Sie diskutierten und verwarfen dann doch die Idee einer zusammengefaßten konzentrierten Regierung mit einem Premierminister an der Spitze. Sie lehnten Vorschläge der Senatskommission ab, daß der Senat eine gesetzgebende Körperschaft bilden und einige Senatoren gewählt werden sollten, [7] denn sie wußten nur zu genau, daß sich Alexander niemals seine autokratischen Vorrechte beschneiden ließe, damit irgendein Stand oder eine Partei seiner Untertanen daraus Nutzen ziehe. Es gab Zeiten, in denen sie fanden, daß Alexander ein Herr war, den man schwer zufriedenstellen konnte. Kotschubej beklagte sich einmal darüber, daß der Zar keinen systematischen Plan der Zielerreichung habe und deshalb »an jeder Türe anklopfe«. [8]
Doch diese langen Diskussionsabende mit seinen Freunden im Geheimen Komitee schärften Alexanders Verstand mehr, als er selbst wahrnahm oder anerkannte. Vom Beginn ihrer Zusammenkünfte an erfaßten die vier Mitglieder die großen Möglichkeiten, die auf sie in der Zukunft warteten. Randbemerkungen, die jeder auf die Notizen des anderen machte, und

inoffizielle Aktennotizen, die Pawel Stroganow führte, zeigen den Umfang ihrer Anstrengungen und Alternativen, die sie für Rußlands Leiden als Allheilmittel in Erwägung zogen. [9] Sie schlugen Kuren vor, aber sie setzten sie nicht in die Tat um. Es wurden jedoch in den ersten Jahren von Alexanders Regierung einige wichtige Reformen in die Wege geleitet: Die Verwaltung des Staatsapparates wurde verbessert und ein neues System des Unterrichtswesens erwogen.
Die Lebensbedingungen der Leibeigenen verbesserte man und legte die Rechte und Pflichten der Senatoren genau fest. [10]
Diese Entwicklungen verdankten den Diskussionen des Privatkomitees sehr viel, aber ihre endgültige Form prägten später andere. Vorschläge Stroganows für eine teilweise Emanzipation der Leibeigenen lehnte der Zar ab, ebenso Anträge von Kotschubej und Czartoryski, den Verkauf von Leibeigenen zu verbieten, wenn nicht gleichzeitig Grund und Boden zum Lebensunterhalt des Befreiten abgegeben würde. Letztlich wagte es Alexander doch nicht, die Zügel der Regierung den Händen der alten oligarchischen Familien zu entwinden, da sie seine Thronbesteigung als Rückkehr zum normalen politischen Leben so sehr begrüßt hatten. Er mußte sich aber auch selbst schützen, um nicht als Marionette einer Gruppe von Königsmördern zu gelten. So rasch als möglich wurden Graf Pahlen, General Bennigsen und andere Verschwörer offiziell in weit entfernte Provinzen versetzt. Alexander wollte nicht mehr an das furchtbare Drama im Michajlowskij-Palast erinnert werden, indem er persönlichen Kontakt mit jenen vermied, die die Palastrevolution angezettelt hatten. Nur Graf Panin blieb weiter in St. Petersburg im Auswärtigen Amt.

Die Krönung Alexanders im September 1801 in Moskau

Während des ganzen Sommers herrschte in Hofkreisen der ausgesprochene Wunsch, daß der Zar so rasch als möglich in den Süden, nach Moskau, reisen sollte, um in der alten Hauptstadt gekrönt zu werden. Alexander hatte das gleiche Gefühl, denn er wußte genau, daß er als echter »Kaiser und Herrscher aller Reußen« nur anerkannt war, wenn er durch ein langwieriges Ritual in der Uspenskij-Kathedrale (Mariä-Himmelfahrts-Kathedrale) im Moskauer Kreml gekrönt worden war. Die Etikette verlangte auf der einen Seite eine längere Trauer nach der Beerdigung seines Vaters, aber auf der anderen Seite sagte ihm sein Verstand, daß die Krönungszeremonie besser noch vor dem Winter stattfinden sollte. Endlich kam man überein, das Krönungsdatum auf Mitte September (nach dem russischen Kalender) und auf den 27. September nach dem gregorianischen festzulegen. Als die ersten Herbstregen in Rußland niederfielen, zogen die ersten Adeligen und ihr Gefolge von St. Petersburg nach Moskau, das etwa 640 Kilometer südlich lag. Es waren nur vier Jahre und fünf Monate vergangen, seit sie die gleiche Reise zu Pauls Krönung gemacht hatten.

Am 11. September verließen Alexander und Elisabeth St. Petersburg. Sie fuhren mit Schnellkutschen nach Nowgorod und dann nach Twer. Je mehr sie sich Moskau näherten, um so größer wurde Alexanders Ungeduld. Die kaiserliche Karosse rasselte am Abend des 16. September in Twer ein, immer noch etwa 160 Kilometer von Moskau entfernt. [11] Zur Bestürzung seiner Adjutanten – und natürlich auch seiner Gemahlin –, entschloß sich Alexander, rasch ein Nachtmahl hinunterzuschlingen, sich einige Stunden auf einem Sofa auszustrecken und morgens um zwei Uhr die Reise fortzusetzen. Seine rastlose Energie war für die Nerven aller Beteiligten eine große Anstrengung. Die Straßenverhältnisse waren ausgesprochen primitiv, etwas besser als ein schlechter, schmutziger Weg, und Alexander bestand darauf, die letzten 160 Kilometer in sechzehn Stunden zurückzulegen, eingeschlossen war ein leichter Imbiß in den Nachmittagsstunden. »Zum Essen«, schrieb Elisabeth am folgenden Morgen ihrer Mutter, »konnten wir uns nur kurz waschen, was dringend notwendig war, denn ich glaube, daß ich in meinem ganzen Leben noch nie so schmutzig gewesen bin ... Während unserer ganzen Reise hinterließen wir eine große Staubwolke.« [12] Am 17. September um 6 Uhr morgens erreichten Alexander und Elisabeth den Petrowskij-Palast, an der nordwestlichen Zufahrtstraße nach Moskau gelegen. Dort, in der neoklassizistischen Eleganz eines von Katharina in späteren Jahren erbauten Palastes, ruhten sie sich drei Tage aus, ehe sie offiziell in die alte Hauptstadt einzogen.

Die Krönungsfeierlichkeiten der Zaren unterstrichen immer die enge Verbindung der kirchlichen Autorität mit der weltlichen Souveränität des »Heiligen Rußland«. Beinahe vierhundert Jahre hatte Moskau die Vormachtstellung inne, war Zentrum und Seele der russischen Orthodoxie. So war Moskau für Millionen echter Gläubiger zu einem nationalen Wallfahrtsort und einer heiligen Stätte geworden. Im Jahre 1801 bestand Moskau noch aus glitzernden Kathedralen, Kirchen und Kuppeln, und seine Straßen hallten dauernd von Kirchengeläut wider. Auf fünfzig Einwohner kam ein Priester, und in den Mauern der Stadt gab es mehr Kirchen und Kathedralen als in Rom. [13] Aber die Stadt war nicht nur ein geistliches Zentrum: Es war die traditionelle Heimat der Zaren, und der feierliche Einzug des neuen Regenten durch das Twerer Tor und durch die lange Hauptstraße zum Kreml hatte für alle seine Untertanen eine tiefe Bedeutung, denn es war eine Bestätigung der Kontinuität zwischen dem Erbe der Moskowiter und dem Reich, das Peter der Große in den nördlichen Sümpfen mit seiner künstlich angelegten Hauptstadt geschaffen hatte. Folglich war der Höhepunkt der Feierlichkeiten der offizielle Krönungsakt in der Uspenskij-Kathedrale im Kreml, dem in der Woche vorher ausgedehnte Feste vorausgingen, die jedem echten Russen aus historischen und konventionellen Gründen heilig waren.

Für Alexander begannen die Feierlichkeiten am Sonntag, dem 20. September, als er den Petrowskij-Palast verließ und aufrecht auf einem Schimmel die sechs Kilometer lange Hauptstraße zum Kreml ritt. Es war ein ausgesprochen schöner Herbsttag, und die Straßen waren umsäumt von Tausenden von Menschen, die niederknieten und das Zeichen des Kreuzes machten, um ihr »Väterchen«, ihren »lieben Engel« zu segnen, als er an ihnen vorbeiritt. Einige versuchten, seine Reitstiefel zu küssen oder, was besonders gefährlich war, die Beine seines Pferdes. Wie in einem Traum nahm er ihre Huldigungen entgegen, ein starres Lächeln belebte seine Gesichtszüge, und er sah wie ein Halbgott aus. An der Spitze des Zuges ritten vor ihm die Garde-Kavallerieregimenter, deren Pferde mit rotgoldenen Schabracken bedeckt waren, und die Moskauer Aristokratie trug altmodische, weite, mit Borten besetzte Gewänder, die im Schnitt viel älter und russischer waren als das, was man in St. Petersburg sah.

In der darauffolgenden Woche gab es Bankette, feierliche Empfänge, und sowohl Alexander als auch Elisabeth waren dankbar, wenn sie abends ihre Repräsentationspflichten erfüllt hatten. Die oft geübte Selbstkontrolle und seine Gabe der Verstellung gaben Alexander die Möglichkeit, die Menschen mit offener Leutseligkeit und Freundlichkeit zu grüßen. Mit ganz besonderer Wärme sprachen sie von »seinem wolkenlosen Lächeln«

und daß »das kommende Frühjahr die Dunkelheiten des Winters von seinem Gemüt nehmen würde«. [14]
Elisabeth, die während der Krönungsfeierlichkeiten Pauls in Moskau sehr unglücklich gewesen war, fühlte sich in der Unterhaltung mit den Adeligen der Hauptstadt gehemmt: »Da ich weder ihre Namen noch ihre Familien kenne, weiß ich nicht so recht, was ich sagen soll«, berichtete sie ihrer Mutter nach dem ersten großen Empfang; und sie fügte hinzu, daß sie beim Diner mit dem Generalgouverneur von Moskau glücklicher gewesen sei, da »der größere Teil dieses Kreises aus St. Petersburg kam«. [15]
Am Ende der Woche beklagte sie sich über das dauernde Umherziehen. Die Wahrheit war, daß sowohl der Ehemann als auch seine Frau unter intensivem Lampenfieber zu leiden begannen. Im Kreml fühlte Alexander den Geist seines verstorbenen Vaters. Es gab Zeiten, da ihn die Bürde der Selbstkritik zu Tränen rührte, und bei solchen Anlässen konnte ihn seine Frau nur wenig trösten, denn ausgerechnet am Vorabend der Krönung mußte sie sich mit einem »Gallenfieber« in ihre Gemächer zurückziehen. Der Gedanke an eine fünf Stunden dauernde kirchliche Zeremonie war für beide eine Qual. [16]
Am Krönungstag selbst blieb das Wetter gut. [17] Kurz nach Tagesanbruch ritten Herolde durch die Straßen und verkündeten, daß heute – Sonntag, den 27. September 1801 – ein Kaiser in der Stadt gekrönt werde. Für die Stadtbevölkerung wurden Tische mit Essen und Getränken entlang der Durchgangsstraße vom Schönen Tor durch die ärmeren Gegenden zum Nikolaus-Tor in der Kremlmauer aufgestellt; aber nur ganz wenige der einfachen Leute sahen etwas von der Zeremonie selbst. Alexander und Elisabeth wurden in ihren Gemächern angekleidet und zogen in einer Prozession durch den St.-Wladimir-Saal, in dem schwarze und rote Fahnen aufgehängt waren, zu der »Schönen Treppe« (wird fälschlicherweise im Ausland oft als »Rote« Treppe bezeichnet), wo ihre Untertanen sie kurz unter einem goldenen Baldachin sehen konnten. Langsam bewegten sie sich bis zum Portal der Uspenskij-Kathedrale vorwärts, das weniger als hundert Meter entfernt lag. In der Kathedrale spürte man die zu Bild gewordene Frömmigkeit von Jahrhunderten, das sich widerspiegelnde Kerzenlicht beleuchtete geheimnisvoll die Fresken an den Wänden und der Decke. Die Juwelen des Ikonostas, die goldenen Kirchengewänder und Fahnen schimmerten im Halbdunkel. Umgeben von einer Gruppe hoher kirchlicher Würdenträger ging Alexander an einem erhöhten Po-

dium im Langhaus der Kirche vorbei und wurde von ihnen zu einem Thron geleitet, der mit etwa tausend Edelsteinen besetzt war; Elisabeth saß neben ihm auf einem Thron aus Elfenbein, der ursprünglich für die letzte Tochter des Kaisers von Byzanz geschnitzt worden war. Obwohl der Metropolit von Moskau, Platon, die Liturgie zelebrierte, nahmen die Zaren nicht nur passiv an dem Krönungsgottesdienst teil. Es war Alexander, der das orthodoxe Glaubensbekenntnis aufsagte und auf seinen Knien laut für sein Land und für seine Untertanen betete. Er mußte einen heiligen Eid schwören, daß er das russische Reich unversehrt erhalten wolle und auch die heilige Ordnung der Autokratie. Erst dann wurde ihm, als einem von Gott Gesegneten, gestattet, durch die Königs-Tür in das Allerheiligste einzutreten. Denn bei dieser Gelegenheit hatten die Zaren einmal in ihrem Leben Gelegenheit, sich selbst das Abendmahl zu geben.

Endlich führte der Metropolit den Zaren Alexander aus dem Allerheiligsten heraus und geleitete ihn auf das Krönungs-Podium. Er übergab ihm die Zarenkrone, die 1762 ursprünglich für seine Großmutter angefertigt worden war. Alexander hob die Krone, ein Gewicht von neun Pfund in Gold und Diamanten, einen Augenblick hoch und setzte sie sich dann fest auf seinen Kopf. Als nächstes krönte er Elisabeth, und nachdem der Herrscher und seine Gemahlin den Segen des Metropoliten erhalten hatten, gingen sie zu ihren Thronsesseln zurück und empfingen die Huldigungen der Mitglieder der kaiserlichen Familie. Dann wurden sie in reich geschmückte Brokatgewänder gekleidet, zu der »Schönen Treppe« zurückgeleitet und offiziell dem Volke vorgestellt, vor dem sie sich zu Ehren der Dreieinigkeit dreimal verbeugten. Sofort begannen die Glocken der Kremltürme zu läuten und Salutschüsse der Kanonen ließen nach dem Zeremoniell Moskau und seine Umgebung wissen, daß Alexander jetzt der gekrönte Kaiser und Selbstherrscher aller Reußen war.

Nach den Krönungsfeierlichkeiten blieb das kaiserliche Paar noch einen vollen Monat in Moskau. Da gab es Bankette für Hunderte von Gästen, und dort mußten Maskenbälle besucht werden. Ein großes öffentliches Volksfest für die Städter, Schauspiele, Konzerte und Militärparaden fanden statt. Erst jetzt, nachdem der wichtigste Zweck der Reise erfüllt war, begann sich Alexanders Stimmung zu heben. Seine gute Laune ging auf seine ganze Umgebung und auf seine Freunde über, so daß sie von einer Wendung wie von der Fastenzeit zum Osterfest sprachen. Einigen schien es, als wäre er schon umgarnt vom Charme Maria Naryschkinas, einer heißblütigen, in Polen geborenen Gräfin, die ihm von einem gesellschaftlichen Ereignis zum anderen folgte. Es ist wahrscheinlich, daß ihre aufdringlichen Bemühungen an Elisabeths Moskau-Müdigkeit Schuld trugen. [18] Aber ein Teil von Alexanders guter Laune war zwar nur spontan, doch liebte er es immer, einen Walzer oder eine Polonaise zu tanzen, ja sogar die maßvolle Ordnung einer Quadrille. Man darf annehmen, daß auch Elisabeth sich amüsierte, und obwohl sie sich beklagte, daß sie »von Ball zu Ball« gehen müsse, so geht aus ihren Briefen doch hervor, daß ihr die verschiedenen Vergnügungen auch Spaß machten.

Aber bei weitem waren nicht alle Ereignisse dieses Krönungsbesuches von fast frivoler Leichtigkeit. Am Vorabend ihres achten Hochzeitstages machten Alexander und Elisabeth eine Pilgerfahrt zum Grabe des Heiligen Sergius in das Troizkj-Kloster, 70 km von Moskau entfernt, auf der Straße nach Jaroslawl; und an einem anderen Tag teilte das kaiserliche Paar an die Findelkinder der Stadt Gaben aus. Außerdem war die Krönung traditionsgemäß ein Ereignis, bei dem Titel, Geschenke und Land an treue Hofbeamte zur Verteilung kamen. Alexander zeichnete nur wenige aus und weigerte sich, leibeigene Bauern, die der Krone gehörten, an die Hocharistokratie und den Landadel zu übergeben, obgleich diese ihn immer unterstützt hatten. Obwohl er noch nicht genau wußte, wie er die Leiden der Leibeigenen lindern sollte, war er doch zum mindesten fest entschlossen, daß diese Einrichtung während seiner Regierungszeit sich nicht noch weiter ausdehnen dürfe. In gewissem Sinne war diese Entscheidung aber unheilvoll.

Während des ganzen Herbstes blieb der Zar in Moskau. Vom Osten her kam starker Regen und mit ihm die Gefahr von Hagel und Schnee. Endlich, am Dienstag, dem 27. Oktober, setzte sich die kaiserliche Kavalkade in Richtung Twer und die im Norden gelegene Hauptstadt in Bewegung. Die Straßen, die auf dem Hinweg vor sechs Wochen trocken und staubig gewesen waren, versanken jetzt in Schmutz und Morast. Alexanders tollkühne Eile wurde davon nicht beeinflußt. »Der Kaiser war absolut entschlossen, diese Reise in weniger als fünf Tagen zu beenden«, schrieb Elisabeth nachher. Als Folge davon schlief das Paar während der ersten zwei Nächte nur kurz und fuhr die vierte Nacht ganz durch, um spät am Samstag abend in St. Petersburg anzukommen. Sie waren verschmutzt und erschöpft und doch erleichtert – so sagte Elisabeth –, daß sie endlich ihre

Zähne putzen konnten. Herzlich lachten sie über die Unannehmlichkeiten, an denen sie selbst Schuld trugen. [19]
Als Alexander zum Herrscher des größten Reiches der Welt gekrönt wurde, fehlten nur noch wenige Wochen bis zu seinem vierundzwanzigsten Geburtstag, und Elisabeth war, obwohl es eine Gräfin Naryschkina gab, mit ihren dreiundzwanzig Jahren sein bester Kamerad und seine einzige Vertraute.

KAPITEL 4

Schatten des Krieges

Außenpolitik: Isolation oder Bündnisverträge?

In gehobener Stimmung und mit neuem Selbstvertrauen kehrte Alexander nach St. Petersburg zurück. Die Krönungsfeierlichkeiten lagen glücklicherweise hinter ihm, und er hatte sich selbst von der Treue, Wärme und Loyalität seiner Untertanen überzeugt. Sie hatten ihn als einen echten Herrscher anerkannt und in ihm keinen Thronräuber oder gar Vatermörder gesehen. Es war das erste Mal seit der Thronbesteigung, daß Alexander selbst fühlte, daß ihn der Geist seines Vaters nicht mehr verfolgte. Vorsichtig begann er, sich selbst zu finden. Anfangs war es ziemlich unklar, welche Rolle er, ganz besonders in der Außenpolitik, spielen sollte. Zur Zeit der Ermordung Pauls zog sich der Zweite Koalitionskrieg, der ohne Resultat enden sollte, immer noch hin.

Durch die französischen Siege gegen die Österreicher bei Marengo und Hohenlinden beherrschte Napoleon zu Ende des Jahres 1800 auch das nördliche Italien und zwang sie, um Frieden zu bitten. In den letzten Monaten seiner Regierung arbeitete Paul mit Dänemark, Schweden und Preußen in einer Liga bewaffneter Neutralität zusammen. Man wollte so auf die Engländer in Norddeutschland und im Baltikum einen Druck ausüben. Dieses Bündnis war aber nur von kurzer Dauer. Fünf Tage nach Pauls Ermordung führte ein Angriff der englischen Marine gegen die Flotte vor Kopenhagen zur Auflösung der Liga und verstärkte den Wunsch der Berater des neuen Zaren, mit London endlich zu einem Vertrag zu kommen. Alexander jedoch traute den Engländern nicht, vor allem nach dem Angriff vor Kopenhagen; und vieles, was Konsul Bonaparte in Frankreich erreicht hatte, sprach seine eigenen politischen Instinkte an. Vorausgesetzt, daß Napoleon keinen territorialen Ehrgeiz auf dem Balkan oder im östlichen Mittelmeer hatte, konnte Alexander zwischen Frankreich und Rußland keine sich widersprechenden Interessen sehen. Die »jungen Freunde« des Kaisers vom Geheimen Komitee waren im großen und ganzen mit ihm einer Meinung, und als er mit ihnen im Spätsommer des Jahres 1801 seine Außenpolitik besprach, hatten sie den Eindruck, daß er es vorzöge, zuerst die Zwistigkeiten mit Frankreich zu bereinigen, sozusagen als Vorspiel einer passiven Isolationspolitik. [1] In der ersten Oktoberwoche wurde in Paris von Rußland und Frankreich ein Friedensvertrag unterzeichnet. Die Franzosen erkannten die Interessen Rußlands im östlichen Mittelmeer an und erklärten sich bereit, Alexander bei der Neuordnung der territorialen Grenzen der deutschen Staaten zu Rate zu ziehen. [2] Als einige Tage später bekannt wurde, daß Panin sich auf seine Güter zurückziehen würde und das Auswärtige Amt von Graf Kotschubej übernommen werden sollte, glaubten die meisten Diplomaten in St. Petersburg, daß der Zar und seine Minister eine Friedenspolitik verfolgen wollten, um im Inland Reformen durchzuführen. Auch Kotschubej war dieser Meinung, und er vertrat die Ansicht, daß er viel lieber Reformen in der Verwaltung durchführen würde, als sich mit den Enttäuschungen der Diplomatie zu beschäftigen. Im Winter 1801/1802 benahm sich der Zar zunehmend so, als wäre er sein eigener Außenminister. Im Frühjahr hatte er sich über die europäischen Verhältnisse seine eigenen Anschauungen gebildet und setzte sich über die Ratschläge des Geheimen Komitees hinweg. Pawel Stroganow zeichnete am 28. März auf, daß Alexander »sehr bestimmt auftrete«, und eine Woche später gab es zwischen dem Zaren und seinen Freunden einen Frontal-Zusammenstoß, weil Alexander tatsächlich vorschlug, Rußland sollte lieber versuchen ein Netz von Bündnisverträgen zu schließen, als sich von den Geschehnissen im westlichen und zentralen Europa zu isolieren. [3] Kotschubej war sprachlos. Im geheimen glaubte das Geheime Komitee, daß Maria Fjodorowna an der Halsstarrigkeit ihres Sohnes die Schuld trüge, der im ersten Winter seiner Regierungszeit einmal wöchentlich bei seiner Mutter speiste. [4] Es unterliegt keinem Zweifel, daß ihr unnachgiebiger Haß gegen die neuen Ratgeber sich manchmal auch in die Seele ihres Sohnes einschlich. Aber es gab noch einen anderen Grund für Alexanders Haltung. Nach seiner Rückkehr aus Moskau hatte der Zar einen Brief von Friedrich Wilhelm III. von Preußen erhalten, der ein Treffen der beiden Monarchen vorschlug, um die Lage der deutschen Staaten und Zentraleuropas zu besprechen. [5]

Anfang des neuen Jahres wiederholte der König seine Vorschläge und lud

Alexander zum Besuch nach Memel ein. Am 8. Februar sandte der Zar Friedrich Wilhelm ein persönliches Schreiben, aus dem klar hervorging, daß er ein Zusammentreffen dieser Art begrüße. [6] Über den Briefwechsel mit dem König informierte er, Alexander, Kotschubej erst Mitte April, und dann war es bereits zu spät, noch Änderungen des Programms vorzunehmen. Das Geheime Komitee hörte von dem geplanten Treffen erst wenige Tage vor der Abreise des Zaren. Verständlicherweise war Kotschubej sehr aufgebracht. »Können Sie sich einen Außenminister vorstellen, der von diesen Eskapaden vorher nicht in Kenntnis gesetzt wird?« schrieb er in einem Brief an den russischen Gesandten in London. [7]

In Memel kam Alexander am 10. Juni an und brachte dort fast eine Woche zu. [8] Obwohl die Stadt nur wenige Kilometer von seinen eigenen litauischen Gebieten entfernt lag, faszinierte sie Alexander in diesen langen Sommertagen ganz besonders. Niemals vorher war er Gast an einem fremden Hofe gewesen, und die Preußen taten alles, um seiner Eitelkeit zu schmeicheln. Jeden Abend gab es einen Ball, bei dem er mit der schönen Königin Luise tanzte, die einundzwanzig Monate älter war als er selbst. Es machte ihm Spaß, mit Luise zu flirten, während sie ihrerseits voller Bewunderung über seine Freundlichkeit und vornehme Art war. Alles was er sah, beeindruckte ihn, aber besonders gefielen ihm die Potsdamer Regimenter, die auf dem Kasernenhof im Stechschritt hin und her exerzierten, mit diesem blinden Gehorsam und strengster Disziplin, die der arme Paul einst vergebens versucht hatte, seinen eigenen Garderegimentern beizubringen. Jeden Morgen ritt der Zar neben dem König von Preußen aus, beide in Gespräche vertieft, auf der einen Seite der Enkel Katharinas II., auf der anderen der Großneffe Friedrichs II. Sie besprachen, während sie so im Sattel saßen, militärische und politische Fragen, die das Schicksal des Kontinents bestimmten. Sie taten, als wären *sie* die wahren Herrscher über die Weiten Mitteleuropas und nicht Bonaparte. Vier Tage, nachdem Kotschubej in Memel angekommen war, schrieb er: »Die beiden Souveräne regelten die Angelegenheiten unter sich«, und bitter fügte er hinzu, »wo solche Zustände herrschen, bin ich oft gezwungen, zu schweigen.« [9]

Eine Gedenkmedaille, die zu Ehren des Besuches geprägt wurde, zeigte auf der einen Seite den Kaiser von Rußland und den König von Preußen im Profil und auf der Rückseite zwei sich schüttelnde Hände, die sich symbolisch gegenseitig ewige Freundschaft versprachen. In späteren

Jahren dachte Alexander mit Zuneigung an die warme Kameradschaft Friedrich Wilhelms zurück. Er erinnerte sich der offensichtlichen Schönheit der Königin Luise, und es ist sicher, daß des Zaren Einfühlungsvermögen und seine gefühlswarmen Antworten auf politische Probleme Preußens durch die großzügige Aufnahme in Memel mitbestimmt waren. Aber diese unwägbaren Dinge lagen in der Zukunft, und als Alexander wieder in St. Petersburg zurück war, gab es einige, die ihn über den Nutzen der Reise nach Memel ausfragten. [10] Maria Fjodorowna gab seiner Reise eine warme Zustimmung, denn eine so enge Bindung zwischen Rußland und Preußen erschien wie ein diplomatischer Sieg, der ganz im Sinne Pauls gewesen wäre. Andere in der Hauptstadt waren weniger glücklich. Die Kaiserin Elisabeth, mit Familienbeziehungen nach Baden, war über die Aussichten einer engen Zusammenarbeit mit Preußen nicht besonders erfreut. (Auch darf man annehmen, daß sie die dauernden Lobreden, die preußische Königin betreffend, nicht entzückten.) Nach seiner Rückkehr in die Hauptstadt war der Zar voller guter Absichten, und er gab Kotschubej die Versicherung, daß er weder einen russisch-preußischen Bündnisvertrag abschließen noch aktiv in die europäischen Streitigkeiten eingreifen werde. [11] Aber zu diesem Zeitpunkt waren die Flitterwochen seiner Regierungszeit bereits vorüber: Kotschubej ließ sich auch nicht davon überzeugen, daß Alexander seinen angegebenen Prinzipien treubleiben würde.

Ende Juli trug sich der Außenminister mit dem Gedanken, seinen Rücktritt zu erklären. Er beanstandete, daß Alexander ihm Befehle gab, die er ausführen sollte, obwohl er vorher weder gefragt wurde, ob er den Befehl für vernünftig halte, noch ob er glaube, daß der Zeitpunkt der richtige sei. In einem privaten Schreiben erklärte er: »Ich darf mich nur noch darauf beschränken zu sagen: ›So wünscht es der Kaiser!‹ Und auf die Frage: ›Warum?‹ bin ich gezwungen zu antworten: ›Ich weiß von der ganzen Sache nichts – so hat es die Obrigkeit beschlossen.‹« [12]

Regierungsreformen und die Vormachtstellung Woronzows

Es war jedoch in dem Augenblick, in dem Alexander sich den Anschein gab, den Reformen im Innern des Landes den Rücken zuzukehren, als Pläne fertiggestellt waren, die in Rußland ein neues bürokratisches System einführen sollten. Am 20. September 1802 wurde im Namen des Zaren ein Manifest erlassen, das acht Ministerien schuf: das Außen-, das Kriegs-, das Marine-, das Innen-, das Finanz-, das Justiz-, das Wirtschafts- und das Erziehungsministerium. [13] An der Spitze jedes Ministeriums standen ein Minister und ein Vize-Minister, die vom Herrscher ernannt wurden und ihm direkt unterstellt waren. Durch diese Reformen profitierten manche Aspekte des russischen Lebens beträchtlich: Das Erziehungsministerium schuf eine Hauptverwaltung für Lehranstalten, die das Schulsystem in den größeren Städten überraschenderweise wesentlich verbesserte. In den Jahren 1803 und 1804 wurden die Universitäten Dorpat, Kasan, Charkow und Wilna gegründet. Trotzdem waren viele der neu geschaffenen Ministerien in ihrer Bewegungsfreiheit durch veraltete Konventionen so gehemmt, daß sie schlecht in das neue System paßten. Das wichtigste unter ihnen war das Kriegsministerium, eine Einrichtung, die mit Generälen überbesetzt war und im unmittelbaren Einflußbereich des Zaren lag.

Ein Ministerkomitee schuf auch das September-Manifest. [14] Obwohl es nur beratende Funktion hatte, diskutierte es immerhin die Sache. Bei den Beratungen führte meistens der Zar den Vorsitz. Es war seine Absicht, daß das Komitee nur eine koordinierende Aufgabe haben sollte und keine kollektive Verantwortung. Ursprünglich hatte Alexander die Arbeit des Ministerkomitees sehr ernst genommen; er bestand darauf, daß regelmäßig Sitzungen abgehalten wurden, und in den ersten fünfzehn Monaten nach der Gründung fanden fünfundsechzig Sitzungen statt. Nur an drei Sitzungen konnte der Zar nicht teilnehmen. Ende des Jahres 1804 flaute seine Begeisterung für das Ministerkomitee bereits ab; im darauffolgenden Jahr trat das Komitee nur sechzehn Mal zusammen, und Alexander war nur bei den ersten vier Treffen anwesend.

Das September-Manifest hatte die unbeabsichtigte Wirkung, daß es Kotschubej die Gelegenheit gab, das Außenministerium mit Würde zu verlassen. Zum neuen Außenminister ernannte der Zar den Grafen Alexander Woronzow, der sechzig Jahre alt war. Vierzig Jahre früher hatte Woronzow als russischer Gesandter dem jungen König Georg III. in London sein Beglaubigungsschreiben überreicht. Der Zar hielt große Stücke auf den Grafen, und als er Woronzow zum Außenminister vorschlug, verband er das Angebot mit dem Versprechen, ihn zum Staatskanzler zu machen. Dieser Titel wurde nur selten denjenigen verliehen, die die oberste Leitung der Aktivitäten des Reiches innehatten, und deshalb glaubten die ausländischen Diplomaten, daß diese Ernennung erfolgt sei, um Rußlands Stellung unter den europäischen Mächten zu vergrößern. Woronzows Kanzleramt begann im Herbst 1802; Europa hatte seit zehn Jahren endlich Frieden. Im März 1802 war der Friede zu Amiens unterzeichnet worden, der den Krieg zwischen Frankreich und England beendete. Drei Monate später wurde Frieden zwischen Frankreich und seinem vergessenen Feind, der Türkei, geschlossen. Für einige Zeit schien Europas Situation ausnahmsweise normalisiert zu sein.

Bald aber fanden sowohl Diplomaten als auch Reisende, daß es leichter war, Kanonen zum Schweigen zu bringen, als Frieden zu machen. Die Probleme in Deutschland und Italien, die Zukunft Maltas (von den Engländern seit 1800 mit dem Versprechen besetzt, die Insel dem Johanniterorden zurückzugeben) und das unbestimmte Schicksal weit entfernt liegender Kolonien zeigten die Hohlheit der vertraglichen Übereinkünfte. Am Ende des Jahres 1802 sah man, daß der erneute Kampf zwischen den Mächten nur eine Frage der Zeit sein konnte. In allen europäischen Außenministerien machten sich die Diplomaten Gedanken, wie sie sich aus dem Kriege heraushalten könnten; die meisten von ihnen fanden die Aussichten düster. [15] Als im Mai 1803 der Krieg zwischen England und Frankreich erneut ausbrach, war Alexander über eine Serie von Seegefechten in den baltischen Gewässern verärgert. [16] Jetzt war er so weit, daß er der Tatsache ins Auge sah, das Prinzip der passiven Nichteinmischung aufzugeben. Er war plötzlich bereit, sich außenpolitisch stärker zu engagieren, obwohl er noch unentschlossen war, wie oder wann er eingreifen sollte. Sollte er sich darauf konzentrieren, Napoleon zu neutralisieren oder eine starke Koalition gegen ihn ins Leben rufen? Alles, was der Zar wollte, war die Gewißheit, daß im Ernstfall die russische Armee gegen die kriegsbegeisterten Rekruten, die Bonaparte ausheben ließ, ihren Mann stehen würden.

Unglücklicherweise konnte ihm keiner von den älteren Kommandeuren

diese Gewißheit geben: Es hatte den Anschein, als ob die Armee zu wenig Gewehre, Kanonen, Ideen und Soldaten hatte.
Nach Alexanders Ansicht gab es nur einen Mann, der in der Lage war, die Armee auf Vordermann zu bringen, und das war sein alter Kriegskamerad Alexej Araktschejew. Seit Oktober 1799 hatte sich dieser auf sein Gut Grusino, etwa 130 Kilometer südöstlich der Hauptstadt, zurückgezogen. Dort erhielt er am 9. Mai 1803 eine Botschaft des Zaren: »Alexej Araktschejew, ich brauche Dich und bitte Dich, sofort nach St. Petersburg zu kommen.« [17] Nach wenigen Tagen war der General in die Hauptstadt zurückgekehrt. Er trug eine Uniform in einfachem Schnitt, wie sie Paul einst angeordnet hatte. Sein Haar hatte er auch nach der alten Gatschinaer Mode zum Zopf geflochten. Seine Ankunft rief unter den Liberalen Bestürzung hervor. Es wurden vorsichtige Versuche unternommen, Alexander davon abzubringen, einen Mann wieder einzusetzen, der mit der Tyrannei der vorherigen Regierung so eng verbunden war. Für Alexander jedoch blieb Araktschejew der Freund, der ihn in die Geheimnisse der Garnisonspflichten und in den preußischen Paradedrill eingeweiht hatte. Sobald sich Alexander in den Kopf gesetzt hatte, daß Araktschejew Ordnung und Tüchtigkeit in die Ausbildung der Truppe bringen könnte, konnte ihn niemand mehr davon abbringen, den General in den aktiven Dienst zurückzurufen. Am 26. Mai teilte er ihm mit, daß er ihn zum Generalinspektor der Artillerie ernenne. Seine erste Aufgabe war es, die Artillerie aufzubauen und ein Nachschubsystem zu schaffen. Er sollte durch das ganze Reich reisen und nachlässige Offizierskorps zu Taten anspornen. Sollte es zum Krieg mit Napoleon kommen – dem größten Artilleristen seiner Zeit –, so sollte die konzentrierte Feuerkraft der Franzosen nicht durch Kavallerie und mit Gewehren ausgerüstete Infanterie abgewehrt werden, sondern durch neue Regimenter, mit schweren Kanonen aus den Waffenlagern von Tula bestückt. Die Voraussetzung war freilich immer, daß Araktschejew genügend Zeit hatte, seine Aufgabe zu erfüllen, ehe der Ton der französischen Aushebungstrommeln wieder einmal zu hören war.

Durch den ganzen Winter von 1802 auf 1803 und auch noch im darauffolgenden Sommer beschäftigte sich Alexander vorwiegend mit militärischen Fragen und den Problemen der europäischen Politik. Sein gesellschaftlicher Ehrgeiz ließ nach: Nur mit Mühe gelang es der Kaiserin, ihn zu überreden, an Faschingsveranstaltungen teilzunehmen und Theateraufführungen zu besuchen, die der Fastenzeit im Jahre 1803 vorausgingen; jedesmal, wenn er an einem wichtigen gesellschaftlichen Ereignis teilgenommen hatte, beklagte er sich nachher, wie langweilig es gewesen sei. »Den ganzen nächsten Tag muß ich nur hören, wie er sich selbst anklagt, daß er überhaupt dort hingegangen ist«, schrieb Elisabeth ihrer Mutter am 26. Februar. [18] Unglücklicherweise war es ausgerechnet ein gesellschaftlich wichtiges Jahr, denn die Stadt St. Petersburg feierte ihr hundertjähriges Jubiläum mit einer Mischung aus zeremoniellem Pomp und öffentlichen Lustbarkeiten, die sich durch den ganzen Sommer hinzogen. Am 28. Mai gab es in der Isaaks-Kathedrale ein Te Deum, dem eine Truppenparade folgte. Regiment um Regiment defilierte am Zaren vorbei, der neben Falconets Reiterdenkmal Peters des Großen stand, und bei Nacht war die Stadt hell erleuchtet, während sich die Gesellschaft bei Maskenbällen und Theateraufführungen amüsierte. [19] Alexander teilte diese fröhliche Stimmung nicht. Sein Selbstbewußtsein, das er nach der Krönung zur Schau getragen hatte, war verschwunden. Wieder einmal verfiel er in jugendliche Melancholie, wie in den schwarzen Tagen, die der Ermordung seines Vaters folgten. Damals hatte er wenigstens bei Elisabeth Trost gefunden. Doch dieses Mal konnte sich Elisabeth nicht des Gefühls erwehren, daß er sich von ihr abwende. In einem Brief berichtete sie ihrer Mutter im Frühjahr, daß ihr Leben ein »endloser Winter« geworden sei. [20]

Es stimmte, daß Alexander nicht mehr die Widerstandskraft hatte, sich gegen die große Zuneigung, die er für die Gräfin Maria Naryschkina empfand, zu wehren. Maria, eine in Polen geborene Schönheit, hatte ihn schon zwei Jahre früher in Moskau interessiert. Doch Ende des Jahres 1801 brach er seine Beziehungen zu der Gräfin zugunsten Elisabeths ab, und weil, das darf man wohl mit Recht annehmen, eine in Polen geborene Geliebte für ihn zu politischen Verwicklungen hätte führen können. Von der Gesinnungsänderung des Zaren wurde die Gräfin offiziell durch einen

Oberhofmeister in Kenntnis gesetzt. [21] Und doch war es für Alexander fast unmöglich, ein Zusammentreffen mit dieser geistreichen und ränkeschmiedenden Adeligen zu vermeiden, die mit einem der reichsten Männer der Hauptstadt verheiratet war; wer weiß, ob er es in Wirklichkeit überhaupt versuchte? Maria Naryschkina war keine Kurtisane im gewöhnlichen Sinne des Wortes. Um 1803 war ihr Spitzname in der Gesellschaft »Aspasia des Nordens«, ein Name, der ihrem Witz und ihrem Geist und den staatsmännischen Eigenschaften ihres Geliebten schmeichelte. Obwohl in späteren Jahren manche Alexander als einen neuen Agamemnon begrüßten, war es in der Tat schwer, in ihm einen Perikles zu sehen.

Es war im Sommer des Jahres 1803, als Alexander immer wieder in den langen weißen nordischen Nächten in ihren Palast kam, und er besuchte sie auch in ihrer Villa, die auf einer Insel lag. Mit der Kunst der Koketterie vertraut, bezauberte sie wie eine Sirene. Immer wieder fand sie Mittel und Wege, diejenigen zu verführen, auf die sie ein Auge geworfen hatte. Im Juli kam sie in andere Umstände, und mit großer Taktlosigkeit stellte sie vor Elisabeth ihre Schwangerschaft zur Schau, indem sie keinen Versuch machte, die Vaterschaft ihres noch ungeborenen Kindes zu verbergen. Vielleicht glaubte sie, Alexander würde die orthodoxe Kirche bewegen, seine und ihre Ehe zu annullieren, um sie zu seiner Gemahlin und zur Kaiserin zu machen. Sollte dies ihr Traum gewesen sein, so schätzte sie die Komplexität des Zarentums und die Bindungen, die zwischen dem Herrscher und seiner Gemahlin bestanden, falsch ein. [22]

In St. Petersburg war niemand schockiert oder erstaunt, daß der Zar sich eine Geliebte nahm, zumal man davon wußte, am wenigsten seine Mutter, die Pauls Kurtisanen immer als persönliche Freundinnen und Begleiterinnen behandelt hatte, vorausgesetzt natürlich, daß Paul seine Zustimmung gab. Aber Elisabeth befand sich in einer ganz anderen Situation: Sie hatte keine Kinder und blieb immer ein einsamer Mensch, dem alles Russische fremd war, und nie konnte sie sich ganz dem Land, das sie adoptiert hatte, angleichen. Von der Kaiserinwitwe wurde sie dauernd in den Hintergrund gedrängt, denn die Hofetikette schrieb vor, daß diese bei allen öffentlichen Anlässen den Vorrang hatte. Elisabeth hörte nicht auf, ihren Gemahl um seiner selbst willen zu lieben und nicht wegen der Krone, die er als Herrscher aller Reußen trug. [23] Sie betrachtete die Naryschkina als eine gemeine Dirne, die darauf aus war, etwas Schönes zu zerstören, das

für sie selbst auch noch nach zehnjähriger Ehe Zauber besaß. Sie nahm sich ihre Freundin, die Großfürstin Anna, nicht als Beispiel, die, müde von den Wutanfällen und der Untreue des Großfürsten Konstantin, - auch kinderlos geblieben - nach Deutschland zurückgekehrt war; sie hatte Geduld zu üben gelernt, obwohl sie manchmal in trüben Stunden Tränen der Verzweiflung nicht zurückhalten konnte. Letzten Endes nämlich besaß Elisabeth über alle Favoritinnen, die Alexander gewinnen wollten, einen ganz großen Vorteil: Nur sie allein verstand die emotionelle Unausgeglichenheit ihres Gatten. Dann und wann half ihr ihr angeborener Instinkt, Alexander zu verstehen. Und gerade deshalb hoffte sie im stillen, daß er eines Tages ganz zu ihr zurückfinden würde.
Dieser Glaube war nicht nur ein hoffnungsvoller Funke, der in der trübseligen Stimmung, die im Palast herrschte, schwelte; denn auf die Dauer konnte Alexander nicht immer untreu sein. Er fühlte, daß er Maria Naryschkina brauche, und doch hatte er von seiner Natur her Gewissensbisse, und deshalb brachte ihm seine neue Liebe nicht die gewünschte Entspannung und kein echtes Glück. Mochte die Gräfin auch über Sitten und Kleiderfragen plappern, mochte sie mit Alexander flirten oder ihn mit Leidenschaft lieben, sie gab doch nur Erregtheit in eine künstliche Atmosphäre ihrer Beziehungen. Obwohl Alexander Elisabeth oft mehr als Kameraden denn als seine Frau behandelte, so waren ihre Beziehungen doch echter Natur, die selbst seine Seitensprünge nicht zerstören konnten. Nur mit Elisabeth war Alexander durch frühere gemeinsame Erlebnisse verbunden, nur mit ihr konnte er darüber lachen, und nur mit ihr fühlte er sich durch das Band der Sympathie verbunden, das zuerst während Pauls Regierungszeit gewoben worden war. Aber gerade in Momenten, wenn ein Spiegelbild aus der Vergangenheit vor sein Auge trat und er sich seiner unaufrichtigen Pose in der Gegenwart bewußt wurde, versuchte er, sich vor der Öffentlichkeit zu verbergen. Er wurde, wie Elisabeth zu sagen pflegte, »ein Opfer seiner schrecklichen Gesellschaftsmüdigkeit«. [24] Obwohl in politischen Fragen dem Willen des Herrschers bedingungslos gehorcht wurde - darüber hatte sich Kotschubej beklagt -, so war er in seinem privaten Leben unglücklich und unsicher, genau wie in den früheren Jahren, als er zwischen Großmutter und Vater hin- und hergerissen wurde.
Im kommenden Jahr ereignete sich eine tragische Episode, bei der wieder einmal Alexanders Abhängigkeit von Elisabeth klar zutage trat. [25] Im

Januar gebar Maria Naryschkina ihrem Geliebten eine Tochter. Alexander war ein stolzer Vater, und es gelang ihm nicht, seine Freude vor Elisabeth zu verbergen. Wenige Monate später starb das Töchterchen, doch dieses traurige Ereignis beeinflußte das hektische Leben der Gräfin Maria nicht. Es war Elisabeth und nicht Maria, die Alexanders Schmerz teilte und ihm Selbstvertrauen und Tröstung gab. Wäre es in den Tagen außenpolitischer Bedrohung nur die Naryschkina-Affäre gewesen, die Schuld an Alexanders emotioneller Unausgeglichenheit trug, so ist es wahrscheinlich, daß die Versöhnung zwischen den Gatten bald stattgefunden hätte. Aber Alexander konnte die Probleme der Gefühlsbeziehungen seiner eigenen Familie gegenüber nicht lösen. Er war der Älteste von vier Brüdern und fünf Schwestern, doch außer mit seinem Bruder Konstantin hatte er mit den jüngeren Geschwistern in deren Kinderzeit nur wenig Kontakt. In jungen Jahren, als er den Hof des Großfürsten beinahe als ein Fremder besuchte, fühlte er sich zu seiner jüngeren Schwester Alexandra, die fünfeinhalb Jahre jünger war als er, hingezogen. Im Winter 1799–1800 heiratete Alexandra Pawlowna den Erzherzog Joseph von Österreich, Palatin von Ungarn. In der gleichen Woche, in der ihr Vater ermordet wurde, starb sie im März 1801 im Kindbett. Das zufällige Zusammentreffen dieser beiden Ereignisse belastete Alexanders Gemüt. [26] Bald nach seiner Thronbesteigung fand er für den Verlust Alexandras Ersatz und freundete sich mit seiner vierten Schwester, Katharina, an, die im Mai 1788 das Licht der Welt erblickt hatte. Katharinas Geburtstag und Namenstag vergaß er nie, und er fuhr immer nach Pawlowsk, um diese zu feiern, was er für seine jüngeren Geschwister nicht tat. Im Frühjahr 1803 wollte Maria Fjodorowna ihre Tochter Katharina verheiraten und sah sich nach einem Gemahl um. Sie hatte den Erzherzog Joseph immer gerne gemocht, und sie lud ihn ein, nochmals eine Reise nach Rußland zu machen, wo er – es wurde zwar nicht ausgesprochen – unter Umständen seine zweite Frau aus der gleichen Familie nehmen konnte. Der Augenblick war ausgesprochen schlecht gewählt. In jenem April war Alexanders Gemüt von Melancholie bestimmt. Bei dem Gedanken, daß er auch diese geliebte Schwester an den Erzherzog Joseph verlieren könnte, versank er in Schwermut, so daß er am Tage der Ankunft des Palatins krank wurde und über eine Woche das Bett hüten mußte. [27] Die Schwierigkeiten politischer und religiöser Art, die dieser Heirat im Wege standen, waren zu groß, und Joseph kehrte ohne Aussicht auf ein Verlöbnis nach Ungarn zurück. Es scheint, als ob dieses Ereignis Alexanders Zuneigung für Katharina vertieft hat. Sie wurde für ihn, wie er mit brüderlicher Liebkosung schrieb, »das Licht meiner Augen, die Angebetete meines Herzens und der Leitstern im Alter«. [28]

Nach außen hin zeigte Alexander die Spannungen, die ihn im Laufe des Jahres 1803 bewegten, nicht. Doch war er außerstande, seiner Tanzleidenschaft, die ihm noch einige Jahre vorher so viel Freude bereitet hatte, zu frönen. Alexander und Elisabeth besuchten gemeinsam, wie sie es vor seiner Thronbesteigung getan hatten, die gesellschaftlichen Ereignisse. Am 30. Juli zum Beispiel nahmen beide eine Abschiedsparade der Militärkadetten in St. Petersburg ab, wie man das heute nennen würde. Martha Wilmot, eine englisch-irische Dame, die in St. Petersburg neu eingetroffen war, um bei der Prinzessin Daschkowa zu wohnen, beobachtete das Zarenpaar und schrieb an ihre Mutter in Cork: »Er ist groß und ein gutaussehender junger Mann – sie ist groß und hübsch und wäre eine Schönheit, wenn sie im Gesicht nicht einen schrecklichen Ausschlag hätte; sie trug ein leichtes, fliederfarbenes Gewand, das immer auf dem Boden schleppte und *echt Russisch* wirkte. Ein Schal und ein Spitzenschleier waren ihre einzige Kopfbedeckung.« [29] Es steht fest, daß Alexander bei der Masse des Volkes nichts von seiner Popularität eingebüßt hatte. Aber änderten sich seine Ansichten? Liberale Freunde unter den jüngeren Aristokraten waren enttäuscht, daß sein Reformeifer, den er am Anfang seiner Regierungszeit gezeigt hatte, so wenig Früchte trug. Obwohl Alexander selten bei den Sitzungen seiner Ministerien fehlte, so interessierte er sich mehr für militärische Fragen. Im Herbst beklagte sich die unglückliche Elisabeth in einem ihrer Briefe aus dem kleinen Palast von Krasnoje Selo, daß ihr Leben ganz von militärischen Fragen bestimmt werde, daß sie am liebsten als Überschrift »Aus dem Hauptquartier« schreiben würde. Alexander trug jetzt meistens Stulpenstiefel mit Sporen. Es waren unheilverkündende Entwicklungen! [30]

Alexander ist über den Ersten Konsul enttäuscht (1803–04)

Mitte des Sommers 1803 lagen die Schatten eines allgemeinen Krieges über dem ganzen Kontinent. Man wußte nicht genau, was die Franzosen in Deutschland, im nördlichen Italien und im östlichen Mittelmeer beabsichtigten: Die Engländer waren bereits in den Konflikt verwickelt. Alexander wußte nicht genau, wem seine Sympathien galten. Sowohl der Staatskanzler Woronzow als auch der stellvertretende Außenminister Adam Czartoryski waren, im Gegensatz zum Zaren, der Ansicht, daß man Napoleons Ehrgeiz gegenüber auf der Hut sein müsse. In den ersten Monaten des wieder ausgebrochenen Krieges zwischen England und Frankreich behandelte Alexander den englischen Gesandten in St. Petersburg kühl und zögerte nicht, die Regierung Addingtons in London für den Zusammenbruch des Friedens von Amiens verantwortlich zu machen. [31] Im Juni 1803 forderte Napoleon Alexander auf, in den Querelen als Schiedsrichter zu fungieren, ein Vorschlag, der Alexander gefiel. [32] Er sah sich selbst von den streitenden Parteien als kaiserlicher Schiedsrichter anerkannt, der einem dankbaren Kontinent weise und objektive Ratschläge erteilen würde. Diese verwirrende Episode des russischen Schiedsgerichts dauerte nicht einmal sechs Wochen. Am 19. Juli 1803 legte Alexander seine Vorschläge vor. [33] Man war in Paris konsterniert: Die Engländer wurden eingeladen, sich auf der im Mittelmeer gelegenen Insel Lampedusa niederzulassen, nachdem sie Malta vorher einer russischen Besatzung übergeben hatten. Den Franzosen wurden ihre natürlichen Grenzen und eine Vormachtstellung im nördlichen Italien garantiert. Alexanders Vorschläge sahen aber auch die Schaffung eines Gürtels neutraler Staaten über den ganzen Kontinent hinweg vor, der Napoleon seine Vorherrschaft, die er in Deutschland, der Schweiz, Holland und auf der italienischen Halbinsel innehatte, gekostet hätte. Eine solche radikale Änderung der europäischen Landkarte war weder für Paris noch für London annehmbar. Napoleon bemerkte, daß er niemals den Zaren eingeladen habe, seine errungenen Schlachtensiege zu verteilen und kam ungerechterweise zu dem Schluß, daß die Russen nach solchen Vorschlägen sich bereits an die Briten verkauft haben müßten. Am 29. August wies der Erste Konsul offiziell die guten Absichten Alexanders zurück. Er begann Rußland als seinen zukünftigen Gegner zu betrachten. [34]

Alexander war naiv genug, über Napoleons Haltung erstaunt zu sein. Es verletzte seine Eitelkeit, daß er anscheinend doch nicht derjenige sein sollte, der die Neuordnung Europas bestimmte. Bald darauf jedoch quälten ihn noch andere Sorgen. Während des ganzen Jahres hatte das Außenministerium in St. Petersburg, durch seine diplomatischen Vertreter in der Türkei, Berichte über die wachsende Tätigkeit französischer Agenten auf dem Balkan und unter der griechischen Bevölkerung in Konstantinopel erhalten. [35] Die Franzosen verfolgten im südöstlichen Europa eine Angriffspolitik, die den russischen Handel am Schwarzen Meer in Frage stellte und für die Gebiete, die Katharina die Große in ihren Kriegen gegen die Türken ins russische Reich einverleibt hatte, eine Gefahr bedeutete. Das Schreckgespenst französischer Einmischung in der östlichen Frage erregte in St. Petersburg verständlicherweise Befürchtungen: französische Kanonen an der adriatischen Küste und in der Ägäis? Französische Bestechungsgelder für die Familiendynastien in Montenegro? Französische Pläne, auf dem ganzen Balkan Schutzgebiete zu schaffen? Diese Tatsachen oder Halbwahrheiten mußten unter allen Umständen bei Alexander eine Reaktion hervorrufen. Im Herbst 1804 sandte er elftausend russische Soldaten nach Korfu. Dies war deshalb möglich, weil sein Vater während des zweiten Koalitionskrieges über die Ionischen Inseln das Protektorat übernommen hatte. [36] In diesen Gewässern und nicht auf dem Kontinent hätte die Rivalität zwischen Frankreich und Rußland beinahe zu einem Konflikt geführt. Während des ganzen Jahres wurde die Außenpolitik Rußlands vom Zaren selbst bestimmt, und Czartoryski hatte mehr Einfluß als der Kanzler Woronzow, der bei schlechter Gesundheit war und oft außerhalb der Stadt weilte. Im März 1804 bestürzte ihn eine Nachricht aus Paris: Der Herzog von Enghien wurde auf dem neutralen Boden Badens durch französische Agenten ergriffen und nach Vincennes gebracht. Dort stellte man ihn vor ein Militärgericht, und er wurde als Verräter im Solde einer fremden Macht, die einen Angriffskrieg gegen die französische Republik plante, erschossen. Alexander war über dieses Verbrechen außer sich, denn der Herzog war ein Mitglied der königlichen Familie Frankreichs. Durch die Planung dieses Menschenraubes und die Erschießung des Herzogs von Enghien wurde der Erste Konsul in den Augen Alexanders zum Königsmörder. Dies war nicht der einzige Zwischenfall, der den Zaren aufbrachte. Die von Napoleon erzwungenen Abdankung des Markgrafen von Baden hielt Alexander für eine ganz be-

sondere Beleidigung Rußlands, weil man Napoleon verschiedentlich hatte wissen lassen, daß Alexander erwarte, daß man dem Heimatland seiner Frau mit Schonung entgegentrete. Seine Reaktion war rasch und drastisch. Mitte April fand ein Treffen des Staatsrats statt, bei dem, mit Ausnahme einer Stimme, beschlossen wurde, alle diplomatischen Beziehungen zu Frankreich sofort abzubrechen. [37] Der russische Hof erklärte offizielle Trauer, und eine Protestnote wurde nach Paris geschickt.
Diesen Empfindlichkeiten der Russen schenkten die Franzosen wenig Beachtung. Napoleon beauftragte seinen Außenminister Talleyrand, eine Antwort abzufassen, und im offiziellen »Moniteur« erschien eine sachliche Erklärung: »Wenn zum Beispiel England die Ermordung Pauls I. geplant und die russische Regierung herausgefunden hätte, daß sich die Drahtzieher nur einige Meilen von der russischen Grenze entfernt aufhielten, hätte die russische Regierung nicht auch Schritte unternommen, diese sofort zu ergreifen?« [38] Keine Anspielung konnte den Zaren mehr treffen, als dieser überlegte Hinweis auf die Umstände seiner Thronbesteigung. Einige Monate später erreichten Berichte aus Paris St. Petersburg, daß der französische Senat dem Ersten Konsul den Titel Kaiser verliehen habe. [39] Nun hatte Napoleon zu allen Vertragsverletzungen noch eine weitere hinzugefügt, nämlich seine Verachtung gegenüber der erblichen Monarchie. Der Nachfolger Peters des Großen weigerte sich mit aller Macht, dieses neu erstandene Kaiserreich anzuerkennen.
Durch die Erschießung des Herzogs von Enghien und die Proklamation des französischen Kaiserreichs wurde Czartoryskis Stellung in St. Petersburg gestärkt. Verärgerung über die Greueltaten der Franzosen ließ seine Widersacher verstummen. Doch als der Ärger verflogen war und sich die Gemüter wieder beruhigt hatten, kam alter Argwohn gegen Czartoryski als einen Nicht-Russen und Angehörigen der römisch-katholischen Kirche erneut zum Ausbruch, und viele Strömungen wandten sich gegen ihn. Doch im Augenblick schienen diese Mängel nur von geringer Bedeutung zu sein, die Hauptsache war, daß er mit Nachdruck gegen diesen falschen »karolingischen« Usurpator in Paris vorging. Alexander schenkte dem polnischen Prinzen sein Vertrauen, obwohl er ihn aus Vorsicht noch nicht zum Minister ernannt hatte. Titel bedeuteten Czartoryski nichts. Obgleich er mit »Vize-Minister« unterschrieb, genoß er größere Freiheiten, die russische Außenpolitik zu beeinflussen, als irgendein russischer Berater, an den man sich erinnern konnte. Er nutzte

die Gunst des Augenblicks und vergaß weder seine persönliche Loyalität gegen Alexander noch gegen sein Heimatland Polen. [40]
Alexander und Czartoryski waren sich über die russische Politik einig. Der Zar mußte eine große Allianz gegen die Franzosen bilden, bei der Rußland, Österreich und Preußen die wichtigsten Bundesgenossen der Liga waren. Nachdem sich diese drei Länder untereinander geeinigt hätten, würden sie Napoleon Bedingungen über eine Neuordnung Europas übersenden. Nur im Falle, daß er ihre Vorschläge zurückweise, käme eine Zusammenarbeit mit dem Erzfeind über dem Kanal in Betracht. In diesem Fall sähe sich das französische Reich einer Dritten Koalition europäischer Mächte gegenüber. Im ganzen Sommer des Jahres 1804 entfalteten russische Diplomaten in jeder Hauptstadt, die noch nicht unter dem Einfluß Napoleons stand, eine rege Tätigkeit; in St. Petersburg ließ man alle Gedanken an eine innenpolitische Reform zugunsten einer positiven Außenpolitik fallen.
Alexanders Konzept der russischen Außenpolitik sah anders aus als das seiner Vorgänger. Auf Grund seines hohen Idealismus sandte er im Oktober 1804 seinen Freund Nowossilzow nach London, mit Vorschlägen, die Landkarte Europas neu aufzuteilen, so daß die Grenzen mit der jeweiligen natürlichen geographischen Lage zusammenfielen, auch um Industrieentwicklungen zu ermöglichen. Diese Neuaufteilung garantierte neue Absatzmärkte, und »gleichgesinnte Menschen, die unter sich ihre Zwistigkeiten bereinigen können«, sollten in einer politischen Einheit zusammenleben. Das waren ausgesprochen vage Pläne und, als Gegengewicht zu Frankreichs revolutionären Ideen gedacht, ein sozusagen theoretisch-ideologisches Manifest an alle Europäer. Der Zar schlug weiter vor, daß nach dem Friedensschluß die Regierungen Europas ein »neues Völkerrecht schaffen sollten, das für alle Beteiligten gelte!« Krieg durfte erst erklärt werden, nachdem alle Vermittlungsversuche fehlschlugen. Der englische Premierminister Pitt wollte Alexanders Idealismus in die Realität zurückführen und schlug als Gegenmaßnahme ein Ultimatum vor, das Napoleon vorgelegt werden sollte. Nach vielen Verhandlungen in London und St. Petersburg konnten sich die Engländer und Russen über die Bedingungen eines Schiedsgerichts nicht einigen. Indirekt war es Napoleon selbst, der die Einigung der Feinde vollbrachte: Im Mai 1805 krönte er sich selbst zum König von Italien; vierzehn Tage später annektierte er Genua und die ligurische Küste für Frankreich. Der Beweis erneuter napo-

leonischer Annexionsgelüste lag klar auf der Hand, und der Zar gab seine Zustimmung, eine englisch-russische Allianz zu schließen. Am 28. Juli versprachen die Engländer, für jede Einheit von hunderttausend Soldaten, die Rußland gegen Napoleon ins Feld führte, jährlich eine Subvention von $1\frac{1}{2}$ Millionen Pfund zu bezahlen. Zwölf Tage später schlossen die Österreicher mit England und Rußland Verträge ab, die man die »Dritte Koalition« nannte. Und doch, was als umständlicher Versuch Alexanders angefangen hatte, sozusagen eine ideologische Herausforderung gegen den Bonapartismus, wurde am Ende ein zu übereiltes Abkommen, um einen bestimmten Feldzug zu führen.

Militärische Pläne und die Polnische Frage

Obwohl sich die diplomatischen Vorbereitungen des Krieges der Dritten Koalition unverhältnismäßig lange hinauszogen, einigte man sich über die Operationspläne rasch. [41] Auf dem Papier war es ein Meisterplan. Das Reich Napoleons sollte vom Osten, Norden und Süden angegriffen werden. Die Österreicher würden den Krieg mit einem Einmarsch in Süddeutschland beginnen, unterstützt von russischen Vorhuten. Die Hauptarmee sollte innerhalb einer Woche folgen. Die Engländer erklärten sich bereit, 26 000 Soldaten an die Wesermündung zu schicken, die sich mit einem russisch-schwedischen Expeditionskorps vereinigen sollten. Zuerst wollte man in Hannover einfallen und dann westlich in Richtung der Niederlande marschieren. Die Stellungen der Franzosen sollten durch eine Zangenbewegung gefährdet werden: ein österreichischer Angriff im Norden auf Venetien und die Lombardei, eine gemeinsame russisch-britische Invasion in Neapel im Süden von Malta und Korfu aus. Das Königreich Neapel gab das Versprechen ab, eine Armee von 40 000 Soldaten aufzustellen.

Dieser Plan jedoch hatte einen schwachen Punkt. Niemand in St. Petersburg, London oder Wien konnte voraussagen, welche Rolle die Preußen in diesem Feldzug spielen würden. Man glaubte in allen diesen Hauptstädten mit gutem Grund, daß selbst in Berlin darüber Ungewißheit herrsche. [42] Persönliche Sympathien verbanden Friedrich Wilhelm III., Königin Luise und den Zaren Alexander in unauflösbarer Freundschaft, aber die Politik macht es oft notwendig, daß man sich über Sentimentalität hinwegsetzen muß, und viele der Berater des preußischen Königs standen auf dem Standpunkt, daß durch eine Zusammenarbeit mit Napoleon mehr gewonnen würde als durch die Freundschaft mit seinen Feinden. Die Abneigung gegen den Einmarsch schwedischer Truppen in Pommern war groß. Man wollte auch den Kurfürsten von Hannover nicht auffordern, Truppen an der Wesermündung zu landen, denn diese Gebiete waren rein preußisch und gehörten der Hohenzollern-Krone. Friedrich Wilhelm hatte den aufrichtigen Wunsch, den Krieg von Norddeutschland fernzuhalten und sah nichts Widersprüchliches darin, wenn er in einer Woche den Russen und in der nächsten Woche den Franzosen Zusagen machte. Aber ein neutrales Preußen, das im Grunde gegen die Alliierten feindlich gesinnt war, paßte nicht in die Operationspläne, die man in London und St. Petersburg besprochen hatte.

Die Zweifel über die Haltung Preußens benutzte Czartoryski als Ausrede, Alexander zu überreden, in der polnischen Frage die Führung zu übernehmen. Der Plan, den er dem Zaren vortrug, war ein genial aufrichtiger. [43] Angenommen, Friedrich Wilhelm blieb widerspenstig, so sollte in diesem Fall ein russisches Armeekorps bei Brest über die Grenze gehen und Warschau einnehmen, denn dort befand sich damals die Verwaltung für ein Gebiet, das man in Berlin »Süd-Preußen« nannte. Nachdem Warschau gefallen und in russischen Händen wäre, sollte der polnische Adel Alexander die Krone Polens anbieten, das von da ab in dynastischer Union mit dem russischen Reich verbunden sein sollte. Das polnische Volk, das die Russen dankbar als Befreier begrüßen würde, werde daraufhin die Alliierten auf ihrem Marsch in den Westen unterstützen und gegen die Feinde Rußlands kämpfen. Czartoryski hatte bereits Kontakte mit polnischen Patrioten aufgenommen, die außerhalb des russischen Reiches lebten, und von diesen Nationalisten, die normalerweise russischen Ansprüchen gegenüber feindlich gesinnt waren, Zustimmung erhalten. [44]

Czartoryskis Pläne machten Alexander heiß und kalt. Er war zu vorsichtig, um dem Plan voll zuzustimmen, obwohl die Wiederherstellung Polens immer eines seiner Lieblingsziele gewesen war. Er wollte dies aber in einer Form tun, die nicht nur das russische, sondern auch das polnische Volk willkommen hieße, und deshalb wollte er sich diese Gelegenheit nicht gerne entgehen lassen. Auf der anderen Seite war Alexander an seine Verträge, gegen Frankreich Krieg zu führen, gebunden. Er gab die Hoffnung nicht auf, mit Friedrich Wilhelm III. zu einem Vertragsabschluß zu kommen, der den Russen freien Durchgang durch Deutschland zusagte, obwohl Preußen als kriegführende Macht nicht in der Koalition war. Eine Unterstützung des polnischen Nationalismus machte eine solche Übereinkunft unmöglich. Wir wissen nicht, was für Zusicherungen Alexander am Beratungstisch in privaten Gesprächen gegeben hatte, doch steht fest, daß er der »endgültigen Entscheidung« in der polnischen Frage auswich, selbst als seine Armeen entlang der Grenze aufmarschiert waren.

Zu diesem Zeitpunkt hatten Czartoryskis Gegenspieler am Hofe in dem Fürsten Pjotr Dolgorukij einen würdigen Nachfolger gefunden, der aus einer alten Bojarenfamilie stammte und ein Repräsentant der alten russischen konservativen Tradition war. Genauso alt wie Alexander, verband ihn mit diesem eine persönliche Freundschaft. Nach seiner Thronbesteigung hatte Alexander Dolgorukij zu seinem Generaladjutanten ernannt und hielt ihn für einen erfahrenen Militärexperten. In dieser Eigenschaft nahm er auch an den Sitzungen des Staatsrats teil. Dolgorukij begrüßte den Plan einer russischen Teilnahme an einem Krieg gegen Napoleon, aber er hielt nicht viel von den Versuchen, diese Strategie mit den Engländern abzustimmen, und zog deshalb eine kontinentale Liga von Russen, Preußen und Österreichern vor. Obwohl er die genauen Einzelheiten von Czartoryskis polnischen Plänen nicht kannte, glaubte er, der Zar sollte sich zu militärischen Operationen bekennen, die nur am Rande mit dem Hauptgeschehen zu tun hatten. Es kam zu einer stürmischen Sitzung im Winterpalais, als Dolgorukij Czartoryskis detaillierte Pläne mit folgenden Worten unterbrach: »Entschuldigen Sie, Prinz, sollten wir uns nicht etwas weniger mit der polnischen Frage beschäftigen? Sie stehen noch immer im Dienste des Zaren von Rußland.« [45] Alexander verstand die Anspielung.

Am 7. August sandte der Zar an Friedrich Wilhelm einen Brief und drängte ihn, russischen Truppen das Durchgangsrecht durch Preußen zu geben, und mit Dolgorukijs Zustimmung gingen in den folgenden neun Wochen Geheimberichte zwischen den beiden Monarchen hin und her. [46] Alexander verlangte, daß der ursprüngliche Operationsplan geändert wurde, und deshalb wurde die Konzentration der russischen Armee über vierzehn Tage lang hinausgezögert. Da die Nachrichtenübermittlung quer durch Europa nur schlecht funktionierte, begannen die Österreicher in Bayern ihre Offensive am 2. September. Von dem Durcheinander und der Verzögerungspolitik im russischen Generalstabsquartier wußten sie nichts. General Kutusow, Befehlshaber der russischen Vorhut, begann mit seinem Vormarsch in den Westen erst am 12. September: Er war zu diesem Zeitpunkt etwa 800 Kilometer von der Gefechtszone entfernt. Die Hauptmasse der russischen Armee wälzte sich langsam gegen die Grenzen, und ihre Kommandeure wußten nicht genau, ob sie in Preußen einfallen, durch preußisches Gebiet als Freunde marschieren oder in südwestlicher Richtung – wie es Kutusow getan hatte – Preußen ganz umgehen sollten. Es waren schlechte Vorbedingungen für einen Krieg.

Inzwischen befand sich Alexander vor Aufregung wie in einem Fieber. [47] Im August hielt er sich vorwiegend in St. Petersburg auf und trug eine auffallend kriegerische Haltung zur Schau. Gegen den Rat Czartoryskis und seiner österreichischen Verbündeten hatte er sich entschlossen, mit seinen Truppen ins Feld zu ziehen und ihr Schlachtenglück zu teilen. Am Freitag, dem 20. September, besuchte er noch einen hochverehrten heiligen Mann, den Eremiten Seliwanow, der ihm riet, nichts zu übereilen, um den »verfluchten Franzosen« zu vernichten. Am Samstag morgen besuchte er in der Kathedrale einen Frühgottesdienst und kniete lange Zeit im Gebet nieder. Um halb elf Uhr fuhr sein Wagen langsam süd-westlich auf der Straße, die nach Witebsk, Mogiljow und bei Brest an die Grenze führte. Die im Taurischen Palais zurückgelassene Elisabeth schrieb an ihre Mutter einen zusammenhanglosen, aufgeregten Brief, der voll war von stolzem Schmerz, mit dem sie den Kaiser, ihren Gatten, in den Krieg hatte ziehen lassen. [48]

Alexander in Pulawy und Berlin
(Oktober–November 1805)

Nun folgte der Rückschlag. Acht Wochen nach seiner Abreise aus der Hauptstadt kam Alexander im Feldquartier seiner Armee an. Während dieser Zeit warf Napoleon den Angriff der Österreicher nach Bayern zurück und drang an der Donau entlang etwa 480 Kilometer vor, bis an die Außenbezirke der Stadt Wien, die in französische Hände fiel, lange bevor Alexander in Mähren den ersten Kanonenschuß hörte. Es sah aus, als ob der Zar den Rat, den ihm Seliwanow gegeben hatte, wörtlich befolgte,

denn während der Kaiser der Franzosen neue Siege erntete, zögerte der Zar aller Reußen und verlor so kostbare Zeit in den Feldern und Wäldern Polens.
Die Wahrheit war, daß Alexander zu lange mit Preußen verhandelte. Anfang September sandte er an Friedrich Wilhelm einen Brief und bat nochmals eindringlich um freies Durchmarschrecht für seine Truppen. Er bat den König um einen Besuch, um die ungelösten Probleme zu besprechen. Aber erst am 27. September, als Alexander in Brest eintraf, erhielt er die Antwort: Friedrich Wilhelm war mit einem Besuch einverstanden, doch hielt er starrköpfig an dem Neutralitätsabkommen fest. [49] Aber Alexander gab noch nicht auf: Er sandte Dolgorukij nach Berlin, weil er hoffte, daß ein persönlicher Emissär in der Lage wäre, den König zur Aufgabe seines Widerstandes zu bewegen. Zur großen Freude seiner polnischen Umgebung beschloß er, auf dem Familiengut der Czartoryskis, nur 110 Kilometer von der »süd-preußischen« Hauptstadt Warschau entfernt, [50] weitere Nachrichten aus Berlin abzuwarten. Czartoryski informierte er über Dolgorukijs Mission nicht.
Bei seinem Aufenthalt in Pulawy war Alexander meist in bester Stimmung. Er zog den Befehl, nach Warschau zu marschieren, sofort zurück. In einem Brief an den österreichischen Kaiser gab er der Hoffnung Ausdruck, doch noch mit den Preußen zu einem Ausgleich zu kommen, während er zur gleichen Zeit dem Leiter der österreichischen Militärmission wörtlich versicherte, daß er alles versuchen werde, »die Polen zu einem Aufstand gegen die Preußen aufzustacheln«. Er ließ seine Gastgeber glauben, daß die Proklamation eines Polnischen Königreiches vor der Tür stehe. Er studierte Landkarten und prüfte, ob ein Durchmarsch durch preußisches Gebiet wirklich strategisch notwendig war. [51] Seine Unbeständigkeit machte Fremde sprachlos und reizte diejenigen, die ihn genau kannten, wie zum Beispiel Czartoryski. Er fand die Vorbereitungen zum Krieg aufregender als die Schlacht. In den zwölf Tagen, in denen Napoleon eine Armee vom Rhein zur Donau führte, fand Alexander Zeit, seiner geliebten Schwester Katharina sieben Briefe mit nichtigem Inhalt zu senden. [52]
Eigenartigerweise wurden Alexanders weitere Handlungen durch französische Truppenbewegungen auf einem anderen Kriegsschauplatz entschieden. Am dritten Tag seines Besuchs in Pulawy marschierte das Korps des Marschalls Bernadotte durch die preußische Enklave Ansbach, um

sich mit Napoleon, der seine Truppen in Bayern konzentrierte, zu verbinden. Als in Berlin bekannt wurde, daß Napoleon preußisches Gebiet verletzt hatte, ärgerte sich Friedrich Wilhelm über diesen Neutralitätsbruch so sehr, daß er den Russen das Durchmarschrecht durch die preußischen Gebiete Schlesiens gab. Friedrich Wilhelms Gesinnungswechsel kam für Dolgorukij ganz unerwartet, denn er war schon im Begriff, nach Polen abzureisen, überzeugt, seine Mission sei gescheitert. In einer Audienz teilte der König dem Emissär mit, daß er nun selbst so bald als möglich den Zaren an einem geheimen Ort nahe der Grenze treffen wolle. [53]

Die Neutralitätsverletzung der Franzosen auf Ansbacher Gebiet beschäftigte auch Alexander. Am 16. Oktober teilte er Czartoryski mit, daß er Pulawy verlasse, um sich in das Hauptquartier bei Kozienice zu begeben. Diese Entscheidung Alexanders überzeugte Czartoryski, daß er sich nun gegen die polnischen Pläne entschieden hatte. Das wichtigste war nun eine Reise nach Berlin, denn für Friedrich Wilhelms Vorschlag, sich an einem geheimen Grenzort zu treffen, konnte er sich nicht erwärmen. Am 21. Oktober vertraute er sich Dolgorukij an, der mit den Nachrichten aus Berlin nach Kozienice gekommen war. An diesem Tag siegten die Engländer in einer Seeschlacht am Kap Trafalgar über die Franzosen und Spanier. Alexander beabsichtigte, die preußische Hauptstadt zu besuchen, um mit Friedrich Wilhelm die Angelegenheit persönlich zu regeln. [54]

Alexanders Einzug am 25. Oktober in Berlin war von großartigem Zeremoniell geprägt. Genau wie damals, drei Jahre vorher in Memel, sah man den äußeren Pomp: Feuerwerk, glanzvolle Bankette, Empfänge, Abnahme der Paraden und den Vorbeimarsch der Regimenter. Bei diesen zeremoniellen Anlässen bildete Alexander immer den Mittelpunkt. Er hatte sein Selbstvertrauen wiedergefunden und glaubte an einen baldigen Sieg seiner Armee über die Franzosen. Einige Beobachter allerdings zweifelten an der Gewißheit, mit der er die Niederlage Napoleons prophezeite. Der österreichische Gesandte in Berlin, Clemens von Metternich, den Alexander zum ersten Mal am 29. Oktober traf, fühlte sich durch Alexanders Komplimente geehrt. Alexanders Enthusiasmus über seine königlichen Gastgeber teilte er nicht, er meinte nüchtern und klar, daß man keine Gefühlsduselei brauche, sondern ein Militärbündnis.

Am 3. November wurde zwischen den beiden Monarchen ein geheimer

Vertrag unterzeichnet. Der Vertrag entsprach weder den Wünschen Metternichs noch Czartoryskis, denn dieser bezeichnete ihn als ein »Unglück«, doch Alexander und Dolgorukij waren mit den Bedingungen zufrieden. Sollten die Franzosen die Friedensvorschläge Friedrich Wilhelms, die auf dem zwischen Rußland, Österreich und England abgeschlossenen Vertrag beruhten, ablehnen, würden die Preußen gegen Ende des Jahres an dem Krieg gegen Napoleon teilnehmen. Friedrich Wilhelm war bereit, innerhalb von sechs Wochen eine Armee von 180000 Mann aufzustellen. Alexander wollte versuchen, von England die Abtretung des Kurfürstentums von Hannover für Preußen auszuhandeln. Nur Pessimisten bezweifelten, daß der Krieg überhaupt noch im Gange sei, wenn Preußen tatsächlich innerhalb von sechs Wochen in den Krieg eintrete. [55] Ehe Alexander endlich seine immer wieder hinausgezögerte Abreise an die Front antrat, nahm er an einem letzten dramatisch-theatralischen Ereignis teil: Am 4. November spät bei Nacht verließen der Zar, der König Friedrich Wilhelm und die Königin Luise das Potsdamer Schloß und gingen zu Fuß in die Garnisonkirche. Bei flackerndem Kerzenlicht stiegen sie in die Krypta hinab und umarmten sich vor dem hölzernen Sarg Friedrichs des Großen, der dort bestattet war. Jeder Herrscher schwor dem anderen ewige Freundschaft und daß keiner von beiden in Zukunft die Interessen des anderen verletzen würde. Auch sollte es zwischen Rußland und Preußen in der Zukunft zu keinem Konflikt mehr kommen. [56] Am nächsten Tag fuhr der Wagen des Zaren in südlicher Richtung gegen Wittenberg und Leipzig in den grauen, nüchternen Alltag hinein.

KAPITEL 5

Austerlitz und seine Nachwirkungen

Alexander und Kutusow in Mähren

Obwohl Alexander wußte, daß Napoleon auf der ganzen Linie im Begriff war, in die österreichischen Lande einzufallen, zeigte er noch immer keine Eile. Er verließ Potsdam am 5. November und kam erst am 18. November abends im alliierten Hauptquartier in Olmütz (Olomouc) an. Um 510 Kilometer zurückzulegen, hatte sein Wagen beinahe vierzehn Tage gebraucht, ein auffallender Gegensatz zu der eiligen Rückkehr, die er nach seiner Moskauer Krönung vier Jahre vorher befohlen hatte. Alexander hatte sich ganz plötzlich entschlossen, einen Umweg zu machen, um bei seiner älteren Schwester Maria Pawlowna, die einige Jahre vorher den Erbprinzen von Sachsen-Weimar geheiratet hatte, ein paar Tage zu Besuch zu bleiben. Maria, eine intelligente junge Frau mit künstlerischen Neigungen, bestand darauf, ihrem Bruder die berühmten Schriftsteller, die das kulturelle Leben Weimars zu dieser Zeit so bereicherten, vorzustellen. Alexander hatte großen Gefallen an den anregenden Unterhaltungen mit Goethe, Herder und Wieland, und er blieb länger in Weimar als Sinn und Verstand es rechtfertigten. [1] Am gleichen Tag, als Alexander sich von seiner Schwester verabschiedete, richtete sich Napoleon, den der Zar hatte besiegen wollen, häuslich im Palast von Schönbrunn ein, und die Trikolore wehte über Wien. Es war kein Wunder, daß seine österreichischen Alliierten Alexander ausgesprochen formell und so kühl, wie das Herbstwetter um diese Zeit war, empfingen, als er endlich in Olmütz ankam.

Die vorausgegangenen Monate hatten den österreichischen Armeen die größten Niederlagen seit einem Jahrhundert gebracht. Als die Kriegshandlungen Anfang September ausbrachen, hofften die Alliierten, sie könnten Napoleon schlagen, ehe sich die Große Armee am Rhein zusammengeschlossen hatte, aber die Franzosen waren viel beweglicher als ihre Feinde, und die Hauptarmee der Österreicher wurde Mitte Oktober bei Ulm umzingelt und zur Kapitulation gezwungen. Nach dieser Niederlage hoffte Kaiser Franz, daß die russischen Vorhuten die französische Offensive gegen die Donau aufhalten würden, während sich die übriggebliebenen österreichischen Kräfte im Norden und Süden sammeln und neu gruppieren sollten, bis die russische Hauptarmee eingetroffen war. Nach der Kapitulation von Ulm lag die Verteidigung der Donau vorwiegend in den Händen des Generals Michail Kutusow, Kommandeur der russischen Vorhuten, der aber wegen der Verteidigung der österreichischen Hauptstadt das Leben seiner Soldaten nicht aufs Spiel setzen wollte.

Kutusow war der berühmteste überlebende Veteran aus der Regierungszeit Katharinas der Großen. [2] Die Kriegskunst hatte er in den weiten Ebenen des südlichen russischen Reiches gelernt, wo Armeen in größter Freiheit über die leere Steppe marschieren konnten, wie Kriegsflotten auf den weiten Ozeanen. Sein Lehrer war der sagenumwobene General Suworow gewesen, neben dem er bei der Schlacht von Aluschta im Jahre 1774 gekämpft und dabei sein rechtes Auge verloren hatte. Auch an der Belagerung der Festung Ismail hatte er 1791 teilgenommen. Nach diesem türkischen Feldzug hatte Suworow über Kutusow gesagt: »Er kommandierte zwar meine linke Flanke, aber in Wirklichkeit war er mein rechter Arm.« Und obwohl er manche von Suworows Eigenschaften besaß, verdankte er seine strategischen Ideen auch dem General P. A. Rumjanzew, einem anderen Heerführer aus der Zeit Katharinas der Großen. Dieser hatte einmal erklärt: »Das Ziel ist nicht die geographische Besetzung einer Landschaft, sondern die Zerstörung der feindlichen Kräfte.« Diese Maxime beherrschte das Denken Kutusows in den Schlachten, die er gegen Napoleon führte. Systematisch ließ Kutusow die kleinen Städte, die entlang der Donau lagen, evakuieren, sobald sie seinen Befehlen unterstellt waren. Er konnte sagen, daß er Napoleon ostwärts lockte, um seine Verbindungslinien in einer Flankenattacke von Norden und Süden anzugreifen. Er blieb diesem Plan treu, obwohl das unbekannte Gebiet im tiefen Winter den Soldaten Kutusows größte Entbehrungen und Anstrengungen abverlangte; manchmal hatten sie mehr als vierundzwanzig Stunden weder Verpflegung noch Pferdefutter. Als sie am 19. November endlich mit der russischen Hauptarmee in Mähren zusammentrafen, waren sie müde und erschöpft. Aber es gelang dieser Truppe,

einem entscheidenden Sieg Napoleons nach der Kapitulation von Ulm auszuweichen. Als Kutusow Alexander in Olmütz Bericht erstattete, war er zwar erschöpft, aber im tiefsten Grunde doch befriedigt. [3] Immer wieder betonte er, daß die Zeit für die Russen und Österreicher arbeite. Im Augenblick war es wichtig, in die Defensive zu gehen und den Angriffen und dem kleinen Geplänkel der Franzosen in den letzten Wochen, bei dem zunehmend schlechten Wetter, auszuweichen.
Kutusows Ratschläge hätte Alexander vielleicht befolgt, wenn sie von einem anderen Kommandeur gekommen wären, denn er fühlte sich persönlich von Kutusow nie ganz überzeugt, da er so gar nicht dem Musterbeispiel glich, das sich der Zar von einem idealen Offizier machte, denn der General besaß nicht die romantische Aura eines Reiterhelden. Obwohl er erst sechzig Jahre alt war, hatte er bereits Altersbeschwerden, und es fehlte ihm die ausgleichende Eigenschaft der heiteren Gelassenheit: Er weigerte sich, über andere Offiziere ein Urteil abzugeben, und wenn er es vermeiden konnte, unterschrieb er keine offiziellen Befehle. Dinge des persönlichen Komforts waren ihm wichtig: weiche Betten, Schaukelstühle, gutes Essen, guter Wein und viel Schlaf, sowohl bei Nacht wie am Nachmittag. Auf der anderen Seite haßte er Paradeuniformen, die der Zar und seine Umgebung bei jedem militärischen Ereignis zu tragen pflegten. Mochten sie ihre Dreispitze mit weißen Federn schmücken, er trug auf seinem weiß gepuderten Haar eine flache, runde Kappe mit rotem Band, ähnlich einer Matrosenmütze, die zu den roten Aufschlägen seiner alten grünen Uniform paßte. In der ganzen russischen Armee war dies die bekannteste und berühmteste Kopfbedeckung. Seine Urteile gab er lieber mündlich als schriftlich ab. Wie ein Bauer hatte er eine Vorliebe für Sprichwörter und Fabeln, zudem die Gabe der Phantasie, was alles auf den einfachen Soldaten so großen Eindruck machte, Offiziere aber, die die Strategie und Taktik aus Lehrbüchern gelernt haben, in Verlegenheit brachte. Alexander kannte Kutusow über ein Jahrzehnt und machte ihn zum Kommandeur der Armee, die die Österreicher entlasten sollte, weil er, nach seinem äußeren Auftreten zu schließen, ein Erbe Suworows war. Aber Alexander konnte Kutusow nie ganz verstehen, und zwischen sich und dem General ließ Alexander immer eine deutliche Reserviertheit bestehen, denn der General und seine Frau hatten im März 1801, am Vorabend der Ermordung Pauls, im Michajlowskij-Palais als dessen Gäste an einem Diner teilgenommen. Obwohl der Takt es vor-

schrieb, daß man über dieses Ereignis schwieg, so richtete die Erinnerung an die Vergangenheit zwischen den beiden Männern ein Hindernis auf, das nicht überbrückt werden konnte.
Aber es gab noch andere Gründe, warum der Zar in Olmütz die Ratschläge Kutusows nicht befolgte. Alexander war in Mähren mit einem großen Gefolge von Freunden, Höflingen und Sachverständigen eingetroffen. [4] Niemand stimmte mit Kutusow ganz überein. Zwischen den neu Angekommenen und dem altgedienten Veteranengeneral kam es zu Reibereien, und sogar Czartoryski riet dem Zaren, der Armee seinen Segen zu geben, es seinen Generälen zu überlassen, den Feind zu schlagen und nach St. Petersburg zurückzukehren, um von dort aus sein Reich zu regieren. Alexander jedoch hatte nicht die Absicht, anderen den Ruhm zu überlassen, Napoleon geschlagen zu haben. Dolgorukij schickte ihm von St. Petersburg aus Berichte und machte ihm Mut, den »Thronräuber Bonaparte und seine Horde« zu vernichten und bei seiner Armee zu bleiben, denn es war klar, daß die Bewohner der Hauptstadt täglich auf Siegesnachrichten ihres geliebten Herrschers warteten. [5]
Obwohl Vertrauensbeweise Alexander schmeichelten, wußte er selbst ganz genau, daß er viel zu wenig Erfahrung hatte, um Schlachtenpläne zu entwickeln. Es trat klar zutage, daß man im Falle, daß man Napoleon auf der Mährischen Höhe schlagen wollte, diese militärische Operation einem Führer anvertrauen mußte, der das Gebiet gut kannte. Deshalb wandte sich Alexander zuerst nicht an einen seiner Favoriten, die mit ihm aus St. Petersburg gekommen waren, sondern an den österreichischen General Weyrother, den Chef des Generalstabs im Dienste des Kaisers Franz. [6] Diese großzügige Geste gegenüber einem Alliierten, dem die russischen Truppen in Mähren fünf zu eins zahlenmäßig überlegen waren, war der Grund, warum die Österreicher ihre anfänglich gezeigte Reserve gegenüber Alexander und seinen älteren Offizieren aufgaben. Weyrother hatte 1804 in diesem Teil Mährens Manöver kommandiert, und er behauptete, daß er jeden Bach und jeden Höhenkamm des Gebiets kenne. Deshalb priesen sich die beiden Kaiser, Alexander und Franz, glücklich, einen so erfahrenen Oberbefehlshaber zu haben.

Kutusows Prophezeiungen sollten bald in Erfüllung gehen, denn am 20. November marschierte Napoleon in Brünn (Brno), der Hauptstadt der Provinz Mähren, ein, und dort hielt er sich eine Woche auf, um sich auszuruhen und seine Truppen neu zu ordnen. Während französische Patrouillen die Hügel im Osten und südlich von Brünn auskundschafteten, blieben die Russen und Österreicher untätig um Olmütz herum stehen. Olmütz war eine befestigte Stadt, die 75 km nordöstlich von Brünn an den bewaldeten Ausläufern der Karpaten und den südlichen Sudeten lag, die als Jeseniky-Gebirge bekannt waren. Die kleine Stadt war völlig übervölkert, und die Verteilung der Lebensmittel war chaotisch. Hätte nicht so kaltes Wetter geherrscht, wären durch die schlechten Abwasserverhältnisse Seuchen ausgebrochen. Der erfahrene Kutusow bestand darauf, daß die Hauptmasse der russischen Armee außerhalb der Wälle im Biwak lagerte. Kaiser Franz ließ sich im erzbischöflichen Palast nieder, während Alexander und sein Gefolge in der Zitadelle wohnten, wo das Wasser angeblich reiner als in der Stadt war. Aber auf seinem Wege von Olmütz zum Schlachtfeld bekam Alexander hohes Fieber und mußte während der letzten Tage des Monats das Bett hüten. Ehe er erkrankte, hatte er Inspektionen der Truppe unternommen und den Vorsitz über lange Beratungen am Konferenztisch geführt.

Am 24. November fand die wichtigste Beratung statt. [7] Es wurde beschlossen, daß die Alliierten bei nächstbester Gelegenheit eine Gegenoffensive machen sollten. Das Nahziel war, Napoleon von Brünn abzuriegeln, um so die Wiedereinnahme Wiens zu erleichtern. Alle Erkundungsberichte der folgenden drei Tage waren günstig: Patrouillen berichteten, daß die Franzosen Vorhuten zurückzogen, und zwar entlang der Straße Wien-Olmütz. Es sah aus, als ob Napoleon den Zufluchtsort Brünn nicht verlassen wollte und als ob in der Großen Armee ein Durcheinander herrsche. Warum sonst hätte der große Feldherr seinen Soldaten Befehl gegeben, das höher gelegene Gebiet westlich des Gutes der Familie Kaunitz bei Austerlitz zu evakuieren? Jedermann konnte klar sehen, daß die Pratzener Höhen, wie es hieß, ein Schlüsselpunkt im Falle einer östlichen Attacke waren. Hatte der Kaiser der Franzosen Sorgen, und fürchtete er für seine lange und nicht geschützte Versorgungslinie? Alexander befahl einen Wagen und ließ sich in die etwa 30 Kilometer südlich gelegene

1 *Zar Alexander I. (1777–1825)*

2 *Zar Alexander I. und seine Gemahlin Elisabeth*

kleine Stadt Wischau (Vyškov) fahren, wo er näher am Feinde war.
In Wirklichkeit versuchte Napoleon, Feindberührungen hinauszuziehen, bis er durch die Ankunft des Marschalls Davout mit dem Dritten Korps aus Wien Unterstützung erhalten hatte.
In der letzten November-Woche fanden dreimal Friedensgespräche zwischen französischen und russischen Emissären statt, und Napoleon und Alexander wechselten Briefe in höflichem Stil. Der Zar hätte seinen Truppen gerne die Feuerprobe einer Schlacht erspart, vorausgesetzt, daß die Franzosen die russischen Bedingungen anerkannt hätten. Darauf ging Napoleon nicht ein, denn alle Vorteile waren auf seiner Seite: Wien war in seiner Hand, er war der oberste Feldherr einer ungeschlagenen Armee, die nicht einmal 60 Kilometer vor der ungarischen Grenze stand und 30 Kilometer vor den Grenzen des früheren polnischen Reiches. Napoleon war bereit, Alexander zu treffen und mit ihm über den Frieden zu verhandeln, aber nur, wenn der Zar als Bittender käme, der den Krieg unter allen Umständen beenden wolle. Dies kam aber überhaupt nicht in Frage: Die Schlacht war unvermeidlich geworden.

Die Dreikaiserschlacht bei Austerlitz (2. Dezember 1805)

In Mähren war in diesen frühen Dezembertagen der Himmel bedeckt, und es war so dunkel, daß die Generalstabspläne über den Zusammenstoß der beiden Armeen bei flackerndem Kerzenlicht gemacht werden mußten, während draußen im Freien die verfrorenen Soldaten an Holz- und Strohfeuern saßen. Durch das trübe Wetter wurden die Aussichten des blutigen Zusammenstoßes der beiden Heere noch düsterer. Leichtes Tauwetter hatte die schon gefrorenen Ufer des Flusses, der sich durch die Ebene zog, aufgetaut und in ein schmutziges Gewässer verwandelt; der Boden war deshalb schlüpfrig, und über den Seen lag eine trügerische, dünne Eisdecke. Als der Zar am 1. Dezember morgens im Halbdunkel sein Feldquartier in Wischau verließ und seine braune Stute bestieg, konnte sein Begleitkommando sich nur vorsichtig auf den schwierigen Straßen bewegen. Da sein Pferd scheute, fiel er vom Sattel und erlitt einen kleinen Schock und blaue Flecken. Nach zwei Tagen Unpäßlichkeit sah Alexander bleich aus und war seiner selbst nicht mehr sicher. Am frühen Nachmittag ging es ihm besser, und er ritt in das Dorf Krzenowitz, wo sich Kaiser Franz mit seinen persönlichen Adjutanten aufhielt. Alexander entschloß sich, die Nacht dort zu verbringen und übernachtete im größten Haus des Dorfes. Kutusow und sein Stab waren 2 Kilometer weit weg und hatten in dem noch viel kleineren Dorf Birnbaum Quartier genommen, während 6–8 Kilometer westlich Napoleon und seine Marschälle in dem von der Zivilbevölkerung verlassenen Flecken Schlapanitz untergekommen waren. Das Schloß von Austerlitz, nach dem die Schlacht ihren Namen erhielt, lag 5 Kilometer hinter dem russischen Hauptquartier, und in jener Nacht suchten Mitglieder der Aristokratie, die in glücklicheren Tagen dort auf die Jagd gegangen waren, Zuflucht. Kurz nach sechs Uhr abends – es war neblig und bereits dunkel – ritt Weyrother nach Birnbaum, um mit den russischen Generälen die letzten Einzelheiten des Operationsplans genau durchzusprechen. [8] Bei diesem Zusammentreffen fehlten einige: Der Zar und sein Bruder, der am kommenden Tag die Nachhut kommandieren sollte, waren bei einem Diner; der Prinz Bagration hatte wenig Lust, sich von einem Mann, den er verachtete und dem er mißtraute, eine Taktikstunde geben zu lassen. Er entschuldigte sich unter dem Vorwand, er müsse die Bewegungen des Feindes beobachten. Kutusow war selbstverständlich anwesend. Er schwieg und machte den Eindruck, als sei er eingeschlafen, und deshalb folgten die meisten russischen Kommandeure seinem Beispiel. Langeron, ein französischer Emigrant aus der Provence, der jetzt als Generalmajor in russischen Diensten stand, blieb hellwach und hinterließ eine Aufzeichnung über Weyrothers Lagebesprechung: »Er las uns seine Befehle vor«, schrieb er, »mit erhobener Stimme und mit einem Anflug von Stolz. Er war sich seiner eigenen Verdienste bewußt und ließ uns unsere Unwichtigkeit fühlen. Er gebärdete sich wie der Lehrer einer Oberschule, der seinen jungen Schülern eine Stunde gab. Vielleicht waren wir tatsächlich nur Schüler, aber es ist gewiß, daß er kein guter Lehrer war.« [9] Aber ihr Zar hatte die Genehmigung zu dieser Stunde erteilt, und so hatte keiner von Weyrothers Klasse den Mut, den Stundenplan zu kritisieren.

Unter der Voraussetzung, daß Napoleon genau das tat, was Weyrother erwartete, war sein Schlachtenplan gut. Die Hauptmasse der alliierten Kräfte würde südlich über die Pratzener Höhen nach dem Dorf Telnitz marschieren, wo eine schwache Vorhut der Franzosen an dem Fluß Gold-

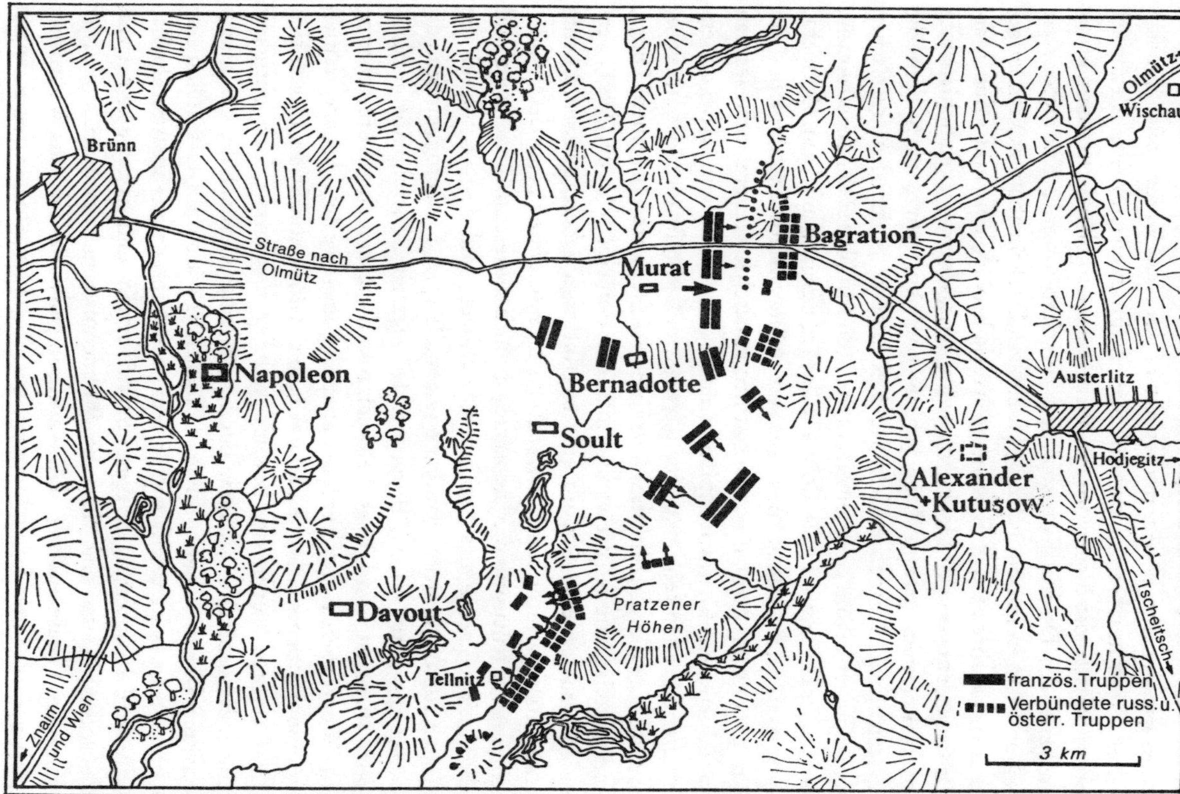

III. Die Dreikaiserschlacht bei Austerlitz

bach stand. In der Zwischenzeit würde Bagration nördlich des Schlachtfeldes die Franzosen nahe an der Straße Brünn-Olmütz zum Gefecht stellen. Man nahm an, daß Napoleon in dieser Gegend keine Schlacht wollte. Hatte man den Goldbach überschritten, würden sich die alliierten Kolonnen nach rechts wenden und die französischen Kräfte, die mit Bagration in ein Gefecht verwickelt waren, einkreisen. Die Franzosen müßten sich in diesem Falle nach Brünn zurückziehen und bei ihrem Rückzug auf ihrer rechten Flanke während der Flucht von einer Kavallerie-Attacke vernichtet werden.
Langeron behauptete, er hätte Weyrother nach der dreistündigen Lagebesprechung gefragt, was passieren würde, wenn Napoleon die Absichten der Alliierten erraten und deshalb eine Attacke quer über die Höhe von Pratzen befehlen würde. Weyrother soll mit den Achseln gezuckt und den Einwand als reine Hypothese verworfen haben. [10] Die anderen Generäle waren gezwungen, einem Plan zu folgen, den ein Mann ausgedacht hatte, dem der Zar sein Vertrauen schenkte. Den Tag hatte Weyrother dazu benutzt, nochmals vom Sattel aus die Gegend genau zu erkunden, und seine Erläuterungen waren bis in das kleinste Detail exakt.
In der Nacht fanden die Offiziere und Soldaten in beiden Armeen wenig Schlaf. Um ein Uhr nachts wurde im französischen Lager die Außentemperatur gemessen: Es hatte 6 Grad unter Null. Im Freien waren die Zelte parallel aufgestellt, und die Biwakfeuer beleuchteten die welligen Hügellandschaften und Wiesen zwischen den Dörfern. In der Stille der Nacht hörte man jeden Ton doppelt laut. Als zwischen einer österreichischen Patrouille und einem französisch-italienischen Außenposten, etwa 5-6 km vom Zentrum der Hauptarmeen entfernt, Schüsse gewechselt wurden, hörte dies Napoleon; und auch Dolgorukij im russischen Lager, das über dem Tal lag, wurde unruhig.
Eine Stunde später trat Windstille ein, und dicker Nebel löschte das Mondlicht aus. Es war fast unmöglich, die feindlichen Bewegungen zu erkennen. Selbst Napoleon wurde besorgt, vor allem wegen seiner schwachen Position bei Telnitz. Er ritt hinaus zu weit draußen liegenden Biwaks und wäre beinahe mit einer Kosaken-Patrouille zusammengestoßen. Einmal stieg er vom Pferde ab, und während er auf die Wache eines Infanterieregiments zuging, blieb sein Fuß im Wurzelwerk hängen, und er stolperte. Sofort entstand bei den französischen Infanteristen Unruhe. Sie eilten mit Fackeln zu Hilfe und schrien »Vive l'Empereur«. Irgendeiner erinnerte

sich, daß es der Krönungstag Napoleons war, und andere Truppen, die in den französischen Linien lagen, fingen den Ruf auf. Der Lärm und die Aufregung, ganz besonders unter den Soldaten der Garde, war so groß, daß man das Getöse 5 Kilometer östlich im Dorfe Krzenowitz hörte. Dolgorukij weckte Alexander, und einer der österreichischen Adjutanten half Kaiser Franz, seine Uniform anzuziehen. [11] Doch niemand hielt es für nötig, nach Birnbaum zu reiten und Kutusow aufzuwecken. Ehe jeder Monarch sein Pferd bestiegen hatte, kam Bagration vom rechten Flügel der alliierten Armee angeritten und drängte alle, nochmals ins Bett zu gehen: Die Franzosen hätten lediglich um drei Uhr morgens eine Loyalitätserklärung vor der Schlacht abgegeben, behauptete er.
Um halb sechs Uhr morgens, genau nach Weyrothers Plan, griff die erste österreichische Infanterie-Division, die Buxhöwdens russischem Armeekorps zugeteilt war, die französisch-italienischen Außenposten vor Telnitz an. Etwa 7 Kilometer davon entfernt wartete Alexander hoch zu Roß auf Nachrichten. Kurz vor Tagesanbruch war wegen der steigenden Temperaturen alles in grauen Nebel gehüllt, deshalb sah die kleine Gruppe von Männern bei Krzenowitz über eine Stunde lang nichts von der Schlacht, nur die Truppenbewegungen der Kavallerie und Artillerie, die südwärts marschierten. Es waren gespensterhafte Kolonnen im Nebel. Unklare Nachrichten sickerten durch: Der Aufmarsch gegen Telnitz ging nur langsam vorwärts, aber um acht Uhr morgens war es klar, daß sich die Alliierten über dem Goldbach formierten, obwohl Prinz Johann von Liechtenstein im Nebel seine Husaren aus Versehen in das falsche Dorf geschickt hatte. Langsam, umgeben von einer Abteilung des Semjonowskij-Garderegiments, ritt Alexander mit seinem Gefolge und zusammen mit Kaiser Franz den Abhang zu dem Dorfe Pratzen hinauf. Plötzlich begann im Osten über den russischen Linien die Sonne durch den Nebel zu dringen. Er hob sich wie ein Theatervorhang, und die Franzosen sahen, daß die Bühne leer war, denn die meisten Einheiten der Alliierten waren nach Süden gezogen, um Napoleons Armee einzukreisen. Zur gleichen Zeit verdeckten die Nebelschwaden noch die französische Hauptarmee. Etwa eine halbe Stunde lang wurde es Alexander und seiner Begleitung nicht bewußt, wie gefährlich sie sich einem feindlichen Angriff ausgesetzt hatten.
An der Ostseite des Plateaus spielten sich nacheinander verwirrende Episoden ab, die uns in Einzelheiten erhalten sind. Szenen, wie sie Shake-

speare dramatisch beschrieben hat. So weiß z. B. niemand genau, wann Alexander Kutusow wegen seiner Passivität zur Rede stellte. Aus dem Redewechsel geht allerdings hervor, daß es kurz nach acht Uhr gewesen sein muß. Warum, fragte Alexander Kutusow, hielt er General Miloradowitschs Division, die neben seinen Truppen stand, vor Krzenowitz zurück, anstatt mit diesen Truppen über das Plateau zu reiten? »Sire, ich warte«, antwortete Kutusow ruhig, »weil sich noch nicht alle Kolonnen formiert haben.« Diese Antwort befriedigte Alexander nicht, der hochmütig ausrief: »Was glauben Sie denn, Michail Ilarionowitsch, wir befinden uns doch nicht auf dem Exerzierplatz, bei dem die Übung erst beginnt, wenn alle Truppen versammelt sind.« »Sire, gerade deshalb, weil wir nicht auf dem Exerzierplatz sind, warte ich«, antwortete Kutusow. »Wenn Sie aber wünschen, daß ich den Befehl zum Abmarsch geben soll...« [12] Und so bewegte sich die ganze Kolonne über das Plateau, und der Marschall folgte Miloradowitschs Division. Kutusow war besorgt, was für Befehle Napoleon geben würde, wenn er sah, daß die Hauptkräfte der russisch-österreichischen Divisionen seine rechte Flanke umzingelten. Aufrecht und hoch zu Roß auf seiner kastanienbraunen Stute beobachtete Alexander den Aufmarsch der Division seines Stabschefs, dem er aus Ungeduld den Befehl erteilt hatte, endlich zu handeln.

Doch nach wenigen Minuten, so scheint es, gab Napoleon die Antwort auf die alliierten Truppenbewegungen, und nicht nur Kutusow selbst, sondern auch Alexander mit seinem Gefolge konnten seine Reaktionen beobachten, als sie gegen das Plateau sahen. Um 8.30 Uhr ritt Marschall Soults Kavallerie eine Attacke gegen Pratzen und gegen die schwachen Stellen der alliierten Linien. Bald darauf bekam Kutusow einen Schuß in die Wange, und auch Alexander und Franz kamen unter Feuer. Die beiden Monarchen hielten ihre Pferde am Zügel und beobachteten von einem Hügel aus, wie die Division Miloradowitsch den Hauptstoß der Franzosen zu spüren begann. Später schrieb Czartoryski seine Eindrücke, die er, neben Alexander stehend, erhalten hatte: »Ganz klar sah ich zwei Linien der feindlichen Kavallerie verschiedene Attacken reiten ... Irgend jemand schrie, daß die Sicherheit des Zaren in Gefahr sei: Man wendete die Pferde und galoppierte davon ... Eine Batterie von Kanonen, deren Kommandeur völlig durcheinander war, wurde in der anderen Richtung des Schlachtfeldes aufgestellt. Ich zwang ihn, zurückzukehren und den Kolonnen vor uns, die stark gedrängt waren, zu helfen. Es war mein

Glück, daß ich den Zaren bei seinen Erkundigungsritten zu den kämpfenden Truppen immer wieder traf. Manchmal sandte er mich nach vorne, um zu sehen, was los sei.« [13]
Die Panik kann nicht lange gedauert haben, aber bald zog sich das Zentrum der Alliierten in die Wälder und Fasanerien des Gutes Austerlitz zurück. Trotz seiner Verwundung versuchte Kutusow, in die sich zurückziehenden Truppen Ordnung zu bringen und sandte Eilbotschaften an Bagration, der an der Straße Brünn–Olmütz stand. Er befahl ihm, zurückzukehren, damit seine Soldaten die französischen Angriffe in Schach hielten. Um halb neun Uhr wurden die Kampfhandlungen zwischen Pratzen und Austerlitz ruhiger, aber im Süden war die österreichisch-preußische Armee, die Telnitz genommen hatte, hoffnungslos isoliert. Immer mehr Truppen kommandierte Napoleon durch die Bresche, die Marschall Soult geöffnet hatte, und die Truppen um Telnitz waren jetzt selbst von Umkreisung bedroht. »Ich sah«, sagte Czartoryski, »wie der verfluchte Weyrother tapfer sein Leben aufs Spiel setzte und überall herumlief, um das Unglück, an dem er schuld war, einigermaßen wiedergutzumachen.« [14] Und doch, obwohl die Alliierten an diesem Tag die Schlacht nicht gewonnen hatten, war noch nicht alles verloren: Noch hielt sich Bagration mit seinen Soldaten, und unter den bewundernden Augen des Zaren leistete Miloradowitsch Heldentaten an Tapferkeit. Vorausgesetzt, daß das Wetter gut blieb, war die Möglichkeit einer Gegenoffensive nicht auszuschließen, die zum mindesten die feindlichen Kräfte zerstreuen würde: Ein unentschiedener Stillstand war einer totalen Niederlage vorzuziehen.
An den beiden Flanken wurde noch zwei Stunden lang gekämpft. Um 11 Uhr sandte Kutusow an Buxhöwden, der bei Telnitz stand, einen Befehl, sich über den Goldbachfluß zurückzuziehen und mit den Garderegimentern, die um Austerlitz herum standen, Kontakt aufzunehmen. Doch Kutusows Vorreiter konnte nicht durch die feindlichen Linien dringen, und erst am Nachmittag erhielt Buxhöwden den Befehl des Marschalls. Die schwierige Frage, ob man eine Gegenoffensive machen sollte oder nicht, mußte um die Mittagszeit entschieden werden, obwohl weder Alexander noch Kutusow von der linken Flanke Nachrichten erhalten hatten. Das Wetter verschlechterte sich zunehmend, kein Sonnenschein, nur eisiger Wind und graue Wolken, die nach Schnee aussahen. Etwa um halb eins kam es zur Gegenoffensive. [15] Aber wer hatte sie befohlen? Es hat den

Anschein, weder Kutusow noch Alexander und ganz bestimmt auch nicht die Österreicher. Diese Offensive hätte beinahe Johann von Liechtensteins Kavallerieregimenter auseinandergerissen, als in einer krebsartigen Bewegung nördlicher Kontakt mit Bagration gesucht wurde. Diese Gegenoffensive kommandierte ein General der Reserve, wahrscheinlich auf eigene Initiative. Die Reserve bestand aus zehn Bataillonen und achtzehn Schwadronen, die unter dem Befehl des Großfürsten Konstantin standen. Von allen Kommandeuren konnte nur der Bruder des Zaren einen Angriff ohne höheren Befehl mit allen Konsequenzen, die diese selbständige Handlung einschloß, riskieren. Es war die tapferste und tragischste Handlung des ganzen Tages und kostete zwei der besten russischen Regimenter 500 Tote und 200 Gefangene.
Napoleon, der am Morgen aus der Nähe nicht viel von den Kämpfen gesehen hatte, wurde aber Augenzeuge, wie die Kaiserliche Garde der Russen – mehr als tausend Reiter – die Abhänge der Pratzener Höhen gegen die französischen Kanonen und einen Wall aufgepflanzter Bajonette hinaufgaloppierte. Allein schon der Aufprall dieser Masse durchbrach die französischen Linien; da aber Napoleons Reserven die Angreifer zurückwarfen, wurde die Sinnlosigkeit dieses Angriffs bald allen Beobachtern in beiden feindlichen Lagern klar. Konstantin selbst, der sich mit seinem Kavalleriehelm und seinem Brustharnisch nicht von seinen Kameraden unterschied, ritt tapfer an der Spitze seiner Schwadron zum Angriff und wäre beinahe von Mamelucken gefangengenommen worden, die die Fahne der Schwadron erbeuteten. Innerhalb einer halben Stunde war alles vorbei. »Morgen werden in St. Petersburg viele feine Damen weinen«, sagte Napoleon, als er auf dem Hügel des Plateaus die Opfer, die Konstantins Angriff gekostet hatte, liegen sah. [16]
Die Schlacht war geschlagen, aber nocht nicht beendet. Marschall Davouts Drittes Korps, dessen Ankunft aus Wien Napoleon hinausgezögert hatte, um den Feind zu binden, bekam den schwierigen Befehl, Buxhöwdens Soldaten, die aus der Falle bei Telnitz einen Ausweg suchten und Austerlitz erreichen wollten, zu verfolgen. Es war eine große Heldentat, denn unter den Salven der französischen Kanonen ertranken viele Russen in den von dünnem Eis bedeckten Seen. Letzten Endes aber war die Entscheidung gefallen. Die russischen Truppen, ausgehungert, naß und verfroren, obwohl sie in Wirklichkeit weniger Tote hatten, als im Heeresbericht der Großen Armee später bekanntgegeben, besaßen keine

Widerstandskraft mehr. Etwa 20 000 Soldaten, mehr als die Hälfte von Buxhöwdens Korps, kamen heil aus der Schlacht, doch man konnte sie nicht mehr als kämpfende Truppe bezeichnen. Um halb fünf Uhr wurde es dunkel, und so stolperten sie ohne rechtes Ziel vorwärts, und nur ihr Instinkt, am Leben zu bleiben, hielt sie wach. [17] Irgendwo in der Gegend von Austerlitz hielten sich der junge Zar und der alte Marschall auf, doch wußte niemand in der besiegten Armee, wo sie Zuflucht gefunden hatten. Im Augenblick spielte das auch gar keine Rolle. Zum mindesten waren sie in Sicherheit und hielten sich nicht in den tückischen Ebenen Mährens auf: Sie waren ihrem russischen Vaterland näher, das aber immerhin noch ca. 600 Kilometer weit entfernt war.

Alexanders Demütigung

Am 2. Dezember etwa um fünf Uhr nachmittags erreichte Alexander mit einer kleinen Eskorte das Dorf Hodějitz. [18] Sein sonst schlaffes Gesicht war angespannt, und er weinte Tränen der Demütigung. Weit und breit war kein Zeichen von Kutusow oder den anderen Generälen zu sehen. Obwohl der Marschall unter Umständen einen Rückzug ins Auge gefaßt hatte, hatte er mit einer solchen Flucht der Überlebenden in aufgelösten Formationen, über sechs bis sieben Kilometer Hügellandschaft hinweg, nicht gerechnet. Man muß sich wundern, daß Alexanders Adjutanten einen solch guten Orientierungssinn hatten und das Dorf Hodějitz überhaupt fanden. Kutusow selbst, zusammen mit Konstantin und Miloradowitsch und mit denen, die noch von der Kaiserlichen Garde übriggebliebenen waren, erreichte den Weiler Wazan, fünf Kilometer von Hodějitz entfernt. Aber die dreifache Kombination von schlechtem Wetter, völlig unzureichenden Karten und französischen Patrouillen machte es den Kundschaftern des Oberbefehlshabers unmöglich, zum Zaren vorzudringen. Einer von Alexanders Adjutanten allerdings, der um Hodějitz herum Feindbeobachtung vornahm, traf einen österreichischen Offizier, der ihm mitteilte, daß sich Kaiser Franz in der kleinen Stadt Tscheitsch (Ceič), zwölf Kilometer südlich, aufhalte. [19] Da Alexander noch immer viel zu nahe an der napoleonischen Armee war, gab er aus Sicherheitsgründen

bekannt, daß er noch am frühen Abend sofort nach Tscheitsch reite, um eine Lagebesprechung mit Kaiser Franz abzuhalten.
Dies war keine glückliche Entscheidung, denn Alexander war gezwungen, entweder zu Fuß zu gehen oder im Sattel zu sitzen, da auch sein Wagen ein Opfer der Schlacht geworden war. Der Weg war schwierig, und Alexander war sehr unglücklich und hatte Fieber. Bald wurde es klar, daß er die zwölf Kilometer nach Tscheitsch nicht bewältigen konnte. Auf dem Wege brach er in einem Dorf zusammen und wurde in ein Bauernhaus gebracht, wo er sich auf einem Strohsack ausruhte. In einem entlegenen Flecken in den Wäldern Mährens mit fünf oder sechs Getreuen, wo es weder Komfort noch Medikamente gab, lag der Zar als kranker Mann. Morgens um drei Uhr hatte er hohes Fieber und Darmkrämpfe, so daß sein Leibarzt James Wylie für sein Leben fürchtete. (Dies jedenfalls wurde der Kaiserin Elisabeth drei Wochen später mitgeteilt.) [20] Czartoryski wurde an Alexanders Bett zurückgelassen, während Wylie nach Tscheitsch ritt und einen österreichischen Offizier im Hauptquartier des Kaisers Franz um Rotwein bat, um dem Kranken den Magen zu erwärmen. Die Österreicher – so berichtete Elisabeth – lehnten diese Bitte ab, und deshalb war Wylie gezwungen, einen Diener zu bestechen, ihm eine »halbe Flasche guten Rotweins« zu besorgen. Als Wylie zurückkam, hatte sich der Gesundheitszustand des Zaren gebessert, denn um sieben Uhr am nächsten Morgen konnte er sein Pferd wieder besteigen.
Später am Morgen vereinigte er sich wieder mit Kaiser Franz und Kutusow. Obwohl die Alliierten zwischen 25 000–30 000 Mann an Toten, Verwundeten und Gefangenen bei Austerlitz verloren hatten, verfügten sie noch immer über eine Armee von etwa 60 000 Mann, mit der Aussicht, von Erzherzog Karl, der nach Venetien und in die Steiermark ausgewichen war, Verstärkung zu erhalten. Man konnte auch mit Gewißheit damit rechnen, daß aus dem russischen Teil Polens in Kürze neu ausgehobene Rekruten ankämen. Natürlich hoffte man, daß Preußen die Verträge, die Alexander und Friedrich Wilhelm vier Wochen vorher unterzeichnet hatten, erfüllen würde. Alexander dachte nicht daran, um Frieden zu bitten, obwohl er viele seiner besten Kavalleristen verloren hatte, dazu 133 Geschütze der Feldartillerie, mehr als die Hälfte aller Kanonen, die ihm Araktschejew beschafft hatte. Aber Kaiser Franz und seine Minister sahen die Situation als beinahe hoffnungslos an, denn sie hatten gegenüber den Preußen kein Vertrauen, besonders auch deshalb,

weil Haugwitz, in Berlin einer der Ratgeber der »pro-französischen« Partei, bereits im Hauptquartier Napoleons angekommen war und sich schon auf dem Wege nach Wien befand, um dort mit Talleyrand zu verhandeln. Die Österreicher hielten die Fortsetzung des Krieges für sinnlos, denn man sah keine Möglichkeit, den Angreifer in allernächster Zukunft aus der Hauptstadt wieder hinauszudrängen. Je länger sich der Feldzug hinzog, desto härter würden die Friedensbedingungen werden. Deshalb beschloß Franz, den Prinzen Johann von Liechtenstein zu Napoleon nach Austerlitz zu senden, um einen Waffenstillstand, eine persönliche Unterredung und einen Separatfrieden zu erbitten. Am folgenden Tag, dem 4. Dezember, wurden die Kampfhandlungen zwischen Österreich und Frankreich eingestellt. Man kam überein, daß die Waffenstillstandsbedingungen auch für die Russen gelten sollten, vorausgesetzt, daß sie sich aus allen Ländern des Habsburgerreichs hinter den Bug auf ihr eigenes Gebiet zurückziehen würden. [21]
Am 6. Dezember sandte Alexander Dolgorukij mit einem Brief, der eine Erklärung enthielt, nach Berlin: Der Zar wollte die Schlacht fortsetzen, bis ein gerechter und lang anhaltender Friede mit Napoleon geschlossen werden könne. Er wiederholte sein Angebot, Preußen mit zwei Armeekorps zu unterstützen. [22] Außerdem teilte er Friedrich Wilhelm mit, daß er den Großfürsten Konstantin zur gleichen Zeit mit Dolgorukij nach Berlin senden würde, um (wie der Zar sich vorsichtig ausdrückte) als »Augenzeuge an allem teilzunehmen, was geschehe«. [23] Da die französische Armee noch immer in Mitteleuropa aufmarschiert war, würde ein starker Angriff Preußens zusammen mit zwei russischen Armeekorps Napoleon sicherlich stark zusetzen und die erlittenen Demütigungen von Austerlitz rächen.
Während der Zar in seine Hauptstadt zurückeilte, überdachte Friedrich Wilhelm die politische und militärische Situation. Schien der Schwur, den die beiden Monarchen über dem Sarkophag Friedrichs des Großen im November-Zwielicht der Potsdamer Garnisonkirche mit ihren gotischen Fenstern geleistet hatten, jetzt plötzlich nichtig geworden? Dazu noch behandelte Talleyrand Haugwitz mit Höflichkeit und Großzügigkeit: Wenn Preußen den Franzosen die beiden Enklaven Ansbach und Neuchâtel überließ, so könnte Friedrich Wilhelm das von ihm so sehr gewünschte Hannover bekommen. Am 15. Dezember, ausgerechnet an dem Tag, an dem nach Alexanders Berechnungen die Preußen hätten in

den Krieg ziehen sollen, setzten die Bevollmächtigten im Schloß von Schönbrunn ihre Unterschriften unter einen Vertrag, der Preußen zu einem Almosenempfänger machte, während Napoleon sich anschickte, die letzte Phase der Neuordnung der europäischen Landkarte in Angriff zu nehmen. [24] Diese Nachricht erreichte Alexander, als sein Pferdewagen über die weiten, eintönigen Flächen Polens eilte, wo zwei Armeekorps bereitstanden, um an einem Krieg teilzunehmen, der jetzt nicht stattfand. Wenn er wirklich enttäuscht war, so zeigte er das nach außen hin nicht, denn es gab so viele Betrügereien und Enttäuschungen, über die er sich den Kopf hätte zerbrechen können. »Alles, was ich unternehmen wollte, ist mir mißlungen«, sagte er. [25] Aber es klang mehr nach Resignation als nach Selbstmitleid. Die volle Wahrheit über Austerlitz erreichte St. Petersburg erst am Mittwoch, dem 18. Dezember, also erst 14 Tage nach der Schlacht. Die Hauptstadt war so lange ohne Nachricht gewesen, daß die Kaiserin Elisabeth an ihre Mutter schrieb: »Jeder versuchte krampfhaft, seinen Mut nicht zu verlieren, indem er den anderen davon zu überzeugen versuchte, daß die Vermutungen, sei es auf der einen, oder sei es auf der anderen Seite, nicht wahr sein konnten«; [26] zuerst war man erleichtert, daß weder die Armee vernichtet noch der Zar selbst umgekommen war. Das Ausmaß der Katastrophe war anfangs gar nicht sichtbar. Da die Russen offiziell noch immer mit Napoleon im Krieg waren und keinen Frieden mit ihm gesucht hatten, nahm man an, die Schlacht sei durch das »infame Verhalten der Österreicher« verloren worden. Selbst Elisabeth, die unter normalen Umständen großzügig war, konnte schreiben: »›Österreichisch‹ ist ein Name, den nicht nur jeder Russe, sondern jedermann, der eine Seele hat, mit Abscheu aussprechen muß.« [27] Und sobald sie erfuhr, daß Alexander die Absicht hatte zu kommen, befahl sie ihren Wagen und fuhr nach Gatschina. Dort blieb sie anderthalb Tage mit Maria Fjodorowna: Eine der Kaiserinnen erwartete ihren Sohn, die andere ihren Gatten. Keine von beiden konnte vor der anderen ihre Gefühle verbergen.

Kurz nach Mitternacht, am 21. Dezember, kam Alexander in Gatschina an. [28] Mit seiner Mutter wechselte er nur kurz ein paar Worte, dann bestand er in seiner alten Rastlosigkeit darauf, daß die Pferde gewechselt wurden, und fuhr die ganze Nacht hindurch – etwa 50 Kilometer – direkt in das Winterpalais. Mit Elisabeth führte er endlose Gespräche über seine vereitelten Erwartungen und die Enttäuschung der Schlacht. Wie immer fand er, wenn er seelisch niedergedrückt war, bei ihr eine ideale Zuhörerin, die über jede Schmach, die er hatte erdulden müssen, wütend wurde. Zwei Tage später schrieb sie: »Was ich in der Kutsche mitgemacht habe, als ich von dieser ganzen Schmach hörte, kann ich nie aus meinem Gedächtnis streichen.« [29] Um fünf Uhr morgens an einem Samstag klapperten die Pferdehufe auf dem Pflaster des großen Platzes hinter dem Palais. Alexander sah sich außerstande, die Qual seiner Rückkehr bei Tageslicht in aller Öffentlichkeit auf sich zu nehmen.

Jedoch an die Liebe seiner ihm treu ergebenen Petersburger hatte er nicht gedacht. [30] Sie waren schon zufrieden, daß »ihr Engel« wieder gesund aus dem Kriege zurückgekehrt war. Während der ganzen bitterkalten Dezembernacht warteten sie auf dem Platz vor dem Palais auf ihn, und Hunderte empfingen seinen Wagen mit Hochrufen, als er nach seiner langen Reise endlich zu Hause war. So rasch als möglich begab er sich tief bewegt in die Kathedrale, wo er drei Monate vorher – es kam ihm vor wie eine Ewigkeit – an einem anderen Samstag im Gebet niedergekniet war. Als er aus der Kirche kam und in das Winterpalais zurückkehren wollte, drängte die Menschenmenge gegen ihn an, und erneut wurde er zu einem göttlichen Wesen unter seinen Untertanen, genau wie in Moskau bei seiner Krönung. »Jedermann versuchte, an ihn heranzukommen, und das Gedränge war so dicht, daß er kaum vorwärtskommen konnte«, schrieb Pawel Stroganows Frau später, »sie fielen vor ihm nieder, sie versuchten, seine Füße und Hände, ja sogar seine Uniform zu küssen und waren vor lauter Freude wie betrunken.« [31] Über Alexanders Wangen rannen Tränen, und man hörte ihn sagen, daß diese Treuekundgebung »sein Herz erfreue und die Wunden seiner Seele heile«. [32] Doch die Regimenter, die er in den Ebenen Mährens verloren hatte, kehrten nie mehr zurück. Auch die zerschmetterten Glieder der Verwundeten, die in französischer Gefangenschaft zurückgelassen worden waren, konnte man nicht heil machen. Diejenigen, die die Tragweite der Ereignisse richtig einschätzten, haben die Niederlage von Austerlitz weder vergessen noch vergeben können.

KAPITEL 6

Mit dem Bannfluch belegt

Austerlitz wird untersucht

»Mama, wir wollen lieber nicht Austerlitz erwähnen, über dieses unerschöpfliche Thema wäre so viel zu sagen, daß man nicht weiß, wo man beginnen soll, darüber zu schreiben.« [1] So bemerkte Elisabeth in einem Brief an ihre Mutter einen Monat nach Alexanders Rückkehr; ihren Widerwillen kann man gut verstehen. Mitte Januar 1806 waren das Mitleid und die Erleichterung verflogen, und nicht nur am Hofe, sondern auch in den eleganten Salons St. Petersburgs suchten die Menschen eine Erklärung für die Fehler, die begangen worden waren. [2] Als im Laufe der Zeit immer mehr Überlebende in die Heimat zurückkamen und verschwommen vom Durcheinander und Chaos berichteten, wurde es klar, daß die Schlacht vor allem ein russisches Unglück gewesen war, das man nicht durch falsche Anschuldigungen österreichischer Inkompetenz erklären konnte. Lange und schmerzliche Analysen stellten schwierige Fragen. Warum hatte zwischen Infanterie, Artillerie und Kavallerie keine Koordination bestanden? Hatten Alexanders Freunde ihren Kaiser beeinflußt, den Rat der russischen Kommandeure in den Wind zu schlagen? Und warum hörte der Zar so ganz besonders auf Berater, die nur auf dem Exerzierplatz Bescheid wußten und deshalb keine Schlachtenerfahrung hatten?

Alexander sah klar, daß er versagt hatte. Über zwei Jahre lang war er fest entschlossen gewesen, als Soldat und Oberkommandierender seine Truppen in westlicher Richtung zum Sieg zu führen, um einem dafür dankbaren Kontinent neue Grenzen zu schenken. Bei Austerlitz wurde dieser Traum zusammen mit anderen Jugendträumen zerstört. Im ersten Augenblick war er aber nicht in der Lage, weder die Koalition noch die Politik aufzugeben, die Rußland in den Krieg geführt hatten. Mit Dickköpfigkeit behielt er Männer in seinem Dienst, die besonders der Kritik ausgesetzt waren. Da seine persönlichen Freunde ihn und seine Politik nur zu gut kannten, wollte er sie unter keinen Umständen zu Sündenböcken machen. In dem Augenblick, als sein Ansehen in der Hauptstadt zusehends fiel, wollte er die Beziehungen zu Beratern, die vor noch nicht allzulanger Zeit sein Vertrauen besessen hatten, nicht in aller Öffentlichkeit abbrechen und dadurch seinen Kritikern recht geben. Wer in aller Welt sollte sie ersetzen? War es nicht besser, mit Ministern, die man selbst ausgewählt hatte, die Niederlage von Austerlitz durchzustehen, als Abhängigkeit von engstirnigen, konservativen russischen Nationalisten zu riskieren? Sollte man mit einer kleinen Gruppe zusammenarbeiten, die trotz der Demütigung des verflossenen Jahres immer noch für eine russisch-französische Allianz plädierte?

Als Alexander seinen alten Freunden neue Aufgaben zuwies, hatte er nicht mit Feindseligkeiten aus seiner eigenen Familie gerechnet. Als ihr ältester Sohn gesund aus dem Kriege heimgekommen war, hatte sich Maria Fjodorowna wie jede russische Mutter selbstverständlich gefreut. Obwohl sie Czartoryski nicht leiden konnte und ihm immer mißtraute, bestand sie darauf, ihm ein persönliches Geschenk zu machen, »weil er während und nach der Schlacht immer an der Seite ihres Sohnes geblieben sei«. [3] Aber sobald der Großfürst Konstantin von seiner fehlgeschlagenen preußischen Mission zurückgekehrt und in Gatschina eingetroffen war, wechselte die Kaiserinwitwe scharfe und vorwurfsvolle Briefe mit dem Winterpalais, tadelte Alexander wegen seiner Unschlüssigkeit und warnte ihn vor den Intrigen des Polen Czartoryski. Konstantin sprach klar aus, daß er dessen Haltung in der Außenpolitik für hochverräterisch hielt und behauptete, daß Araktschejew für die Artillerie viel zu leichte Kanonen beschafft hätte, die dem starken Artilleriefeuer der Franzosen nicht hätten standhalten können. Etwa Mitte Februar unterlag Alexander dem täglichen Druck, sich endlich von den letzten Bindungen zu befreien, die ihn mit seinen Freunden vom Geheimen Komitee noch verbanden.

Unglücklicherweise folgte diese Regierungskrise bald nach dem Schock von Austerlitz, der auf der einen Seite Alexanders Selbstvertrauen untergraben hatte, auf der anderen Seite aber seinem Entschluß, als ungeschwächter Autokrat zu herrschen, keinen Abbruch tat. Während des Jahres 1806 regierte er wieder schwach und zögernd: Sitzungen mit Beratern und Komitees wurden auf die lange Bank geschoben, und es folgten lange Diskussionen, bei denen nichts beschlossen wurde. Czartoryski war bitter enttäuscht. [4] Mitte Februar schrieb er vertraulich: »Der Kaiser bleibt immer der gleiche, er schwankt zwischen Furcht und Schwachheit hin und her. Wir haben vor allem Angst und können keine einschneidenden Maßnahmen mehr ergreifen; man kann ihn auch nicht mehr beraten, denn er will keinen Rat. Der Kaiser will uns gerne behalten (d. h. Czartoryski, Kotschubej und Nowossilzow), um sich die Blamage einer Umbesetzung zu ersparen, aber er handelt nur nach seinem eigenen Gutdünken. Das Unglück hat seine Kraft, logische Gedanken zu fassen, leider nicht gestärkt: Mehr denn je trifft er seine Entscheidungen völlig willkürlich. Solch eine Anhäufung von Schwachheit, Ungewißheit, Angst, Ungerechtigkeit und extravaganten Handlungen erfüllt einen mit Furcht und Verzweiflung.« [5]

Und Pawel Stroganow war beinahe ebenso kritisch. Am 18. Februar teilte er seiner Frau vertraulich mit: »Ich liebe unseren Kaiser mit aller Kraft, die ein Mensch aufbringen kann, aber er tut mir leid, daß er solch einen Charakter hat. Was für eine Zukunft liegt vor denen, die er regieren wird? In den Augen des Kaisers sind seine Untertanen nur dazu bestimmt, blinde Instrumente seines Willens zu sein.« [6]

Mitte Februar 1806 kamen die Auseinandersetzungen mit Napoleon praktisch zum Stillstand. Zwischen französischen und russischen Kräften fand nur im Adriatischen Meer ein Seegefecht statt. Admiral Dmitrij Senjawin führte einen Angriff gegen französische Außenposten im südlichen Teil Dalmatiens. Czartoryski, der durch die Unschlüssigkeit in St. Petersburg der Verzweiflung nahe war, versuchte Alexander dahingehend zu beeinflussen, Senjawin auf dem Balkan durch eine aggressive Politik zu unterstützen. Er schlug vor, die Griechen und die im Süden lebenden Slawen gegen Rußlands traditionelle Feinde, die Türkei und Frankreich, aufzuhetzen. Es war alles vergebens! Alexander wollte nur

von einem sicheren Ort aus Napoleons Handlungen beobachten und abwarten. »Laßt uns passiv bleiben, bis der Feind in unser eigenes Land einfällt«, erklärte er. [7]
Für Czartoryski war das alles viel zu viel. In der vierten Märzwoche wollte er abdanken, doch es wurde ihm mitgeteilt, daß sein Herrscher ihn noch brauche. Im April wechselte Czartoryski seine Taktik. Er sandte dem Zaren einen Brief, der über tausend Worte enthielt, in dem er über die auswärtige und die militärische Politik der letzten drei Jahre einen Abriß gab. [8] Es ist ein bemerkenswertes Dokument, eine seltene Anklageschrift eines Ministers gegen seinen Herrscher. Er behauptete, daß Alexander kostbare Zeit zwischen dem Bruch mit Frankreich und dem Beginn der Kampfhandlungen vergeudet habe. Seine preußische Politik werde durch Gefühle bestimmt. Die Kampfhandlungen hätte er durch seine Anwesenheit bei der Armee erschwert und durch seinen Entschluß, Napoleon in einer Schlacht zu stellen. »Ihre Anwesenheit in Austerlitz hatte gar keinen Wert«, schrieb er mit eisiger Kälte. »Gerade dort, wo Sie sich aufhielten, kam es sofort zu den größten Fluchtbewegungen. Eure Majestät waren sogar gezwungen, daran teilzunehmen und mußten sich rasch zurückziehen, ein Risiko, dem Sie sich überhaupt nicht hätten aussetzen sollen!«
Eigenartigerweise nahm Alexander diese Lektion in Staatsführung und Kriegskunst mehr mit schmerzvoller Geduld als mit Ärger zur Kenntnis. Das ganze Frühjahr über zwang er Czartoryski, im Amt zu bleiben, obwohl er sich privat nach einem Nachfolger umsah. Es war unvermeidlich, daß der Zar und sein Minister täglich zusammentrafen. Mit der Zustimmung Czartoryskis sandte Alexander einen Emissär nach Paris, um unter Umständen statt des schwebenden militärischen Zustandes zwischen den beiden Ländern zu einem Friedensvertrag zu kommen. [9] In der zweiten Maiwoche arbeitete Czartoryski für d'Oubril, den der Zar für die Mission ausgewählt hatte, klare und ins Detail gehende Anweisungen aus: Rußlands Interessen durften für kurzfristige territoriale Gewinne nicht aufs Spiel gesetzt werden. Nachher informierte der Zar d'Oubril mündlich von seinem persönlichen Wunsch, einen Vertrag abzuschließen, und vertraulich teilte er ihm mit, daß Czartoryski die längste Zeit Minister gewesen sei. [10]
Ende Mai kam es zum endgültigen Bruch. Die beiden Männer waren in »verschiedene hitzige Debatten« verwickelt, wie Czartoryski um diese

Zeit schrieb. Und wieder einmal drohte er, wie schon öfters, mit seinem Rücktritt, doch dieses Mal – vielleicht zu seiner Verwunderung – fand er Alexander bereit, diesen anzunehmen. [11]
Czartoryskis Rücktritt wurde erst Anfang Juli der Öffentlichkeit bekanntgegeben, als General Andrej Budberg zum Außenminister ernannt wurde (ein Rang, den seine Vorgänger offiziell nie innehatten). Sowohl in St. Petersburg als auch in Moskau wurde diese Nachricht mit gemischten Gefühlen aufgenommen. [12] Für Czartoryski hatte man wenig Sympathien, doch die Ernennung des baltischen Barons Budberg schlug bei jedermann wie eine Bombe ein, denn er verfügte über wenig Erfahrung in der Diplomatie. Am schwedischen Hofe hatte er nur eine kurze unheilvolle Zeit geweilt und war auf Wunsch der Schweden wieder nach Rußland zurückberufen worden. Von seinem Gut, das in der Nähe Moskaus lag, ließ Fjodor Rostoptschin wissen, daß Budberg die Intelligenz besäße, Außenminister San Marinos zu werden, und bald stimmten die meisten Diplomaten in St. Petersburg ihm zu. [13]
Es gab viele Ausländer und geborene Russen, die die Abreise des Polen Czartoryski bedauerten. Solange er den Zaren beeinflußte, war die russische Politik in der Lage gewesen, Ausweichmöglichkeiten, sozusagen gegen die neue französische Ideologie, zu finden. Das war nun nicht mehr länger der Fall, und sowohl die Innen- als auch die Außenpolitik mit ihren Kriegszielen wurde vorsichtigerweise konservativ. Durch den Fall des Polen war das Geheime Komitee praktisch aufgelöst. Obwohl nach 1803 keine Sitzungen mehr stattfanden, blieben seine Mitglieder bis zu seiner Rückkehr von Austerlitz enge Freunde Alexanders. Aber nach dem Weggang Czartoryskis wollten weder Nowossilzow noch Pawel Stroganow verantwortungsvolle Posten in der Verwaltung haben, und deshalb nahmen beide ihren Abschied. [14] Nur Kotschubej blieb noch etwa fünfzehn Monate im Amt, aber auch er konnte Alexanders Interessen für seine Reformpläne nicht mehr wecken. Von dem einstigen Idealismus des jungen Zaren war nur noch sehr wenig übriggeblieben.

Während des Jahres 1806 blieb der Zar in der Nähe von St. Petersburg, ab und zu fuhr er allerdings nach Pawlowsk oder Gatschina. Er interessierte sich nicht dafür, was in Moskau geschah (wo man Bagration feierte) oder in Kiew (wo man den kranken Kutusow mit Ehren überhäufte). Es war unvermeidlich, daß Alexanders Zurückgezogenheit zu Schwätzereien und Gerüchten Anlaß gab. Man sagte, daß sein Charakter immer mehr dem seines Vaters ähnlich werde: Wie ein sommerliches Gewitter, so brachen plötzlich unvorhergesehene Wutanfälle und argwöhnisches Benehmen aus ihm heraus; und es folgten depressive Stimmungen, in denen er sich vor dem Auge der Öffentlichkeit verbarg. In Stunden der Selbstanklage – so behauptete man – ließ ihn die Erinnerung an Austerlitz in Tränen ausbrechen. Und wieder konnten seine Untertanen eine Karosse beobachten, die im Eiltempo am Abend über die Brücke, an der Peter-Paul-Festung vorbei, die geraden Straßen entlang gegen die Newa und zu Maria Naryschkinas Villa fuhr. Sie wußten, daß ihr Zar vor den Regierungsgeschäften und dem anstrengenden Leben im Winterpalais floh.

Das Benehmen des Zaren wurde an Orten, an denen man es nicht erwartet hätte, kritisiert. Am 12. Februar erschien in *Le Publiciste*, einer Pariser Zeitung, ein verleumderischer »Brief aus St. Petersburg«: Das politische Leben der russischen Hauptstadt wird von der Kaiserinwitwe beherrscht, während die »gekrönte Kaiserin nur geringen Ehrgeiz zeigt, das Herz ihres Gatten zurückzugewinnen«. Der Bericht malte ein sensationslüsternes Bild des Skandals, der durch die »dauernden Begünstigungen und Geschenke, mit denen der Zar Madame de Naryschkina, eine schöne Polin, überhäuft, ausgelöst wurde«. [15] *Le Publiciste* hatte einen großen Leserkreis sowohl in Frankreich als auch in den von Frankreich abhängigen anderen Staaten, und so gelangte die Zeitung auch in die Hände der Schwiegermutter Alexanders. Es ist unmöglich, daß die Markgräfin durch diese Nachrichten überrascht gewesen ist, aber sie sandte doch am 3. April »mit Schmerzen« einen Auszug der französischen Zeitung mit den belastenden Stellen an ihre Tochter in St. Petersburg. [16]

Elisabeth wußte nur zu gut, daß der Bericht der Wahrheit nahekam. Niemals zuvor hatte die Kaiserinmutter mit ihren Launen einen größeren Einfluß auf die Regierungsgeschäfte in der Hauptstadt gehabt als jetzt, während zu gleicher Zeit Alexanders Liebschaften (nicht nur auf die Gräfin Naryschkina beschränkt) geradezu stadtbekannt waren. Aber Elisabeth war zu stolz und viel zu tolerant und wollte deshalb nicht, daß ihre Ehe in ein Katz- und Mausspiel ausartete. Das herrschsüchtige Benehmen Maria Fjodorownas und die zur Schau gestellte anmaßende Frechheit der polnischen Mätresse schmerzten Elisabeth genauso wie zwei Jahre vorher, aber jetzt wußte sie – was kein Journalist ahnte –, daß sie dieses Mal der Herausforderung, die ihr häusliches Glück bedrohte, besser begegnen konnte. Denn an dem Tage, an dem sie den Brief ihrer Mutter erhielt, hatte sie bemerkt, daß sie das erste Mal in sieben Jahren in anderen Umständen war. Zum mindesten hegte sie die Hoffnung, Rußland einen Thronerben zu schenken. Wenn St. Petersburg in diesem Sommer nur wenig von Elisabeth sah, so war es nicht deshalb, weil ihr das Verhalten ihres Gatten mißfiel, sondern weil sie dringend langer Ruhestunden in der Stille der Kamennyj-Insel bedurfte. In dem kleinen Palast, einem Juwel, das Bashenow für Paul gebaut hatte, sah sie auf die Ruhe des Meeres am Finnischen Meerbusen hinaus und fand dort die Stille, die ihr die Stadt nicht gewährte. Trotz aller Unberechenbarkeit war Alexander um Elisabeths Wohl sehr besorgt. [17] Die Kamennyj-Insel lag etwa fünf Kilometer vom Winterpalais entfernt, und so kam es, daß die kaiserliche Karosse im Sommer und Herbst manchmal mit dem Zaren über die Newa fuhr, aber nicht zu der wollüstigen Maria, sondern zu seiner Gattin, die in dem von Bashenow gebauten Schlößchen am seichten und schilfigen Ufer des Meerbusens Hof hielt.

Am 15. November 1806 wurde Elisabeth von einer Tochter entbunden. Drei Tage später schrieb sie an ihre Mutter: »Es geht mir gut, meine liebste Mama, und auch meine kleine Elise ist gesund, und sie bittet um Verzeihung, daß sie ein Mädchen und kein Junge wurde.« [18] In St. Petersburg und Moskau gab es Salutschüsse, und über die gut verlaufene Geburt seines erstgeborenen Kindes war Alexander sehr froh.

Um die Zeit, als Alexanders Tochter geboren wurde, war er wieder tief in europäische Konflikte hineingezogen. Für Außenseiter unterschied sich Budbergs Außenpolitik kaum von der seines Vorgängers, außer, daß ihr jede Planung auf lange Sicht fehlte. Vier Monate nach Czartoryskis Rücktritt waren die Russen in einen Zweifrontenkrieg verwickelt, den man schon lange erwartet hatte: auf der einen Seite in einen Feldzug gegen die Türkei an der unteren Donau, und auf der anderen Seite in neue Kämpfe mit den Franzosen in den Ebenen Polens. Keines der beiden Unternehmen jedoch zeigte den Enthusiasmus einer Offensive, wie ihn Czartoryski in Alexander und seinen mehr als konservativen Beratern hatte wecken wollen. Beide Male wurde der entscheidende Schritt nicht vom Zaren, sondern von fremden Herrschern getan.

Im Juni sandte Napoleon an seinen Außenminister Talleyrand ein Memorandum und erklärte: »Das endgültige Ziel meiner Politik ist, eine dreifache Allianz zwischen mir, der Pforte (Türkei) und Persien zu bilden, die entweder direkt oder auf Umwegen gegen Rußland gerichtet ist.« [19] Seit Austerlitz hatten sich die Türken gegen ihren russischen Nachbarn feindlich gezeigt, und der Sultan hieß deshalb die französischen Schritte in Konstantinopel willkommen, denn er hoffte, die Türkei könnte ihre alte Vorherrschaft am Schwarzen Meer wiedergewinnen. Die Russen waren jedoch nicht gewillt zuzusehen, wie eine feindliche Front gegen sie gebildet wurde. In St. Petersburg gab es eine starke Kriegspartei, die schon lange die Wiederaufnahme eines russischen Feldzuges in den Süden befürwortete. Als Ende August der Sultan die Gouverneure der zwei Donaufürstentümer Moldau und Walachei durch französische Agenten ersetzte, erregte dies in St. Petersburg großen Haß, und Anfang November gab Alexander seinen Truppen den Befehl, den Dnjestr zu überschreiten und das rumänische Gebiet, das zum Reich des Sultans gehörte, [20] zu besetzen. So brachen auf einem Nebenkriegsschauplatz die Kampfhandlungen mit der Türkei wieder aus, die sich fast ohne Unterbrechung fünfeinhalb Jahre hinziehen sollten. Wichtige, gut gedrillte Truppen, die der Zar im Norden dringend brauchte, wurden hier festgehalten.

Für mehrere Monate befanden sich Rußland und Frankreich in einem schwebenden Kriegszustand, der seit der Rückkehr Alexanders von Austerlitz herrschte, und d'Oubril gelang es, mit Talleyrand einen vorläufigen Frieden auszuhandeln. Aber die neuen napoleonischen Bedingungen in Deutschland – der Rheinbund zum Beispiel, von dem Preußen ausgeschlossen war – verärgerten Friedrich Wilhelm von Preußen erneut, und er war deshalb bereit, noch einmal gegen die Franzosen zu kämpfen. Die Aussicht auf eine gemeinsame russisch-preußische Allianz fand Alexanders volle Zustimmung, und in der zweiten Augustwoche arbeitete der russische Gesandte in Berlin mit den preußischen Ministern so eng zusammen, daß Friedrich Wilhelm mit Recht glaubte, daß er vom Zaren militärische Unterstützung erhalten werde, falls der Krieg mit Frankreich noch in diesem Herbst ausbrechen würde. Aber vor November war Rußland mit seinen Vorbereitungen, einen Krieg in Deutschland zu führen, nicht fertig. Doch Friedrich Wilhelm handelte auf der anderen Seite mit geradezu tollkühner Ungeduld.

Ende September überreichte der preußische Minister in Paris ein Ultimatum, das den Rückzug aller östlich des Rheins stehenden französischen Truppen aus Deutschland forderte. Es bestand niemals die Wahrscheinlichkeit, daß die Franzosen so anmaßende Bedingungen annehmen würden, und so kam es am 7. Oktober zum Krieg. Der preußische Generalstab hoffte, die Franzosen durch einen Überraschungsangriff noch vor Anbruch des Winters zu schlagen. Eine Woche nach Ausbruch des Krieges wurden die Truppen Friedrich Wilhelms in der Doppelschlacht von Jena und Auerstedt vernichtet, [21] und der Weg in die preußische Hauptstadt lag offen da, ehe Alexander überhaupt die Vorhuten seiner Armee hatte konzentrieren können. Am 24. Oktober traf Napoleon in Potsdam ein und drei Tage später in Berlin. Die preußischen Minister, bestürzt und entmutigt durch die Niederlage, drängten Friedrich Wilhelm, sofort Frieden zu schließen. Es sah so aus, als ob die Russen, wenn überhaupt, so bestimmt nicht mehr in diesem Winter nach Westen marschieren würden.

Es folgte jedoch ein eigenartiger Vorfall, der private Dinge in die große Politik mit hineinzog. Als sich die französischen Armeen Berlin näherten, flohen König Friedrich Wilhelm und die Königin Luise in östlicher Richtung auf die befestigten Weichselstädte und die verhältnismäßig sichere Stadt Königsberg, doch mußten sie so rasch fliehen, daß ein großer Teil ihres privaten Gepäcks im Charlottenburger Schloß zurückblieb. Gleich nach seiner Ankunft in der Stadt befahl Napoleon, die Archive und Geheimberichte zu durchsuchen, denn er wollte einen Beweis in Händen haben, was für eine Politik seine beiden Feinde im Sinne hatten. Geschickte Beamte waren in der Lage, ihm Kopien des Briefwechsels zwischen Alexander und Friedrich Wilhelm vom Beginn des Jahres auszuhändigen. Er erhielt nun Gewißheit darüber (was er längst angenommen hatte), daß Alexander Friedrich Wilhelm gegen die Franzosen aufhetzte, sogar zu dem Zeitpunkt, als d'Oubril noch in Paris verhandelte. Diese Enthüllung von Alexanders Doppelspiel machte Napoleon unverhältnismäßig zornig. [22] Es war vorteilhafter, die Russen jetzt zur Schlacht zu zwingen – als ein Mittel, endlich in Europa zu dauerhaften politischen Lösungen zu kommen –, als nach den Wünschen Friedrich Wilhelms nur einen Teilfrieden zu schließen. Der Krieg mit Preußen ging weiter; und der Krieg mit Rußland würde jetzt allen Ernstes beginnen.

Die Franzosen, die in Charlottenburg herumspionierten, machten aber noch eine andere Entdeckung. In den Privatgemächern der Königin, unter persönlichen Dingen, die ihr ganz besonders am Herzen lagen, fanden die Franzosen nicht nur ein Bild des Zaren, sondern auch seine zärtlichen Briefe und kleine Andenken seiner Zuneigung. Auch diesen Fund teilten Napoleons Beamte ihm mit, und er war so unritterlich, daß er in der Öffentlichkeit die romantische Beziehung zwischen Luise und Alexander lächerlich machte. [23] Jetzt war die Reihe an Friedrich Wilhelm und Alexander, wütend zu sein. Der Zar sprach jetzt mit großen Worten von einem Krieg »für die vornehmste und gerechteste Sache«, obwohl er nicht näher bestimmte, ob dieses Ideal, das in einem solchen Superlativ angesprochen wurde, die Verteidigung des russischen Hinterlandes, die Ehre der Königin Luise oder die Unverletzlichkeit des Briefgeheimnisses war. [24] Von St. Petersburg aus wurden Befehle an alle Gutsbesitzer geschickt, sofort die doppelte Anzahl Leibeigener als in früheren Jahren zum Militärdienst auszuheben, und Alexander konnte mit Kampftruppen in der Stärke von etwa 600 000 Soldaten rechnen.

Obwohl für die meisten Angehörigen des russischen Landadels von Frankreich her vorerst keine Gefahr drohte, so kamen aber doch gewisse politische Probleme auf diejenigen der Aristokratie zu, die Landbesitz in den in Polen gelegenen Gebieten des Reiches hatten. Am 27. November zogen französische Truppen in Warschau ein und warfen ein russisches Korps zurück, das erst eine Woche vorher über die Grenze gekommen war. Napoleon wurde von vielen Familien als Befreier gefeiert, obwohl die Patrizier-Familien zögerten, sich ganz zu der französi-

schen Sache zu bekennen. Sollte Alexander Napoleon zuvorkommen, indem er ein polnisches Königreich ausrief, den Polen politische Freiheiten garantierte und die Krone Rußlands in dynastischer Union mit der Polens verband? So etwa äußerte sich Czartoryski, und er war nicht der einzige große Gutsbesitzer in St. Petersburg, der so dachte.
Alexander wurde auf die Probe gestellt. Im Dezember tauschte er wieder einmal mit seinen alten Freunden Gedanken aus. In St. Petersburg waren Gerüchte im Umlauf, die behaupteten, daß Czartoryskis Rückkehr ins Amt bevorstehe. Im letzten Augenblick verlor Alexander die Nerven. Die polnische Frage mußte gemeinsam mit Preußen und Österreich geregelt werden und nicht in einer einseitigen Handlung seinerseits. Czartoryskis Loyalität schwankte nie, doch in dem Teil, der früher Preußisch-Polen gewesen war, zögerten die polnischen Magnaten nicht länger, und Morey trat in französische Dienste. Mitte Januar war Napoleon bereit, in Warschau eine provisorische polnische Verwaltung einzusetzen.
Obwohl Alexander zögerte, als Wortführer für nationale polnische Interessen zu gelten, so mußte er doch seiner Armee und seinem Volk eine gemeinsame Idee geben, die der Begeisterung für den Bonapartismus ein Gegengewicht verlieh. Er glaubte, daß er diesen Anti-Bonapartismus in der Kirche gefunden habe: Das ganze Heilige Rußland sollte Napoleon als den Antichrist verdammen, denn dann würden die Bauernmassen seines Reiches im Krieg gegen Frankreich einen Kreuzzug sehen. Am Ende des Jahres legte der Heilige Synod einen offiziellen Bannfluch auf Napoleon und erklärte ihn zum verfluchten Feind des Christentums. Die Anklage hallte durch jede Kathedrale und jede Kirche Rußlands. Die Priester in ihren reich bestickten Gewändern lasen die sechshundert Worte lange Proklamation vom Altar aus vor: Niemand durfte an der Schlechtigkeit des Ungeheuers, das wagte, sich Kaiser der Franzosen zu nennen, zweifeln. Mit allem Pomp und der Ehrfurcht der orthodoxen Kirche wurden Bonapartes Sünden bekanntgemacht. Und der verächtliche Mißbrauch, den er mit den Tagesberichten der Großen Armee getrieben hatte, wurde im furchteinflößenden Tonfall der kirchlichen Autorität beantwortet. Er sei, so war die offizielle Version der Kirche, der »Hauptfeind der Menschheit, einer, der Götzen und Huren anbetet«. Noch hatte er nicht alle Scheußlichkeiten, zu denen seine Seele fähig war, begangen, doch »plane er, jeden Judas in der Welt mit seinesgleichen zusammenzubringen ..., um die Kirche Gottes zu zerstören; doch noch nicht genug, seine

Schandtaten, die er bereits begangen hat, werden noch von der Tatsache übertroffen, daß er beabsichtigt, sich auch noch als ›Messias‹ feiern zu lassen«. [25]

Friedland und Preußisch Eylau

Ein Winterkrieg in Ostpreußen und Polen konnte für keine der kriegführenden Parteien zum Höhepunkt eines Kreuzzuges werden. Als Napoleon die Weichsel erreichte, beabsichtigte er, alle Kampfhandlungen bis zum Frühjahr einzustellen. Die Russen jedoch brauchten einen Waffensieg, nicht nur um die Schlappe von Austerlitz, die sie zwölf Monate vorher davongetragen hatten, auszuwetzen, sondern auch um ihren Truppen, die sich durch die unendlichen Ebenen langsam nach Westen bewegten, einen moralischen Halt zu geben. Der Feind wußte weder, wo die russischen Armeen konzentriert waren noch ob sie einen Vormarsch oder Rückzug planten. Tatsächlich war es der schlagkräftige russische Befehlshaber, der in Hannover geborene General Bennigsen, der einen französischen Angriff bei Pultusk am 26. Dezember erfolgreich zurückschlug. Er war kein Soldat, der sich eine gute Gelegenheit entgehen ließ, um sein eigenes Ansehen zu heben, und er berichtete nach St. Petersburg, daß er Napoleon (der an diesem Tag über 60 Kilometer von Pultusk entfernt war) und 60000 Franzosen – in Wirklichkeit waren es nur 20000 – geschlagen habe. Er verschwieg dagegen, daß er anschließend Pultusk räumen und sich in nördlicher Richtung zurückziehen mußte. [26] Aber diese Einzelheiten waren für Alexander von geringer Bedeutung. Endlich konnte er einen Sieg feiern. Das Jahr 1807 begann für Rußland mit großen Hoffnungen. In der Begeisterung über Pultusk wurden Bennigsen seine alten Sünden vergeben, und er wurde als Oberbefehlshaber gegen Napoleon bestätigt.

Die Enttäuschung folgte nur zu bald. Bennigsen hatte den aufrichtigen Wunsch, die Franzosen zur Schlacht zu stellen und machte einige vergebliche Versuche, gegen die Garnisonstadt Thorn zu marschieren. Aber unter den Witterungsverhältnissen mit Schnee und Eis, die schlechter als in Mähren vor Austerlitz waren, konnte er beim besten Willen keinen Fortschritt erzielen. In der ersten Februarwoche stießen die beiden

Armeen geradezu zufällig in der Nähe der Stadt Preußisch Eylau zusammen. Die Stadt war umgeben von Hügeln, und unter drei bis vier Fuß Schnee lagen Seen und Moorgelände verräterisch verborgen, die man von den Feldern zwischen den Dörfern nicht unterscheiden konnte. Am 8. Februar wurde die Schlacht nahezu bei Dunkelheit geschlagen. Bei schwerem Schneefall und starken nördlichen Winden kamen 50 000 Soldaten – Franzosen, Russen und Preußen – um. Bagration und die Nachhuten kämpften genauso tapfer wie im Jahr zuvor an der Donau, aber sie konnten trotzdem nicht siegen.* Viele Jahre später wurde Eylau für russische Offiziere in der Erinnerung zum sinnlosesten Blutbad des ganzen Krieges. Als Napoleon den Tagesbericht für die Große Armee diktierte, in dem er seinen Besuch auf dem Schlachtfeld nach dem Rückzug der Russen schilderte, sagte er ganz einfach: »Solch ein Anblick sollte jeden Herrscher dazu bewegen, den Frieden zu lieben und den Krieg zu hassen!« [27]

Strategisch wurde Preußisch Eylau als napoleonischer Sieg gewertet, denn die Russen mußten sich nach Königsberg zurückziehen, wo der König und die Königin von Preußen noch immer residierten. Auf dem Schlachtfeld blieben die Franzosen Sieger. Bennigsen behauptete, Eylau wäre ein russischer Sieg gewesen, da die Franzosen keinen Versuch unternahmen, ihre Erfolge dadurch auszunutzen, daß sie die Stadt Königsberg bedrohten. Bennigsen bat, anläßlich des zweiten Sieges der russischen Armeen im ganzen Lande Dankgottesdienste abzuhalten. Alexander war gewillt Bennigsens Initiative hoch genug zu loben: Mit Salutschüssen wurde die Nachricht von der Schlacht gefeiert, als sie in St. Petersburg bekanntgegeben wurde; der Zar selbst nahm an einem Te Deum in der Kathedrale teil. [28] Aber in seinem Innern war Alexander besorgt, was sich im Frühjahr und Sommer ereignen würde. Er war bestrebt, die künftigen militärischen und auswärtigen Beziehungen zu Friedrich Wilhelm zu festigen, und er sehnte sich danach, wieder zu seinen Truppen an die Front zurückzukehren.

Mitte März gab es Anzeichen eines bald beginnenden Frühlings, und

---

* Nach dem Zweiten Weltkrieg wurde die Gegend um Preußisch Eylau von der Sowjetunion annektiert und Preußisch Eylau, eine Grenzstadt an der Straße Königsberg (Kaliningrad)-Warschau, in Bagrationowsk umgetauft. Eine patriotische Tat, um den Korps-Kommandanten, der 1807 die Nachhuten befehligte, zu ehren.

Alexander wurde zunehmend unruhig. Noch immer hatte er Schwierigkeiten mit seiner Familie, ganz besonders mit seiner Mutter. Denn Maria Fjodorowna war gegen diesen Feldzug, da sie befürchtete, russische Soldaten würden zum Wohle Preußens geopfert. Sie warnte ihren Sohn. Seine Sympathien für die preußische königliche Familie sollten doch seine Urteilskraft nicht beeinträchtigen. Außerdem bat sie ihn ganz dringend, doch auf keinen Fall selbst den Oberbefehl im Kriege über die Armee zu übernehmen. In der Tat waren ihm die Gefahren, auf die sie hinwies, bewußt. Aber er hatte sich nun einmal festgelegt. In den Morgenstunden des 28. März verließ er St. Petersburg. Dieses Mal konnte ihn niemand einer Saumseligkeit oder Inaktivität bezichtigen. Er trieb seine Kutscher an, das Äußerste aus den Pferden herauszuholen, und es gelang ihm, die ca. 500 Kilometer lange Strecke nach Riga in 48 Stunden zurückzulegen. Zwei Tage später war er noch einmal in Memel, wo Friedrich Wilhelm und die Königin bereits auf ihn warteten, um über Zurückliegendes zu sprechen und das Zukünftige zu planen. [29]
Für Alexander war es ein trauriges Wiedersehen, als er mit Luise im Frühling in Memel wieder zusammentraf. Sie hatte ihn durch ihre zarte Schönheit und ihr charmantes Wesen bezaubert, und er war so von ihr angetan, daß er ihr nicht widerstehen konnte. Weder vorher noch nachher hat eine Königin von Preußen solch strahlende und bezaubernde Eigenschaften besessen wie Luise, und in ihrer Gegenwart zeigte selbst ein rechtschaffener, doch mürrischer Gatte wie Friedrich Wilhelm für den Augenblick ein entsprechend freundlich-strahlendes Gesicht. Aber jetzt, weniger als fünf Jahre nach ihrem ersten Zusammentreffen, war Luise eine müde und kranke Frau. Sie brauchte all ihre Reserven an Willenskraft und Mut, um gegen die Apathie und Hoffnungslosigkeit des preußischen Hofes anzukämpfen. Anspannung und Falten auf ihrem Gesicht machten die innere Demütigung sichtbar, die sie durch die unverschämten französischen Berichte erlitten hatte. Und doch verlieh ihr das Leiden einen fast heiligartigen Adel, und bewegt von ihrer Hinfälligkeit, fand Alexander, daß der Zauber ihrer Persönlichkeit auch durch das Unglück keinen Schaden erlitten hatte.
Von Memel aus bestand der Zar darauf, Friedrich Wilhelm in die Kampfzone der beiden Armeen zu begleiten, und in der letzten Aprilwoche unterzeichneten beide Monarchen den Vertrag von Bartenstein, als Ausdruck innigster russisch-preußischer Freundschaft. [30] Der Zar

beschwor, daß er, bei einem Separatfrieden mit den Franzosen, auf die Wiederherstellung der preußischen Grenzen des Jahres 1805 dringen würde, andernfalls müßte Friedrich Wilhelm ein anderes Gebiet in Deutschland als Äquivalent erhalten. Zu gleicher Zeit arbeiteten die beiden Monarchen an der Verwirklichung einer deutschen Föderation, die unter österreichisch-preußischer Protektion, mit Grenzen am Rhein entlang, begründet werden sollte. Da zu diesem Zeitpunkt ganz Deutschland von den Franzosen besetzt war, grenzte diese Konvention an Narretei. Zudem stimmten die Bedingungen dieser Absprache überhaupt nicht mit den Zielen der Österreicher, Engländer oder Schweden über die Zukunft Deutschlands überein. Genau wie im November 1805 bei dem Schwur in der Potsdamer Garnisonkirche waren die Abmachungen mehr ein Merkmal von Alexanders romantischen Ideen als der Ausdruck seines politischen Verstandes.

Die einzige Rechtfertigung des Bartensteiner Vertrags war die Hoffnung, daß, nach zwei unentschiedenen Schlachten bei Pultusk und Eylau im Winter, in einem besseren Gelände im Sommer ein russischer Sieg erzielt werden könnte. Auf der anderen Seite waren die Franzosen entschlossen, Preußen eine totale Niederlage zuzufügen, indem sie die letzte noch preußisch gebliebene Stadt, Königsberg, in ihren Besitz bringen wollten. Bennigsen hatte die Gegend südlich von Königsberg genau ausgekundschaftet, und sein Plan war, den Druck auf die Stadt abzuschwächen, indem er das VI. französische Korps unter Marschall Ney zwingen wollte, seine Stellung, die etwa achtzig Kilometer südöstlich lag, aufzugeben. In den ersten Junitagen kam es in dem weiten Gebiet immer wieder zu kleinen Plänkeleien. Napoleon erkannte die Absichten Bennigsens rechtzeitig und versuchte, ihn von der Stadt wegzulocken, um ihn später an einer Ausfallstraße zu schlagen. Doch auch Bennigsen erkannte die französische Falle und zog sich in ein befestigtes Lager am Fluß Alle zurück. Aufgrund dieser fließenden Frontbewegungen hegte niemand Zweifel, daß eine Entscheidungsschlacht bevorstände, es sei denn, die Russen wären bereit, Königsberg aufzugeben oder um Frieden zu bitten.

Ende April schien eine solche Möglichkeit undenkbar, doch Anfang Juni nicht ausgeschlossen zu sein. Alexander zog sich aus der ungeschützten Lage des Gebietes um Bartenstein zurück und sammelte seine Truppen um die Stadt Tilsit, am Flusse Njemen, wo die Nachrichtenübermittlung zwischen St. Petersburg und dem Innern des Reiches leichter war als in der

Frontausbuchtung Ostpreußens. [31] Sein Bruder Konstantin und General Budberg begleiteten ihn. Es war ganz klar, daß weder militärische noch diplomatische Hilfe von irgendeiner Seite zu erwarten war. Doch Budberg war nicht entmutigt. Denn er glaubte, daß Rußland größere Reserven besäße als das napoleonische Reich, und deshalb war Rußland auf einen Abnutzungskrieg besser vorbereitet, ganz unabhängig von den Vorgängen an der Königsberger Front. Im Kreis um Alexander stimmte sonst niemand mit Budberg darin überein. Einige waren der Ansicht, man solle Friedensfühler ausstrecken, um weitere Verluste zu ersparen, die in ihren Augen höchstens der preußischen Sache dienen könnten. Alexander stand also unter beträchtlichem Druck, in Verhandlungen einzutreten. Er wußte ganz genau, daß trotz der Versuche, die Erfolge Bennigsens hochzuspielen, es den meisten Armeekommandeuren an Begeisterung fehlte, und außerdem stellte er mit Bedauern fest, daß selbst das Donnerwetter der Kirche nicht in der Lage gewesen war, seine Untertanen für den Krieg zu interessieren. Er zögerte und wog in seinen Gedanken die Verpflichtungen, die er in Bartenstein eingegangen war, gegen den Druck aus seiner nächsten Umgebung ab; doch Budberg setzte bei ihm durch, den Kampf unter allen Umständen fortzusetzen. Am 14. Juni, als Alexander immer noch unentschlossen war, ob Friede oder Krieg, stießen die beiden Armeen in der Nähe der kleinen Stadt Friedland, an den Ufern des Flusses Alle gelegen, etwa 110 Kilometer westlich von Alexanders Hauptquartier, aufeinander. Nach einem anfänglichen Erfolg gegen eine Flanke Napoleons wurden die Russen spät am Abend in eine Gegenoffensive mit der gesamten Großen Armee verwickelt. Um 10 Uhr nachts – das Zwielicht des Sommers lag noch über den schwelenden Trümmern der Stadt – war Bennigsen gezwungen, sich mit nur noch 5000 Soldaten über den Njemen zurückzuziehen, die allein noch in der Lage waren, Widerstand zu leisten. Die Entscheidungsschlacht, auf die ganz Rußland während des Frühjahrs gewartet hatte, war geschlagen. Wieder einmal hatte Napoleon den Sieg errungen. [32]

KAPITEL 7

Tilsit

Alexander und Napoleon treffen sich in der Mitte des Flusses Njemen

Die Schlacht von Friedland war für die Russen viel bedeutungsvoller als die Niederlage von Austerlitz achtzehn Monate vorher. Obwohl bei Austerlitz große Truppenteile vernichtet worden waren, wurde die Niederlage weder in St. Petersburg noch in Moskau als Entscheidungsschlacht des ganzen Krieges bewertet. Und deshalb waren im Winter 1806 viele einflußreiche Russen dafür, den Kampf gegen Napoleon im folgenden Frühjahr wieder aufzunehmen. Aber Friedland war keine Vorspiegelung falscher Tatsachen: Der Krieg war verloren. Die besten zaristischen Regimenter wälzten sich erschöpft und demoralisiert gegen die Grenzen des Reiches zurück, und selbst die letzten Bollwerke Preußens fielen in französische Hände. Alexander und seine Umgebung erkannten klar, daß es nur zwei Möglichkeiten gab: Entweder dehnte sich der Krieg auf die großen Ländereien in Russisch-Polen und Russisch-Litauen aus oder man bat um sofortigen Frieden.

Noch befand sich Alexander auf der preußischen Seite des Flusses Njemen bei Tilsit, als er die Einzelheiten von Bennigsens Niederlage hörte. Selbstverständlich war er über das Ausmaß der Katastrophe sehr deprimiert. Da es aber im Gegensatz zu Austerlitz keine persönliche Demütigung für ihn war, ließ er sich nicht erschüttern und beschloß, ohne den Rat seiner Minister sofort zu handeln. Als Bennigsens Armee geschlagen war, zögerte er nicht länger zwischen Krieg und Frieden. Sofort beschäftigte er sich mit der Frage von Friedensbedingungen, und erst als er diese zu Papier gebracht hatte, teilte er Budberg den traurigen Zustand der Armee mit. Der Außenminister hatte keine Gelegenheit, seine Ansichten darzulegen. Der Zar schrieb: »Hier, General, ist die furchtbare Nachricht, die ich eben erhalten habe. Es ist völlig sinnlos, sich über die Angelegenheit zu streiten. Sie können sich die Schwierigkeit meiner Lage selbst vorstellen.« [1] Man beschloß, einen Emissär zu Napoleon zu schicken und um Frieden zu bitten. In der Zwischenzeit räumte Bennigsen das linke Ufer des Njemen. Alexander verlegte sein Hauptquartier in das Dorf Olita, das beinahe an der Grenze seines eigenen Reiches lag.

Als Friedensemissär wählte Alexander einen Militärdiplomaten, den Fürsten Lobanow-Rostowskij, der aus einer vornehmen Moskauer Familie stammte und als Generalleutnant unter Bennigsens Kommando stand. Am 18. Juni kam der Fürst bei den französischen Vorhuten an und wurde zu Berthier, dem Generalstabschef der napoleonischen Armee, geleitet, der ihn etwa eine Stunde lang ausfragte, um in Erfahrung zu bringen, ob seine Mission wirklich echt sei. [2] Erst am Nachmittag des folgenden Tages kam Napoleon selbst in Tilsit an, und sobald er in der Stadt Quartier bezogen hatte, ließ er Lobanow zu sich kommen. Auch Napoleon wollte Frieden in Osteuropa haben, denn er beabsichtigte, seine ganze Kraft gegen England zu konzentrieren und die Neuaufteilung Deutschlands und Italiens zu Ende zu führen. Er begrüßte Lobanows Vorschläge, die Kampfhandlungen einzustellen und sandte am folgenden Tag General Duroc in das Hauptquartier Bennigsens, um die Bedingungen durchzusprechen. Am 21. Juni wurde ein vierwöchiger Waffenstillstand unterschrieben. Die beiden Armeen standen sich entlang der Flußwindungen des Njemen bis Grodno und dann entlang der alten russisch-preußischen Grenze bis zum Bug gegenüber.

Napoleon wollte seine Armeen nicht nach Russisch-Polen schicken. Zu Talleyrand, der noch Außenminister war, sagte er: »Das Wichtigste ist, daß alles in einem Bündnissystem endet.« [3] Ein zuverlässiger Bundesgenosse im Osten des Kontinents würde verhindern, daß die französischen Kräfte dort überbeansprucht würden. Talleyrand selbst befürwortete eine österreichische Allianz, doch Napoleon hatte immer mit einem russischen Bündnis geliebäugelt, wahrscheinlich nur deshalb, weil die Weite des Zarenreiches die Interessen seines Erzfeindes, Englands, in so vielen Teilen der Welt bedrohte. Am 22. Juni lud Napoleon in Tilsit Lobanow zum Diner ein und trank auf die Gesundheit des Zaren. Er versicherte dem Fürsten, daß er gegen Rußland nie feindlich gesinnt gewesen sei. »Die gegenseitigen Interessen unserer beiden Reiche verlangen ein Bündnis zwischen uns«, erklärte er. Um seinen Standpunkt noch klarer darzulegen, zeigte er auf eine Landkarte, deutete auf die Weichsel und

sagte: »Hier liegt die Grenze zwischen unseren Ländern. Ihr Monarch herrscht auf der einen und ich auf der anderen Seite.« [4]
Alexander war von Lobanows Berichten über seinen Empfang sehr angetan. Wenn Napoleon solche Großzügigkeit zeigte, so war es doch vielleicht möglich, diesen Krieg diplomatisch zu einem Sieg zu führen, der den russischen Armeen versagt geblieben war. Dazu kam, daß hier der Zar selbst als bedeutender Staatsmann in Erscheinung treten konnte, der die europäischen Angelegenheiten mit Napoleon direkt, sozusagen von Kaiser zu Kaiser, besprach. Am 24. Juni in den Nachmittagsstunden kam Lobanow nach Tilsit zurück und brachte Napoleon eine Nachricht seines Herrschers. »Eine Allianz zwischen Frankreich und Rußland war immer ein ganz besonderer Wunsch von mir, *(l'objet des mes désirs)*, und ich bin davon überzeugt, daß solch ein Bündnis allein das Wohl und den Frieden der Welt garantieren kann«, erklärte Alexander. Er schlug ein persönliches Zusammentreffen der beiden Herrscher vor, die, wie er glaubte, ohne große Schwierigkeiten zu einer Einigung kommen würden. [5] Alexander verließ Olita voller Hoffnungen und bezog neues Quartier im Dorfe Amt Baublen, das nur wenige Kilometer von den Ufern des Njemen entfernt lag.
»Der Kaiser von Rußland hält sich etwa zwei Kilometer von hier auf, und man sagte mir, er wolle ein Zusammentreffen mit mir arrangieren«, schrieb Napoleon an Talleyrand, nachdem er mit Lobanow gesprochen hatte. »Für diese Idee kann ich mich nicht groß begeistern *(Je m'en soucie mediocrement)*, aber ich kann den Vorschlag nicht ablehnen.« [6] Obwohl Napoleon keine große Begeisterung an den Tag legte, wurden für die Zusammenkunft sorgfältige Vorbereitungen getroffen. General Duroc wurde nach Amt Baublen geschickt, und er überbrachte Alexander die besten Wünsche des französischen Kaisers. Da es in der Nähe kein neutrales Gebiet gab, wo sich die beiden Kaiser hätten treffen können, schlug Napoleon vor, die Zusammenkunft solle in der Mitte des Flusses stattfinden. In den letzten Juniwochen wird es im Gebiet des Njemen kaum dunkel, und die ganze Nacht hindurch arbeiteten die Franzosen an der Konstruktion eines Floßes, auf dem an beiden Seiten zwei Pavillons aus Holz, mit Segeltuch und weißer Leinwand ausgeschlagen, standen. Am Morgen des 25. Juni wurde das Floß in der Mitte des Flusses an den Ruinen einer Brücke festgemacht. Diese Operation stand völlig unerwartet unter dem Befehl des Generals La Riboisière, Kommandeur der

3 *Friedrich Wilhelm III. (1770–1840), König von Preußen*

4 *Luise (1776–1810), Königin von Preußen*

5 *Die Begegnung von Napoleon I., Alexander I. und Friedrich Wilhelm III. auf einem Floß auf dem Njemen bei Tilsit am 26. Juni 1807*

6 *Eine zeitgenössische englische satirische Zeichnung über die neu geschlossene Freundschaft zwischen Rußland und Frankreich*

Gardeartillerie. Es mußte viel improvisiert werden, und der größere Pavillon war mit den beiden kaiserlichen Monogrammen in grüner Farbe dekoriert, denn das war die einzige Farbe, die bei der Artillerie aufzutreiben war. Den Buchstaben N sah man vom linken und den Buchstaben A vom rechten Ufer aus. Die Garde nahm es mit solchen Einzelheiten immer peinlich genau. [7]
Um elf Uhr morgens kam Alexander am Ufer des Flusses an, allerdings für die Franzosen viel zu früh. [8] In seiner Begleitung befanden sich sein Bruder Konstantin, Bennigsen, Lobanow und sein Flügeladjutant Graf Paul Lieven. Im Hintergrund und seiner Lage ungewiß hielt sich der unglückliche Friedrich Wilhelm auf, auf dem Papier Herrscher über Tilsit. Denn außer der Stadt Memel und deren Hinterland war sein ganzes Königreich von den Franzosen besetzt, und deshalb zählte er in den Augen Napoleons nicht mehr viel. Wenn aus dem Zusammenbruch Preußens überhaupt etwas gerettet werden konnte, so war dies nur durch die Gnade seiner mächtigen Nachbarn möglich. Deshalb hatten sich die Maler, die Riboisière beschäftigte, auch nicht die Mühe gemacht, das Monogramm des preußischen Königs auf die Wände des Pavillons zu malen.
Beinahe zwei Stunden lang wartete Alexander ungeduldig in einer Wirtschaft am Flußufer. Etwa kurz nach ein Uhr beobachtete Lieven Napoleon, wie er zu dem Boot ritt, das ihn zum Floß bringen sollte. Hochrufe erschallten über den Njemen. (Napoleon schrieb: »... der hier breiter ist als die Seine«.) Sofort begaben sich Alexander und sein Gefolge an Bord einer Fähre und wurden langsam über den Fluß gerudert. Napoleon, der von Berthier, Duroc und General Armand de Caulaincourt begleitet war, erreichte das Floß zuerst. Als Alexander ankam, begrüßte Napoleon den Zaren als Gastgeber. Vom Ufer aus sahen Beobachter, wie sich die beiden Männer die Hände schüttelten. Alexander war 1,80 Meter groß und überragte Napoleon, der etwa 18–20 cm kleiner als der Zar war. Noch immer hatte der Kaiser der Franzosen eine schlanke Figur, die er seiner körperlichen Aktivität verdankte. Anschließend betraten die beiden Kaiser den größeren Pavillon allein. Sie unterhielten sich knapp zwei Stunden, während ihre Begleitung zuerst vor dem Sonnenschein und später vor dem Regen auf der anderen Seite des Floßes Zuflucht suchte. Auf beiden Seiten des Ufers beobachteten Männer, die sich noch elf Tage vorher als Feinde bei Friedland gegenübergestanden hatten, den eigenartigen Zu-

sammenkunftsort der beiden Herrscher, der auf den Wellen des Flusses schwankte. Sie stellten Mutmaßungen an, was die beiden Kaiser beschließen würden.
Niemand weiß genau, was sie besprachen und das Thema ihrer Unterhaltung wurde durch erdichtete Ausschmückung bald verfälscht. In der Erinnerung wurde allen Ernstes manches anders dargestellt, denn für beide Parteien war es zu jener Zeit eine sehr emotionale Zusammenkunft. [9] Nach der Schlacht von Austerlitz hatte Napoleon kurz Kaiser Franz getroffen. Er hatte aber noch nie zuvor an einer offiziellen Zeremonie teilgenommen, bei der ein gekröntes Staatsoberhaupt anwesend war, das ihn bereitwillig als ebenbürtigen Bruder anerkannte. In gewissem Sinne wurde Napoleon der Gefangene seiner eigenen Größe. Auch Alexander war durch den dramatischen Augenblick überwältigt und sich seiner Mission bewußt. Sein Gewissen diente ihm immer als Ersatz für logische Analysen. Bereits beim ersten Zusammentreffen wurde Alexander, der sich seiner oft nicht sicher war, von Napoleons Entschlußkraft magnetisch angezogen und fasziniert.
Angeblich eröffnete Alexander die Unterhaltung mit den Worten, »Sire, ich hasse die Engländer ebenso wie Sie, und ich bin deshalb bereit, Sie in ihren Unternehmungen gegen diese zu unterstützen.« Napoleon soll geantwortet haben. »Nachdem dies der Fall ist, können wir rasch unsere Streitigkeiten begleichen und Frieden schließen.« [10] Diese Sätze klingen unwahr, denn der Zar sprach im allgemeinen nicht so direkt. Ganz gleich, was für Worte gewechselt wurden, Napoleon war überzeugt, daß Alexander für seine früheren Bundesgenossen nicht mehr viel Sympathien übrig hatte und deshalb bereit war, mit den Franzosen zusammenzuarbeiten und dadurch die Engländer zu einem Vertragsabschluß zu zwingen. Und das war alles, was Napoleon wollte. Napoleon entwickelte nicht nur Pläne, die europäische Angelegenheiten betrafen, sondern auch solche, die sich auf andere Kontinente erstreckten. Alexanders romantischer Idealismus war von der Größe der napoleonischen Vision stark beeindruckt. Sie kamen überein, die Hälfte der Stadt Tilsit zu neutralem Gebiet zu erklären. Der Zar, zusammen mit der kaiserlichen Garde, würde nach der Überquerung des Flusses die Hälfte der Stadt besetzen, denn es war klar, daß zwischen den beiden Herrschern und ihren Ratgebern in den kommenden Tagen lange Besprechungen notwendig würden.

Nach Amt Baublen zurückgekehrt, fühlte sich Alexander vor Begeisterung wie berauscht. Für Napoleon war kein Superlativ stark genug. »Wenn ich ihn nur schon früher getroffen hätte!« rief er aus. Es klang wie ein Echo, das vom Njemen herüberscholl: »Der Schleier ist zerrissen, und die Zeit der Fehler ist vorbei.« [11] Konstantin erklärte später, daß sich sein Bruder Alexander im siebten Himmel der Begeisterung befunden hätte. Auch Napoleon war befriedigt, aber in keiner so übertriebenen Weise. An diesem Abend diktierte er an die Kaiserin Josephine einen kurzen zusammenfassenden Bericht: »Meine Liebe«, sagte er, »ich habe eben den Kaiser Alexander kennengelernt, und ich bin mit ihm sehr zufrieden, denn er ist ein schöner, guter und junger Kaiser. Er hat mehr Geist, als man im allgemeinen erwartet. Morgen wird er sich in der Stadt Tilsit niederlassen.« [12] Außerdem sandte er an Talleyrand, der sich auf dem Wege von Warschau nach Königsberg befand, eine Eilbotschaft, er möchte sofort kommen und den Friedens- und Freundschaftsvertrag aufsetzen. [13]

Am Freitag, dem 26. Juni, fand auf dem Floß, ehe es abgebrochen wurde, nochmals eine Zusammenkunft statt. [14] Verspätet nahm Alexander auf Friedrich Wilhelms Selbstachtung Rücksicht und stellte deshalb den preußischen König dem Kaiser der Franzosen vor, der ihn kühl begrüßte. Am Abend des gleichen Tages überquerte der Zar den Njemen und wurde in Tilsit mit militärischen Ehren empfangen. Abends war er bei Napoleon im französischen Hauptquartier zum Diner eingeladen. Die Parole, die Napoleon an die Garde gab hieß: »Alexander, Rußland, Größe.« Am Samstag abend revanchierte sich Alexander für die Höflichkeit, und russische Garden antworteten – es klang fast unwahrscheinlich und etwas zweideutig – »Napoleon, Frankreich, Mut.«

Über eine Woche lang nahmen die beiden Kaiser regelmäßig an Diners, Militärparaden und Inspektionen teil, auch machten sie Ausritte in das Gelände um Tilsit. Gewöhnlich trafen sie sich gegen Mittag abwechslungsweise in ihren Quartieren und besprachen die Weltpolitik. Manchmal gingen sie im Salon auf und ab oder standen vor Landkarten, auf denen Napoleon die Vision seines neuen Europa aufzeigte. Die Aussicht auf weite Horizonte und ferne Perspektiven erregte Alexander beinahe genauso wie ein großer Zapfenstreich. Bis in die Nacht hinein hatten sie

Besprechungen, aber es gibt keine Aufzeichnungen über ihre Gespräche. (»Die schönen Worte, die ich in Tilsit gesprochen habe«, so sagte Napoleon halb lachend zu sich selbst ein Jahr später.) »In einer Stunde«, so brüstete sich Napoleon bei einer Zusammenkunft, »werden wir mehr erledigen als unsere Wortführer in vielen Tagen. Ich bin Ihr Sekretär, und Sie der meine.« [15] Wenn es sich vielleicht auch nur um eine List gehandelt hatte, Vertrauen zu erringen, so hatte Alexander doch jede Minute seinen Spaß daran und tauschte sogar Krawatten und bestickte Taschentücher mit Napoleon aus.

Manchmal luden die beiden Kaiser auch König Friedrich Wilhelm zum Essen ein. Er sah sich jedoch außerstande, sich ihrem hohen und schönen Wortschwall anzuschließen, denn er war über das Schicksal seines Königreiches in tiefer Sorge. Die Kaiser waren immer froh, wenn er sich wieder verabschiedet hatte. Ein oder zwei Mal begleitete Friedrich Wilhelm die beiden Kaiser auf ihren Ausritten in die ostpreußische Landschaft, aber er war kein guter Reiter, und oft ritt er hinter ihnen her wie ein verwirrter, treuer Hund, der die Wendung des Schicksals nicht verstehen konnte. In seiner Verzweiflung sandte er an die Königin Luise einen Brief und drängte sie, nach Tilsit zu kommen oder, falls dies unmöglich wäre, Alexander zum mindesten an seinen Potsdamer Schwur und die Versprechungen von Bartenstein zu erinnern, die nur zwei Monate zurücklagen. [16]

Aber der König war nicht der einzige Mensch, der das, was sich abspielte, einfach nicht verstehen konnte. Offizielle Befehle erinnerten die russischen Soldaten daran, zu den Franzosen bei allen Begegnungen höflich zu sein und von ihrem Herrscher als Kaiser Napoleon und nicht als »Bonaparte« zu sprechen. In Briefen an seine Mutter und seine neunzehnjährige Schwester Katharina versuchte Alexander, sein Verhalten zu rechtfertigen. An Maria Fjodorowna schrieb er: »Gottlob hat Bonaparte trotz seines Genies auch eine verwundbare Stelle: Dies ist seine Eitelkeit. Und ich bin entschlossen, zur Rettung des Reiches meine eigene Selbstachtung zu opfern.« [17] Aber diese Erklärung klang zu gut, um wahr zu sein. Mit seiner Schwester war er aufrichtiger. Am 29. Juni sandte er Katharina einen Brief, in dem er zu müde war, um sich zu verstellen: »Gott hat uns gerettet: Anstatt, daß wir Opfer bringen mußten, sind wir beinahe siegreich aus dem Kampf hervorgegangen. Aber was denkst Du über alle diese Ereignisse? Stelle Dir nur vor, ich verbringe Tage mit Bonaparte und spreche stundenlang ganz allein mit ihm! Ich frage Dich, ist dies alles nicht

wie ein Traum? Jetzt ist es nach Mitternacht, und er hat mich eben erst verlassen. Ich würde mir wünschen, Du könntest eine unsichtbare Zeugin sein von allem was sich hier abspielt! Lebe wohl, meine teuerste Freundin, ich kann Dir nicht oft schreiben, aber bei meiner Ehre, mir bleibt kaum eine Minute um Atem zu fassen.« [18]
Die Fragen mögen rhetorischer Art gewesen sein, aber Alexander erhielt von Katharina eine Antwort, die ihn über die Gefühle seiner Schwester nicht im unklaren ließ: »Wir haben große Opfer gebracht und wofür? ... Ich möchte gerne sehen, daß (Rußland) nicht in Worten, sondern in der Wirklichkeit respektiert wird, denn es hat gewiß die Mittel und das Recht dazu. Solange ich lebe, kann ich mich einfach nicht mit dem Gedanken befreunden, daß Du Tage mit Bonaparte verbringst. Wenn es die Leute sagen, klingt es in meinen Ohren wie ein schlechter Scherz und ist einfach ein Ding der Unmöglichkeit. All die Schmeicheleien, mit denen er dieses Land überschüttet hat, sind nur Betrug, denn der Mann selbst ist eine Mischung aus List, Ehrgeiz und Anmaßung ... Es schmeichelt seiner Ehre, wenn er mit Dir zusammen ist ... Vergib dem Schwall meiner Worte, mein Freund, aber es kommt aus meinem Herzen, was mein Mund ausspricht. Lebe wohl, Alexander, meine echte Zuneigung zu Dir kann nur mein Tod beenden.« [19]
In den Unterredungen zwischen Napoleon und Alexander war einmal zur Sprache gekommen, ob die Familie Bonaparte nicht vielleicht für Katharina einen Gatten stellen könnte, wahrscheinlich den zweiundzwanzigjährigen Jérôme. Es ist wahrscheinlich gut gewesen, daß man das Projekt fallengelassen hat, denn Katharina war auf dem Wege, sich in eine Frau mit einem für ein Mitglied der Familie Bonaparte viel zu starken Charakter zu entwickeln.

Der Friede von Tilsit (Juli 1807)

Zu der Zeit, als Katharinas leidenschaftliche Antwort ihren Bruder erreichte, war in Tilsit bereits Friede geschlossen. Sechs Tage Besprechungen machten es den beiden Kaisern möglich, ihr Augenmerk auf brennende Zeitfragen zu richten, anstatt sich mit Dingen zu beschäftigen, die in weiter Ferne lagen, obwohl sie gerade für diese, nach ihren Veranlagungen, besonderes Interesse zeigten. [20] Und doch war die Skala ihrer Probleme, die sie durchsprachen, bemerkenswert: zum Beispiel, wie man Mittel und Wege finden könnte, um England zu einem Frieden zu zwingen. Die Grenzen des neuen Deutschland und vor allem Preußens wurden besprochen. Jetzt, nachdem die Franzosen Warschau besetzt hatten, diskutierte man die Zukunft Polens und auch das zukünftige Schicksal der Türkei, wo die Janitscharen kürzlich den Sultan gestürzt hatten. Manchmal sah es so aus, als ob sich die beiden Kaiser gegenseitig Provinzen zuschanzen wollten, wie die Triumvirn in den letzten Jahren der Römischen Republik. Mit Einzelheiten befaßten sie sich nicht, und deshalb blieb vieles in der Schwebe.

Die englische Frage war für sie wenig problematisch. Alexanders Klagen waren berechtigt, denn die Londoner Regierung hatte für Rußland in den vorangegangenen Jahren wenig getan und sich feindlich gegen russische Aktivitäten auf dem Balkan und im östlichen Mittelmeer gezeigt. Der Zar war gewillt, allen Handel mit England einzustellen; er wollte das Land auffordern, Frieden zu schließen, indem alle eroberten Kolonien zurückgegeben werden sollten und die Freiheit der Meere garantiert würde, und wenn diese Vermittlung fehlschlug, wollte er den Krieg erklären. Napoleon war zufrieden, doch wollte er, daß noch andere Staaten außer Rußland mit England brechen sollten: Ganz Europa müßte sich gegen diese Krämerseelen vereinigen! Deshalb schlug er vor, daß man auf Dänemark und Schweden (selbstverständlich auch auf Portugal) Druck ausüben müsse. Diese Länder sollten an der Kontinentalsperre gegen England teilnehmen, und Alexander versprach, diese diplomatische französische Initiative zu unterstützen. Wenn es notwendig sein sollte, so würde Rußland sogar im Baltikum gegen die Schweden Krieg führen, denn militärische Erfolge an den Ufern des Finnischen Meerbusens stärkten die Sicherheit von St. Petersburg. Ein neuer Krieg im Norden gegen einen alten Feind würde der Armee helfen, ihr verlorenes Prestige wiederzugewinnen. Die Bereitschaft des Zaren zum Anschluß Rußlands an die napoleonische »Kontinentalsperre« war aber ein größerer Fehlschlag, denn er konnte nicht übersehen, was für einen großen Schaden der Bruch mit England und ein Krieg im Baltikum für den russischen Handel zur Folge haben würde. Für die Kaufleute in St. Petersburg und Riga war dieses geheime Versprechen in Tilsit ein schwerwiegender Fehler, den sie kaum vergeben konn-

ten, denn Alexander hatte die einheimische wirtschaftliche Lage falsch beurteilt.
In der deutschen Frage war Alexander nicht so fügsam. Er war bereit, die französischen Hegemoniepläne westlich der Elbe und die Schaffung eines Thrones für Napoleons Bruder Jérôme in Westfalen anzuerkennen, aber in bezug auf Preußen wechselte seine Stimmung stündlich. In den vergangenen Monaten hatte ihn Maria Fjodorowna immer wieder gebeten, doch seine eigenen Interessen wegen der Hohenzollern nicht aufs Spiel zu setzen. Und jetzt erinnerte ihn Napoleon daran, daß Friedrich Wilhelm ein »völlig ruinierter Herrscher ohne Charakter und Mittel sei«. [21] Die Versuchung war groß, den Franzosen nachzugeben und Preußen von der Karte Europas auszulöschen, besonders wenn Rußlands eigene Position durch polnische Gebietserweiterung an der Weichsel gestärkt werden würde. Aber einen Verrat dieser Größe konnte Alexanders Gewissen nicht verantworten. Er war tief gerührt über die Vorwürfe, die ihm die Königin Luise am 6. Juli in Tilsit machte. »Sie haben mich auf das schwerste getäuscht«, klagte sie ihrem Freund, von dem sie so viel erwartet hatte. [22] Alexander bestand darauf, daß der Thron der Hohenzollern erhalten bleiben müsse und daß zwei Drittel von Friedrich Wilhelms Erbländern an ihn zurückgegeben werden sollten. Im endgültigen Friedensvertrag zwischen Frankreich und Preußen machte ein Satz klar, daß die Wiedereinsetzung Friedrich Wilhelms im Herzen seines Königreiches von den »Überlegungen und Wünschen Seiner Kaiserlichen Majestät, des Herrschers über alle Reußen«, abhängen würde. Für die Königin Luise war dieser Satz eine neue Demütigung, die ihr Napoleon zufügte. Aber ihr Gatte blieb seinem »göttlichen Freund Alexander« bis an das Ende seines Lebens treu und dankbar für die Fürbitte, die er dem Sieger von Jena gegenüber ausgesprochen hatte. »Ich habe alles, was in der Macht eines Menschen steht, getan«, schrieb der Zar in einem Privatbrief an Friedrich Wilhelm, »aber ich muß gestehen, daß es für mich eine ganz große Enttäuschung bedeutet, daß ich jetzt sogar die Hoffnung verloren habe, Ihnen dienen zu können, so wie es mein Herz eigentlich wünschte«. [23]
Der Verlust preußischen Gebiets hing eng mit dem Schicksal Polens zusammen. Die Gutsbesitzer, die in der Gegend um Warschau wohnten, hießen die Franzosen als Freunde willkommen, kurz nachdem Murat die Stadt besetzte, und hatten eine provisorische Regierung gebildet in der Hoffnung, Napoleon würde die Teilung Polens wieder rückgängig

machen. Aber der Kaiser der Franzosen fühlte sich nicht verpflichtet, einem slawischen Volk in irgendeiner Form entgegenzukommen, am allerwenigsten einer Nation, die dem Katholizismus so viel Loyalität entgegenbrachte wie die polnische. Er war bereit, zuerst an Alexander alles Gebiet zu übergeben, das seine Truppen besetzt hatten, vorausgesetzt, daß der Zar die Abtrennung des preußischen Gebietes Schlesien an Jérôme Bonaparte, König von Westfalen, anerkannte. Weiter wünschte er, daß Alexander den polnischen Staat in einer Personalunion mit der russischen Krone wiederherstellte, denn Napoleon wollte unter allen Umständen vermeiden, daß die Preußen jemals wieder nach Warschau zurückkehrten. Diese Lösung stimmte in mancher Richtung mit Czartoryskis Vorschlägen überein, die er im jahre 1805 unterbreitet hatte, und Alexander wurde noch einmal in Versuchung geführt, das Angebot Napoleons anzunehmen. Aber er lehnte es ab, ein Gebiet, das »in meinen Augen von dem unglücklichen Preußen übrigblieb, zu annektieren«. Es ist aber auch möglich, daß Napoleon Hintergedanken hatte. [24] Als nämlich der Zar die Bemerkung machte, daß die Weichsel die natürliche Grenze für die russischen Gebiete in Polen sei – ein Vorschlag, der mit den Ideen Napoleons eng übereinstimmte, die er wenige Tage vorher mit Lobanow besprochen hatte –, fühlte er, daß die Franzosen entsetzt waren von der Aussicht, unter Umständen gegenüber von Warschau eine russische Garnison zu haben. Am Ende erlaubte es Alexanders Gewissen aber doch, ein kleines Stück des früheren preußischen Gebiets, die Provinz Bialystok, anzunehmen. Was von dem früheren Preußisch-Polen übrigblieb – (außer einem kleinen Gebiet um Danzig herum, das man Friedrich Wilhelm ließ) –, wurde als Großherzogtum Warschau neu geschaffen und offiziell vom König von Sachsen regiert. In Wirklichkeit allerdings stand es unter dem persönlichen Schutz Napoleons und einer Garnison von 30 000 Mann französischer Truppen. So war Polen durch die Gnade des französischen Kaisers wieder auferstanden. Zwei Jahre vorher hatten Alexanders Freunde ihn so gedrängt, Warschau zu nehmen, doch diese Stadt war jetzt der östlich gelegene Vorposten der Großen Armee und somit der natürliche Ausgangspunkt für einen Überfall auf Rußland. Den meisten Russen schien dies keine ideale Lösung der polnischen Frage zu sein.

Alexander jedoch glaubte, daß er sich geschickt aus der Schlinge einer militärischen Niederlage gezogen habe. Obwohl die Russen in den Kämpfen in Deutschland sehr schlecht abgeschnitten hatten, verlor

Alexander kein Gebiet seiner Westgrenze an die Franzosen, und durch die Annexion von Bialystok vergrößerte er sogar sein polnisches Gebiet um eine neue Stadt. In der Mittelmeerfrage war Napoleon allerdings weniger entgegenkommend, und der Zar wurde gezwungen, alle Eroberungen in der südlichen Adria und die Ionischen Inseln an Frankreich abzutreten, nicht nur Cattaro (Kotor), sondern auch die strategisch wichtige Inselkette von Korfu bis Zante. Die beiden Kaiser kamen aber auch überein, daß, falls der Sultan nicht innerhalb von drei Monaten Frieden schließen würde, die Franzosen den Russen zu Hilfe kämen, um die Türken aus dem größten Teil der Balkanhalbinsel hinauszudrängen und somit eine neue Ordnung in Südosteuropa zu schaffen. Wieder einmal faszinierte der alte, undefinierbare Traum, die Türken aus Konstantinopel zu verdrängen, den russischen Herrscher.

Aber Napoleon wollte nicht, daß Alexander den Bosporus und die Dardanellen beherrschte. Obwohl er selbst keine klare Vorstellung hatte, was er mit dem Balkangebiet zu tun gedächte, so zog ihn die Idee doch an, daß er eines Tages selbst im Triumph durch das Goldene Tor von Byzanz einziehe. »Konstantinopel«, so sagte er zu Méneval, seinem ersten Sekretär, während seines Aufenthalts in Tilsit, »ist der Nabel des Weltreiches.« [25] Ein Kompromiß, der von Alexander die Tugend der Selbstverleugnung verlangte, war unumgänglich geworden. Die beiden Kaiser kamen überein, daß, wenn die Zeit für eine Teilung des osmanischen Reiches gekommen wäre, der Sultan nicht nur seine Hauptstadt, sondern auch Thrakien behalten dürfe. Im Grunde ihres Herzens wußten beide, daß der andere sich nie an eine solche Abmachung gebunden fühlen werde, und so stimmten sie dem Kompromiß mit innerer Zurückhaltung des Gewissens bei. Jeder kannte sich selbst nur zu gut, um nicht zu wissen, daß sie über die Zukunft Konstantinopels anderer Ansicht waren. Im Augenblick aber schien es ratsamer zu sein, Bedenken auf die Seite zu schieben, um die Freuden von Tilsit nicht zu gefährden.

Am Ende der ersten Juliwoche waren die meisten Angelegenheiten unter Dach und Fach. Jetzt mußte man nur noch einen Vertrag zur Unterzeichnung vorlegen: einen offiziellen Friedensvertrag zwischen Rußland und Frankreich und ein Geheimbündnis. Wenn man Preußen in irgendeiner Form in das napoleonische System eingegliedert hatte, konnte das ganze Schauspiel von Tilsit mit passenden Zeremonien zu Ende gehen. Beide Kaiser wollten so rasch als möglich in ihre Hauptstädte zurückkehren.

Napoleon war schon länger als zehn Monate von Paris weg und mußte sich anderen Regierungsgeschäften widmen. Alexander dagegen war viel kürzer von St. Petersburg abwesend, und doch wollte auch er möglichst rasch seinen Untertanen zeigen, daß er noch »fest im Sattel« saß. Es war schwierig, Länder zusammenzuhalten, solange sich die Herrscher in dem dunklen, fernen Ostpreußen aufhielten.

Am Dienstag, dem 7. Juli, genau drei Wochen und zwei Tage nach dem sinnlosen Gemetzel von Friedland, konnten die französisch-russischen Verträge unterschrieben werden. Innerhalb von 48 Stunden waren die Formalitäten der Ratifizierung erledigt, und am Donnerstag, dem 9. Juli 1807, waren das französische und das russische Reich formell in einem Bündnisvertrag aneinander gebunden. [26] Den ganzen Mittwoch über gab es Abschiedseinladungen. Napoleon besuchte Alexander in seinem Quartier und verlieh ihm das Großkreuz der Ehrenlegion, und zur gleichen Zeit verlieh Großfürst Konstantin Bennigsen und allen anderen älteren Kommandeuren Orden. Der Zar revanchierte sich und verlieh Napoleon den höchsten russischen Orden, das St. Andreaskreuz. Dann folgte der berühmte Augenblick, in dem Napoleon sein eigenes Kreuz der Ehrenlegion einem einfachen russischen Grenadier gab, als Geste der Bewunderung für die Tapferkeit der Armee Alexanders. Anschließend aßen die beiden Kaiser das letzte Mal in Tilsit zusammen und unterhielten sich wie an so vielen vorhergegangenen Tagen bis spät in die Nacht hinein.

Aber immer noch nicht hatten sie sich offiziell verabschiedet. Am Donnerstag um die Mittagszeit verließ der Zar sein Quartier und ritt die Hauptstraße Tilsits hinunter, um mit Napoleon zusammenzutreffen. Der Zar trug das scharlachrote Band des Großkreuzes der Ehrenlegion und Napoleon das breite blaue Ordensband des St. Andreaskreuzes. Auf der linken Straßenseite stand ein Bataillon des Preobrashenskij-Regiments in grüner und roter Paradeuniform Spalier, und auf der rechten Seite waren in einer langen Reihe die kaiserlichen Garderegimenter Napoleons mit ihren Bärenmützen angetreten und salutierten vor den jüngsten Verbündeten ihres Kaisers. Anschließend begaben sich die beiden Herrscher gemeinsam in das Quartier Alexanders und setzten ihre Siegel unter die Verträge. Dann unterhielten sie sich noch einige Stunden lang und versicherten sich gegenseitig immer wieder ihrer Freundschaft. Nachmittags begleitete Napoleon Alexander an das Ufer des Njemen, umarmte ihn, und unter Hochrufen und Salutschüssen ruderte man den neuen Freund zum anderen Ufer hinüber. In einer letzten Lebewohlszene wurde der wohlbekannte Dreispitz noch einmal abgenommen. Noch in der gleichen Nacht fuhr Alexander mit Eilwagen nach Riga und dann nach St. Petersburg. Napoleon verspürte wenig Lust, nach der Abreise des Zaren mit dem König und der Königin von Preußen weitere Zeit zu verlieren, und so begann auch er so rasch als möglich seine weite Reise in den Westen anzutreten. Friedrich Wilhelm und Luise fuhren langsam in Richtung Memel. Solange französische Truppen in Berlin stationiert waren, verspürten sie keine Lust, in das Herz ihres Königreiches zurückzukehren. Für die Franzosen und Russen schien der Krieg mit dem Frieden von Tilsit beendet zu sein. Das aber, was für Preußen dabei herausgekommen war, konnte man beim besten Willen keinen Frieden nennen.

KAPITEL 8

Schicksalsbrüder

Die Auswirkungen des Tilsiter Friedens

Die ersten Berichte über die Tilsiter Besprechungen wurden in Europa in Umlauf gesetzt, noch ehe die beiden Kaiser wieder in ihre Hauptstädte zurückgekehrt waren. Jedermann wußte, daß Tilsit ein außergewöhnliches Ereignis gewesen war, über dessen Bedeutung allerdings Uneinigkeit herrschte. Die jüngste Geschichte hatte gezeigt, daß russische Politik im Zickzackkurs geführt wurde, und es gab keinen Grund anzunehmen, daß Alexander eine glücklichere Hand als sein Vater besaß, um die maßgebenden russischen Familien über die französische Vorherrschaft auf dem Kontinent zu beruhigen. Nur in den kleineren deutschen Städten und im neutralen Wien war man über die Kehrtwendung der neuen Allianz alarmiert, denn in gewissem Sinne fühlte man sich verlassen und isoliert. Auch in London zeigte man sich über die Nachrichten der Zusammenkunft von Tilsit äußerst erstaunt. Zeitungen und Zeitschriften, die den Zaren in den ersten Monaten der Dritten Koalition in den Himmel gehoben hatten, fanden es jetzt angebracht, ihn als einen von den Franzosen getäuschten Herrscher zu bezeichnen. Man behauptete, daß er »schwach und gedankenlos sei« und »im Grunde überhaupt keine Prinzipien habe«, doch die englischen Tories hatten nach der Niederlage von Friedland ein gewisses Maß an Verständnis für Alexanders Dilemma. [1]

Bis Mitte September zögerte Alexander, sich offen zu der französischen Sache zu bekennen. Ende Juli hatte er in St. Petersburg persönlich den General Savary willkommen geheißen, den Napoleon als Gesandten nach Rußland geschickt hatte, um die diplomatischen Beziehungen zwischen den beiden Ländern wieder aufzunehmen. Pflichtgemäß berichtete Savary an Napoleon Alexanders wohlwollende Worte, seine Bereitschaft, gegen England zu handeln und seinen Wunsch, eines Tages Paris als Gast des Kaisers der Franzosen zu besuchen. »Nie werde ich die Freundschaftsbeweise, die mir der Kaiser Napoleon gegeben hat, vergessen«, erklärte Alexander und fuhr fort, »und je öfter ich über sie nachdenke, um so glücklicher preise ich mich, daß ich ihn kennenlernen durfte. Was für ein außergewöhnlicher Mann ist er!« [2] Savary konnte aber auch nicht umhin, Paris von Alexanders Unpopularität in seiner Hauptstadt zu informieren. Die Kaiserinwitwe Maria Fjodorowna hatte ihm einen sehr kühlen Empfang bereitet, der »weniger als eine Minute dauerte«, und die russische Aristokratie legte »eine erstaunliche Schweigsamkeit über jede politische Frage« an den Tag. [3]

Über die Stimmung, die in der Hauptstadt herrschte, war sich Alexander vollkommen im klaren, und sein angeborener Instinkt sagte ihm, er müsse sehr vorsichtig handeln. Er wußte, daß er sich auf Araktschejew hundertprozentig verlassen konnte, doch seine Ernennung zum Minister würde die Unzufriedenheit, vor allem unter den Offizieren der Garderegimenter, nur noch vergrößern. Von Alexanders Freunden aus der Zeit des Geheimen Komitees war nur noch Kotschubej im Amt, der im Sommer und Herbst aus gesundheitlichen Gründen an Sitzungen des Rates nicht hatte teilnehmen können. Es gab aber Minister, in die Alexander in den vergangenen zwölf Monaten großes Vertrauen gesetzt hatte, die der Entwicklung mit Unbehagen ins Auge sahen. Der einzige Minister, der ohne Zurückhaltung Alexanders Versöhnung mit Napoleon begrüßte, war Graf Nikolaj Rumjanzew, der seit 1802 mit Wirtschaftsfragen betraut war. Im Laufe der Jahre verstimmte er alle aufeinanderfolgenden Außenminister, weil er am Konferenztisch prinzipiell jeden Krieg mit Frankreich ablehnte. Anfang September begab sich der Zar persönlich in Rumjanzews Arbeitsraum und bat ihn, das Außenministerium von Budberg zu übernehmen. [4] Es war bezeichnend, daß Alexander aber auch darauf bestand, Rumjanzew solle zu gleicher Zeit noch Wirtschaftsminister bleiben, denn er konnte bei keinem anderen Hilfe in einer Wirtschaftspolitik finden, die bei den Kaufleuten so unpopulär war wie die in Tilsit abgeschlossenen Verträge gegen England.

Die Kaiserin Elisabeth unterstützte ihren Gatten wie immer in loyaler Weise. Obwohl sie über manche Maßnahme seiner neuen Politik nicht glücklich war, sympathisierte sie mit Alexander und verstand ihn besser, als er sich selbst verstand. Aber auch Elisabeth fand die Spannung am Hofe fast unerträglich, und am 10. September schrieb sie an ihre Mutter einen langen Brief, in dem sie keinen Versuch unternahm, den Ärger, den sie gegen die anderen Mitglieder der kaiserlichen Familie empfand, zu verbergen: [5] »Weißt Du, Mamma, dieser Mann (Napoleon) kommt mir vor wie ein unwiderstehlicher Verführer, der durch Versuchung oder mit Macht erfolgreich die Herzen seiner Opfer stiehlt. Rußland, eines der tugendhaftesten unter ihnen, konnte sich eine lange Zeit gegen ihn wehren, aber am Ende erging es Rußland auch nicht besser als den anderen. Und die Person ihres Kaisers (Alexander) wurde sowohl mit Charme als mit Macht verführt. Er fühlt sich von einer geheimen Macht zu dem Verführer, man merkt es in allem, was er tut, hingezogen. In der Tat, ich möchte gerne wissen, was für ein Zaubermittel (Napoleon) besitzt, daß er die Meinung der Menschen so rasch und so vollständig ändern kann ... Es ist ein Unglück, daß der Verführer bisher nur den Kaiser und eine kleine Gruppe erobert hat. Je mehr der Zar zeigt, wie sehr er mit seinem neuen Verbündeten alliiert ist und je mehr Gunstbezeugungen er Savary erweist, desto lauter erklingt der Aufschrei gegen ihn, und bis heute hat das Ganze besorgniserregende Proportionen angenommen. Die Kaiserinwitwe, eine Frau mit übertriebener Eitelkeit, die Speichellecker bevorzugt, die verstehen, ihr zu schmeicheln, war die erste, die ein Beispiel der Unzufriedenheit setzte und sich offen gegen die Politik ihres Sohnes aussprach ... Die Kaiserinwitwe, die als Mutter die Interessen ihres Sohnes hätte verteidigen müssen, ist in Wirklichkeit zur Führerin der Rebellen geworden. Alle Abtrünnigen versammeln sich um sie und loben sie in den Himmel. Niemals ist ihr Hof größer gewesen, und niemals sind so viele Mitglieder der Aristokratie nach Pawlowsk gegangen als gerade dieses Jahr. Ich habe keine Worte, Dir zu sagen, wie mich dies verärgert. Ist dies der richtige Augenblick, wo sie doch ganz genau weiß, daß die öffentliche Meinung gegen den Kaiser ist, diejenigen zu unterhalten und denen zu schmeicheln, die ihn am meisten beschimpfen? Ich weiß es nicht. In solchem Benehmen kann ich nichts finden, was lobenswert wäre, vor allem nicht wenn es von einer *Mutter* kommt ... Man behauptet, daß der Großfürst Konstantin, sobald sein Bruder ihm den Rücken kehrt, genauso wie alle anderen sich aufregt über das, was geschehen ist und über das, was im Augenblick geschieht. Ich kenne seine Ansichten nicht, denn wir stehen nicht so gut miteinander, daß wir Vertraulichkeiten austauschen, da ich aber die Verschlagenheit seines Charakters gut kenne, halte ich ihn dazu für fähig. Um alles zusammenzufassen: Der gute Kaiser, der anständigste seiner ganzen Familie, scheint mir von seinen Verwandten verraten und verkauft zu werden. Sicherlich ist er ein unglücklicher Mensch, aber je schwieriger die Situation wird, desto mehr fühle ich Sympathie für ihn, vielleicht sogar bis zu einem Punkt, daß ich gegen diejenigen, die ihn nicht freundlich behandeln, ungerecht werde.

Was nun (die Großfürstin Katharina) ... anbetrifft, so habe ich nie eine junge Frau getroffen, die eigenartiger gewesen wäre als sie. Sie befindet sich auf dem falschen Wege, denn sie nimmt sich als Vorbild ihrer Meinungen - und sogar ihres Benehmens - ihren lieben Bruder Konstantin. Sie hat eine Art *(un ton)*, die nicht einmal für eine Frau von vierzig Jahren passend wäre, geschweige denn für ein junges, neunzehnjähriges Mädchen, außerdem macht sie manchmal eine Szene und versucht, ihre Mutter um den Finger zu wickeln (manchmal hat sie sogar Erfolg) ... Im Augenblick ist sie zuckersüß zu Fürst Bagration, der die beiden letzten Sommer als Garnisonskommandeur in Pawlowsk zubrachte.

... Wenn sie nicht so ein einfacher Mensch wäre, würde sie sich durch diese Liaison gesellschaftlich ruinieren, aber diese ihre Einfachheit rettet die Großfürstin.«

Obwohl Elisabeths Brief mit Wespenstichen des Tratsches durchsetzt ist, geht doch daraus hervor, daß sie Alexanders Isolation beängstigte. Einen Monat später spricht sie in einer kürzeren Mitteilung von den Gefahren einer plötzlichen Aktion der »Öffentlichkeit« in der Hauptstadt. [6] Die Kaiserin war aber nicht allein mit ihren Besorgnissen. Sowohl der schwedische Gesandte als auch der Minister von Sardinien-Piemont sandten unheilverkündende Berichte an ihre Regierungen. [7] In der vierten Woche des September brachte sogar General Savary die Möglichkeit einer feindseligen Verschwörung gegen den Zaren aufs Tapet, als er sich mit Alexander unterhielt. Doch der Herrscher weigerte sich, den Ernst der Lage anzuerkennen. Er drängte Savary, diejenigen in der Hauptstadt, die intrigierten, nicht für voll zu nehmen, auch wenn sie Mitglieder seiner Familie waren. »General«, sagte er, »ich habe meine Wahl getroffen, und niemand kann mich von meinem Entschluß mehr abbringen. Schweigen wir über das Thema und warten wir ab, was passieren wird.« [8]

Es ist schwer zu glauben, daß Alexanders Thron jemals tatsächlich in Gefahr gewesen ist. Anderthalb Jahrhunderte war es in der Innenpolitik Rußlands immer wieder zu Gewalttätigkeiten gekommen, die in der Erinnerung des Volkes weiterlebten. Weil die Garderegimenter vier Mal Palastrevolutionen gemacht hatten, nahm man an, daß sie wieder einen

Umsturz planen würden, denn es schien sicher zu sein, daß sie nicht unter einem selbstherrlich regierenden Zaren dienen wollten, der das Land in eine demütigende Periode seiner Geschichte gebracht hatte und der bei der Bevölkerung der Hauptstadt unpopulär geworden war. Und doch konnte man zwischen der Mißstimmung des Jahres 1807 und früheren Krisen keine Parallelen ziehen. Die einzige Gefahr für Alexanders Thron wäre eine Verschwörung gewesen, in die die Großfürstin Katharina und Bagration verwickelt waren. So berichtete Savary, daß Katharina beim Volk sehr beliebt war, und er schrieb: »Sie ist halsstarrig, ehrgeizig und hat keine Vorliebe für die Franzosen.« [9] Aber es gab drei Gründe, warum solche Umsturzpläne unwahrscheinlich waren: Die Großfürstin war zu jung und eigenwillig, um den Thron besteigen zu wollen, sie liebte ihren Bruder zu sehr, um ihm sein Erstgeburtsrecht zu nehmen, außer im Falle, daß er von sich aus darauf verzichten sollte. Und Bagration suchte zwar auf dem Schlachtfeld Ruhm und Ehre, aber von Natur aus war er kein politischer Intrigant und zeigte keine Lust, einen neuen Herrscher auf den Thron zu setzen. So ist es zu erklären, daß Alexander Savary, der auf die Gefahren eines Umsturzes hinwies, beruhigte.

Fürstentag zu Erfurt

Im Dezember 1807 wurde General Armand de Caulaincourt, ein Aristokrat aus der Picardie, der früher einmal in einem der besten Kavallerieregimenter Ludwigs XVI. gedient hatte, zum französischen Gesandten in St. Petersburg ernannt. [10] Sein Interesse an kulturellen Dingen und seine vornehme Erziehung machten ihn in der Gesellschaft sehr beliebt, und nach kurzem Aufenthalt war das Einvernehmen mit dem Zaren sogar besser, als es mit Savary gewesen war, der Anfang des neuen Jahres nach Paris zurückberufen worden war. In diesen Monaten kam es zwischen Rußland und Frankreich zu enger Zusammenarbeit. Napoleon ermutigte Alexander, gegen Schwedens finnische Provinzen einen erfolgreichen Krieg zu führen, und Anfang Mai 1808 fiel die große Inselfestung Sveaborg (vor Helsinki) in russische Hände. Obwohl die Schweden im Baltikum als Rußlands traditionelle Feinde galten, war dieser letzte Krieg unpopulär, denn viele vertraten den Standpunkt, daß er eine Verschwen-

dung an Menschen und Material sei. Die Kaufleute in den baltischen Häfen klagten über die schlechten Wirtschaftsbeziehungen zu England, denn die Teilnahme an Napoleons Kontinentalsperre nahm Rußland seinen traditionellen Absatzmarkt für Hanf, Flachs und Getreide, und zur gleichen Zeit gab es im russischen Reich keine englischen Waren mehr. Alexander waren die Engländer persönlich nicht sympathisch, und er beantwortete in warmen Worten einen Brief Napoleons vom Februar, in dem dieser eine russisch-französische Armee »über Konstantinopel nach Asien« senden wollte. Napoleon schrieb weiter: »Dieser Schlag würde in ganz Indien zu spüren sein und England in die Knie zwingen. Wir müssen so handeln, wie uns das Schicksal zwingt, und mit dem überwältigenden Gang der Ereignisse Schritt halten.« Von diesen vagen Vorschlägen war der Zar so begeistert, daß er Caulaincourt sagte, er wäre bereit, in den Westen zu fahren, um erneut mit Napoleon Gespräche zu führen und bei dieser Gelegenheit die Teilung Asiens zwischen ihnen zu besprechen. Die Zusammenkunft, die ursprünglich auf Anfang März festgesetzt war, mußte verschoben werden, weil nationale Aufstände in Spanien und Portugal Napoleon in Bayonne aufhielten. Es war schwierig für ihn, Armeen für einen Marsch den Euphrat hinunter herzuzaubern, in einem Augenblick, in dem er am Ebro und Tajo Aufstände niederschlagen mußte.
Und doch wurde es im August klar, daß Rußland von dem Partisanenkrieg, in den die Franzosen auf der Iberischen Halbinsel verwickelt waren, Vorteile zog. Falls Napoleon südlich der Pyrenäen gezwungen war, eine großangelegte militärische Operation durchzuführen, mußte er aus Preußen Truppen abziehen. Hatte er seine Front in Deutschland geschwächt, so hing es vom guten Willen der Russen ab, die bestehenden Grenzen zu garantieren und die Österreicher davon abzuhalten, auf Grund der spanischen Krise Rache für Austerlitz zu nehmen.
Solange die russische Freundschaft für die französische Sicherheit unbedingt notwendig war, konnte Alexander damit rechnen, gegen die Türken freie Hand zu haben. Die Folge davon war, daß Alexander auf der einen Seite jedes Mal, wenn er mit Caulaincourt zusammentraf, Komplimente über Napoleon aussprach, während er auf der anderen Seite Einfluß auf den Gang der Ereignisse nahm, die zu der Zeit des gönnerhaften Zusammentreffens in Tilsit ganz unmöglich erschienen. Ende des Monats schrieb er an Napoleon, daß er, wenn er nichts anderes von den Franzosen

höre, die Absicht habe, am 13. September nach Mitteldeutschland abzureisen. Er hoffe, Napoleon 14 Tage später in Erfurt, einer kleinen Stadt in Thüringen, die im Frühjahr als Tagungsort zwischen den beiden Kaisern bestimmt worden war, zu treffen. [11]
Am 5. September kam die Botschaft des Zaren in Paris an. Die Nachrichten aus Spanien und Portugal waren weiterhin schlecht, und es gab viele Beweise, daß einflußreiche Österreicher Kaiser Franz ermutigen wollten, noch einmal gegen die Franzosen Krieg zu führen. Demgemäß war Napoleon interessiert, sein Bündnis mit Rußland zu stärken, um den Habsburgern zu zeigen, was für eine unbedeutende Rolle sie in europäischen Angelegenheiten spielten. Noch am gleichen Tag, an dem Napoleon Alexanders Brief erhielt, gab er Marschall Lannes den Befehl, sich an die Weichsel zu begeben und den Zaren in westlicher Richtung nach Thüringen zu begleiten. [12] Zu gleicher Zeit wurden an Napoleons Hofbeamte Befehle erteilt, für den Erfurter Fürstentag Festlichkeiten zu planen, die den Kaiser der Franzosen im Lichte eines zweiten Karls des Großen erscheinen lassen sollten. Wer in Deutschland als Kulturträger einen Namen hatte, wurde nach Erfurt eingeladen, vorausgesetzt, daß er weder Preuße noch Österreicher war. Man erwartete, daß alle Könige, die an Napoleon Tribut zahlten, zusammen mit allen Fürstlichkeiten der europäischen Neuordnung anwesend waren, doch nicht der König von Preußen, und schon gar nicht der Kaiser von Österreich. Um die Verbindung zwischen der Großmacht Frankreich und den deutschen Rheinbundstaaten, die von Napoleon abhängig waren, zu stärken, wurde gewünscht, daß sich auch das Théatre Français – eine Schauspieltruppe von 32 Schauspielern und Schauspielerinnen mit dem berühmten François – Joseph Talma als Direktor – nach Thüringen begebe. Die beiden Monarchen und ihre Gäste sollten mit einem großartigen Programm klassischer Tragödien geehrt werden.
Am 22. September verließ Napoleon St. Cloud, um nach Erfurt zu reisen. Innerlich war er davon überzeugt, es würde ihm noch einmal gelingen, Alexander durch Charme und Schmeicheleien für sich zu gewinnen. Napoleon, von Natur mißtrauisch, war vierzehn Monate lang durch den Austausch von Höflichkeiten, Geschenken und Briefen Alexanders eingelullt worden. Napoleon hatte erfahren, daß der Außenminister Rumjanzew die »feste Überzeugung« vertrat, daß Rußlands Interessen am besten in einem »Bündnis mit Frankreich« geschützt wären. Während

seiner Reise nach Erfurt unterschätzte Napoleon ganz beträchtlich den politischen Scharfsinn Alexanders und übertrieb sowohl dessen Abhängigkeit von Rumjanzew als auch dessen Bindung an Frankreich. »Sagen Sie dem Kaiser, daß er sich auf mich in der gleichen Weise verlassen kann wie ich mich auf ihn«, instruierte Alexander Caulaincourt, als die Vorbereitungen zum Erfurter Fürstentag getroffen wurden, und sowohl Caulaincourt als auch Napoleon nahmen ihn beim Wort. [13]
Aber auch Menschen aus der näheren Umgebung Alexanders waren davon überzeugt, daß er den Tilsiter Abmachungen loyal gegenüberstand. Den ganzen Sommer des Jahres 1808 hindurch versuchten Maria Fjodorowna und die Großfürstin Katharina, ihn von dem Wahnsinn eines erneuten Zusammentreffens mit »Bonaparte« zu überzeugen. Eine Woche vor seiner Abreise aus der Hauptstadt schrieb die Mutter des Zaren an ihren Sohn einen geradezu hysterischen Brief: Er solle aus Sicherheitsgründen keinen so skrupellosen Herrscher tief im Inneren Deutschlands treffen; er solle von seiner närrischen Politik, die Franzosen in einem Augenblick zu unterstützen, wo es klar zutage trat, daß der »Götze sowieso bald gestürzt würde«, Abstand nehmen. [14] Geduldig antwortete ihr der Zar und erklärte sorgfältig seine Politik. Rußland, so schrieb er, »braucht eine gewisse Zeit, um frei atmen zu können, damit es in dieser Atempause seine Mittel und Kräfte sammeln kann. Wir sind gezwungen, in tiefster Stille zu arbeiten und keiner darf von unseren Rüstungen und Vorbereitungen wissen. Auch derjenige, den wir herauszufordern gedenken, darf öffentlich und laut nicht angegriffen werden ... Wenn es der Wille Gottes sein wird, können wir in aller Ruhe seinen Sturz abwarten ... Die Weisheit aller Politik liegt im Abwarten, um dann im geeigneten Augenblick zu handeln«. [15] Doch die Kaiserinwitwe ließ sich nicht überzeugen. Klar und unmißverständlich zeigte sie ihre Abneigung gegen Alexanders Reise nach Thüringen und ihre Ablehnung gegen seine Politik.
Alexander sandte seine Begleitung voraus und fuhr selbst in einer vierräderigen Kalesche, die ein Faltdach hatte; er war in der Lage, die 1200 Kilometer lange Strecke von St. Petersburg nach Erfurt »schneller als jeder Kurier« zurückzulegen. [16] In Königsberg unterbrach er seine Reise und besuchte Friedrich Wilhelm und Luise, die ihm mit den ihnen zur Verfügung stehenden bescheidenen Mitteln Gastfreundschaft gewährten. [17] Luise, genau wie vorher seine Mutter, warnte Alexander, Vertrauen in Napoleon zu setzen und flehte ihn an, dafür zu sorgen, daß das preußische

Gebiet von Franzosen geräumt werde. Wie zuvor war Alexander von ihren dringenden Bitten tief bewegt, aber er begnügte sich damit, vage Versprechungen - wie Gefühle persönlicher Zuneigung und Ratschläge, geduldig zu sein - zu geben. Mit dem Reichsfreiherrn vom und zum Stein, einem der wichtigsten Minister Preußens, einem alten Erzfeind Napoleons, unterhielt er sich ebenfalls längere Zeit. Stein drängte Alexander, doch die Führung einer gemeinsamen Front Preußens und Österreichs gegen die Franzosen zu übernehmen. Von der machtvollen Persönlichkeit Steins war Alexander beeindruckt, aber in diesem Augenblick hatte er nicht den Wunsch, sich in diplomatische Intrigen einzulassen. Nach einem liebevollen Abschied von Luise eilte er nach Bromberg (Bydgoszcz), wo er die Weichsel überquerte. In Küstrin (Kostrzyn) wandte er sich direkt in Richtung Süden, denn er wollte nicht in dem von Franzosen besetzten Berlin in Verlegenheit geraten. Napoleon war in Paris durch seine Spione über die allgemeine Stimmung in Königsberg genau informiert und war ärgerlich, als er hörte, daß »diese verfluchten Preußen« sich »wieder einmal in seine Angelegenheiten« gemischt hatten. [18]
Aber alles, was Marschall Lannes Napoleon berichtete, war erfreulich. Sobald Alexander das Großherzogtum Warschau betreten hatte, wurde er von Lannes im Namen Napoleons begrüßt. Er fand Alexander guter Laune und von den Aufmerksamkeiten, die ihm auf der Reise in den Westen erwiesen wurden, sichtlich beeindruckt. Von Bromberg nach Erfurt waren es mehr als 550 Kilometer, und die beiden Städte hatten französische Truppenbesatzung. Immer wieder wurde er von Ehrenwachen der berühmtesten französischen Regimenter begrüßt, die einstmals gegen seine Armee gefochten hatten. Doch Alexanders Gedanken eilten voraus. »Wenn alles gut geht, was ich zuversichtlich hoffe«, sagte er zu Marschall Lannes noch einmal, »möchte ich gerne Paris sehen und dort mit dem Kaiser Napoleon längere Zeit verbringen.« [19]
Solche Neuigkeiten nahm Napoleon dankbar auf. Doch plötzlich trat ein unerwartetes neues Problem auf. Alexanders Kalesche fuhr so rasch, daß es aussah, als würde er in Erfurt vor seinem Gastgeber ankommen. Es hatte Napoleon damals nichts ausgemacht, den Zaren auf dem rechten Ufer des Njemen vor dem berühmten Zusammentreffen auf dem Floß warten zu lassen. Beim Erfurter Fürstentag war das aber etwas anderes, denn es sollte ein großartiges Fest zu Ehren des Freundes und Verbündeten Frankreichs werden. Der erste Akt dieses lebendigen Schauspiels wäre

aber durchgefallen, wenn der Zar zu früh in Erfurt angekommen wäre. Von St. Cloud aus hatte Napoleon zweimal im Rheinland haltgemacht, um Kavalleriebrigaden zu besichtigen, und nun war er gezwungen, seine Pferde so sehr anzutreiben, daß sie die letzten 240 Kilometer in einem Tag zurücklegten. Er hätte das Rennen verloren, wenn Alexander nicht in Weimar eine Ruhepause eingelegt hätte, um sich zu erfrischen und ein Bad zu nehmen, ehe er den letzten Rest der Reise nach Erfurt zurücklegte.

Napoleon kam noch zur rechten Zeit an, um mit dem König von Sachsen und mit General Oudinot (Kommandeur der Zitadelle) genau zu besprechen, was nötig war, um das malerische Erfurt aus seinem zweihundertjährigen Schlaf zu erwecken. Erst als er sich davon selbst überzeugt hatte, daß die Triumphbögen aufgestellt waren und die Artillerie für die Salutschüsse genug Munition hatte, ritt Napoleon in Richtung Weimar, um den Zaren zu empfangen. [20]

Am frühen Nachmittag des 27. September trafen sie in dem Dorfe Mönchenholzen, das einige Kilometer östlich der Stadt gelegen war, zusammen. Alexander stieg aus seinem Wagen, und die beiden Männer umarmten sich und wechselten Höflichkeiten aus. Dann bestieg der Zar ein Pferd, das aus dem französischen kaiserlichen Gestüt kam und eine mit weißem Hermelinpelz verzierte Satteldecke trug. Langsam ritten Napoleon und Alexander Seite an Seite in die Stadt. Das Volk, das so ein Schauspiel noch nie gesehen hatte, bewunderte die bunten Uniformen, den blank polierten Stahl der Säbel, die glänzenden Helme und die große, aufrechte Figur des Zaren, der im Sattel viel mehr als der Kaiser der Franzosen darstellte. Durch die engen Straßen schallte unaufhörlich Trommelschlagen, hallte der Gleichschritt der Soldaten, und ab und zu ertönte der Ruf: *»Vivent les Empereurs.«* Napoleon sah glücklich aus, und auch Alexanders Gesicht strahlte leutselig (er war zu schwerhörig, um durch den Lärm gestört zu werden). Bei Nacht wurde die Stadt beleuchtet, und die beiden Herrscher unterhielten sich oft bis zehn Uhr abends. Die Städter hatten zu den Festlichkeiten freien Zutritt, und jedermann feierte mit, obwohl einige über den eigentlichen Zweck dieser Feierlichkeiten im Zweifel waren. [21]

Die gute Laune Napoleons hielt fast die ganze nächste Woche hindurch an. Am Vormittag besprachen die beiden Kaiser politische Fragen, nachmittags ritten sie aus und dinierten abwechslungsweise mit den Herrschern von Sachsen, Bayern, Württemberg, Weimar und Westfalen, und abends besuchten sie das Theater oder gingen in ein Konzert. »Ich bin mit Alexander sehr zufrieden, und er kann auch mit mir zufrieden sein«, schrieb Napoleon an die Kaiserin Josephine. »Wenn er eine Frau wäre, würde ich ihn zu meiner Geliebten machen.« [22] Am 4. Oktober nahmen die beiden Kaiser und alle anwesenden Fürstlichkeiten an der Theateraufführung von Voltaires »Oedipus« teil. Als der berühmte Schauspieler Talma die Worte sprach: »Die Freundschaft eines großen Mannes ist eine Gunst der Götter«, stand Alexander auf und schüttelte kräftig Napoleons Hand, während das Publikum spontan in Hochrufe ausbrach. Der Zuschauerraum war zur Bühne dieser Szene geworden. [23] Zwei Tage später begab sich der gesamte Hofstaat nach Weimar, wo Alexanders Schwester Maria Pawlowna mithalf, die Gäste ihres Schwiegervaters zu unterhalten. Der Zar hatte das zweifelhafte Vergnügen, von Napoleon persönlich über das Schlachtfeld von Jena geführt zu werden, der ihm genau erklärte, wie er über die preußischen Truppen Friedrich Wilhelms gesiegt hatte. Mehr nach Alexanders Geschmack war ein großer Ball in Weimar, bei dem er die Königin von Westfalen als Partnerin bekam. »Der Kaiser tanzte«, berichtete Napoleon an Josephine, »das ist nichts mehr für mich, denn vierzig ist eben vierzig.« [24] Der dreißigjährige Alexander konnte eben doch noch besser als er das Tanzbein schwingen.

Alle diese Episoden, ob spontan oder in dramatischer Pose, waren ganz allgemein gesehen unerheblich, und es ist deshalb nicht erstaunlich, daß Napoleon glaubte, Alexander sei immer noch der gleiche unreife Heldenverehrer, den er in Tilsit bezaubert hatte. Dem war aber nicht so. Je übertriebener Alexanders Benehmen war, desto unaufrichtiger wurden die Gefühle seines guten Willens. Napoleon fehlte es an Menschenkenntnis, und er konnte Anmaßung und künstliche Affektiertheit bei anderen nicht rechtzeitig erkennen. Es gibt keinen Beweis, daß Napoleon in Weimar erkannte, daß Alexander absichtlich die Rolle eines einfachen Toren spielte, um ihn zu täuschen. Und doch war es gerade Weimar, von wo aus der Zar seiner Schwester Katharina die wichtige Mitteilung machte: »Napoleon hält mich für einen Narren, aber derjenige, der zuletzt lacht, lacht am besten.« *(Napoleon pense que je ne suis qu'un sot, rira mieux qui rira le dernier.)* [25] Als die beiden Herrscher von ihrem Ausflug aus Weimar zurückkehrten und man über politische Fragen Abmachungen treffen wollte, war Napoleon bestürzt und wurde aus seiner Selbstzufriedenheit

plötzlich herausgerissen, als die Haltung des Zaren Zeichen der Unnachgiebigkeit und Starrköpfigkeit zeigte. Konnte es die Möglichkeit geben, daß sie nicht Schicksalsbrüder waren?
In Erfurt war es Napoleons wichtigstes Ziel, die Österreicher durch die Drohung der russischen Übermacht in Schach zu halten, bis er den spanischen und portugiesischen Aufstand niedergeschlagen hatte. Ganz nach seinen Wünschen hatte der Erfurter Fürstentag begonnen, als der Abgesandte des Kaisers Franz höflich, doch kühl von den französischen und deutschen Fürsten empfangen wurde, die der Zar ausnahmslos unterstützte. [26] Aber es bestand ein himmelweiter Unterschied zwischen der Demütigung des unglücklichen österreichischen Barons Vincent und der Zustimmung zu einer gemeinsamen franko-russischen Aktion gegen die Österreicher, um Kaiser Franz zu zwingen, entlang der Grenzen seine Truppen zu entwaffnen. Sich lang hinziehende Unterredungen paßten nicht in Napoleons Fahrplan. Der Gedanke, daß er sich sowohl die Beschwerden der Österreicher und Preußen als auch die der deutschen Satellitenstaaten anhören sollte, machten ihn mehr als ärgerlich. Voller Wut ergriff er seinen Hut, schleuderte ihn auf den Boden und trampelte auf ihm herum. Alexander, der genau wie Napoleon im Zimmer auf und ab ging, hielt an und sah seinen Freund mit ruhigem Lächeln an: »Sie sind zu hitzig«, sagte er, »und ich bin starrköpfig. Bei mir richtet man mit Wut nichts aus. Es ist besser, wenn wir uns unterhalten und die Sache besprechen – andernfalls werde ich abreisen.« [27] Bei Caulaincourt beklagte sich Napoleon, daß »Ihr Kaiser Alexander störrisch wie ein Maulesel ist: Wenn er etwas nicht hören will, stellt er sich einfach taub.« [28]
Alexander war davon überzeugt, daß er Napoleons Schmeicheleien nur widerstehen konnte, weil er genau wußte, was für Rußland und Europa vorteilhaft war. Das traf vielleicht zu. Man muß aber zugeben, daß sein Urteil über diese Fragen durch den Rat von einer ganz anderen Seite beeinflußt wurde. Es war Talleyrand, den der Zar zuerst in Tilsit kennengelernt hatte und der, obwohl er das französische Außenministerium im August 1807 an Champagny abgegeben hatte, der dritthöchste Beamte im Reich war und noch immer einen großen Einfluß ausübte. Napoleon hatte ihn nach Erfurt eingeladen, weil er in der »Sprache der Diplomatie« langjährige Erfahrung hatte. Er hatte oft Gelegenheit, sich in Gesprächen mit Alexander zu unterhalten. Talleyrand betonte die Notwendigkeit einer Zusammenarbeit zwischen Rußland und Österreich, um Napoleon davon

abzuhalten, die letzten Spuren österreichischer Macht in Mitteleuropa zu zerstören. Später behauptete er, er hätte Alexander folgendes gesagt: »Sire, es liegt in Ihrer Macht, Europa zu retten, und das können Sie niemals erreichen, indem sie Napoleon nachgeben. Das französische Volk ist kultiviert, sein Herrscher ist es nicht. Dagegen ist der Herrscher Rußlands kultiviert, doch sein Volk ist es nicht. Deshalb muß sich der Herrscher Rußlands mit dem Volk Frankreichs verbünden.« [29] Ob diese Worte tatsächlich gesprochen wurden oder nicht ist einerlei, aber es steht fest, daß aufgrund ähnlicher Syllogismen Alexander mit Talleyrand zusammenarbeitete. Die Übereinstimmung, die die beiden in Erfurt in vielen Fragen erreichten, überlebte letztlich das napoleonische Reich selbst.

Die großen Probleme europäischer Politik waren entschieden – insofern, als man überhaupt in der Lage gewesen war, sie genau zu bestimmen, und am 12. Oktober unterzeichneten Champagny und Rumjanzew einen Geheimvertrag. [30] Für Napoleon war sein Inhalt eine Enttäuschung: Die beiden Kaiser versicherten sich nochmals ihrer Allianz und wollten neue Versuche machen, mit Georg III. von England Frieden zu schließen. Finnland und die Donaufürstentümer Moldau und Walachei wurden von Rußland annektiert. Außer den Donaufürstentümern sollten alle anderen Länder bei der Türkei bleiben, deren Grenzen von beiden Kaisern garantiert wurden. Im Falle, daß die Österreicher Frankreich angreifen sollten, würden die Russen mit den Franzosen »gemeinsame Sache« machen. Von der großen Teilung des osmanischen Reiches oder von einem Marsch nach Asien oder von einem Druck auf österreichische Abrüstung wurde nichts mehr erwähnt. Genauso erhielt der Vertrag auch keinen Paragraphen, in dem bestimmt wurde, daß die Franzosen ihre Garnisonen in Preußen räumen mußten.

Der Erfurter Fürstentag war aber erst zwei Tage nach der Unterzeichnung des Geheimvertrages zu Ende, denn es gab noch eine äußerst heikle Angelegenheit zu besprechen, die Napoleon mit dem Zaren in privaten Gesprächen regeln wollte. Seit seiner Rückkehr aus Tilsit kursierten in Paris und anderen Hauptstädten Gerüchte, daß der Kaiser sich von Josephine scheiden lassen wollte, um eine jüngere Frau zu heiraten, die in der Lage wäre, ihm einen Erben zu schenken. Man glaubte, daß nur durch die Geburt eines Thronerben die Dynastie Bonaparte gesichert sei. In diesem Zusammenhang wurde immer wieder der Name der Großfürstin Katharina, auf die die Wahl Napoleons fallen könnte, erwähnt.

Aber Alexander, der bereits drei oder vier Heiratskandidaten (darunter Kaiser Franz) abgewiesen hatte, wollte nicht, daß seine Lieblingsschwester in die Tuilerien einzog. Maria Fjodorowna, bei der in allen Heiratsfragen die letzte Entscheidung lag, war fest entschlossen, eine Verbindung zwischen den Romanows und den Bonapartes zu verhindern. Napoleon selbst blieb in dieser Angelegenheit schweigsam, aber Caulaincourt - wahrscheinlich auf eigene Initiative - scheute keine Mühe, Dinge, an denen die Großfürstin Freude hatte, und ihre Interessen nach Paris zu berichten. Ende 1808 teilte er allen Ernstes mit, daß die Großfürstin Katharina den Kaiser heiraten werde, weil sie Tanzstunden in französischer Quadrille nehme. Man kann nicht umhin festzustellen, daß der Gesandte seine Mitteilung mit trockenem Humor würzte. [31]
Napoleon hoffte, daß Alexander das Thema in Erfurt anschneiden würde. Aber der Zar, der zweifellos an interne Kämpfe mit der Kaiserinwitwe dachte, blieb schweigsam. Endlich baten Talleyrand und Caulaincourt, die von Napoleon einen Wink erhalten hatten, Alexander in privater Unterredung, diese heikle Frage doch ganz allgemein zur Sprache zu bringen. [32] Bei einer ihrer letzten Zusammenkünfte gab Alexander zum richtigen Zeitpunkt der Hoffnung Ausdruck, Napoleon solle sein Lebenswerk mit einer neuen Ehe und der Gründung der Dynastie krönen. Man zog auch eine Familienallianz in Betracht, doch Katharinas Name wurde nicht genannt, obwohl man kurz auf die Zukunft der Großfürstin Anna Pawlowna, Alexanders jüngster Schwester, zu sprechen kam, die aber erst dreizehn Jahre alt war. Napoleon war nicht darauf vorbereitet, sich zu einer Verlobung zu bekennen: Außerdem gab es noch fünfzehn andere Prinzessinnen auf seiner Liste der Heiratskandidatinnen. Dazu kam, daß er noch immer liebevoll an Josephine hing und daß er deshalb den unwiderruflichen Schritt einer Scheidung nicht unternehmen wollte. Die Unterredung zwischen Napoleon und Alexander nahm also eine andere Wendung, ohne daß er seine Familie kompromittieren mußte. Innerhalb eines Monats wurde bekanntgegeben, daß die Großfürstin Katharina den Prinzen Georg von Holstein-Oldenburg, einen Vetter zweiten Grades, heiraten würde. Der Prinz diente bereits in der russischen Armee und hatte die Absicht, sich ganz in Rußland niederzulassen.
Nach außen hin endete der Erfurter Fürstentag mit großen Festlichkeiten, und es hatte den Anschein, als ob die Beziehungen zwischen Frankreich und Rußland besser denn je zuvor wären. Am 14. Oktober ritten die

beiden Kaiser gemeinsam in Richtung Weimar, und sie wurden, genau wie bei ihrer Ankunft zweieinhalb Wochen vorher, mit Pauken und Trompeten begleitet. Bei dem Dorfe Mönchenholzen stiegen sie ab und sprachen längere Zeit miteinander. Dann umarmten sie sich, und Alexander bestieg seine Kalesche und begann die lange Rückreise nach St. Petersburg, seiner Hauptstadt. [33] Napoleon sah der Staubwolke, die Alexanders Wagen und seine Begleitung aufwirbelten, in Gedanken versunken nach. Dann wendete er sein Pferd in Richtung Erfurt und blieb auf dem Rückritt in sein Quartier schweigsam. Sein Gesichtsausdruck war nicht nur traurig, sondern auch grimmig. Obwohl man achtzehn Tage lang Feste gefeiert hatte und in endlose Unterhaltungen verstrickt gewesen war, konnte er keine großen materiellen Erfolge für sich buchen. Der Stoff, aus dem die Freundschaft mit Alexander gewoben war, schien durchsichtig und dünn zu sein. Das Schicksal hat die beiden »Brüder« nie mehr zusammengeführt, keiner sah den anderen in seinem Leben wieder.

KAPITEL 9

Die Vormachtstellung Speranskijs

Der Aufstieg Michail Speranskijs

Die meisten Würdenträger, die Alexander nach Erfurt begleiteten, waren Mitglieder alter Familien, die schon seit Generationen in russischen Diensten standen. In diesem vornehmen Kreis, der fest zusammenhielt, befand sich jedoch ein unerwarteter Neuankömmling, ein Mann Mitte dreißig, mit scharfgeschnittenem Gesicht. Er war frühzeitig beinahe kahl geworden; sein Benehmen war höflich, doch kalt. Seine Herkunft war nicht aristokratisch, denn er war ursprünglich nur als »Michail, Sohn des Popen Michail« getauft worden. In jenen Tagen brauchte man aber, um Karriere zu machen, einen Vatersnamen, und so wählte er sich als Student einen Familiennamen einwandfreien lateinischen Ursprungs: Von nun an wurde er als Michail Speranskij bekannt. [1]

Dienstlich war Speranskij im Jahre 1808 nur ein höherer Zivilbeamter, Chef der zweiten Abteilung des Innenministeriums. Dem Zaren war er als Sekretär zugeteilt. Aber Außenstehende beobachteten, daß er trotz seines bescheidenen Ranges einen viel größeren Einfluß ausübte. Die Franzosen in Erfurt waren bereit, ihm Respekt zu zollen. Napoleon beobachtete ihn mit scharfem Blick, und Talleyrand forderte ihn zur Unterhaltung auf. [2] Beide fanden, daß Speranskij viel zu intelligent war, um seine innersten Gedankengänge und sein Sinnen und Trachten preiszugeben. Ihre Entdeckung überzeugte sie davon, daß sie ihn richtig beurteilten und daß er ein Mann war, mit dem man rechnen mußte. Er war, so dachten sie, nicht nur ein bürokratischer Beamter, sondern ein persönlicher Gehilfe seines Herrn, einer, der Alexanders Ziele besser verstand als der Außenminister Rumjanzew.

In der Tat war Speranskij ein Beamter, den man im Kreise der engsten Ratgeber Alexanders nicht erwartet hätte. Als ältester Sohn eines Dorfpopen wurde er in der Provinz Wladimir geboren und in einem Priesterseminar erzogen, um Geistlicher zu werden. Durch seine angeborene hohe Intelligenz durfte er seine Studien in einem der berühmtesten Seminare der russisch-orthodoxen Kirche, das dem Alexander-Newskij-Kloster in St. Petersburg angeschlossen war, fortsetzen. Dieses Seminar galt am Ende des 18. Jahrhunderts als das wichtigste seiner Art. Speranskijs Begabung lag vor allem im logischen Denken, so daß er, wie auch andere Seminarschüler, vor Beendigung seines geistlichen Studiums, in den Staatsdienst abkommandiert wurde. Im Frühjahr 1797 trat der brillante junge Seminarist als kaiserlicher Beamter in das Innenministerium ein und sandte ab 1802 seine aufsehenerregenden Reformpläne des russischen Sozialsystems an Kotschubej und andere Mitglieder des Geheimen Komitees. [3] Diese Reformpläne dürften Alexander schon bekannt gewesen sein, ehe er Speranskij persönlich kennenlernte.

Alexander wurde auf Speranskij durch reinen Zufall aufmerksam. Kurz nach der Rückkehr des Zaren von Tilsit nach St. Petersburg erkrankte Kotschubej (damals noch Innenminister) und mußte deshalb den täglichen mündlichen Report bei seinem Kaiser absagen. An seiner Stelle sandte er Speranskij, seinen fähigsten Ressortleiter, der in Wirklichkeit eigentlich stellvertretender Minister war. Bereits im September 1808 war Speranskij in der Privatkanzlei des Zaren ein nicht zu ersetzender Mitarbeiter geworden. Was lag näher, als daß Alexander ihm befahl, die lange Reise nach Erfurt mitzumachen, obwohl Speranskij sich vorwiegend mit innenpolitischen Problemen befaßte. Nach seiner Rückkehr nach St. Petersburg wurde Speranskij zum stellvertretenden Justizminister ernannt und 1810 in den Rang eines Staatssekretärs erhoben. In den dreieinhalb Jahren, die auf die Konferenz von Erfurt folgten, blieb er Alexanders politischer Vertrauensmann, auf den er sich unbedingt verlassen konnte.

Für den verwaisten Sohn eines armen Dorfpopen war dies ein meteorhafter Aufstieg und einzigartig in ganz Rußland. In den letzten fünfzig Jahren war es natürlich ab und zu vorgekommen, daß plötzlich Männer von niederer Geburt manchmal die gesellschaftliche Leiter erklommen hatten, doch diese hatten ihren Aufstieg entweder Berichten über Tapferkeit vor dem Feind oder der Kunst feingeschliffener Rede – vielleicht auch beidem – zu verdanken. Von diesen Eigenschaften besaß Speranskij keine, er war kompromißlos anständig, asketisch kalt und reserviert, denn er wollte weder reich werden noch besaß er gesellschaftlichen Ehrgeiz. Die Aristokraten am Hofe und die reichen Gutsbesitzer auf dem Lande konnten einfach nicht verstehen, warum Alexander in einen dickfelligen Puritaner aus Wladimir so viel Vertrauen setzte. Während Speranskij als Staatssekretär diente – und auch später noch –, beschäftigte er sich mit der ersten russischen Übersetzung der Werke Thomas' a Kempis.* Für den wichtigsten Minister des Zaren war dies fraglos eine eigenartige Liebhaberei und im Vergleich zu dem glitzernden Hintergrund der Petersburger Modeströmungen geradezu ein Anachronismus. [4]

Die Reformen der Jahre 1808–1809 und ihre Kritiker

Alexander sah Speranskijs Hauptaufgabe im Jahre 1808 darin, daß er das System der Zarenherrschaft modernisierte. Diese Modernisierung sollte aber nicht revolutionär, sondern langsam, d. h. evolutionär vor sich gehen. Wenn er in der Lage war, das Durcheinander der Justiz zu entflechten und für alle Provinzen des Reiches eine einheitliche wirtschaftliche und zivile Gesetzgebung zu schaffen, so war das um so besser. Vor allem kam es Alexander darauf an, einen Weg zu finden, die chronischen finanziellen Schwierigkeiten, in denen sich seine Ministerien befanden, zu beheben. [5] Er wollte, daß das Budget des Staatshaushaltes ausgeglichen war, daß die Gesetze kodifiziert wurden und daß die Regierung rationell arbeitete. Dies war sowohl im Interesse des Zaren als auch im Interesse seines Volkes, doch sollten diese Pläne von keinem noch so menschenfreundlichen Reformer durchgeführt werden, der unbesonnen die unumschränkte Autorität seines Herrschers zu zügeln versuchte und dessen Macht einschränkte.

Die Pläne Speranskijs waren ehrgeiziger als das, was in Wirklichkeit geleistet wurde. Obwohl er darauf bestand, daß die Legislative beim Zaren bleiben mußte und daß ein Staatsrat vom Herrscher ernannt werden sollte, so wollte er eine Pyramide von gewählten Abgeordneten auf zentraler und lokaler Basis schaffen, deren Charakter aber beratender Art war. Er schlug eine Übergangsperiode von der autokratischen, oligarchischen Verfassung des achtzehnten Jahrhunderts zu einer, die er persönlich als

* Thomas von Kempen (1379 oder 1380–1471), Theologe und deutscher Mystiker.

»monarchische Regierung« Westeuropas bezeichnete, vor. Es sieht so aus, als habe er die neue napoleonische Verfassung Frankreichs im Auge gehabt. [6] Als Finanzexperte machte er Vorschläge, das Steuersystem zu ändern. Die Steuer sollte in Zukunft nach dem landwirtschaftlichen Reichtum des Landes bemessen werden, während zu gleicher Zeit die Einnahmen des Staates einheitlich zusammengefaßt wurden und so im Zusammenhang standen mit der jährlichen Aufstellung des Staatshaushaltes, die der Zar und der Staatsrat genehmigen mußten. Endlich sollte Speranskij in seiner Eigenschaft als stellvertretender Justizminister in einer Kommission, die die vielen russischen Gesetze durch einen neuen Code ersetzen sollte, den Vorsitz führen. Dieser russische Code war durch den revolutionären Code Napoleon und in kleinerem Maße durch die aufklärerischen Reformen in Preußen und Österreich beeinflußt. [7]
Für jeden der Pläne Speranskijs zeigte Alexander großes Interesse, und im Jahre 1809 dürfte er in »etwa hundert Sitzungen und Diskussionen« mit dem Zaren »seine Pläne und Meinungen« dargelegt haben. [8] Solange Alexander im Winterpalais wohnte, mußte Speranskij fast jeden Vormittag zur Audienz erscheinen. Manchmal lud ihn der Zar privat auf die Kamennyj-Insel ein. An den offiziellen Regierungsempfängen nahm Speranskij nicht teil, und während auf der einen Seite sein Einfluß immer größer wurde, trat er auf der anderen Seite immer mehr in den Hintergrund.*
Alexanders eigene Meinung über aufgeklärten Absolutismus machte ihn natürlich für viele von Speranskijs Vorschlägen sehr empfänglich. Immer, wenn der Zar einen Plan nicht verstand, maß er ihn mit militärischen Gedanken; sah er eine Lösung, die auf der hierarchischen Ordnung

* Von Oktober 1809 bis April 1813 war Gesandter der Vereinigten Staaten in St. Petersburg John Quincy Adams, Sohn des zweiten Präsidenten der Union (1824 wurde er selbst zum sechsten Präsidenten gewählt). Es ist bemerkenswert festzustellen, daß, obwohl Adams ein genaues Tagebuch über seine russische Mission führte, der Name Speranskij darin nicht zu finden ist, obgleich zwischen beiden gemeinsame Interessen bestanden: auf der einen Seite der Architekt des russischen Reformprogramms, auf der anderen Seite der Ex-Senator, der aus Erfahrung die Fehler und Vorzüge eines Produkts vornehmster Gedanken des achtzehnten Jahrhunderts kannte, das soll heißen, erstens die Unabhängigkeitserklärung der 13 englischen Kolonien am 4. Juli 1776 in Philadelphia und zweitens die Proklamation der Verfassung der Vereinigten Staaten von Amerika am 4. März 1789. Durch diese beiden Erklärungen wurden die Vereinigten Staaten zum ersten großen, modernen demokratischen Bundesstaat der Welt.

von Befehl und Verantwortung aufgebaut war, so begrüßte er sie. Zeigte das Problem aber originelles Denken oder Unabhängigkeit und legte mehr Wert auf Rechte als auf Pflichten, so lehnte er es ab. Da Speranskij selbst mehr für eine straffe Führung der Regierungsgeschäfte eintrat, nahm Alexander die meisten Vorschläge Speranskijs an. Zwischen den beiden Männern gab es keine tieferliegenden Differenzen.
Wie die meisten Autokraten, war Alexander nicht geneigt, wichtige Angelegenheiten, selbst wenn er bereits zugestimmt hatte, an einen Unterausschuß weiterzugeben. In gewisser Weise wiederholten sich die Vorgänge der Jahre 1802 und 1803 in den Jahren 1809 und 1810. Alexander bestand darauf – wie früher bei Stroganow und Nowossilzow –, daß man ihn über alles um Rat fragte, ganz gleich, wie unbedeutend die Sache war. Und so kam es, daß über jede wichtige Frage die Entscheidungen aufgeschoben wurden, einfach deshalb, weil der Zar Zeit brauchte, die Bedeutung des Problems abzuwägen. Natürlich ist es richtig zu behaupten, daß Speranskij zu einem Zeitpunkt Reformen durchführen wollte, als sich Europa in permanenter Krise befand. Alexander konnte sich deshalb nicht auf innenpolitische Fragen konzentrieren, ohne diplomatische und militärische Probleme in Betracht zu ziehen. Speranskij fand – genau wie früher Stroganow –, daß Alexander wegen seiner Verzögerungspolitik ein schwieriger Souverän war, einer, der seine Minister zu gewissen Zeiten in schwere Depressionen versetzen konnte: »Er ist zu schwach, um zu regieren, und er ist zu stark, um regiert zu werden« [9], so beklagte sich Speranskij einmal erbittert. Obwohl die meisten Reformpläne Speranskijs nicht durchgeführt wurden, erreichte er doch in verhältnismäßig kurzer Zeit – als des Zaren wichtigster Ratgeber – mehr als jeder andere Reformer Rußlands in der ersten Hälfte des neunzehnten Jahrhunderts.
Ende des Jahres 1809 wurde der Zar äußerst vorsichtig. Obwohl er Speranskij vorschrieb, daß seine Pläne und deren Ziele und die Linderungsmaßnahmen, die er durchführen wollte, geheim bleiben müßten, kursierten in St. Petersburg wilde Gerüchte über bevorstehende Veränderungen. Ja, in Moskau und unter den Gutsbesitzern, die um die Hauptstadt herum ihre großen Besitzungen hatten, verbreitete sich das Gerücht wie ein Lauffeuer. [10] Deshalb entschloß sich Alexander, zuerst Speranskijs Vorschlag, der die Bildung eines Staatsrates vorsah, auszuführen. Dieser Rat sollte aus zu ernennenden Mitgliedern bestehen, die alle Gesetzvorschläge und Reformen zuerst prüfen sollten, ehe sie dem Herrscher zur Geneh-

migung vorgelegt wurden. So konnten, natürlich mit voller Zustimmung des Staatsrats, wirtschaftliche Reformen durchgeführt werden, die, wie jedermann sah, bei der breiten Masse unpopulär waren. Obwohl die Kritik an Speranskij immer mehr zunahm, sah Alexander keinen Grund, diesen fähigen Beamten zu entlassen, nur deshalb, weil einige konservative Gutsbesitzer ihn aus seinen Diensten jagen wollten.

In der neueren Geschichte Rußlands hatte es schon mehrmals die Einrichtung von Staatsräten gegeben, so zum Beispiel unter Katharina der Großen, unter Paul und kurz nach seiner Thronbesteigung unter Alexander. Der neue Staatsrat sollte aber besser organisiert sein als die vorhergegangenen, und er sollte die wichtigsten Staatsgeschäfte direkt überwachen. Es oblag Unterausschüssen, die Arbeit der Minister zu überprüfen. Über dem Staatsrat stand eine Kanzlei, die dessen Arbeit unterstützte; sie wurde von einem Staatssekretär – Speranskij selbst – geleitet. Da der Staatssekretär die Aufgabe hatte, die Berichte der verschiedenen Ausschüsse zu überwachen und zu koordinieren, um sie dann an den Staatsrat weiterzuleiten, war diese Stellung mit viel Einfluß verbunden, obwohl die letzte Entscheidung bei dem Vorsitzenden des Staatsrats, dem Zaren, lag. [11]

Die endgültige Form des Staatsrats diskutierte Alexander außer mit Speranskij nur noch mit vier anderen hochgestellten Persönlichkeiten. Die Wahl seiner Vertrauten ist bezeichnend für ihn. Der erste war Kotschubej, sowohl früheres Mitglied des Geheimen Komitees als auch Innenminister. Der zweite war General Saltykow, Alexanders Morallehrer aus seiner Jugendzeit. Der dritte war der Außenminister Rumjanzew, der im Herbst des Jahres 1809 den Titel Kanzler erhalten hatte. Durch diese Ernennung sollte Rumjanzew wegen seiner langen Dienste geehrt werden. Zu gleicher Zeit aber wollte Alexander die Franzosen nochmals seiner Freundschaft versichern, da Rumjanzew als Befürworter der franko-russischen Freundschaft galt. Der letzte, den Alexander befragte, war Fürst Lopuchin, ein älteres Senatsmitglied, der seinem Temperament nach konservativ war. [12] Sie alle stimmten überein, den Staatsrat am russischen Neujahrstag 1810 zu gründen. Die erste Sitzung sollte vom Zaren selbst mit entsprechenden Festlichkeiten und großem Pomp eröffnet werden.

In St. Petersburg gab es jedoch einen Menschen von beträchtlicher Bedeutung, den Alexander im wahrsten Sinne des Wortes überging. Im Dezember 1807 hatte der Zar seinen alten Freund Araktschejew zum Kriegs-

minister ernannt. Der General hatte seinen Ruf als Organisationsleiter seines Ministeriums während seiner zweijährigen Amtszeit sehr gefestigt, und Alexander lobte sein Wirken und daß er im Krieg gegen die Schweden eine Armee auf die Beine gestellt hatte. Araktschejew hatte keine Sympathien für das Reformprogramm Speranskijs, und deshalb zog ihn der Zar auch nicht in sein Vertrauen. Als es Araktschejew zu Ohren kam, daß das Kriegsministerium unter Kontrolle von Zivilisten gestellt werde, bat er den Zaren um Auskunft, der Verständnis und eine versöhnliche Haltung zeigte. Er versprach, daß er den General um Rat fragen werde, ehe die vorgeschlagene Reform öffentlich in Kraft trete.
Am 5. Januar 1810 teilte man Araktschejew mit, daß der Zar ihn am Abend sehen wolle. Der General wartete in seinem Haus am Litejnyj Prospekt, das etwa einen Kilometer vom Winterpalais entfernt lag, auf eine Botschaft seines Herrschers. Endlich spät am Abend kam ein Besucher: Es war Speranskij. Alexander hatte ihn geschickt, um dem Kriegsminister die Reformen und alles weitere zu erklären. Araktschejew fühlte sich geringschätzig behandelt und bekam einen Wutanfall. Zehn Minuten später verließ Speranskij in Eile das Haus und ließ die Akten beim Kriegsminister, damit dieser sie studieren konnte. Sobald es die Verhältnisse erlaubten, fuhr Araktschejew auf sein Gut nach Grusino, wütend auf Speranskij und empört über Alexanders Benehmen ihm gegenüber. Er hatte die Absicht, seinen Abschied zu nehmen. [13]
Nun folgte zwischen dem General und seinem Herrscher ein Briefwechsel, der viel über die Charaktereigenschaften der beiden Männer aussagt. Araktschejew erklärte zuerst, daß er die Akten, die Speranskij zurückgelassen hatte, studiert habe, aber er fühle sich nicht kompetent, sie zu diskutieren. Er fuhr fort: »Sire, Sie wissen ganz genau, was für eine Erziehung ich in meiner Jugend genossen habe ... Ich fühle, daß ich in meinem Alter nicht mehr bin als ein erfahrener Offizier, der in der Lage ist, militärische Belange gut und richtig durchzuführen ... Um aber zu Ihren weisen Vorschlägen Stellung nehmen zu können, brauchen Sie einen Minister, der eine eingehende und universale Erziehung genossen hat. Nur ein Mann, der diese Bildung besitzt, kann Ihnen in dieser neu geschaffenen wichtigen Institution von Nutzen sein und die erste militärische Verantwortung im Staate tragen, die, wie ich annehme, die Verteilung des Staatsrates selbst ist, denn ohne militärische Verteidigung werden die besten Absichten des Staatsrates zunichte gemacht. Dies kann ich nicht über-

nehmen, Sire, und da ich nicht in der Lage bin, meine Pflichten bestens zu erfüllen, würde ich mich [als Minister] in Mißkredit bringen.« [14]
Alexander antwortete offen: »Wo sind die Gründe, nach denen ich suchen muß, um zu verstehen, warum Sie beabsichtigen, den Posten, den Sie innehaben, aufzugeben? ... Ich kann Ihre Erklärungen nicht annehmen ... Niemand wird sie verstehen. Jedermann, der die neuen Vorschläge gelesen hat, findet, daß der Staatsrat für das Reich gut ist. Ausgerechnet Sie, auf dessen Mitarbeit ich besonders großen Wert lege und der mir so oft versicherte, daß, außer einem Pflichtbewußtsein gegenüber der Nation, Sie auch für mich persönliche Ergebenheit fühlen, nur Sie ... beeilen sich ihre Pflichten aufzugeben zu einem Zeitpunkt, da Ihnen Ihr Gewissen sagen muß, daß es unmöglich ist, Sie zu ersetzen. Wenn Sie sich selbst ernsthaft nach Ihren wirklichen Motiven fragen, können Sie unmöglich auf sich selbst stolz sein ... [15]«
Es war klar, daß sich Araktschejew nach solch einer Strafpredigt nicht auf sein Gut zurückziehen konnte. Alexander stellte es ihm frei, entweder Kriegsminister zu bleiben oder den Vorsitz des Departements für Kriegswesen im Staatsrat zu übernehmen. Da Araktschejew glaubte, daß der Staatsrat letzten Endes doch noch die Ministerien kontrollieren werde, wählte er das neue Departement für Kriegswesen. Bald fand er, daß er einen Fehler gemacht hatte. Es stellte sich nämlich heraus, daß der Staatsrat in Notfällen viel zu schwerfällig und langsam arbeitete. Unter der drohenden Gefahr eines neuen Krieges war es der Nachfolger Araktschejews, der General Barclay de Tolly, der entschied, wie die Armee ihrer größten Herausforderung begegnen sollte.

Der Staatsrat bei der Arbeit

Als Alexander bei der Geburt von Speranskijs Geisteskind Pate stand, war es sicherlich seine Absicht gewesen, daß der Staatsrat die Bürde der Verantwortung für die Verwaltung mit ihm teilten solle. Die ersten sechs Monate des Jahres 1810 arbeitete das neue System gut. Der Staatsrat verabschiedete die Tagesordnung, die Speranskij vorher mit erstaunlicher Schnelligkeit zusammengestellt hatte. Innerhalb von fünf Wochen wurden die ersten Verordnungen der Finanzreform ratifiziert und veröffentlicht. Nach weiteren vier Monaten nahm man im Inland eine Anleihe auf, um die Kupfer- und Silberwährung zu stabilisieren. Speranskij hoffte, er wäre in der Lage, die »galoppierende Inflation« der russischen Wirtschaft unter Kontrolle zu bringen. Mit der Zustimmung Alexanders befaßte sich der Staatsrat auch mit anderen Problemen: Es mußte eine neue Abteilung der Regierung geschaffen werden, die den Verkehr und den Binnenhandel entwickelte. Es gab Vorschläge, die die Schaffung eines Polizeiministeriums befürworteten, um das Leben und Eigentum aller Einwohner zu schützen und um zu gleicher Zeit die innere Sicherheit des Staates aufrechtzuerhalten. [16]

Alle diese Neuerungen waren für Alexanders Reich und auch für das seiner Nachfolger von bleibendem Nutzen. Und doch erfüllte der Zar Speranskijs Hoffnungen nicht. Im Laufe des Jahres nahm Alexanders Begeisterung für Reformen ab, zum Teil wegen des Druckes der Außenpolitik, zum Teil auch, weil er den Stimmungswechsel des Adels, auf dessen Mitarbeit er in Fragen der nationalen Verteidigung unbedingt angewiesen war, nicht übergehen konnte. Speranskijs Popularität nahm laufend ab. Einige Jahre später bemerkte Speranskij einmal traurig, daß niemand einem Manne gegenüber Dankbarkeit zeige, der gezwungen sei, Steuern zu erheben. In gewisser Weise wurde er das Opfer seiner Zurückgezogenheit: Da er in der Öffentlichkeit anonym blieb, verärgerte er diejenigen bei Hofe, die einen unheilvollen Einfluß für ihr eigenes Wohlergehen hinter dem Thron entdecken mußten.

Wahrscheinlich war Alexanders Standpunkt richtig, als er glaubte, die äußere Bedrohung Rußlands sei so ernst, daß weitere innenpolitische Reformen vorerst zurückgestellt werden mußten. Ende des Jahres wollte Speranskij von seinem Posten als Staatssekretär zurücktreten, um sich ganz der Kodifizierung der neuen Gesetze widmen zu können, denn dies schien ihm für die Zukunft des Landes das Allerwichtigste zu sein. Alexander aber war nie bereit, den Rücktritt von Männern anzunehmen, die sein Vertrauen genossen. Er brauchte Speranskij als Staatssekretär noch immer, und es sah so aus, als ob er hoffe, nach Entspannung der außenpolitischen Lage die innenpolitische Reformpolitik wieder aufnehmen zu können. Und so drängte er Speranskij, doch lieber im Amt zu bleiben, als einen Posten aufzugeben, der erst zwölf Monate vorher geschaffen wurde. Genau wie Araktschejew gab Speranskij aus Loyalität für den Zaren dessen Wünschen nach, und genau wie Araktschejew bereute er seine Entscheidung bald. [17]

Die Feinde Speranskijs, die keine Macht hatten, ihn als Staatssekretär von seiner Vormachtstellung durch gerechtfertigte Vorwürfe zu verdrängen, nahmen zu einer anderen alten Waffe Zuflucht: Sie verleumdeten seinen Ruf, indem sie behaupteten, daß er ein französischer Agent sei. Dieses Gerücht wurde gleich nach der Rückkehr des Zaren aus Erfurt in die Welt gesetzt. Es war einfach, daß eifersüchtige Zungen behaupten konnten, Speranskij sei überredet worden - manche behaupteten, er hätte Bestechungsgelder erhalten -, in Rußland fremdes Gedankengut in die Regierung einzuführen, das sich auf die Verfassung Frankreichs stütze und revolutionäre Begriffe enthalte, die deshalb für den Zaren gefährlich wären. Man behauptete, Speranskij sei moralisch ein Verräter an den Idealen des alten heiligen Rußland. Deshalb war es unumgänglich, daß jemand den »gutmeinenden Zaren« auf die Schlange, die sich in seinen Thronsaal eingeschlichen hatte, aufmerksam machte. [18] Während der Jahre 1810 und 1811 gingen die Verleumdungen gegen den Staatssekretär weiter, aber erst im März des darauffolgenden Jahres erreichte die Stimmung, gemischt aus Furcht und übertriebenem Patriotismus, den Siedepunkt, und die Gegner triumphierten. Das Opfer mußte die Hauptstadt verlassen und wurde in die Verbannung geschickt.

KAPITEL 10

Erneutes Blutvergießen

Caulaincourt – Königlich-preußischer Besuch – Die Hochzeit der Großfürstin Katharina

Die Hexenjagd gegen Speranskij war in gewisser Weise ein Mittel, das seinen Feinden dazu diente, ihr eigenes schlechtes Gewissen zu erleichtern. Obwohl es keinen Beweis gibt, daß der Staatssekretär oder irgendeine in der Öffentlichkeit stehende russische Persönlichkeit von Napoleon Bestechungsgelder erhalten hat, so steht fest, daß fast jedes Mitglied der konservativen Aristokratie in irgendeiner Form während der Jahre offizieller Allianz zwischen den beiden Ländern die Gastfreundschaft der Franzosen genossen hat. General Armand de Caulaincourt, Herzog von Vicenza, außerordentlicher Gesandter Frankreichs am Hofe des Herrschers aller Reußen, hatte in der Gesellschaft eine Stellung inne, die seinen hochtönenden Titeln und seiner Bedeutung entsprach. Napoleon bestand darauf, daß Caulaincourt keine Mühe scheuen dürfe, die Russen durch aufwendige Festlichkeiten und Luxus zu beeindrucken, und der Gesandte erfüllte diese Befehle buchstabengetreu. Auf dem ganzen Newskij Prospekt gab es keine Karosse, die so schön poliert war wie die Caulaincourts. Seine Pferde kamen aus den besten Gestüten und waren sehr gut gepflegt. Die Feinschmecker von St. Petersburg priesen die Gerichte, die sein Küchenchef erfand, und diejenigen, die intellektuell schwerer zu befriedigen waren, bewunderten seinen guten Geschmack und das kulturelle Niveau seiner Abendveranstaltungen. Die Eleganz und der Aufwand seiner Maskenbälle, die er in quasi kaiserlichem Glanz abhielt, rissen die Damen der Aristokratie zu Begeisterungsstürmen hin. Später schrieb er, »im Grunde war ich der Vizekönig des Kaisers in St. Petersburg.« [1] Als Gegenwert für solch üppigen verschwenderischen Aufwand erwartete Caulaincourt eine bevorzugte Behandlung unter den Vertretern des diplomatischen Korps, die er auch erhielt. »Der französische Gesandte nahm seinen Platz in der Nähe der Tür ein, und das ganze diplomatische

Korps stand in der Reihenfolge hinter ihm«, schrieb Adams im Dezember 1809 in sein Tagebuch, als er den ersten offiziellen Empfang mitmachte. Einige Tage später war er beim Neujahrsdiner in der Eremitage eingeladen. Mit Verblüffung stellte er fest, daß Caulaincourt an der Tafel einen Platz innehatte, »genau in der Mitte, der eigentlich für die kaiserliche Familie passender gewesen wäre«, während andere ausländische Diplomaten an Nebentischen Platz nehmen mußten.

Aber hat Caulaincourt tatsächlich für seinen Aufwand einen wirklichen Gegenwert erhalten? In den achtzehn Monaten, die auf den Erfurter Fürstentag folgten, gelang es Caulaincourt nicht, auf die russische Politik irgendeinen wirksamen Druck auszuüben, obwohl er damals im Zenit seiner gesellschaftlichen Erfolge in St. Petersburg stand. Alexander ritt mit ihm aus, hörte sich seine Bemerkungen über Napoleons Politik an, antwortete im gleichen Stil auf die honigsüßen Worte und die versteckten Drohungen aus Paris. Jede französische Schwierigkeit, ob in Spanien, Portugal oder später in Österreich, gab ihm Gelegenheit, auf Rußlands Aktionsfreiheit hinzuweisen. So kam es, daß der Krieg gegen die Schweden zu einem glorreichen Ende geführt wurde, und im Sommer 1809 begann der Krieg gegen die Türkei von neuem. Es konnte Caulaincourt nicht entgehen, daß der türkische Krieg populärer war als der schwedische. Man glaubte, letzterer wäre Alexander von den Franzosen aufgebürdet worden, und so wurde er als eine nicht rein russische Unternehmung interpretiert.

Doch erst zwölf Monate nach Erfurt trat Alexanders eigene Außenpolitik, unabhängig von den Franzosen, klar zutage. Im Januar 1809 kamen Friedrich Wilhelm von Preußen und seine Gemahling Luise als Gäste Alexanders nach St. Petersburg. [2] Es war das erste Mal in der Geschichte, daß ein regierender preußischer Souverän die russische Hauptstadt besuchte. Alexander beabsichtigte, die Hohenzollern für die Demütigungen, die sie in Tilsit erlitten hatten, zu entschädigen, und so unterhielt er seine Freunde in großem Stil und erwies ihnen eine Gastfreundschaft, wie es eine Generation vorher seine Großmutter mit ihren Favoriten getan hatte. Dreieinhalb Wochen lang fanden am Hofe Bälle, Banketts und Theateraufführungen statt, die Alexanders immer blasser werdende Erinnerungen an die Erfurter Feste bald übertrafen. Die Gesellschaft, die in der letzten Zeit dem Zaren und den Preußen kritisch gegenübergestanden hatte, unterstützte ihn auf das wärmste, denn sie glaubte, daß es ein

Zeichen des Widerstands gegen die Franzosen sei, die preußische Königsfamilie, Opfer napoleonischer Boshaftigkeit, zu ehren. Selbst die Lebensgeister der Kaiserin Elisabeth, die immer noch in höchst trauriger Stimmung war, konnten durch die Flut der Festlichkeiten wieder geweckt werden. Sie zeigte gegenüber Luise echte Zuneigung, obwohl sie genau wußte, daß die Königin das Herz ihres Gemahls in den letzten sechs Jahren tief gerührt hatte. Über diese verschwenderische Gastfreundschaft, mit der die kaiserliche Familie ganz offensichtlich die Hohenzollern überschüttete, war Caulaincourt verblüfft, denn Napoleon hatte nie aufgehört, Alexander vor dieser Dynastie zu warnen.
Auf politischem Gebiet hatte jedoch der Besuch Friedrich Wilhelms keine sofortige Bedeutung. Anfang des Jahres 1809 war Preußen zu schwach, um in den Berechnungen irgendeines Herrschers zu zählen. Alexander scheute keine Mühe, in seinen Unterhaltungen mit dem französischen Gesandten immer wieder zu betonen, daß für ihn dieser Besuch vor allem ein gesellschaftliches Ereignis sei. »Mit dem König habe ich höchstens zwei Mal über Politik gesprochen«, versicherte er Caulaincourt. [3] Weiter behauptete er, er selbst habe bei dieser Gelegenheit an Friedrich Wilhelms politischen Verstand appelliert, daß es für ihn doch das klügste sei, mit Napoleon auf gutem Fuße zu stehen. Dieser Besuch war im tiefsten Grunde ein Wintervergnügen, und gegen Ende ihres St. Petersburger Aufenthalts waren die vielen Festlichkeiten für die arme Luise viel zu anstrengend, so daß sie gezwungen war, sich einige Tage mit Elisabeth nach Zarskoje Selo zurückzuziehen. Noch einmal gelang es Luise, den Vorhang der Ereignisse mit einem dramatischen Tusch fallen zu lassen, selbst auf die Gefahr hin, daß nur Alexander ihre große Geste verstand. Als sie sich auf der Rückfahrt nach Königsberg befand, sandte sie eine Botschaft an den Kaiser, die nur für Alexanders Augen bestimmt war. In ihrer Mitteilung sprach sie wieder von ihrer Liebe zu dem Zaren, für die ihr »die Worte fehlten«, und so als wüßte sie, daß sie wirklich einen Abschiedsbrief schreibe, legte sie ihm »die Interessen des Königs, das zukünftige Glück meiner Kinder und ganz Preußens« ans Herz. [4] Achtzehn Monate später war Luise tot. Alexander, der manchmal über seinen Potsdamer Schwur und seine Versprechungen in Memel schwankend geworden war, fühlte sich an diese dringende, letzte Bitte der Königin bei seiner Ehre gebunden. Luise hielt das Herz Alexanders nach ihrem Tode mehr gefangen als zu ihren Lebzeiten.

Diese Ereignisse lagen allerdings in den ersten Monaten des Jahres 1809 in weiter Ferne. Im Augenblick galt das ganze Interesse Alexanders seiner Familie, die seine Gedanken mehr beschäftigte als die letzten Nachrichten Napoleons. Als die königlich-preußischen Majestäten in St. Petersburg zu Besuch weilten, hatte die offizielle Verlobung der Großfürstin Katharina mit Georg von Holstein-Oldenburg stattgefunden. [5] Alexander mochte Georg gern, aber die in Aussicht genommene Heirat Katharinas griff seine Gesundheit erneut an, und er war gezwungen, sich im Frühjahr einige Zeit »auszuruhen«. In der ersten Maiwoche wurde die Hochzeit gefeiert. Nun mußte Alexander für den Prinzen Georg nur noch einen Posten in der russischen Verwaltung finden. Er wollte verhindern, daß weder das Reich auf die Dienste Katharinas verzichten mußte noch er selbst auf den gelegentlichen gesellschaftlichen Umgang mit ihr und ihrem Gatten.
Was er für Georg suchte, fand er in der alten Stadt Twer, die an der oberen Wolga an der Straße nach Moskau liegt. Der Prinz wurde offiziell zum Generalgouverneur des Gouvernements Twer, Jaroslawl und Nowgorod ernannt. Dadurch, daß die Großfürstin Katharina zwischen St. Petersburg und Moskau residierte, wurde der Einfluß der kaiserlichen Familie in dieser wichtigen Gegend des Reiches indirekt gestärkt. Bis zu diesem Zeitpunkt hatte Alexander seit seiner Krönung Moskau nicht mehr besucht. Da nun seine Schwester und sein Schwager in Twer lebten, hatte er Veranlassung, die alte Hauptstadt ab und zu aufzusuchen. Noch im Dezember des gleichen Jahres entschloß er sich zu einer solchen Reise und bemerkte hierzu, »wenn ich jetzt nach Moskau gehen will, habe ich die Stadt praktisch in meiner Tasche und kann auf den Aufwand und die Paraden, die sonst eine kaiserliche Reise mit sich bringt, verzichten«. [6]

Rußland und Napoleons Feldzug im Jahre 1809

Anfang Februar kam in St. Petersburg ein Kurier aus dem Hauptquartier Napoleons an. Die übermittelten Nachrichten sollten Caulaincourt in die Lage versetzen, Alexander von einem Präventivkrieg der Österreicher in Deutschland zu überzeugen. Zur Freude des französischen Gesandten sagte der Zar sofort, daß er sich an die in Erfurt getroffenen Abmachungen

halte. Anschließend wurde der österreichische Gesandte in das Winterpalais gerufen, und Alexander teilte ihm persönlich mit, daß er sich den Franzosen gegenüber verpflichtet habe und daß er zu seinem Wort stehe. Begierig wartete Caulaincourt auf Nachricht, daß die Russen in Polen mobilisieren würden, um die österreichischen Stellungen in Galizien zu bedrohen. Und doch konnte sich Alexander trotz aller Zusicherung nicht entschließen, seine Truppen in Mitteleuropa wieder in einen Krieg zu verwickeln. Im April überquerten die Österreicher den Inn, ohne für ihre rückwärtigen Stellungen wegen eines russischen Angriffs Sorge tragen zu müssen. Sie forderten die Franzosen heraus, doch die Querelen dauerten nicht lange. Nach wenigen Tagen marschierte Napoleon wieder die Donau hinunter, und innerhalb eines Monats zog er in Wien ein. Die Franzosen brauchten die russische Hilfe nicht. Alexander jedoch wollte seine Vertragsbindungen erfüllen und sandte verspätet ein Armeekorps nach Galizien, aber es kam zu keiner richtigen Schlacht. Es gab zwar kleinere Gefechte, bei denen die Russen nur zwei Verluste verzeichneten.
Und doch, trotz dieser hohlen Farce russischer Kriegsteilnahme, wollte Napoleon die Beziehungen mit seinem russischen Alliierten nicht ganz abbrechen. Der im Herbst unterzeichnete Friedensvertrag bewies klar, daß sich Napoleon über die russische Empfindlichkeit, was Polen betraf, Sorgen machte. Obwohl die Österreicher von ihm gezwungen wurden, an der Adria große Opfer zu bringen, durften sie doch diejenigen Gebiete Galiziens behalten, die ihnen in der ersten polnischen Teilung (1772) zugesprochen wurden. An das Großherzogtum Warschau traten sie ein viel kleineres Gebiet ab, das sie 1795 annektiert hatten. [7] Für diese Gebietsabtrennungen an das Großherzogtum Warschau wurde Alexander mit zwei österreichischen Bezirken Czortkow und Tarnopol entschädigt. Diese Gebiete lagen im östlichen Galizien, und die Einwohner waren vorwiegend Ukrainer und keine Polen, die aber jahrhundertelang als wesentlicher Bestandteil des polnischen Reiches angesehen wurden. [8]
So erweiterten die Russen zum zweiten Mal ihre westlichen Grenzen gegen Polen durch die Gnade des Kaisers der Franzosen. Und doch fand Caulaincourt, als er Alexander am 27. Oktober während einer Audienz die Friedensbedingungen mitteilte, den Zaren außergewöhnlich kalt und distanziert. Alexander nämlich war über das Ausmaß der französischen Stützpunkte in Kroatien und Dalmatien, entlang der Grenzen des türkischen Reiches, stark beunruhigt. Außerdem fand er es enttäuschend, daß

Rußland nicht die Stadt Lemberg (Lwow) erhalten hatte, die jetzt wieder unter polnische Regierung fiel.
Zehn Tage später hatte Caulaincourt noch einmal eine Audienz beim Zaren. Bei dieser Gelegenheit teilte der Gesandte Alexander mit, daß Napoleon bereit sei, mit den Russen eine endgültige Lösung der polnischen Frage zu besprechen, um die Spannungen zwischen den beiden Ländern zu lösen. Für den Anfang schlugen die Franzosen vor, daß das Wort »Polen« weder in der Gegenwart noch in der Zukunft mehr gebraucht werden solle. Dies war eine Geste, die Alexander nicht nur verstand, sondern die ihn auch erfreute. Er schnurrte wie ein Kater vor Vergnügen und sagte, daß dies etwas »im Geiste der Allianz« sei. [9]
Darauf erfolgte aber ein ganz anderes Ereignis. Am 14. Dezember, als sich Alexander während einer längeren Reise in Moskau befand, erhielt Caulaincourt aus Paris Anweisungen, herauszufinden, ob der Zar eine Heirat Napoleons mit Alexanders jüngster Schwester Anna befürworte. Der Gesandte konnte bis zu der Rückkehr Alexanders nach St. Petersburg am 26. Dezember aber nichts unternehmen. Zwei Tage nach seiner Ankunft lud der Zar Caulaincourt privat zum Diner ein. Erst nachdem der Gesandte sich einen begeisterten Bericht über die Moskauer Reise angehört hatte, war er in der Lage, Alexander über Napoleons Heiratsantrag auszuhorchen. Obwohl Annas Zukunft in Erfurt kurz zur Sprache gekommen war, hatte der Zar der Frage damals anscheinend keine größere Bedeutung beigemessen. Die Großfürstin stand vor ihrem fünfzehnten Geburtstag, und es schien, als ob ihr Bruder nicht davon überzeugt sei, daß sie die Entwicklungsjahre schon hinter sich hätte. Die unverhältnismäßig lange Verzögerung der Nachrichtenübermittlung nach Paris ließ Caulaincourt auf eine Entscheidung drängen. Innerhalb von 48 Stunden wollte er Bescheid haben, aber der Zar war von seiner Reise in so gehobener Stimmung zurückgekehrt, daß er keine Entscheidung treffen wollte, die in so herrischer Art von ihm gefordert wurde. In höflicher Form bestätigte er Napoleons Begehren, wies aber darauf hin, daß nach dem Willen des Zaren Paul solche Angelegenheiten der Zustimmung der Kaiserinwitwe bedürften, die in Gatschina residierte. Alexander bat um zehn Tage Bedenkzeit, um mit Maria Fjodorowna und den anderen Mitgliedern der kaiserlichen Familie die Sache zu beraten.
Nun folgten drei Wochen voller Ausflüchte und Ausreden. Am Tage nach der Zusammenkunft mit dem Zaren lud Caulaincourt fünfzig Mitglieder

des diplomatischen Korps zu einer Schlittenfahrt über die vereisten Hügel im Garten seiner Villa auf der Kamennyj-Insel ein. Obwohl Napoleons Antrag streng vertraulich behandelt werden sollte, wurde die Möglichkeit einer Bonaparte-Romanow-Ehe das Hauptgesprächsthema der Neujahrsfestlichkeiten. Man beobachtete Caulaincourt in der Hoffnung, auf seinem unergründlichen, höhnischen Gesicht Zeichen zu erkennen, wie die Aussichten dieser dynastischen Verbindung standen. Doch er verriet nichts.

Offiziell hatte man Napoleon immer noch keine Antwort erteilt. Der russische Hof handelte bedächtig langsam. Erst am 4. Januar informierte Alexander seine »liebe, süße Freundin« in Twer über den Heiratsantrag, den ihre Schwester erhalten hatte, und sein Brief an Katharina zeigte seine schwankenden Gefühle: [10] »Ich schreibe Dir, um Dich über eine der unglückseligsten Situationen meines ganzen Lebens zu informieren. Napoleon will sich scheiden lassen und hat ein Auge auf Anna geworfen. Dieses Mal ist es Tatsache und eine wirkliche Idee, und ich verweise Dich auf Einzelheiten, die Dir unsere Mutter mitteilen wird. Es ist sehr schwer, den richtigen Kurs zu steuern. Meine eigene Ansicht ist die, daß man wegen der Mühen, Schwierigkeiten, der schlechten Gefühle und des Hasses, die dieser Mensch verursacht hat, ihm einfach seine Wünsche abschlagen sollte, anstatt sie mit schlechtem Gewissen anzunehmen. Ich muß unserer Mutter Gerechtigkeit widerfahren lassen, sie zeigte viel mehr Ruhe, als ich von ihr erwartet hätte. Sie hat den Wunsch ausgesprochen, sich auf jeden Fall mit Dir zu beraten, und ich finde, daß sie dazu ein Recht hat. Auch ich suche Deinen Rat mit dem Vertrauen, das ich in Deinen Verstand und Dein Herz setze.«

Dieser Brief war etwas hinterhältig, denn das ganze Problem war viel komplizierter als es Alexander darlegte. Berichte aus Paris ließen keinen Zweifel aufkommen, daß das Heiratsangebot und die Verhandlungen über Polen für Napoleon in ganz engem Zusammenhang standen. [11] Diese Entwicklung war für Alexander unangenehm: Obwohl er in jenen Tagen wenig Wert auf einen Bonaparte als zukünftigen Schwager legte, so war der Köder einer Lösung der polnischen Frage doch eine Versuchung, die man nicht von der Hand weisen konnte. Zu diesem Zeitpunkt wäre es unklug gewesen, Napoleon zu verletzen. Aber was konnte er tun? Genau am gleichen Tag, an dem Alexander Katharina in das Geheimnis einweihte, ließ sich Maria Fjodorowna kräftig über Frankreich, die Familie Bona-

parte, die Leiden Rußlands im allgemeinen und ihre jüngeren Kinder im besonderen aus. [12] Sie vertrat den Standpunkt, daß die wirtschaftliche Situation Alexander zwingen würde, mit Frankreich zu brechen, ganz gleich, ob der Antrag angenommen werde oder nicht. Sie erklärte rund heraus, daß, falls sie Napoleons Bitte um die Hand Annas annähme, sie »eine Tochter einem Mann opfern würde, der einen schlechten Charakter hat, für den nichts heilig ist und der keine Grenzen kennt, weil er nicht an Gott glaubt«. Trotzdem wollte sie den Antrag aber noch nicht ablehnen, denn sie wartete, genau wie ihr Sohn, auf ein Urteil aus Twer.
Deshalb war es die Aufgabe Katharinas, einen taktvollen Kompromiß auszuarbeiten. Endlich bat Alexander in der ersten Februarwoche Caulaincourt zu sich und teilte ihm in einer Audienz die Entscheidung seiner Familie mit: Der Gesandte sollte Napoleon mitteilen, daß die Kaiserinwitwe über den Heiratsantrag, den der große Kaiser der Franzosen ihrer jüngsten Tochter gemacht habe, sehr geschmeichelt sei. Weiter sollte er erklären, daß erst »seit etwa fünf Monaten ihre Figur Formen annehme« und sie sich zu entwickeln beginne; die Großfürstin Anna habe erst kürzlich ihren fünfzehnten Geburtstag gefeiert. Da die Kaiserinwitwe bereits »den Verlust von zwei Töchtern durch zu früh geschlossene Ehen beklagen muß, möchte sie das Leben der Großfürstin wegen der Erfüllung ehelicher Pflichten in zu jungen Jahren nicht aufs Spiel setzen«. Die russische kaiserliche Familie gab der Hoffnung Ausdruck, daß der Kaiser Napoleon für diese Tatsachen Verständnis aufbringe und daß deshalb die Heirat mit der Großfürstin um zwei Jahre hinausgeschoben werde. [13]
Der Zar hoffte, daß die Heiratsverhandlungen, die immer hypothetischer wurden, zum mindesten so lange hinausgezogen werden konnten, bis die Russen von den Franzosen einen annehmbaren Frieden über Polen ausgehandelt hatten. Er wurde jedoch zweifach enttäuscht. Zu einer Zeit, als zwischen St. Petersburg, Twer und Gatschina Briefe hin und her gingen, waren die Salons von Paris von zwei rivalisierenden Parteien beherrscht: Die eine war für eine russische, die andere für eine österreichische Heirat. Da die Nachrichten von Caulaincourt eine Verzögerung bedeuteten und auch verspätet eintrafen, nahm sich die proösterreichische Partei ein Herz und machte den Kaiser auf die Erzherzogin Marie Louise, Tochter Franz' I., aufmerksam. [14] Napoleon wurde ungeduldig. Noch ehe die näheren Einzelheiten des Kompromisses, den Alexander vorgeschlagen hatte, Paris erreichten, wußten alle, daß der Mann, der innerhalb eines halben

Jahrzehnts Wien zweimal besetzt hatte, in Bälde die Tochter des österreichischen Kaisers heiraten würde, ein junges Mädchen, nur drei Jahre älter als Anna, das jedoch körperlich weiter entwickelt war. Diese Nachricht traf in St. Petersburg am 23. Februar zusammen mit dem Hinweis ein, daß Napoleon nicht mehr gewillt sei, über die polnische Frage einen Vertrag auf dem Papier abzuschließen. [15]
Da Alexander den Heiratsantrag eigentlich ablehnte, hatte er keinen Grund, über Napoleons Entscheidung, eine habsburgische Braut zu nehmen, enttäuscht zu sein. Tatsächlich aber war er über den Gang der Ereignisse aufgebracht und gab sich keine Mühe, sein Mißvergnügen vor Caulaincourt zu verbergen. Es gab drei berechtigte Gründe für seinen Ärger: die Entdeckung, daß die Franzosen sich bereits an die Österreicher gewandt hatten, ehe aus Rußland die endgültige Entscheidung über das Heiratsangebot eingetroffen war; die offensichtliche Bereitschaft Napoleons, in Österreich einen neuen Verbündeten für seine europäischen Pläne zu finden und die Enthüllung, daß die erneuten Besprechungen über Polen (der Zar hatte dies bereits befürchtet) nur mit Napoleons dynastischem Ehrgeiz zusammenhingen. Es waren die zunichte gemachten Pläne und Hoffnungen über Polen, die Alexander am meisten weh taten. Die Russen hatten bereits einen Vertragsentwurf ausgearbeitet, in dem es im ersten Artikel kategorisch hieß, daß das »Königreich Polen niemals mehr hergestellt wird«. [16] Doch jetzt weigerte sich Napoleon, diese Verpflichtung anzuerkennen und erklärte: »Nur eine Gottheit kann so sprechen wie Rußland es vorschlägt.« [17] Ganz öffentlich begannen die Franzosen, das Großherzogtum Warschau als das »Herzogtum Polen« zu bezeichnen. Da zum russischen Reich noch immer acht polnische Provinzen gehörten, wurde Alexander durch die zur Schau getragene Unterstützung des polnischen Nationalismus mit Recht ärgerlich und argwöhnisch. Um sich über Napoleons Absichten ein klares Bild machen zu können, wandte er sich um Unterstützung an zwei seiner Vertrauten, den Fürsten Adam Czartoryski und den Staatssekretär Speranskij. Beide Männer vertraten entgegengesetzte Standpunkte.
In den letzten Monaten des Jahres 1809 rätselte die Gesellschaft in der russischen Hauptstadt und gab sich Vermutungen hin, warum Czartoryski wieder im Winterpalais auftauchte. Gerüchte wollten wissen, daß er von seinen Auslandsreisen nur zurückgekommen sei, um die Kaiserin Elisabeth zu trösten. Eines ist sicher, daß er für Elisabeth eine romantische

Zuneigung empfand, genau wie Alexander für die Königin Luise. Bei dieser Gelegenheit suchte Alexander allerdings den Rat des Fürsten, in der Hoffnung, von ihm zu erfahren, ob und wie weit man im Großherzogtum Warschau seinem Gönner in Paris gegenüber loyal gesinnt sei. Czartoryski befand sich in einem Loyalitätskonflikt zwischen dem Land, dem er gedient hatte, und seinen Landsleuten. Er kannte Alexander viel zu gut, um ihm falsche Hoffnungen auf polnische Unterstützung zu machen, nur aus einer Art sentimentaler Nostalgie heraus. Er bat den Zaren um genaue Einzelheiten der Besprechungen mit Napoleon, die polnische Frage betreffend, doch als Alexander Ausflüchte machte, wechselte Czartoryski das Thema. [18] Und doch sollten diese Unterhaltungen in der Zukunft bedeutungsvoll werden. Obwohl Czartoryski die Ehrlichkeit Alexanders anzweifelte und argwöhnte, daß der Zar die Teilung des polnischen Reiches fortzusetzen wünschte, bemerkte er doch auf der anderen Seite, daß der Zar gegenüber der napoleonischen Politik einen härteren Standpunkt vertrat. Überdies wollte Alexander die Hoffnung, die Polen doch noch für sich zu gewinnen, vorerst nicht aufgeben, denn was aus dem Großherzogtum werden würde, wenn Napoleon in Europa mit der Zeit geschwächt würde, konnte niemand voraussagen. Lehren aus der Geschichte und geographischer gesunder Menschenverstand sahen keine Überlebenschancen für ein napoleonisches Staatsgebilde an der Weichsel, denn von Warschau nach Paris war es genauso weit wie von Warschau nach St. Petersburg.
Speranskij dagegen war in außenpolitischen Fragen ein unvoreingenommenerer Ratgeber als Czartoryski. Und doch gab es gute Gründe, warum sich Alexander in diesen Krisenzeiten an ihn wandte. Er war der einzige, der genau wußte, inwieweit die Kontinentalsperre dem russischen Handel Schaden zufügte, und als letzter Ausweg konnte nur er dem Zaren genau sagen, ob die Wirtschaft des Reiches unter den hohen Ausgaben für die Rüstung zusammenbrechen würde oder nicht.
Im Februar des Jahres 1809 schlug Talleyrand Alexander in einem persönlichen Schreiben vor, man solle doch Speranskij als Sonderbotschafter für Mitteilungen aus Paris einsetzen, um sie notwendigerweise freier und offener halten zu können als die der akkreditierten Diplomaten. [19] Etwa ein Jahr ging der Zar anscheinend nicht auf den Vorschlag Talleyrands ein. Nachdem aber Napoleons Verlobung mit Marie Louise von Österreich bekanntgemacht worden war, empfahl Speranskij dem Zaren, seine diplomatische Vertretung in Frankreich neu zu besetzen. Wirtschaftsfragen

sollten einem Experten anvertraut werden, der Speranskij direkt unterstand. Dieser Fachmann sollte prüfen, ob man unter Umständen in Frankreich eine Anleihe aufnehmen könnte. Für diese Aufgabe wählte Alexander Karl von Nesselrode aus, einen dreißigjährigen Aristokraten aus Westfalen, dessen Familie bei Beginn der französischen Revolutionskriege in russische Dienste getreten und der schon mehrmals mit schwierigen diplomatischen Missionen betraut worden war. Zwischen März 1810 und August 1811 sandte Nesselrode wertvolle Berichte nach St. Petersburg, nicht nur über die wirtschaftliche Situation in Frankreich, sondern auch über die allgemeine Politik Napoleons. [20] Das, was er berichtete, war interessant. Es ist nicht verwunderlich, denn viele von Nesselrodes Kommentaren und Vorschlägen kamen von einem Agenten, den er in seiner Geheimkorrespondenz »Vetter Henry« nannte und der über große Kenntnisse und gute Beziehungen (unter anderem zum Prinzen von Benevento und dem Bürger Talleyrand) verfügte. Es war Vetter Henry, der die Russen drängte, mit Wien gute Beziehungen zu unterhalten, damit der Friede in Europa garantiert bleibe und »um der Einkreisung von französischer Seite Halt zu gebieten«. [21] Es unterliegt keinem Zweifel, daß dieser indirekte Draht zu Talleyrand Speranskijs Stellung im Kreise der engsten Berater Alexanders stärkte, dies zu einem Zeitpunkt, als seine innenpolitischen Reformen unter der konservativen Aristokratie größte Verstimmung hervorriefen. Es gab damals in St. Petersburg aber *einen* Mann, der sich über die Veränderung seiner gesellschaftlichen Stellung keiner Täuschung hingab. Im Frühjahr 1810 hatte Caulaincourts Antenne die Wellen des Stimmungsschwungs des Zaren und seiner Umgebung aufgefangen. Klar erkannte er, daß die österreichische Heirat und der Fehlschlag der Verhandlungen über Polen ihn seine bevorzugte Stellung bei Hofe gekostet hatten. Vergeblich hoffte er auf eine baldige Zurückberufung nach Paris. Er benahm sich bemerkenswert würdevoll und ließ sich deshalb nach außen hin nichts anmerken. Doch manchmal bemerkten seine Mitarbeiter oder Diplomaten, die in den Diensten anderer Länder standen, wie schwer es ihm fiel, sich der neuen Lage anzupassen. Am 23. Mai 1810 gab er in St. Petersburg zu Ehren der Hochzeit Napoleons mit Marie Louise den schönsten Ball während seiner Dienstzeit in Rußland. [22] An diesem großartigen Ereignis nahmen außer der kaiserlichen Familie auch Mitglieder der bedeutendsten russischen Adelsfamilien teil. »Der Zar«, so schrieb der amerikanische Gesandte Adams in sein Tagebuch, »behandelte jedermann mit größerer Liebenswürdigkeit als sonst, was als ein Zeichen seiner Leutseligkeit angesehen wird.« Weiter berichtete Adams, daß sich »nur ganz wenige auf dem Fest wirklich amüsierten«. [23] Jetzt fühlte plötzlich jedermann die Hohlheit der angeblichen Freundschaft zwischen Frankreich und Rußland und machte sich Sorgen über die Zukunft. Pflichtgemäß berichtete Caulaincourt nach Paris, mit welcher »Gnade und Herablassung« die kaiserliche Gesellschaft »geruhte«, durch ihre Teilnahme an dem Fest die Heirat Napoleons zu ehren. [24] Und doch berichtete das Tagebuch Adams', daß Caulaincourt in Wirklichkeit eine andere Ansicht vertrat: »Ich hörte, wie der Gesandte zu jemand sagte«, so schrieb Adams, »daß er diesen Ball nur gegeben habe, weil er dazu gezwungen wurde und daß er ihm deshalb keine Freude bereite«. [25] Diese Worte könnte man als Nachruf über des »Vizekönigs« ganze russische Mission setzen.

Alexander befiehlt Rußlands Austritt aus der Kontinentalsperre

In den Sommer- und Herbstmonaten des Jahres 1810 vergrößerten sich Alexanders Sorgen zunehmend. Es war ein passendes Vorspiel für die Krisenjahre, die vor ihm lagen. Auf der Iberischen Halbinsel hatte Napoleon noch immer mit widerspenstigen militärischen Problemen zu kämpfen, und nun fühlte er selbst die Rückschläge der Kontinentalsperre, die er geschaffen hatte, denn zuerst mußten Banken in den Rheinbundstaaten und später in Paris selbst Bankrott erklären. Die französische Ernte im Jahre 1810 war schlecht, so daß der Getreidepreis stark in die Höhe ging, und deshalb fürchtete Napoleon, daß er bald mit landwirtschaftlichen Schwierigkeiten rechnen müsse. Im August wurde Alexander berichtet, daß drei französische Divisionen von Süddeutschland aus an die baltische Küste abkommandiert und daß in Warschau für Poniatowskis polnische Brigaden 50 000 neue Musketen eingetroffen waren. [26] Trotzdem glaubte der Zar an keine akute Gefahr, denn Nesselrode und sein verstockter »Vetter Henry« berichteten ihm über Napoleons Schwierigkeiten. Im Spätsommer bekam Alexander den klaren Beweis für die finanziellen Schwierigkeiten des französischen Hofes in die Hand,

denn Talleyrand bat um eine Anleihe von 1 500 000 Franken, die ihm der Zar, so schrieb er, »in seiner großzügigen Art« bestimmt schicken würde. Obwohl Alexander »sich leider außerstande sah«, Talleyrand anläßlich dieser Gelegenheit einen Gefallen zu tun, so amüsierte er sich über die offenkundige Habgier einer so einflußreichen Person in Paris. [27] Vielleicht käme einmal die Zeit, da man einem Reichen, der so in Geldnot war, einen Gefallen tun konnte, um aus ihm später politisches Kapital zu schlagen.
Aber weder Alexander noch seine Minister konnten es sich leisten, über die großen wirtschaftlichen Schwierigkeiten der Kontinentalsperre hinwegzusehen. Bereits in den ersten achtzehn Monaten nach dem Tilsiter Frieden und der Allianz mit Frankreich hatte es in der Wirtschaft Rückschläge gegeben, obwohl der Handel im Jahre 1809 sich etwas belebte. Es war aber unvermeidlich, daß die russischen Kaufleute und ihre Kreditinstitute durch die Insolvenz der Rodda Bank in Lübeck und anderer Anzeichen wirtschaftlicher Panik in den alten Hansestädten selbst schwer in Mitleidenschaft gezogen wurden. Dazu kam, daß gerade in diesem Augenblick die Verstimmung über die französische Einmischung in tradtitionelle englisch-russische Handelsabkommen durch die Dekrete von Trianon und Fontainebleau, die die Kontinentalsperre verstärkten, erneut auflebte. In St. Petersburg war man der Meinung, man solle einen Vertrag kündigen, der auf der einen Seite Rußland nicht nur verbot, Hanf, Getreide und Flachs zu exportieren, sondern auf der anderen Seite auch den Import englischer Fertigwaren lahmlegte. Zu gleicher Zeit nämlich wurde Rußland von französischen Luxuswaren wie Parfüms und Weinen überschwemmt. Der Kanzler Rumjanzew behauptete zwar Mitte Oktober in einer Sitzung des Senats, daß die Kontinentalsperre den Handel im Inland günstig beeinflusse und daß deshalb die Kaufleute durch dieses System nur Vorteile hätten, da es ihnen die Möglichkeit bot, neue Märkte zu erschließen; diese Argumente überzeugten nur wenige. Fest stand, daß die restriktiven Handelsverträge als die unpopulärste Maßnahme des französischen Bündnisses angesehen wurden. Keiner wußte dies besser als Alexander selbst. [28]
Und doch, was konnte er dagegen unternehmen? Der Staatsrat suchte Wege, um Rußland langsam aus der Kontinentalsperre herauszumanövrieren, und aus diesem Grunde wurde das schwierige Problem zwischen Alexander und seinen Ministern diskutiert. Rumjanzew stand in Opposition zu irgendwelchen Änderungen der Zölle, vor allem deshalb, weil er

es mit den Franzosen auf keine diplomatische Krise ankommen lassen wollte. Speranskij dagegen, ein Anhänger von Adam Smith und seiner Freihandelstheorie, und der Finanzminister unterstützten den Zaren, doch dieser konnte keine Entscheidung treffen. Nach langen Überlegungen erließ er in der dritten Dezemberwoche einen Ukas, der den Gutsbesitzern erlaubte, Getreide zu exportieren. [29] Kurz nachdem diese Maßnahme bekanntgemacht wurde, erreichten Gerüchte St. Petersburg, daß Napoleon die nördlichen Küsten Deutschlands seinem Großreich Frankreich einverleibt habe und daß er beabsichtige, das Herzogtum Oldenburg* zu annektieren. Diese plötzliche Aktivität Napoleons auf politischem und dynastischem Gebiet stärkte Alexanders schwankende Beschlußfassung. Am 31. Dezember 1810 gab der Zar seine Zustimmung zu dem berühmten Ukas über den Zolltarif, der auf Waren, die auf dem Landweg eingeführt wurden, hohe Zölle erhob, während zu gleicher Zeit für Waren, die auf dem Seeweg nach Rußland kamen, der Zoll aufgehoben wurde. Der russische Export dagegen unterlag keinen Restriktionen mehr. Diese Maßnahme wurde als Schlag gegen die Einfuhr französischer Luxuswaren angesehen und als Vergünstigung erneuter Handelsbeziehungen mit Seefahrt treibenden Ländern, einschließlich Großbritanniens. Es war kein Wunder, daß Caulaincourt einige Tage später anläßlich des Neujahrsballes, den der Zar gab, im Kopf »ein Schwindelgefühl« verspürte und sich deshalb frühzeitig verabschiedete. [30]

---

* Im Jahre 1810 war das Herzogtum Oldenburg etwa 3000 km^2 groß. Es lag am linken Ufer der Weser, dort, wo sie in die Nordsee mündet. Die regierende Dynastie war ein Zweig der Holstein-Gottorp-Familie, die 1762 von den russischen Romanows ein günstiges Tauschangebot erhalten hatten. Lange vor der Vermählung Katharinas mit dem Prinzen von Oldenburg betrachtete Alexander dieses weit entfernte Gebiet sozusagen als Lehen der russischen Krone. Aus diesem Grunde hatte er im Frieden von Tilsit seine Rechte auf Oldenburg als Herrscher verbrieft. Als Napoleon dem Herzog Peter von Oldenburg das Angebot machte, ihm als Ersatz das Fürstentum Erfurt zu geben (etwa $\frac{1}{6}$ der Größe Oldenburgs) erschien dies Alexander wie eine höhnische Geste.

Über die schwerwiegenden Konsequenzen seiner Entscheidung gab sich Alexander keiner Täuschung hin, denn es war vor allem das Schicksal Oldenburgs, das ihm am Herzen lag. Eine Woche, nachdem er den Ukas über den Zolltarif erlassen hatte, teilte er seine besorgten Gedanken Katharina und ihrem Gemahl, dem Erben des Herzogtums, mit: »Alles nimmt bedrohliche Ausmaße an«, schrieb er, »es sieht fast so aus, als ob erneutes Blutvergießen unumgänglich geworden ist, trotzdem ich alles Menschenmögliche getan habe, um es zu verhindern.« Und dann führte er, in einem Stil, der sich deutlich von seiner üblichen Twerer Korrespondenz unterschied, eine Liste mit fünfzehn Themen auf, die er bei seinem nächsten Besuch mit Georg und Katharina besprechen wollte. [31] Daraus geht hervor, daß Alexander bereits im Januar 1811 mit der Möglichkeit einer Invasion rechnete. Da er aber noch keinen Reisetermin nach Twer festgelegt hatte, sieht man, daß er glaubte, der Bruch mit den Franzosen stehe nicht unmittelbar bevor.

Es ist jedoch sehr schwer, genau festzustellen, was Alexander eigentlich zu tun gedachte. Noch ehe er die Bestätigung erhielt, daß Napoleon Oldenburg annektiert hatte, schrieb er wieder an Czartoryski und drängte ihn, die polnische Aristokratie auszuhorchen, um festzustellen, ob deren Anhänglichkeit und Loyalität gegenüber Frankreich seit dem Frühjahr etwas nachgelassen habe. [32] Und doch arbeitete er am 2. Februar für seinen neuen diplomatischen Vertreter, den er zum König von Sardinien nach Cagliari sandte, Vorschriften aus, die genau die gleichen Sätze enthielten, wie er sie in den vergangenen dreieinhalb Jahren immer wieder benutzt hatte: eine Bestätigung, wie wertvoll für Rußland das französische Bündnis sei und vorsichtige Beschuldigungen der räuberischen Aktivität der Engländer auf den Weltmeeren. [33] Obwohl Napoleon durch seine Handlungen in Deutschland die Friedensbedingungen von Tilsit gebrochen hatte, bestätigte Alexander nach außen hin noch immer den Geist der Freundschaft zwischen den beiden Ländern.

Aber diese Freundschaft kühlte sich sichtlich ab. Deshalb trat an Alexander die Versuchung heran, eine Alternative zu suchen, die er zuerst in einem Brief an Czartoryski darlegte. Er rechnete sich aus, daß – durch die Truppenkonzentration in Spanien – Napoleon in Deutschland nur etwa 46 000 Mann reguläre Truppen zur Verfügung hatte, die unter Davouts

Befehl standen. Selbst wenn man die Hilfstruppen des Großherzogtums Warschau und seines Alliierten in Dresden mitzählte, so konnte er kaum mehr als 100 000 Mann aufstellen, die in ihrer Kampfkraft und ihrer Erfahrung ganz uneinheitlich waren. Dagegen war Alexander in der Lage, in verhältnismäßig kurzer Zeit entlang seiner westlichen Grenzen zwei Armeen mit etwa einer Viertel Million Soldaten zusammenzuziehen. Eine zügige russische Invasion nach Deutschland hätte einen preußischen Aufstand gegen die Franzosen zur Folge und aller Wahrscheinlichkeit nach eine österreichische Einmischung. So würde es den Armeen dreier östlicher Autokratien gelingen, die Grenzen des napoleonischen Reiches zurückzuverlegen, noch ehe sein Herrscher eine Gegenoffensive führen konnte. Der Erfolg dieser Strategie hing zu einem großen Teil von der Haltung der Polen ab. Ein Widerstand im Großherzogtum Warschau könnte unter Umständen den Vormarsch der Russen nach Deutschland hinauszögern und so Napoleon genügend Zeit lassen, zurückzuschlagen. Deshalb schrieb Alexander am 12. Februar nochmals an Czartoryski und machte den Vorschlag, ein polnisches Königreich auszurufen. Der Zar war bereit, Polen sowohl eine liberale Verfassung zu garantieren als auch eine eigene Regierung und Armee, vorausgesetzt, daß die wichtigen Politiker und Militärs in dem Großherzogtum Czartoryski die schriftliche Zusage gaben, die russischen Pläne zu unterstützen. »Ich kann unter keinen Umständen mit Frankreich einen Krieg anfangen, ohne daß ich die Garantien polnischer Zusammenarbeit in Händen habe«, sagte er kurz und bündig zu Czartoryski. [34]
Dieser jüngste große Plan war nicht nur politisch, sondern auch militärisch eine Katastrophe, denn er ließ Napoleons Geschicklichkeit bei der Aufstellung von improvisierten Armeen völlig außer acht. In allen seinen Schlachten war Napoleon fähig gewesen, seine Truppen beweglich und rasch an die Brennpunkte des Getümmels zu werfen, und dadurch war es ihm, strategisch gesehen, immer wieder gelungen, die Initiative in die Hand zu bekommen. In der dritten Februarwoche schrieb Alexander nicht nur an Friedrich Wilhelm III., sondern auch an Kaiser Franz von Österreich und weihte die beiden Herrscher teilweise in sein Geheimnis ein. Da er auf diese Weise seine Absichten in Berlin und Wien bekanntgab, zerstörte Alexander die Möglichkeit, Napoleon zu überraschen. Es dauerte auch nur wenige Tage, und den französischen Agenten kamen Alexanders geplante Maßnahmen zu Ohren. Damit man seiner Gesinnungsän-

derung auch tatsächlich Glauben schenke, zog der Zar fünf Divisionen von der türkischen Kriegsfront ab und warf sie nach Polen. Außerdem wurden 180 schwere Geschütze augenfällig von St. Petersburg in Richtung Westen in Gang gesetzt. An die Rüstungsfabriken in Tula und Alexandrowsk erging der Befehl, selbst an den hohen kirchlichen Feiertagen die Arbeit nicht niederzulegen. [35] Es sah so aus, als ob sich das heilige Rußland für den Krieg rüste.

Wenn Alexander für dieses Unternehmen tatsächlich mit der Hilfe von Freunden gerechnet hatte, wurde er nach kurzer Zeit enttäuscht. Friedrich Wilhelm erklärte höflich, daß er sich nicht gebunden fühle. Czartoryski teilte mit, daß die polnischen Magnaten Napoleon »Loyalität, Dankbarkeit, Vertrauen und Furcht« entgegenbrächten. Der österreichische Außenminister, Fürst Metternich, war von Napoleons gutem Willen und seiner Gunst viel zu abhängig, um mit einem möglichen Feind der Franzosen selbständig in Verhandlungen eintreten zu können. [36] Und doch, wenn es andererseits die Absicht des Zaren gewesen war, Napoleon in einem Augenblick unter Druck zu setzen, in dem sich die französische Wirtschaft in Schwierigkeiten befand, so daß eine weitere Einkreisung in Ost- und Mitteleuropa verhindert wurde, dann hatte er tatsächlich Erfolge zu verzeichnen. Die Franzosen waren durch die Änderungen der russischen Zolltarife ziemlich überrascht. In der letzten Februarwoche herrschte in Paris deutliches Unbehagen über Alexanders Haltung.

Am letzten Tag des Monats ließ Napoleon General Tschernyschow, einen Adjutanten des Zaren, der an die russische Gesandtschaft in Paris abkommandiert war, zu sich rufen und übergab ihm einen Brief, den er auf dem kürzesten Wege seinem Herrscher zukommen lassen sollte. [37] Es war ein bemerkenswert scharfsinniges, kluges Schriftstück, das eher peinliche Überraschung als Ärger enthielt. Die Tür zu weiteren Verhandlungen blieb offen, um die Mißverständnisse, die in den letzten Monaten zwischen den beiden Staaten aufgetaucht waren, doch noch zu beseitigen. Tschernyschow brauchte achtzehn Tage, um von Paris nach St. Petersburg zu reisen und nochmals drei Wochen, um in der Hauptstadt die aufgeworfenen Fragen zu besprechen und dann anschließend die Rückreise anzutreten. [38] Während Tschernyschows Abwesenheit von Paris nahm dort die Kriegspsychose eher zu als ab. Es trafen Nachrichten aus Berlin, Dresden und Wien ein, die den Ernst der russischen Kriegsvorbereitungen bestätigten. Napoleon war so beunruhigt, daß er einen Plan ausarbeitete

für den Fall, daß es zu einem russischen Angriff käme. Poniatowski sollte seine Truppen aus dem Großherzogtum Warschau evakuieren und später mit Marschall Davout an der Oder zusammentreffen. Dies sollte das Vorspiel für eine große Gegenoffensive der Hauptkräfte der französischen Armee sein, die (so glaubte Napoleon nämlich) von den Österreichern Unterstützung bekäme. Es ist bezeichnend, daß Davouts Truppen in Deutschland zusammen mit den Armeen des Großherzogtums Warschau und der deutschen Rheinbundstaaten von Mitte März bis Anfang Mai in Alarmbereitschaft standen. [39]
In St. Petersburg ließ die Spannung in dem Augenblick nach, als am 17. März Tschernyschow aus Paris eintraf. Schon nach 24 Stunden munkelte man unter den Diplomaten, daß Napoleons Brief an Alexander warme Freundschaftsworte enthalte und daß der Ton herzlicher sei als die ganze Korrespondenz, die in den letzten Monaten zwischen den beiden Männern hin- und hergeschickt worden war. [40] Rumjanzew arbeitete mit Alexanders schriftlicher Einwilligung ein langes Memorandum an Kurakin (den russischen Gesandten in Paris) aus, der eine Revision des russischen Zolltarifs vorsah, um die Fiktion der Kontinentalsperre aufrechtzuerhalten. Alexander selbst händigte Tschernyschow einen persönlichen Brief an Napoleon aus, der in freundlichen Worten gehalten war. [41] Anfang Mai teilte Caulaincourt Napoleon in einem Brief mit, daß Alexander das französisch-russische Bündnis als die »beste Möglichkeit« ansah, den Frieden in Europa zu garantieren. [42]

Verdrossene Diplomaten

Obwohl zwischen St. Petersburg und St. Cloud honigsüße Worte gewechselt wurden, war die alte außergewöhnliche Verbindung zwischen den beiden Staaten an einem Ende angekommen. Am 8. Mai kam der Marquis de Lauriston in Rußland an, um die Pflichten eines französischen Gesandten zu übernehmen, denn endlich hatte Napoleon Caulaincourts Rücktritt aus »gesundheitlichen Gründen« zugestimmt. [43]
Am Vormittag des 18. Mai, des Tages vor seiner Abreise, empfing ihn der Zar in einer Abschiedsaudienz. [44] Es war eine Szene voller Rührung, denn Alexander behandelte Caulaincourt wie einen persönlichen Freund

und vergoß sogar Tränen. Wenn man den Aufzeichnungen des Gesandten Glauben schenken darf, so hat es den Anschein, als ob der Zar prophetische Worte sprach: »Sollte der Kaiser Napoleon mit mir Krieg anfangen wollen, so ist es möglich, sogar wahrscheinlich, daß wir geschlagen werden. Aber dies wird ihm trotzdem keinen Frieden bringen ... Wir werden niemals einen Kompromiß unterzeichnen; wir haben ein weites Hinterland, und wir werden eine gut organisierte Armee zu behalten wissen ... Ich werde nicht der erste sein, der das Schwert zieht, aber der letzte, der seinen Degen in die Scheide steckt ... Lieber ziehe ich mich auf die Kamtschatka zurück, als daß ich auch nur eine einzige Provinz aufgebe oder meine Unterschrift in meiner eroberten Hauptstadt unter einen Vertrag setze, der nichts anderes wäre als ein Waffenstillstand.«

Nach dieser Audienz hatte Caulaincourt keine Zweifel mehr, daß in St. Petersburg ein neuer Geist der Entschlossenheit herrschte, und als er in der ersten Juniwoche in Paris ankam, versuchte er, Napoleon davon zu überzeugen, daß er es nicht mehr mit dem umgänglichen jungen Charmeur von Tilsit und Erfurt zu tun hatte. Obwohl Napoleon bereit war, Alexander als »schwach, launenhaft« und »unzuverlässig« zu bezeichnen, der »ehrgeizig einen heimlichen Zweck durch Krieg erreichen wolle«, so wollte er nicht glauben, daß der Zar jemals sein echter Feind werden könnte. »Puh! Sie sprechen wie ein Russe!« antwortete er Caulaincourt. »Es bedarf nur einer erfolgreichen Schlacht, und Sie werden das Ende der guten Vorsätze ihres Freundes Alexander erleben – natürlich auch das Ende seiner aus Sand gebauten Schlösser.« [45]

Im Frühsommer des Jahres 1811 wurden die Unterredungen zwischen Lauriston und Rumjanzew über ein eventuelles Tauschobjekt für die Annexion Oldenburgs weitergeführt, und in Paris fuhr Kurakin fort, über die Änderungen des russischen Zolltarifs Vorschläge zu unterbreiten. Aber beinahe unmerklich wurden die beiden Staaten in eine Situation getrieben, die einen Krieg unumgänglich machte. Die diplomatischen Beziehungen zwischen ihnen wurden nur einer Konvention wegen noch aufrechterhalten. Mitte Juli schrieb Alexander an seine Schwester Katharina einen privaten Brief und äußerte sich über Napoleons völlige Unvernunft: »Ist er ein Mensch, der das, was er in den Händen hält, unter keinen Umständen hergeben will, es sei denn, er wäre durch Waffengewalt dazu gezwungen? Und haben wir die Militärstärke, ihn dazu zu zwingen?« fragte er in einem Ausbruch düsterer Rhetorik. »In irgendeiner Form muß dieser

Zustand ein Ende nehmen.« Und weiter berichtete er ohne Mitleid für seinen »Bruder«, den er in Erfurt so herzlich begrüßt hatte, daß, Gerüchten zufolge, ein junger Mann kürzlich versucht habe, Napoleon zu ermorden. Eine Tat, fügte er hinzu, die »Bewunderer und Nachahmer« finden wird. [46]

Am 15. August feierte Napoleon seinen zweiundvierzigsten Geburtstag. In St. Petersburg gab Lauriston ein Diner für etwa fünfzig Gäste, das nach dem Schema ablief, das Caulaincourt in den vorhergegangenen Jahren eingeführt hatte. Auch in Paris wurde der Geburtstag mit großem Pomp gefeiert, und der Kaiser erhielt vom diplomatischen Korps Glückwünsche, und Gesandte und Minister standen im Thronsaal der Tuilerien Spalier, als wären sie eine Ehrenwache, zur Besichtigung bereit. Drei Jahre vorher hatte Napoleon diese Gelegenheit benutzt, Metternich, der damals österreichischer Gesandter in Paris war, Vorwürfe über die militärischen Vorbereitungen zu machen, die innerhalb eines Jahres zu der Niederlage von Wagram führten. [47] Dieses Mal behandelte Napoleon Alexanders Gesandten Kurakin genauso wie drei Jahre zuvor Metternich. Etwa eine halbe Stunde sprach er in einem solchen Redeschwall, daß Kurakin gar nicht antworten konnte. Seinem ganzen Ärger über Alexanders Politik machte Napoleon Luft – sein Eintreten für Oldenburg, seine Intrigen in Polen, seine Bereitschaft, sich wieder in die englischen Machenschaften verwickeln zu lassen und seine geheimen militärischen Vorbereitungen entlang der polnischen Grenze verstimmten ihn. Er drohte Rußland, daß es im nächsten Krieg keine Alliierten haben und deshalb eine Niederlage erleiden werde, genau wie die Österreicher 1809. Endlich schlug er vor, daß alle Schwierigkeiten aus dem Weg geräumt werden könnten, wenn die Russen bereit wären, mit den Franzosen zusammen einen neuen Bündnisvertrag auszuarbeiten. Als Kurakin daraufhin erklärte, daß er keine Befugnis habe, solch ein wichtiges Dokument auszuarbeiten und zu unterschreiben, ließ Napoleon das Thema als irrelevant plötzlich fallen. »Keine Befugnis?« schrie er. »Dann müssen Sie sofort an den Zaren schreiben und sich diese besorgen!« [48]

Diese befremdliche Szene wurde von Napoleon schlecht gespielt. Da Kurakin in Tilsit als Hauptbevollmächtigter der Russen zusammen mit Talleyrand die Verhandlungen geführt hatte, glaubte Napoleon, der Gesandte werde sofort einen neuen Bündnisvertrag ausarbeiten, sobald er die Genehmigung aus St. Petersburg in Händen hielte. Drei Jahre vorher

hatte die Episode mit Metternich eine noch größere diplomatische Sensation hervorgerufen. Die Bedeutung des diesjährigen Zwischenfalles und der stattgefundene Wortwechsel konnte niemand entgangen sein. Wenn aber Napoleon glaubte, er könne auf diese Art und Weise Rußland Angst machen und wieder in eine Freundschaft zwingen, so irrte er sich ganz gewaltig. Er konnte anscheinend nicht einsehen, daß Alexander unmöglich noch einmal seinen Ruf und seine Popularität riskieren konnte. Durch ein französisches Säbelrasseln durfte er sich deshalb nicht mehr einschüchtern lassen. Napoleon hatte auch nicht mit Kurakins verletztem Stolz gerechnet. Alexander wollte unter keinen Umständen noch einmal schriftlich an die Franzosen gebunden sein. Napoleons Grobheit überzeugte ihn, daß der Vertrag von Tilsit sowohl für die Franzosen als auch für die Russen im wesentlichen nur noch ein historisches Relikt war, nicht mehr als eine archivierte Urkunde.
Und in gewissem Sinne war es genauso. Denn am folgenden Tag, anläßlich eines diplomatischen Empfangs in den Tuilerien, gab Napoleon seinem Außenminister Mazet den Befehl, alle Unterlagen über die französisch-russischen Beziehungen der letzten vier Jahre zu bringen. [49] Über die Schriftstücke gebeugt, studierten die beiden Männer eifrig die ungelösten Probleme, so z. B. die polnische Frage, die Blockade, die Entwürfe über die Teilung der Türkei und die Ansprüche auf Oldenburg und den angebotenen Ausgleich. Es war in der Tat eine deprimierende Aufgabe. Noch an diesem Abend rief Napoleon den Staatsrat zusammen. Er gab bekannt, daß es im Jahre 1811 zu keinem russischen Feldzug mehr kommen könne, da es schon in den Herbst hineingehe. Doch sollten die Wintermonate Kriegsvorbereitungen dienen. Selbstverständlich müßte man im Kriegsfall einer österreichisch-preußischen Zusammenarbeit ganz sicher sein. Er gab Befehl, sofort mit den Plänen des größten militärischen Unternehmens seiner Karriere zu beginnen, nämlich einer Invasion in Rußlands endlose Weiten.

In St. Petersburg war der Herbst des Jahres 1811, genau wie der Sommer, noch schön und frei von alarmierenden Nachrichten. Die Gesellschaft interessierte sich mehr für den türkischen Feldzug und feierte die Siege, die auf diesem Kriegsschauplatz errungen wurden, als sich um Gerüchte zu kümmern, die von wachsender Spannung mit den Franzosen berichteten.

In den letzten drei Monaten des Jahres 1811 zogen unheilverkündende Wolken am Horizont auf. In ganz Europa von Moskau bis Glasgow und im Süden bis Lissabon sahen einfache Leute einen Kometen am Himmel schweifen, und in ihrer Furcht nahmen sie zum Gebet Zuflucht. Es gab manche, vor allem in St. Petersburg, die behaupteten, sie hätten zur gleichen Zeit zwei Kometen gesehen. Obwohl Alexander, wie er selbst zugab, »kein Sternforscher« war, so wurde er doch von dieser Erscheinung fasziniert, denn in der zweiten Dezemberwoche diskutierte er das Phänomen nicht nur mit Lauriston, sondern auch mit John Quincy Adams. [50] Der Zar neigte dazu, sich über die Abergläubischen zu mokieren, die am abendlichen Himmel Unglück entdecken wollten. Leichtfertig erklärte er in Unterhaltungen, wenn es tatsächlich zwei Kometen gäbe – und er glaubte dies in der Tat – so würde »einer gegen den anderen arbeiten« und dadurch das Unglück, das man befürchtete, aufheben. Aber seine Untertanen waren nicht bereit, diese Erscheinung durch einen Scherz ihres Herrschers auf die leichte Schulter zu nehmen. Der riesige Komet mit seinem »weißen Strahlenglanz und seinem langen, in die Höhe gehenden Schweif« wurde zur Volkslegende und ging sogar in die Prosawerke Leo Tolstojs ein. [51]

Für Alexander bedurfte es solcher metaphysischer Omen nicht, um ihn zu überzeugen, daß sein Reich einem kritischen Höhepunkt seiner Geschichte entgegenging. Er war beeindruckt von den düsteren Warnungen, die ihm Nesselrode im Oktober schickte und mehr noch von Berichten über französische Truppenbewegungen. Alle vierzehn Tage erhielt er aus Paris einen »Situationsbericht«, ein vertrauliches Dokument, das ein Beamter des Kriegsministeriums regelmäßig an Tschernyschow verkaufte, bis der Agent im Februar 1812 entdeckt und verhaftet wurde. [52] Dazu kam, daß auch Kurakin die Kriegsvorbereitungen, über die Nesselrode und Tschernyschow schon berichtet hatten, bestätigte. »Die Zeit ist vorbei«, schrieb

Kurakin, »da wir uns in falschen Hoffnungen wiegen konnten. Die Zeit ist nicht mehr fern, in der wir mit Mut und Entschlossenheit unser nationales Erbe und unsere derzeitigen Grenzen schützen müssen.« [53] Diese düsteren Prophezeiungen nahm sich Alexander sehr zu Herzen. Im November schrieb er an Katharina, daß er ununterbrochen »auf Wache stehe« und deshalb St. Petersburg nicht verlassen könne, um einige Tage nach Twer zu kommen. Und im darauffolgenden Monat teilte er an seinem Geburtstag seiner Schwester mit: »Diese verfluchte Politik wird immer schlechter, und diese teuflische Kreatur, die der Fluch der ganzen menschlichen Rasse ist, wird von Tag zu Tag verachtungswürdiger.« [54]
Im Winter 1811 auf 1812 bereitete sich Alexander diplomatisch und militärisch auf den kommenden Konflikt mit Frankreich vor. General Kutusow, Kommandeur der Donaufront, bekam die Genehmigung, mit der Türkei in Friedensverhandlungen einzutreten. Die Beziehungen zu Schweden verbesserten sich, und mit dem in der Gascogne geborenen Bernadotte, den das schwedische Parlament 1810 zum Kronprinzen des Königreiches gewählt hatte, konnte eine Einigung erzielt werden. Offiziere, die Napoleon feindlich gesinnt waren, gingen ins Exil nach St. Petersburg und suchten dort ein Refugium. Unter ihnen befand sich auch General von Pfuël, der einer der drei Oberkommandierenden in der preußischen Armee gewesen war und als Experte auf dem Gebiet der Militärgeschichte des alten Griechenland und der römischen Republik galt. In der St. Petersburger Gesellschaft erfreute sich Pfuël gewisser Beliebtheit, nicht zuletzt wegen seiner Fähigkeit, die Schlachten Lysanders, Hannibals und Philipps von Macedonien so anschaulich wiederzuerzählen, daß man glaubte, er hätte persönlich an ihnen teilgenommen. Als Quincy Adams einen Monat nach seiner Ankunft in Rußland 1809 an seinem ersten offiziellen »großen Diplomaten-Diner« teilnahm, machte ihn sein Nachbar auf General von Pfuël aufmerksam, indem er sagte, daß dieser »einer der fähigsten Männer der Welt« sei. [55] Es war deshalb nicht verwunderlich, daß Alexander, der immer geneigt war, jedem Salon-Strategen mit einem kräftigen deutschen Akzent Beachtung zu schenken, von Pfuël beeindruckt war. Als deshalb der General vorschlug, die Russen sollten befestigte Schanzen zwischen Riga und Smolensk bauen, um den Angreifer aufzuhalten, gab der Zar Befehl, Tausende von Arbeitern in die Stadt Drissa am Flusse Dwina zu schicken, um dort als Abschreckung ein befestigtes Lager zu bauen, das die Franzosen vor einem Vorrücken auf

die größeren Städte Rußlands zur Belagerung zwingen würde. Dieser Plan gefiel den russischen Militärs nicht, auch nicht Pfuëls bedeutendem Landsmann, der ebenfalls im Exil weilte, dem Oberst von Clausewitz. Aber Alexander schien er gut zu sein.
Doch zu diesem Zeitpunkt hatte Alexander genügend Erfahrung gesammelt, um sich nicht nur auf Pfuël oder irgendeinen anderen Berater zu verlassen. Damals gab es in Rußland noch keinen Generalstab, und deshalb bedurften alle Pläne der Zustimmung des Kriegsministeriums. So hatte der Kriegsminister mehr Einfluß als jeder Kommandeur an der Front. Und so kam es, daß Alexander mehr und mehr Gewicht auf die Ansichten des Generals Barclay de Tolly legte, eines fünfzigjährigen baltischen Barons von schottischer Herkunft, der an den Ufern des Schwarzen Meeres und in Finnland Kriegserfahrungen gesammelt hatte. [56] In den ersten Wochen des Jahres 1810 ernannte der Zar den Baron zu seinem Kriegsminister. Ihm fehlten nicht nur die Qualitäten eines selbständig denkenden Strategen, sondern auch der Glanz, der einen Kriegshelden umgibt. Aber in vieler Beziehung war er der richtige Mann, Armeen auf einen schwierigen Krieg vorzubereiten. Was immer für Fehler er auch gehabt haben mag, er besaß Ordnungssinn und wußte genau, was Rußland auf Grund seiner einzigartigen weiten geographischen Lage strategisch brauchte. Am 3. Februar 1812 überreichte er Alexander ein Memorandum und legte die ganze europäische militärische Lage dar. Obwohl er sich in seinen Ausführungen oft wiederholte und sich auch unbeholfen ausdrückte, so hatte er das Kernproblem doch richtig erfaßt: Friede mit der Türkei, um im Süden den Rücken frei zu haben, unabhängig davon, welchen Friedensbedingungen der Sultan zustimmte. Ein gegen die Franzosen gerichtetes Ablenkungsmanöver im Mittelmeer, das Napoleon zwingen würde, von dem Hauptkriegsschauplatz in Preußen Truppen abzuziehen. Außerdem würde eine Lösung der polnischen Frage den Russen in den ersten Kampftagen den Weg ebnen. [57] Zweifellos war dieser Plan besser als der des Generals von Pfuël.
Sollte es tatsächlich zum Krieg kommen, so beabsichtigte Alexander, Barclay de Tolly die mühsame Kleinarbeit, eine kampfkräftige Armee aufzustellen, zu überlassen, während er selbst als »Zar für seine Soldaten« im Sattel seine Truppen anspornen wollte, die Schlachten zu gewinnen. Es war eigenartig, daß Alexander trotz der traumatischen Erinnerungen an Austerlitz immer noch davon überzeugt war, dazu geboren zu sein, seine

Armeen zum Siege zu führen. Selbstverständlich war die Voraussetzung für solch ein Unternehmen, daß Barclay Soldaten, Pferde und Kanonen, aus denen eine solche Armee zusammengesetzt ist, beschaffen konnte und daß seine Offiziere seinen Befehlen im Kampf gegen Napoleon gehorchen würden.

Der Sturz Speranskijs und Alexanders Abreise zu seinen Truppen

Anfang des neuen Jahres verließ Alexander St. Petersburg und machte eine Inspektionsreise zu den Grenzfestungen. [58] Da der Winter in den westlichen russischen Provinzen unverhältnismäßig streng war und der Schnee meterhoch lag, blieben die Auswirkungen dieser Reise ohne Bedeutung. In den St. Petersburger Salons hörte man ironische Bemerkungen. Speranskij, der wegen seiner spitzen Zunge bekannt war, konnte sich nicht zurückhalten und erfand ein Wortspiel mit dem Namen des französischen Marschalls Vauban, dem berühmten Festungsbauer. Er nannte den Zaren »notre Veau Blanc«. [59] Als dieser Scherz Alexander durch einen Unruhestifter des Hofes hinterbracht wurde, nahm er die Bemerkung übel. Im Februar war Speranskij etwas überrascht, daß Alexander so beschäftigt war, daß er ihm keine Audienz gab, um wichtige Staatspapiere zu unterschreiben. Der Staatssekretär nahm an, daß Alexander mit militärischen Belangen überlastet sei. Er beklagte sich bei seinen Kollegen, war aber nicht beunruhigt. Endlich, am Sonntagmorgen des 29. März, kam ein Bote aus dem Winterpalais und teilte Speranskij mit, daß ihn der Zar am gleichen Abend empfangen wolle. [60]
Als Speranskij kurz nach acht Uhr das Vorzimmer des Zaren betrat, fand er dort verschiedene wichtige Persönlichkeiten versammelt, die auf eine Audienz beim Kaiser warteten. Speranskij wurde vor allen anderen zum Zaren gerufen. Es vergingen mehr als zwei Stunden, und die Wartenden wunderten sich über die Länge der Zeit, die Speranskij beim Zaren verbrachte, denn es war eigentlich nur ein normales, offizielles Ereignis. Endlich kam Speranskij gegen halb elf Uhr heraus und war sichtlich aufgebracht. Ohne ein Wort zu sagen, packte er seine Papiere in seine Tasche. Plötzlich öffnete der Zar wieder die Tür und kam selbst heraus. Man sah,

daß Tränen über seine Wangen rannen. Er umarmte Speranskij und erklärte melodramatisch: »Michail Michailowitsch, lebe wohl!«, und dann zog er sich genauso schnell wieder in sein Zimmer zurück. Speranskij eilte nach Hause und fand, daß der Polizeiminister bereits mit einer offiziellen Karosse auf ihn wartete. Noch in der gleichen Nacht fuhr er ins Exil nach Nishnij Nowgorod, dem alten Handelszentrum an der Wolga. Im Palais ließ Alexander den anderen hochgestellten Persönlichkeiten durch einen Adjutanten mitteilen, daß er an diesem Abend niemand mehr empfangen könne. [61]

Der Sturz Speranskijs rief in Rußland und im Ausland eine Sensation hervor, die der Zar sichtlich gewollt hatte, als er Speranskijs Abgang auf diese rätselhafte Art und Weise in die Wege leitete. Niemand weiß genau, was die beiden Männer in den zwei Stunden am Sonntag abend besprochen haben. Speranskij hinterließ keine Aufzeichnungen. Obwohl Alexander gegenüber Nowossilzow die Bemerkung fallen ließ, daß er den Staatssekretär gedrängt habe, St. Petersburg zu verlassen, da aufgebrachte Patrioten ihn des Verrats bezichtigten, so ist das bestimmt nicht die ganze Geschichte. Abgesehen von Speranskijs unkluger Neigung, ab und zu spöttische Bemerkungen fallenzulassen, gab es keinen Beweis, warum man Speranskij hätte verdammen müssen. Es sieht auch nicht so aus, als ob Alexander tatsächlich etwas gegen ihn entdecken wollte, denn er war tief unglücklich, daß er einen Mann entlassen mußte, auf den er in den vergangenen vier Jahren so viel Vertrauen gesetzt hatte. Am Montag morgen empfing der Zar Fürst Golizyn, und der alte Freund fragte ihn, warum er so unglücklich aussehe. »Auch du würdest vor Schmerzen weinen und schreien, wenn man dir die Hand amputiert«, antwortete Alexander bitter. »Letzte Nacht hat man mir Speranskij genommen, und er war meine rechte Hand.« [62] Am Dienstag wurde Nesselrode von Alexander empfangen. Er fand ihn durch den Gang der Ereignisse tief gerührt und aufgebracht. Wieder beklagte er die Abreise eines Menschen, »dessen Charakter er liebte und dessen Geistesgaben er mit Respekt betrachtete«. Alexander erklärte weiter: »Nur die außergewöhnlichen Umstände konnten mich dazu bewegen, wegen der öffentlichen Stimmung ein solches Opfer zu bringen.« Nesselrode, der Speranskij als einen seiner Freunde betrachtete, schrieb deprimiert in sein Tagebuch: »Es unterliegt keinem Zweifel, er ist das Opfer einer Intrige geworden!« [63] Und so war es auch.

Bereits im Jahre 1810 war die Agitation gegen Speranskij durch konservative Hintermänner in vollem Gange gewesen. Infolge der außenpolitischen Krise und der neuen Steuern, die für den Aufbau der Armee benötigt wurden, nahm diese noch zu. Zu seinen alten Feinden waren in der letzten Zeit noch neue hinzugekommen, denn viele Ausländer, die sich in St. Petersburg aufhielten, wollten gerne in die Dienste Alexanders treten. Und doch war es beinahe unmöglich, in ein Regierungssystem einzudringen, das von einem so integren Beamten wie Speranskij kontrolliert wurde. Der Staatssekretär hatte auch ein scharfes Auge auf Zulassungen für eine Audienz beim Zaren und überwachte genauestens alle Beförderungen. Seine größte Feindin jedoch war die Großfürstin Katharina. Sie konnte Speranskij nie vergeben, daß er als Verwaltungsfachmann darauf bestanden hatte, daß die Tätigkeitsberichte ihres Gemahls, in seiner Eigenschaft als Generalgouverneur von Twer, zuerst den Dienstweg durch die Instanzen gehen mußten, ehe sie seinem kaiserlichen Schwager auf dem Thron bevorzugt vorgelegt wurden. Es war die Großfürstin Katharina, die Alexander ein wichtiges Memorandum des angesehenen Historikers Karamsin sandte, der eher für eine straffe autokratische Regierung plädierte als für die Verzögerungspolitik des Komitees, für die man den Staatssekretär verantwortlich machte. Katharina bestand darauf, daß Speranskij geopfert werden müsse, wenn der Zar sich die Loyalität der Aristokratie und die des Landadels erhalten wolle. [64] Die Drahtzieher der Intrige, die zum Sturz Speranskijs führte, saßen in St. Petersburg, aber der Druck, ihn endgültig fallen zu lassen, kam vor allem aus Moskau und Twer. [65]

Zum Nachfolger Speranskijs wurde als Staatssekretär Admiral Schischkow ernannt, dem man selbst nicht einmal in Twer etwas nachsagen konnte. Es sah so aus, als wolle Alexander Katharina und ihre Anhänger belohnen, denn im Frühjahr 1812, als der Posten eines Generalgouverneurs in Moskau frei wurde, erklärte er sich bereit, ihren Günstling, den General Rostoptschin, auf diesen Posten zu berufen. Der Zar übertrug solche große Verantwortung nur widerwillig auf Rostoptschin, denn er hatte diesem Mann seit jenen Gatschinaer Tagen, die beinahe zwanzig Jahre zurücklagen, als er sich bei Paul einschmeicheln wollte, immer mißtraut. Zuerst hatte Alexander sein Bestes versucht, Katharina zu veranlassen, ihre Meinung zu ändern. »Er ist kein Soldat«, klagte Alexander, »und der Gouverneur von Moskau muß Epauletten auf seinen Schultern tragen.« Aber seine Schwester wollte sich ihre Pläne nicht vereiteln lassen. »Das ist eine Angelegenheit seines Schneiders«, antwortete sie kühl. Und so kapitulierte Alexander. [66]

Noch ehe Tauwetter einsetzte, traf die russische Hauptstadt Kriegsvorbereitungen, und man fühlte, daß etwas in der Luft lag. Es kamen Berichte, daß Napoleon seine Truppen aus Spanien und Italien nach Norden abzog und Futter und Pferde in Ostpreußen bereitstellte. Auch die Truppen des Zaren waren gerüstet. Am 19. März 1812 schrieb John Quincy Adams in sein Tagebuch, daß »in den letzten drei Wochen bereits sieben oder acht Regimenter in Richtung der Grenze marschiert sind; jede Woche zwei- oder dreimal folgten weitere«. [67] In Paris versuchte Kurakin, weiter Vorschläge zur Beilegung der Differenzen vorzulegen, und der Zar hoffte, in seinen Unterredungen mit Lauriston doch noch zu einem Kompromiß zu kommen. Privat wußte der Zar allerdings ganz genau, daß er der Realität eines Krieges ins Auge sehen mußte. »Ich habe alles getan, um diesen Kampf zu vermeiden, doch jetzt bin ich am Ende angelangt«, sagte er zu Adams, als sie zehn Tage vor Speranskijs Entlassung am Newa-Kai zusammen spazierengingen. [68] Alle vorgeschlagenen Lösungen, die Lage zwischen Rußland und Frankreich zu entspannen, schlugen wegen zweier grundlegender Probleme fehl. Erstens weigerten sich die Franzosen, Rußland zu Lande und zur See vollkommene Handelsfreiheit zu gewähren. Zweitens bestanden die Franzosen darauf, daß sie im Osten Preußens bis zum Flusse Njemen eine Okkupationsarmee beibehalten wollten.

Alexander stimmte Barclays Prinzipien bei, die dieser ihm seit Wochen aufzudrängen versuchte: Er würde in Napoleons Reich Unruhe stiften und einen Aufstand am Adriatischen Meer vorbereiten, damit Napoleon aus dem Norden Truppen abziehen mußte. In der zweiten Aprilwoche schrieb er an den Freiherrn vom Stein, den preußischen Reformer, den Napoleon nach Böhmen ins Exil getrieben hatte. Er lud ihn ein, nach Rußland zu kommen, und schlug vor, von Rußland aus für die Befreiung der deutschen Gebiete zu arbeiten, die hinter der russischen Grenze lagen. [69]* Sollte es tatsächlich zur Auseinandersetzung mit den Franzosen kommen, so hatte Alexander ganz Europa im Auge und nicht nur russi-

---

* Vom Stein traf nicht ganz vierzehn Tage vor der Invasion Napoleons nach Rußland, am 12. Juni, mit Alexander in Wilna zusammen. Es gibt keinen Beweis dafür, daß er zu diesem Zeitpunkt Alexanders Politik beeinflußte. Stein ließ sich in St. Petersburg nieder.

sche Grenzstreitigkeiten. Jedoch in der letzten Audienz mit Lauriston am 20. April beschränkte Alexander seine Forderungen nur auf Entspannung an seinen Grenzen. Ja, er war angeblich bereit, für Peter von Oldenburgs Verlust eine Entschädigung anzunehmen und die russischen Zolltarife zugunsten des französischen Handels zu modifizieren. Doch unnachgiebig blieb er bei seiner Forderung, daß die Franzosen das schwedische Gebiet Pommerns und ganz Preußen räumen müßten. Er warnte Lauriston, daß, falls die Franzosen fortführen, ihre Armeen östlich der Oder zu konzentrieren und ihre Stützpunkte an der Weichsel zu verstärken, dies für ihn die gleiche Bedeutung haben würde wie eine Kriegserklärung an Rußland. [70] Diese Vorschläge waren bescheiden, und in Privatgesprächen gab Lauriston der Hoffnung Ausdruck, daß ein Krieg vielleicht doch noch vermieden werden könnte. [71] Aber Alexander wurde ungeduldig und wollte nicht länger in seiner Hauptstadt bleiben, während sich seine Armeen sammelten. Einen Tag nach dieser Audienz mit dem Zaren teilte man Lauriston mit, daß Alexander nach Wilna abgereist sei, um seine Armeekommandeure von provokativen Schritten als Antwort auf die massiven Truppenzusammenziehungen der Franzosen in Ostpreußen abzuhalten. Lauriston wurde beauftragt, Napoleon mitzuteilen, daß Alexander keinen Krieg wünsche und alles versuchen wolle, ihn zu vermeiden. Sowohl in »Wilna als auch in St. Petersburg« wolle er ein Freund und loyaler Alliierter der Franzosen bleiben. [72]

Doch die Einwohner von St. Petersburg zweifelten nicht, daß der Zar sich wieder einmal in den Krieg begeben hatte und seinen Regimentern folgte, die in den letzten Wochen in regelmäßigen Abständen in westlicher Richtung abmarschiert waren. Am Nachmittag der Abreise Alexanders (Dienstag, 21. April) bekundeten ihm seine Untertanen noch einmal ihre Loyalität und Sympathie, wie sie es unter anderen Umständen nach Austerlitz getan hatten. Die Kaiserin Elisabeth beschrieb diese Szene ihrer Mutter in Baden folgendermaßen:

»Gestern nachmittag um zwei Uhr fuhr der Kaiser unter Hochrufen und Segenswünschen einer riesigen Menschenmenge ab, die von der Kasaner Kathedrale bis zum Stadttor dicht gedrängt stand. Da diese Leute nicht durch die Polizei herumkommandiert und die Hochrufe nicht von Agenten inspiriert wurden, war er – verständlicherweise – von diesen Zeichen der Zuneigung unseres großartigen Volkes sehr gerührt! ... ›Für Gott und Kaiser‹ – so riefen sie. Weder in ihren Herzen noch in ihren Gebeten machen sie einen Unterschied. Wehe dem, der es wagen sollte, eines dieser beiden zu entweihen ... Diese Haltung der alten Welt findet man nirgends mehr so intensiv wie am äußersten Ende Europas. Vergib mir, liebe Mama, Dir Dinge mitzuteilen, die jedem vertraut sind, der Rußland genau kennt, aber man läßt sich leicht von etwas überwältigen, was man liebt. Und Du kennst meine heiße Liebe für dieses Land ganz genau.« [73]

II. TEIL

KAPITEL 11

Als Oberkommandierender im Feld

Wie sich die Gesellschaft in Wilna im Sommer 1812 amüsierte

Am kommenden Sonntag nachmittag, dem 26. April, traf Alexander in der Stadt Wilna ein. Die alte Hauptstadt des Großfürstentums Litauen war zu jener Zeit die drittgrößte Stadt des Reiches, aber nur wenige Einwohner waren sowohl ihrer Abstammung als auch ihrer Religion nach Russen. [1] Die Kirchen gehörten vorwiegend katholischen oder lutherischen Gemeinden, obwohl der größte kulturelle Einfluß in dieser Stadt seit vier Generationen jüdisch war. Jenseits der Stadtwälle wurden alle Felder am Fluß Wilejka von polnischen oder litauischen Bauern bestellt, die Leibeigene von Familien waren, die sich selbst Polen nannten, obwohl sie ihrer Rasse und manchmal auch ihrem Familiennamen nach von Deutschen abstammten. Es hätte deshalb im Bereich des Möglichen gelegen, daß der Zar sowohl von Polen als auch von Juden nicht freundlich willkommen geheißen wurde, denn beide Gruppen konnten bei einer Eingliederung in die Satellitenstaaten Napoleons nur Nutzen ziehen. Alexander hoffte noch immer, daß er die Unterstützung dieser Nicht-Russen entlang seiner Grenzen doch noch gewinnen könne. Ehe er St. Petersburg verließ, hatte er ernsthaft überlegt, ob er nicht die Genehmigung zur Proklamation eines Großherzogtums von Litauen geben sollte, dem er eine eigene Verwaltung zugestehen wollte. Zu dem Zeitpunkt, an dem eine außenpolitische Krise herrschte, zog er es vor, die loyale Unterstützung einer Stadt zu suchen, die so nahe an der Grenze lag. Er hielt es für besser, Gunstbezeugungen in Aussicht zu stellen als von Reformen zu sprechen, die ihn gezwungen hätten, eine nationale Gruppe gegen die andere auszuspielen.

In dieser Hinsicht brauchte sich der Zar keine Sorgen zu machen, denn durch seine Leutseligkeit eroberte er Wilna im Sturm. Er wurde mit Glokkengeläut der barocken Kirchtürme begrüßt. Die Fenster waren mit Fahnen geschmückt, und über die gepflasterten Straßen der Innenstadt spannte man Bögen mit Girlanden. Diesem unerwartet warmen Empfang begegnete er mit erfreulich jugendlicher Herzlichkeit. Anfänglich waren beide Seiten noch etwas reserviert, vor allem deshalb, weil es nach dem russisch-orthodoxen Kalender immer noch Fastenzeit war, während die römisch-katholische Bevölkerung Ostern schon vier Wochen vor des Zaren Ankunft gefeiert hatte. Sobald dieser durch die Zeitverschiebung bedingte gesellschaftliche Unterschied ausgeglichen war, sah Wilna wie eine Hauptstadt im Kleinen aus, die sich wie niemals zuvor dieses Zustands freute. [2] Der Hof und diejenigen, die gesellschaftlichen Ehrgeiz hatten, warteten dem Zaren bei seinem Aufenthalt in Litauen so auf, wie sie es getan hätten, wenn er beschlossen hätte, zum Beispiel länger in Moskau oder einer anderen großen Stadt seines Reiches Aufenthalt zu nehmen. Damen der St. Petersburger Gesellschaft unternahmen die lange Reise in den Westen, um an den warmen Abenden und in den kurzen Sommernächten dort zu tanzen, zu schwatzen und zu flirten. Junge Offiziere vergeudeten Hunderte von Rubeln im Glücksspiel, und die Geldverleiher Wilnas (ebenso wie die Gastwirte) fanden des Zaren Anwesenheit in ihrer Nachbarschaft finanziell äußerst lohnend.

Es waren vor allem die Töchter der polnisch-litauischen Aristokratie, die diese aufregende Zeit am meisten begrüßten. Sechzehn Jahre später schrieb eine von ihnen, die Gräfin Tiesenhausen, in ihren Lebenserinnerungen über diesen außergewöhnlichen Sommer: »Es war kurz ehe sich ein furchtbares Gewitter über unserem Haupte zusammenziehen sollte«, schrieb sie, »und doch fühlten wir uns absolut sicher, und niemand von uns dachte an etwas anderes als an das Vergnügen und das große Glück, den Kaiser in unserer Mitte zu haben.« [3] Die Gräfin erlag leicht dem Zauber von Alexanders Persönlichkeit. Ihren genauen Beobachtungen entging fast nichts. Sie beschrieb die Art, wie er den Kopf neigte, um an einer Unterhaltung teilnehmen zu können, weil er auf dem linken Ohr taub war; seinen Schlafsack aus gelbem Saffianleder, den sein Kammerdiener jede Nacht mit frischem Stroh füllte, damit der Zar gut schlief; eine kleine Lorgnette, die er in den Aufschlag seines Uniformärmels steckte und oft verlor. Sie vergaß auch seine Tischgespräche in diesem Sommer nicht und schrieb, daß er so gerne durch die litauische Landschaft gefahren sei, welche Naturschönheiten er an den unvermuteten Flußkrümmungen des Njemen gefunden habe und was für Probleme er für die Getreideernte voraussah. Eines Abends machte jemand ängstlich auf die geographische Lage Wilnas und die Nähe der Front aufmerksam. Dieses Thema wurde mit der kurzen Bemerkung abgetan: »Ich hoffe, daß alles gutgehen wird!« Manchmal sah es so aus, und andere bemerkten dies auch, als ob Alexander die auswärtige Bedrohung für eine verächtliche Belanglosigkeit hielt. [4]

Die junge Gräfin versuchte, die Faszination Alexanders, die er auf Menschen ausübte, die ihn das erste Mal trafen, zu erklären. Sie fühlte, daß er ein Mann mit so vielen verschiedenen Charaktereigenschaften war, daß es keinem Künstler gelingen würde, diese natürlichen Feinheiten in einem Porträt festzuhalten. Deshalb versuchte sie in Prosa, die Anziehungskraft seiner Persönlichkeit zu beschreiben:

»Trotz der Regelmäßigkeit und Feinheit seiner Gesichtszüge und der Frische seines Teints, war seine körperliche Schönheit auf den ersten Blick nicht so beeindruckend wie seine große Leutseligkeit, mit der er alle Herzen gewann und sofort Vertrauen erweckte. Seine hohe, vornehme und majestätische Gestalt, die manchmal elegant, wie bei einer alten Statue, nach vorne gebeugt war, wurde schon etwas fülliger, aber er sah gut aus. Seine blauen Augen waren aufmerksam und sehr ausdrucksvoll, doch etwas kurzsichtig. Seine Nase war gerade und schön geformt, und er hatte einen kleinen angenehmen Mund. Die runden Züge seines Gesichts und sein Profil ähnelten dem seiner erlauchten Mutter. Seine Stirn war schon etwas kahl, was seiner ganzen Erscheinung einen offenen und abgeklärten Eindruck gab, und sein goldblondes Haar war um die Stirne herum sorgfältig frisiert, wie auf antiken Gemmen oder Medaillons, so daß er aussah, als ob er geboren sei, eine dreifache Krone aus Lorbeer, Myrte oder vom Ölbaum zu tragen.« [5]

Nicht nur auf die Gräfin Tiesenhausen, sondern auch auf andere Damen der Gesellschaft strahlte Alexanders freundliches Benehmen Vertrauen aus, das die Zukunft im rosigen Licht der Hoffnung sehen ließ. Obwohl die Front entlang des Njemen weniger als 80 Kilometer von Wilna entfernt lag, machte sich niemand weitere Gedanken, was sich außerhalb der Stadt ereignete. »Wir wußten nicht einmal, daß die Franzosen durch Deutschland marschierten, denn in ganz Litauen war Nachrichtensperre verhängt«, schrieb die Gräfin später beinahe entschuldigend. [6]

Es ist schwer zu glauben, daß Alexander seinen Truppen die Fähigkeit zutraute, den Angreifer im Zaum zu halten, ganz gleich, was für Bemerkungen er in Wilna fallen ließ. Es sieht so aus, als ob er dem Plan Pfuëls den Vorzug gab, der einen Rückzug bis Drissa vorsah, was die Aufgabe von ganz Litauen und Belo-Rußland zur Folge gehabt hätte. Und doch war der Zar nicht ganz überzeugt, daß Pfuëls Plan wirklich der richtige war. Deshalb war er bereit, Barclay de Tolly zuzuhören und auch die Meinung von alten Veteranen wie Bennigsen und Bagration nicht zu verachten. Alexander spielte zur gleichen Zeit mit mindestens vier Operationsplänen: Er war bereit, Bagration, den Kommandeur der zweiten russischen Armee, zu ermutigen, einen Angriff gegen den Bug und die Weichsel bei Warschau ins Auge zu fassen; er war vorbereitet, zwei Alternativvorschläge Barclay de Tollys zu erwägen, den einen, der eine Schlacht an der Grenze, und den anderen, der einen Rückzug ins Hinterland vorsah. Fremden Offizieren gegenüber, die in seinen Diensten standen, machte er den Eindruck, als ob er Pfuëls befestigtem Lager bei Drissa den Vorzug gäbe. [7] Am Vorabend der Invasion des Jahres 1812 war Alexanders Ansicht über seine militärischen Operationspläne genau so wirr wie in den Wochen vor Austerlitz.

Und auch in seiner auswärtigen Politik verfolgte er keine klaren Ziele. Hier verließ er sich mehr und mehr auf seine neueste Entdeckung, den jungen Grafen Karl Nesselrode, dessen Ratschläge er immer mehr beachtete und der sich schon in Paris ausgezeichnet hatte. Schon ehe er die Hauptstadt verließ, beschrieb Alexander dem Grafen, was für eine Verantwortung im Kriegsfalle auf seinen Schultern liege: »Ich habe vor, mich an die Spitze meiner Armeen zu begeben«, sagte Alexander, und fuhr fort, »ich benötige einen fähigen jungen Mann, der mich zu Pferde überall hin begleitet und dem ich meine diplomatische Korrespondenz anvertrauen kann ... Ich habe ein Auge auf Sie geworfen und hoffe, daß Sie einen solchen Vertrauensposten mit Loyalität und Verschwiegenheit ausfüllen werden.« [8] Offiziell war Nesselrode nur ein höhergestellter Abteilungssekretär, der dem Außenministerium unterstand, dessen Wichtigkeit aber zunahm, als der Kanzler Rumjanzew auf der Reise von St. Petersburg nach Wilna im Mai einen Schlaganfall erlitt. Obwohl der Kanzler nur teilweise gelähmt war und nominell noch immer sein Amt innehatte, ließ

Alexander ihn von da ab links liegen und benutzte dessen angegriffene Gesundheit als Ausrede. [9] Für Alexander war es sehr viel angenehmer, Nesselrode zu Rate zu ziehen, der niemals frankophil gewesen war, der aber doch die französische Lage besser als jeder noch im Dienst stehende russische Diplomat verstand. In Alexanders Augen hatte Nesselrode noch einen anderen ganz besonderen Vorteil: Er war der erste Experte in ausländischen Angelegenheiten, der sowohl jünger als auch weniger erfahren war als der Zar selbst. Ebenso ließen ihn seine Ausbildung und sein Charakter natürlich mehr eine beratende als eine dem Zaren gegenüber dominierende Rolle spielen. Mit einem Abteilungssekretär, der die Politik lieber interpretierte als selbst führte, wurde Alexander in Wirklichkeit sein eigener Außenminister. Genau wie in militärischen Angelegenheiten herrschte in vielem, was er unternahm, Ungewißheit und Unbeständigkeit. Während der acht Wochen, in denen sich der Zar in Wilna aufhielt, führte er besonders gegen Rußlands Nachbarn eine Politik der Widersprüche. So konnte er sich z. B. nicht entscheiden, ob er die russisch-österreichischen Feindseligkeiten besänftigen oder im südlichen Ungarn und in Tirol die Aufstände gegen die Franzosen schüren sollte. Die Österreicher waren Napoleons mächtigster Verbündeter. Ganz ähnlich verhielt er sich den Schweden gegenüber. Konnte man ihnen trauen? Oder dachten sie an einen Revanchekrieg für den Verlust Finnlands? Auch mit seinen Beziehungen zu England war er sich im unklaren, dessen Herrschaft auf den Weltmeeren ihm immer noch ein Dorn im Auge war. Sollte er mit Lord Liverpools neuer Regierung in London ein echtes Bündnis schließen oder profitierte er mehr von seiner Unabhängigkeit, indem er zur gleichen Zeit einen Krieg gegen die Franzosen führte? Oder wäre es nicht doch vielleicht besser, Partner im Bündnis einer anderen Koalition zu sein? Die meisten dieser Probleme blieben, bis die Invasion Napoleons Ende Juni 1812 begann, ungelöst. [10]
Seine Verzögerungspolitik hatte aber nichts mit Faulheit zu tun. Seine Vormittage verbrachte er in Wilna damit, die Lage mit seinen militärischen und politischen Beratern zu besprechen und sorgfältig die Berichte, die ihm Kuriere aus St. Petersburg oder anderen wichtigen europäischen Hauptstädten überbrachten, zu studieren. Noch ehe die Kampfhandlungen begannen, versuchte die Großfürstin Katharina krampfhaft, ihren Bruder zu bewegen, doch den Oberbefehl über seine Truppen an der Front nicht zu übernehmen. Erstens fürchtete sie für sein Prestige als

Oberbefehlshaber der kämpfenden Truppe im Falle von militärischen Niederlagen, und zweitens war sie der Überzeugung, daß das Reich besser vom Innern des Landes als von der Grenze aus regiert würde: »Du darfst nicht nur den Hauptmann im Felde, sondern mußt zur gleichen Zeit auch den Herrscher spielen«, schrieb sie ihm offen. [11] Aber er wollte nicht auf sie hören, denn er gefiel sich in seiner militärischen Rolle. Und so antwortete er Katharina am 9. Juni: »Diese Zeilen kritzle ich nach einem kurzen Schläfchen, nachdem ich um fünf Uhr morgens losgeritten bin, um eine Inspektionstour von 96 Kilometern, davon 32 hoch zu Roß, zu machen ... Trotzdem fühle ich mich ganz frisch, und ich werde bald mein Pferd für einen neuen Erkundigungsritt wieder satteln lassen ...« [12].
Napoleon verließ am 9. Mai, mit der Kaiserin Marie Louise an seiner Seite, Schloß St. Cloud, etwa vierzehn Tage nach der Ankunft des Zaren in Litauen. Obwohl von der Oder zur Weichsel eine halbe Million Soldaten ununterbrochen nach Osten marschierten, war Napoleon noch immer nicht fest entschlossen, einen neuen Krieg vom Zaune zu brechen. Er begab sich nicht direkt in die Gegend, wo die Truppenkonzentration seiner Armee stattfand, sondern nach Dresden. Dort wurde er nicht nur vom König von Sachsen gefeiert und umschmeichelt, sondern auch von anderen Herrschern Deutschlands, sein Schwiegervater aus Wien und der unglückliche Friedrich Wilhelm von Preußen mit eingeschlossen. [13] Napoleon hatte sich entschieden, in Dresden zu warten, bis er einen Bericht von seinem Adjutanten, dem Grafen Louis de Narbonne, erhalten hatte. Der Graf war von Berlin zum Zaren nach Wilna geschickt worden, und er hatte Befehl, Alexander einzuschüchtern. Er sollte ihn dazu bewegen, wieder Mitglied der Kontinentalsperre zu werden. Weder Napoleon noch seine Minister glaubten, daß diese Mission von Erfolg gekrönt sein würde. Auf jeden Fall aber konnte Narbonne die Stimmung der russischen Kommandeure erfahren, und die Anwesenheit eines Friedensemissärs hielt Alexander vielleicht davon ab, seine Vorhuten über die Grenze in Richtung Warschau marschieren zu lassen, ehe die Große Armee ihre Ausgangspositionen für den kommenden Krieg bezogen hatte.
Die Mission Narbonnes überraschte die Russen. Als er in Wilna am 18. Mai ankam, wurde er von Alexander noch am gleichen Tage empfangen. [14] Der Zar nahm Napoleons Brief in Empfang, in dem dieser noch einmal seiner Friedensbereitschaft Ausdruck gab. Sollte es zwischen den beiden Ländern zum Kriege kommen, so würde dies der persönlichen Hochach-

tung Napoleons gegenüber dem Herrscher aller Reußen keinen Abbruch tun, versicherte der Kaiser der Franzosen erneut in seinem Brief. Schnippisch und leichtfertig sprach Narbonne von der Stärke der Großen Armee und wies darauf hin, daß die Russen nur ihre Seehäfen gegen Englands Handel schließen müßten, um die Kriegsgefahr zu bannen. Alexander war nicht beeindruckt. Er wolle lieber das Risiko eines Rufes zu den Waffen tragen, als die »Ehre der Nation, über die ich herrsche, besudelt« zu sehen, sagte er. Mit rhetorischem Wortschwall fügte er hinzu: »Falls Kaiser Napoleon sich für Krieg entscheidet und das Glück unsere gerechte Sache nicht begünstigt, so wird ihn die Jagd nach einem Friedensvertrag bis an das äußerste Ende der Welt führen.« [15]

Sechs Tage später übergab Narbonne Alexanders in höflicher und kühler Form gehaltenen Antwortbrief an Napoleon und erstattete ihm Bericht über seine Mission. Der Sekretär Napoleons, Baron Fain, hat diese dramatische Audienz genau beschrieben ... Der Kaiser lief unentwegt tief in Gedanken versunken auf und ab, und plötzlich rief er aus: »So sind also alle Vermittlungsvorschläge am Ende angelangt! Der Geist, der im russischen Lager herrscht, treibt uns in den Krieg! ... Es ist keine weitere Zeit mit fruchtlosen Verhandlungen zu vergeuden ...« [16] In den frühen Morgenstunden des 29. Mai überquerte Napoleon die Elbe, und auf dem Wege nach Danzig fuhr er durch Birkenwälder und Sümpfe des europäischen Grenzlandes, durch die er das letzte Mal bei seiner Rückkehr aus Tilsit geritten war.

Zwischen Narbonnes Abreise aus Wilna und dem Beginn der Invasion liegen genau fünf Wochen. Bei Alexander ereignete sich in diesem Zeitraum geradezu beunruhigend wenig. Das Leben im kaiserlichen Hauptquartier wurde von der militärischen Routine einer Garnisonsstadt im Frieden bestimmt. Alexander verband seine Pflichten als oberster Feldherr mit denen des Herrschers, ohne auf die Warnungen seiner Schwester zu hören. Er inspizierte seine Truppen und Befestigungen entlang der Flüsse und studierte begierig die Nachrichten aus Bukarest, wo Kutusow versuchte, den Krieg mit der Türkei rasch zum Abschluß zu bringen. Er wollte von dieser Front eine Armee abziehen, um sie auf dem westlichen Kriegsschauplatz einzusetzen, oder die Divisionen in den Raum um die Adria werfen, ein Plan, der vielen führenden russischen Militärs sehr zusagte. [17] Manchmal trafen Berichte über Truppenverschiebungen in Preußen oder dem Herzogtum Warschau ein, die eine lebhafte Alarmie-

rung im Hauptquartier verursachten, und Kuriere wurden in die Gegend gejagt, aber selbst diese Aufregungen wurden bis zur Mitte des Sommers durch die dauernden Wiederholungen immer langweiliger.
Bis tief in die Nächte hinein sorgten Bälle und Bankette für Abwechslung. Um sich für die Gastfreundschaft des Landadels zu revanchieren, nahmen Alexanders Adjutanten einen Vorschlag General Bennigsens an, der auf dem Gut Zakret, drei oder vier Kilometer von der Stadt Wilna entfernt, einen großen Ball geben wollte. Man wählte den Abend des 24. Juni, der auf einen Mittwoch fiel, denn in dieser Nacht war es nur kurze Zeit dunkel, und der Vollmond würde den in englischem Stil angelegten Rasen und die Springbrunnen von Zakret besonders vorteilhaft zur Geltung bringen. Obwohl zwei Tage vorher ein extra dafür gebauter Ballsaal zusammenbrach, ließen sich die Offiziere von diesem geplanten Vergnügen nicht mehr abbringen, und so tanzte man auf dem Rasen und begab sich erst später ins Haus. [18] Unglücklicherweise begünstigte das schöne Mondlicht auch noch andere Unternehmen.
Die Gräfin Tiesenhausen hat uns einen anschaulichen Bericht des Abends hinterlassen:
»Das ganze Herrenhaus war mit in voller Blüte stehenden Orangenbäumen dekoriert, die herrlich dufteten ... Musiker der kaiserlichen Garde spielten beliebte Melodien in verschiedenen Teilen des Parks ... herrliche Uniformen mit Brillantorden ... alte, hohe grüne Bäume über der Wilejka die die untergehende Sonne in ihren Krümmungen widerspiegelte ... Seine kaiserliche Hoheit trug an diesem Tage die Uniform der Semjonowskij-Garde mit den hellblauen Spiegeln, die ihm gut stand ... das Abendessen wurde ohne Formalitäten im Freien an kleinen Tischen serviert ... es herrschte Windstille, und die Nacht war warm, so daß die Kerzen brennen blieben.« [19]
Es gibt keinerlei Hinweis, daß Alexander zu diesem Zeitpunkt wußte, daß Napoleon bereits den Njemen überschritten hatte. Während des Balles in Zakret bekam er Mitteilung von der Invasion. Über die Art und Weise, wie er diese Mitteilung aufnahm, gibt es voneinander abweichende Berichte. Die Gräfin schrieb lediglich, daß er sich »während des Abendessens zurückzog«. Die traditionelle Version ist, daß Alexanders Polizeichef, General Balaschow, ihm die Nachricht von der Invasion in dem Augenblick überbrachte, als die Kapelle eine Mazurka zu spielen anfing. In zwei Einzelheiten stimmen die verschiedenen Berichte überein: erstens, daß

Alexander erstaunt war, daß die Invasion ohne vorherige Kriegserklärung stattgefunden hatte, und zweitens, daß er darauf bestand, so unauffällig wie möglich Zakret zu verlassen. Er begab sich sofort in das erzbischöfliche Palais nach Wilna, wo er sein persönliches Hauptquartier aufgeschlagen hatte. In der gleichen Nacht hatte Napoleon ein russisch-orthodoxes Kloster außerhalb Kownos erreicht, das nur ca. 90 Kilometer von Wilna entfernt lag. Dies geschah in der gleichen Stunde, in der General Bennigsen Alexander auf Gut Zakret empfing. [20]

Der Rückzug wird befohlen

Was sich in den folgenden zwei Tagen in Wilna abspielte, kann nur schwer rekonstruiert werden, da während des frühen Nachmittags am 25. Juni ein Gewitter wie in den Tropen niederging, das innerhalb weniger Stunden die ohnehin schon schlechten Straßen in aufgeweichte Feldwege verwandelte. [21] Die Nachrichtenvermittlung zu wichtigen Außenposten riß ab, und Meldegänger erreichten das kaiserliche Hauptquartier nur mit großen Verspätungen. Deshalb weiß man nicht genau, wann Alexander erfuhr, daß Napoleon nicht nur den Njemen bei Kowno überquert, sondern daß ein zweites Korps den Fluß 130 Kilometer nördlich bei Tilsit überschritten hatte. Diese Truppe marschierte auf der Petersburger Straße in Richtung Riga. Wahrscheinlich erhielt er von der Überquerung bei Tilsit noch vor Einbruch des Abends Kenntnis. Es sieht jedoch so aus, als ob zwischen ihm und der zweiten russischen Armee unter Bagration, die beinahe 160 Kilometer südwestlich von Wilna konzentriert war, kaum Kontakt bestand. Die dritte russische Armee wurde von General Tormassow befehligt, der seine Truppen bei den Pripjetsümpfen zusammenzog und beinahe genauso unabhängig von Alexanders Befehlen war wie Kutusows Armeen im Gebiet der Moldau.

Die Morgenstunden des 25. Juni verbrachte der Zar bei einer Lagebesprechung mit seinen wichtigsten Adjutanten und mit Staatssekretär Schischkow. [22] Aus den Berichten ging hervor, daß die Invasionsarmee viel größer war, als die russischen Generäle bei ihren Besprechungen angenommen hatten. Tatsache war – obwohl sich das erst später herausstellte –, daß Barclay de Tollys erste Armee im Gebiet des Vilejka- und Njemenflusses zwischen Wilna und Kowno den Franzosen im Verhältnis eins zu vier unterlegen war. Am gleichen Abend schickte man den Entwurf eines Manifests nach St. Petersburg. In sachlicher und würdevoller Sprache wurde der Einfall in russisches Gebiet durch die Franzosen bekanntgegeben. Der Aufruf schloß mit dem feierlichen Schwur, »solange sich noch ein einziger feindlicher bewaffneter Soldat in meinem Reich aufhält, werde ich keinen Frieden schließen«. [23] Und in einer Proklamation an seine Truppen rief Alexander den Zorn Gottes gegen den Mann an, »der den Krieg begonnen hat«. [24] Als die Worte des Zaren am 30. Juni in St. Petersburg veröffentlicht wurden, hinterließen sie einen großen Eindruck. Die Kirche, der Adel, und das ganze Volk standen hinter ihrem Herrscher, und sie alle waren fest entschlossen, gegen den »universalen Störer des Weltfriedens« einen unerbittlichen Krieg zu führen. [25]

Und doch gab es in Litauen eine einsame Stimme, die mit einer letzten Geste für den Frieden eintrat. Am gleichen Tag, als das Manifest für St. Petersburg ausgearbeitet wurde, schrieb Kanzler Rumjanzew aus dem Dorf Nementschine, einer Postwagenstation östlich von Wilna, einen energischen Brief an seinen Herrscher, der eine eigenartig gefaßte Bitte aussprach: »Wäre es von Ihnen Sire«, fragte Rumjanzew, »zu viel verlangt, wenn Sie selbst an den Kaiser Napoleon schreiben und ihn darauf hinweisen, daß Sie nicht nur das Blutvergießen Ihrer eigenen Untertanen, sondern das aller Völker verhindern möchten, zumal es auf einem Mißverständnis beruht?« [26] Weiter wurde in dem Brief davon gesprochen, daß Nachrichten aus St. Petersburg berichteten, die Franzosen seien verärgert, weil der russische Gesandte in Paris an *einem* Tag zweimal um seinen Paß gebeten habe. Diese Forderung wurde von Napoleon so gedeutet, daß die Russen den Krieg wollten.

Noch am gleichen Abend erhielt Alexander Rumjanzews Brief. Er hatte bereits selbst in Erwägung gezogen, einen Emissär zu Napoleon zu schikken, und die Forderung des Kanzlers bestimmte letzten Endes seine Entscheidung. Um zehn Uhr abends ließ er Balaschow holen und teilte ihm mit, daß er in besonderer Mission in das französische Lager gehen müsse. [27] Alexander schickte Napoleon einen Brief, und seine letzte dringende Bitte ging auf Rumjanzews Initiative zurück. Obwohl der Zar nochmals seinen feierlichen Schwur wiederholte, keinen Frieden zu schließen, solange die Angreifer sich auf russischer Erde befänden, so machte er auf der anderen Seite doch klar, daß er zu Verhandlungen bereit wäre, falls sich die Große Armee hinter die Grenze zurückziehe:

»Für den Fall, daß Eure Majestät den Rückzug Ihrer Truppen vom russischen Territorium befehlen, bin ich bereit, das, was sich bisher abgespielt hat, so zu behandeln, als hätte es nie stattgefunden; so liegt also eine Übereinkunft zwischen uns immer noch im Bereich der Möglichkeit«, erklärte Alexander. Da Napoleon durch die Überquerung des Njemen einen solch außergewöhnlichen triumphalen Erfolg hatte, konnte keine Aussicht bestehen, daß er seinen Truppen einen Rückzugsbefehl geben würde, nur wegen der vagen Hoffnung auf eine Versöhnung. Genau wie jeder andere wußte das auch Alexander, und zu Balaschow sagte er: »Ich erwarte nicht, daß Ihre Mission das Ende des Krieges bedeutet. Aber auf jeden Fall hat jetzt Europa durch diesen Brief den Beweis in den Händen, daß wir nicht angefangen haben.«

In der dritten Nacht, die auf die französische Invasion folgte, erreichten alarmierende Gerüchte Wilna. Man behauptete, daß Murat und seine französische Kavallerie gegen die Stadt vorstießen. [28] Alexander hatte nicht den Wunsch, sich bereits in den ersten Tagen des Krieges zu ergeben. Deshalb wurde beschlossen, daß das Kaiserliche Hauptquartier nach Swenzjany, 65 Kilometer nordöstlich, zurückverlegt werde, als erste Station eines Rückzuges nach Drissa. In der Zwischenzeit sollte Barclay de Tolly als Oberkommandierender in Wilna bleiben. Es war ihm freigestellt, die Franzosen außerhalb der Stadt zu einem Gefecht zu zwingen, oder er konnte, wenn er dies für besser hielt, seine Truppen auch zurückziehen. Vor Tagesanbruch, in den frühen Morgenstunden des 26. Juni, fuhr der Zar unauffällig durch die Straßen Wilnas und begab sich nach Swenzjany. [29] Die ihn begleitende Eskorte sah von den Franzosen nichts, doch verhinderte der schlechte Zustand der Straßen eine rasche Fahrt.

Sobald bekannt wurde, daß der Zar Wilna verlassen habe, brach in der Stadt eine Art Panik aus. Alle Zivilisten, die ihrem Herrscher in den vorangegangenen zwei Monaten nach Litauen gefolgt waren, setzten alles daran, vor dem sich rasch nähernden Feind zu fliehen. Es bestand ein empfindlicher Mangel an Pferden, denn Barclay gab seiner Truppe Befehl, alle Tiere zu requirieren, um Kanonen und Versorgungsgüter fortzuschaffen. Obwohl Barclay seine Absicht, Wilna aufzugeben, erst 24 Stunden nach Alexanders Abreise bekanntgab, versuchte er nie, die Verteidigung der Stadt außer an Stadttoren und Brücken ins Auge zu fassen. Ehe er mit unterlegenen Kräften eine Schlacht riskierte, schlug er den traditionellen russischen Weg ein: Er zog sich in die Weite des Landesinneren zurück. Die russischen Truppen marschierten »in guter Ordnung und mit beeindruckender Stille ab«, schrieb die Gräfin Tiesenhausen, nachdem sie die Brücken gesprengt und die Depots für solche Vorräte, die sie nicht auf ihre Wagen laden konnten, angezündet hatten. [30]

Die kampflose Aufgabe einer so wichtigen Stadt wie Wilna rief in der Umgebung des Zaren Beklemmung hervor, und auch in St. Petersburg und Moskau war man bedrückt. Es war ausgesprochen schwierig, eine Strategie zu verstehen, die die Aufgabe eines befestigten Bollwerks für gut hieß, das in den Augen der Öffentlichkeit in den vorangegangenen zwei Monaten immer wieder mit dem Zaren in Verbindung gebracht worden war. Dieser überstürzte Rückzug schien den patriotischen Gefühlen des Kriegsmanifests hohnzusprechen. Mit dem Rückzug seiner Truppen fiel schon in der ersten Woche des Krieges Alexanders Prestige, genauso wie es seine Schwester Katharina in ihren Briefen an ihn prophezeit hatte. Von dem Kaiser aller Reußen war nicht erwartet worden, daß er an die Spitze seiner Regimenter in die rückwärtigen Stellungen ritt. Wenn es ihm nicht vergönnt war, die Truppen zum Siege zu führen, so war sein Platz nicht im Felde, sondern in der Hauptstadt. Es wußte aber niemand Rat, wie man Alexander diese Tatsache nahebringen könnte.

Von Wilna nach Drissa

Am Nachmittag des Sonntags, des 28. Juni, zog Napoleon während eines schweren Gewitters in Wilna ein. Aber erst am folgenden Mittwoch abend erklärte er sich bereit, Balaschow zu empfangen. Die Audienz fand im gleichen Zimmer statt, in dem Alexander fünf Tage vorher seinem Emissär Befehl gegeben hatte, die Franzosen aufzusuchen. [31] Napoleon war besorgt, zum Teil wegen des schlechten Wetters, das von seinen Truppen besondere Anstrengungen verlangte, und zum anderen, weil ihn die Polen und Litauer nicht so herzlich willkommen hießen wie er es erwartet hatte. Es war ihm nicht möglich, seine schlechte Stimmung vor Balaschow zu verbergen, deshalb bestand ein großer Teil der Unterhaltung entweder aus billigen Spötteleien oder aus Prahlerei auf Kosten Alexanders. Seine nervöse Ungewißheit spiegelte sich in dem Brief wider, den er Balaschow für den Zaren übergab. Napoleon rechtfertigt langatmig seine Politik und erklärt rundheraus, daß Rußland die Tilsiter Verträge gebrochen habe, und er wirft Alexander persönlich einen Mangel an »Ausdauer, Vertrauen und (wenn ich so sagen darf) Aufrichtigkeit« vor. Und doch änderte er im letzten Absatz plötzlich den Ton. Er war davon überzeugt, daß die Russen nur zum Schein Widerstand boten, und deshalb wollte er keine Gelegenheit verpassen, rasch Frieden zu schließen. Warum, so fragte Napoleon, sollten die beiden Kaiser nicht während des Feldzugs »direkte Nachrichtenverbindung« miteinander aufrechterhalten? Auf keinen Fall sollte Alexander die Invasion in sein Reich als Beweis napoleonischer persönlicher Feindschaft gegen ihn betrachten. »Meine persönlichen Gefühle gegen Sie bleiben durch diese Ereignisse unangetastet«, schrieb Napoleon, »und sollte das Kriegsglück wieder meine Waffen begünstigen, so werden Sie mich, genau wie in Tilsit und Erfurt, voller Freundschaft und Hochachtung Ihren großen Qualitäten gegenüber finden, und ich werde immer besorgt sein, Ihnen dies zu beweisen.« [32]

Kein anderes Dokument zeigt so klar Napoleons vollkommenen Mangel, sowohl Alexanders Charakter als auch die wahre Natur des Zarentums zu verstehen. Solange Alexander am Leben war, konnte es nie mehr ein zweites Tilsit geben. Jedes Zeichen von Schwäche würde nur seinen Thron gefährden. Caulaincourt, der Napoleon nach Wilna begleitete, warnte ihn, Alexanders beharrliche Zielverfolgung nicht zu unterschätzen, aber sein Ratschlag war nur Zeitvergeudung. [33] Napoleon, der Alexander nur zweimal getroffen hatte, glaubte, dessen Gedanken besser zu kennen als sein Ex-Gesandter.

Gewiß war Alexander in den ersten 14 Tagen des Juli kein imponierender Führer. Niemand wußte von einem Tag auf den anderen, wo der Zar und seine Armeegeneräle ihre Hauptquartiere aufschlagen würden. Zwischen seiner Abreise aus Wilna am 26. Juni in den frühen Morgenstunden und seiner Ankunft zwölf Tage später in Drissa war Alexander außerstande, sein Land wirksam zu regieren oder die Bewegungen der Truppe, deren offizieller Führer er war, zu kontrollieren. Glücklicherweise hemmten die schweren Gewitterstürme nicht nur Alexanders Truppenbewegungen, sondern sie machten der französischen Kavallerie noch mehr zu schaffen. Denn wäre es Napoleon gelungen, die Einnahme Wilnas militärisch auszunutzen, so wäre die Isolierung des Zaren der Beweis einer beträchtlichen Blamage gewesen. Rußland war flächenmäßig viel zu groß, um noch lange von einem rastlos umherziehenden Herrscher regiert zu werden.

Alexander hielt sich geographisch sowohl in der Nähe Barclays als auch der Garnisonskommandeure von Riga und Mitau auf, um über die Ereignisse auf dem nördlichen Kriegsschauplatz auf dem laufenden gehalten zu werden. Aber mit den Berichten, die er in Drissa von Bagration erhielt, konnte er nichts anfangen. Der Zar und sein Kriegsminister Barclay hatten angenommen, Bagration würde sich bis Minsk durchschlagen und später Kontakt mit der ersten Armee südlich von Drissa und westlich von Witebsk aufnehmen. Bagration aber berichtete, daß er die Absicht habe, nicht nordöstlich, sondern südöstlich durch Bobrujsk (und nicht nach Minsk) zu marschieren. Über diese offensichtliche Änderung des Operationsplans war Alexander sehr aufgebracht und sandte sofort nach seiner Ankunft in Drissa einen Kurier zu Bagration mit einem Brief, in dem er dem General heftigste Vorwürfe machte. [34] In Wirklichkeit versuchte Bagration alles, um nicht durch Davouts Korps – der am gleichen Tag, an dem der Zar seinen Brief mit Vorwürfen diktierte, in Minsk einzog – abgeschnitten zu werden. Es war natürlich, daß Bagration nun auch über den Ton in Alexanders Brief erbost war. Er nahm an, der Verweis wäre ursprünglich von Barclay de Tolly gekommen, dessen Ministerposten er nur zu gerne gehabt hätte und den er schon seit langer Zeit als seinen Feind betrachtete. Tatsache ist, daß Barclay erst zwei Tage später in Drissa eintraf. Wenn ein anderer als der Zar selbst den Brief inspiriert haben sollte, so konnte es nur Araktschejew sein, den Alexander am Vorabend der Invasion zum »Sekretär des Zaren in militärischen Angelegenheiten« ernannt hatte. [35] Bagration hielt Araktschejew für seinen persönlichen Freund, und deshalb wandte sich sein Zorn gegen den Minister. »Mir kann man keine Vorwürfe machen«, schrieb Bagration in einem persönlichen Brief an Araktschejew. »Zuerst spannt man mich wie eine Bogensehne, während der Feind, ohne einen Schuß abzufeuern, in unsere Stellung einbricht. Dann beginnen wir uns zurückzuziehen, und niemand weiß warum ... Ich allein kann doch nicht ganz Rußland verteidigen. Die erste Armee sollte sofort auf Wilna marschieren. Was gibt es dort zu fürchten? ... Ich flehe Dich an, anzugreifen ... Noch immer scheint es den Russen zu passen, einfach wegzulaufen ... Man muß sich einfach schämen.« [36]

Der Zwist zwischen Bagration und Barclay war nur eine der verschiedenen strategischen Erwägungen, die im Hauptquartier in Konflikt gerieten. Da Bagrations Korps noch immer ungefähr 260 Kilometer entfernt stand, war dies nicht die wichtigste Ursache der Spannung. In Drissa war Alexander mit dem Gang der Ereignisse im großen und ganzen zufrieden, abgesehen von dem Widerwillen, den er für den armen Bagration empfand. Als der Zar vier Tage in Drissa war, sandte er einen beinahe zufriedenen Brief an den Admiral Tschitschagow, der von Kutusow den Befehl über die Truppen an der Moldau übernommen hatte. »Wir haben heute den 30. Juni« (12. Juli), schrieb Alexander, »und dem Feind ist es nicht gelungen, uns zur Schlacht zu stellen oder auch nur eine einzige militärische Einheit unserer Truppen abzuschneiden.« [37] Es gab aber niemand in Drissa, der die Zuversicht des Zaren teilte. Auf der einen Seite des aus Schützengräben bestehenden Lagers gab es überhaupt noch keine Befestigung. Wenn man in Drissa blieb, so riskierte man nicht nur eine Umzingelung, sondern auch totale Vernichtung, folgerte Barclay. Mitte des Monats wehrte sich deshalb auch Alexander gegen Pfuël und seinen Operationsplan. [38]

Es ist verwunderlich, daß der Zar mehr als eine Woche in Drissa blieb. Für seinen verlängerten Aufenthalt gibt es zwei Gründe, einen militärischen und einen politischen. Ehe Alexander sich entschloß, ein befestigtes Lager aufzugeben, das zu den Hauptstraßen nach St. Petersburg und Moskau geographisch etwa gleich weit entfernt lag, versuchte man herauszubekommen, welche russische Stadt eventuell das nächste Angriffsziel der Großen Armee bei ihrem Vormarsch sein könnte. Ferner mußte er Regierungsgeschäfte abwickeln, ehe wieder eine lange Karawane durch die russischen Lande zog. Die politischen Probleme häuften sich. In Drissa konnte Alexander sich über die endgültigen Friedensbedingungen mit dem Sultan klarwerden, denn der russisch-türkische Krieg war Ende Mai beendet worden. Er dachte über die Möglichkeit nach, ob man die alte Feindschaft zwischen Rußland und der Türkei nicht in ein neues Bündnis gegen die Franzosen umwandeln könnte. [39]* Dann gab es wegen der

---

* Der Friedensvertrag von Bukarest vom 28. Mai 1812 war für die Russen nach ihren militärischen Erfolgen an der unteren Donau in den Jahren 1809 und 1811 in vieler Beziehung enttäuschend. Bessarabien wurde an den Zaren abgetreten, aber die Donaufürstentümer Moldau und Walachei blieben unter türkischer Kontrolle, (jedoch mit begrenzter Selbstverwaltung.) Es lag nie im Bereich der Möglichkeit, daß die Türken die Russen gegen die Franzosen in Dalmatien unterstützen würden. Die nebulösen Balkanpläne Alexanders und Tschitschagows wurden bereits Ende Juli zu den Akten gelegt. Aber der Friede mit der Türkei setzte eine Armee von 60 000 Soldaten für Operationen gegen Napoleon im Herbst frei.

russisch-englischen Beziehungen eine Menge Korrespondenz zu erledigen. Auf jeden Fall mußte Alexander mit London zu einer Verständigung kommen, auch wenn es sich nur um eine Geldanleihe handeln sollte. Tatsächlich schrieb der Zar das erste Mal am 14. Juli von Drissa aus an den englischen Prinzregenten einen Brief, in dem er der Hoffnung auf zukünftige Zusammenarbeit Ausdruck gab.

In der Zwischenzeit wurden überstürzte Lagebesprechungen abgehalten und eine neue Defensiv-Strategie improvisiert. [40] Barclay schlug vor, ein Armeekorps unter General Wittgenstein nordwärts nach Pskow zu senden, um die Straße nach St. Petersburg zu schützen, während die Reste der ersten Armee sich nach Südosten wandten, und zwar entlang der Düna nach Witebsk. Man wäre dann nördlich der »Großen« Landstraße, die Katharina die Große von Minsk über Smolensk nach Moskau hatte bauen lassen, marschiert. Diesem Plan stimmte der Zar zu, obwohl das bedeutete, daß Barclay nicht mehr als 75 000 Soldaten blieben, um sie gegen die Franzosen zu werfen, falls Napoleons Ziel die Einnahme Moskaus war (es schien jetzt beinahe sicher zu sein). Es wurden neue Befehle an Bagration gesandt: Er sollte nach Norden abdrehen und mit Barclay bei Witebsk Kontakt aufnehmen, denn dort, so nahm man an, wollte der Kriegsminister Napoleon zur Schlacht stellen.

Während des ganzen 15. Juli wurde der Rückzug vorbereitet. Aber die persönliche Umgebung des Zaren hatte ganz besondere Sorgen, die allerdings nichts Neues für sie waren. Die plötzliche Ablehnung des Planes des preußischen Generals Pfuël, den Alexander noch in den ersten Wochen des Krieges so warm begrüßt hatte, zeigte die Schwächen Alexanders überdeutlich. Denn jetzt sahen gerade diejenigen, die den Zaren am besten kannten, wieder, daß sein militärisches Verständnis viel begrenzter war, als er es sich selbst je eingestehen würde. Seine Anwesenheit im Feld stiftete fast Verwirrung, und er war für seine Armee-Kommandeure eine Bürde. Außerdem war es für skrupellose Karrieremacher leicht, ihn auszunutzen. Um selbst vorwärtszukommen, hetzten sie Barclay und andere Ratgeber gegeneinander auf. Auf der anderen Seite könnte er in St. Petersburg die Außenpolitik wirksam in seine Hand nehmen und seinen Untertanen Vertrauen einflößen. Ehe Alexander Drissa verließ, hatte Admiral Schischkow entschieden, daß es in Rußlands Interesse läge, Alexander dahingehend zu beeinflussen, daß er in seine Hauptstadt zurückkehrte. [41] Schischkow sprach über seine Befürchtungen zu Balaschow, der mit ihm übereinstimmte. Doch Araktschejew, den er auch ins Vertrauen zog, zögerte, weil er wieder eine neue politische Intrige befürchtete. Aber Schischkow und Balaschow konnten ihn von der Notwendigkeit überzeugen, daß der Zar das Hauptquartier verlassen müsse. Schischkow entwarf einen Brief, den die drei Männer unterschrieben. Araktschejew legte ihn dann zwischen die Papiere des Zaren, für die er als militärischer Sekretär verantwortlich war. Der Brief war in taktvoller Art geschrieben: Es wurde erklärt, daß, seit Alexander die Krone legitim und nicht als Usurpator (wie Napoleon) trug, der richtige Aufenthaltsort des Herrschers über das große Rußland die Hauptstadt seines Reiches und nicht ein militärisches Lager sei, wo er sich nur mit einem Aspekt des Kampfes gegen den Angreifer beschäftigen könnte. [42] Mit wirksamen Worten wurden die Bitten Katharinas an ihren Bruder bekräftigt, die ihn gebeten hatte, nicht den Oberbefehl an der Front zu übernehmen. Nach Aussagen des Generals von Loewenstern – eines preußischen Emigranten im Dienste des Zaren – deckte sich der Brief mit Alexanders eigenen Bedenken, denn er fürchtete mit Recht, daß im Falle seiner Abreise aus dem Hauptquartier sich ehrgeizige Offiziere um die Kommandeure sammeln könnten. Intrigen und Revolten sind jeder Armee, die im Felde steht, abträglich. [43]

In den frühen Morgenstunden des 16. Juli marschierte die 1. Armee von Drissa aus in südliche Richtung. Alexander saß in einer offenen Kalesche, die von einer Eskorte der Semjonowskij-Garde begleitet wurde. [44] Selbstverständlich hatte der Wagen des Zaren überall Vorfahrtsrecht, und die Infanteristen mußten stehenbleiben, als ihr Herrscher an ihnen vorbeifuhr. Die Soldaten begrüßten ihn stürmisch und jubelten ihm zu. Am Spätnachmittag hatte Alexanders Wagen bereits 65 Kilometer zurückgelegt und Polozk erreicht, 95 Kilometer von Witebsk entfernt.

Als Alexander in Polozk ankam, erschien er zunächst unerklärlich ruhig. Kurz nachdem er aus seinem Wagen ausgestiegen war, wandte er sich an Araktschejew und bemerkte brüsk: »Ich habe Ihr Memorandum gelesen.« [45] Wenn er wirklich gedankenvoll aussah, so war das nicht verwunderlich. Was sollte er tun? Sollte er die Reise nach Witebsk fortsetzen, oder bedeutete seine Anwesenheit bei der Armee eine Schwierigkeit, oder war sie eine Verpflichtung? Sein ganzes Leben lang hatte er den Wunsch gehegt, wie sein Schutzheiliger Alexander Newskij und wie Alexander der Große, auf deren Namen er getauft war, einmal an der Spitze seiner Truppen marschieren zu können. Zweimal schon hatte er sich in den Krieg be-

geben, mit dem Ergebnis, enttäuscht in seine Hauptstadt zurückkehren zu müssen, belastet mit den Erinnerungen an Austerlitz und dem Versprechen eines Friedens, was seinen Untertanen verhaßt war.
An diesem Abend ließ er sein Pferd satteln und ritt in das Hauptquartier Barclays, das einige Kilometer weit weg lag. General Loewenstern beschreibt die Szene wie folgt: »Er (Alexander) fand ihn (Barclay) in einem Stall, und er war gerade im Begriff, zu Abend zu essen, denn für Barclays einfache und schlichte Lebensart bedeutete die äußerliche Pracht eines Quartiers nichts, wichtig für ihn war nur, daß es in der Nähe der Armee und ihres Lagers war. Nachdem der Zar eine Stunde zu Besuch geweilt hatte, verließ er Barclay, nachdem er ihn zärtlich umarmt hatte ... schüttelte herzlich seine Hand und sagte: ›Leben Sie wohl, General, noch einmal leben Sie wohl, au revoir. Ich lege meine Armee in Ihre Hände. Vergessen Sie nie, es ist die einzige, die ich habe.‹« [46]
Nach Polozk zurückgekehrt, hörte Schischkow vom Kammerdiener Alexanders, daß man Befehl gegeben hätte, den Wagen des Zaren zu einer Reise nach Moskau fertigzumachen. »Meine Freude war unbeschreiblich«, sagte Schischkow später, »und meine innigsten Gebete flossen von meinen Lippen, dem Wohltäter aller Segnungen, dem Erschaffer des Himmels und der Erde zu danken.« [47] Am nächsten Morgen verließ Alexander Polozk und reiste in Richtung des unteren Dnjepr und der Großen Landstraße, die in die alte Hauptstadt Moskau führte. Es sollten fünf Monate vergehen, ehe Alexander wieder den Oberbefehl über seine Truppen im Felde übernahm: Rückschauend erschien es viel länger.

KAPITEL 12

Auf Messers Schneide

Alexander in Moskau (Juli 1812)

Die Preisgabe der Stadt Wilna an Napoleon und der Verlust von Minsk an Marschall Davout ließen die Moral sowohl in St. Petersburg als auch in Moskau auf den Nullpunkt absinken. Der Militärgouverneur und Oberbefehlshaber von Moskau, Rostoptschin, ließ an den Häuserfronten optimistische Aufrufe und primitive Karikaturen Napoleons anschlagen und machte damit den Versuch, die niedergedrückte Stimmung in der Stadt zu heben. Denjenigen, die in ihrem patriotischen Glauben noch immer schwankend waren, drohte er mit der Verbannung nach Sibirien. Am Morgen des 23. Juli, einem Donnerstag, kursierten alarmierende Gerüchte, als die Moskauer erfuhren, daß der Zar mit einem großen Gefolge von wichtigen Persönlichkeiten in Perhouskaya, nur 30 Kilometer östlich von Moskau gelegen, angekommen war. Man glaubte, daß Alexander seine Armee nur aus zwei Gründen verlassen hätte, entweder war er schon geschlagen worden, oder er fürchtete eine totale Niederlage, und deshalb floh er in das Innere seines Reiches, um diesem endgültigen Schlag auszuweichen. [1]

Alexander kam nach Moskau und fühlte sich elend und müde. Der Konflikt in Drissa zwischen seinen Beratern und seinen Generälen, die quälenden Zweifel, ob die Entscheidung, die Armee zu verlassen richtig war, die eigenartigen Schattengefechte in den ersten Monaten des Feldzugs, alle diese Ungewißheiten beeinträchtigten seine Gesundheit schwer. Aber einmal in Moskau angekommen, fand er sein Selbstvertrauen wieder und damit auch seine Vitalität. Ein Te Deum zu Ehren des Bukarester Friedens, das im Angesicht der heiligen Reliquien und in der mystischen Atmosphäre der Kreml-Kathedralen gesungen wurde, belebte seine Seele und seinen Geist. Der Glaube seiner Untertanen an ihren Gott und an ihren Herrscher gab dem Zarentum neuen Auftrieb. Noch am Tag seiner

Ankunft schrieb er an seine Schwester Katharina: »Die Stimmung des Volkes hier ist ganz ausgezeichnet ... Ich kann Dir gar nicht sagen, was für glückliche Erinnerungen an schöne Zeiten ... beim Anblick Moskaus über mich kamen. Ich mußte wie ein Kind weinen. [2]«

Es warteten jedoch so dringende Aufgaben auf ihn, daß er sich nicht lange bitter-süßen nostalgischen Gefühlen hingeben konnte. Er brauchte jetzt vor allem Truppen und Geld. Mit der Hilfe Rostoptschins erhielt er beides in den acht Tagen, in denen er sich in der Stadt aufhielt. Am Montag, dem 27. Juli, wurde er von zwei verschiedenen Versammlungen empfangen: den Kaufleuten und dem Adel. »Sire, nehmen Sie alles, nehmen Sie unser Leben und auch unser gesamtes Vermögen«, erklärte einer der begeisterten Handelsherren, dem alles daran gelegen war, den Schöpfer der verhaßten Kontinentalsperre zu vernichten. [3] Es lag eine Zeichnungsliste auf, so daß jeder Kaufmann sofort seinen Patriotismus zeigen konnte, indem er offen die Summe eintrug, die er bezahlen wollte. Das Zeichnungssystem jedoch war nicht narrensicher, und ein kleiner Kaufmann spendete aus Versehen statt 500 Rubel 5000, aber er war zu stolz und aufgeregt, den Fehler zuzugeben. Andere Handelsherren verpflichteten sich zu Beträgen, die sie jedem Steuereinnehmer nur widerwillig bezahlt hätten. »Sie wollten einen größeren Teil ihres Vermögens opfern, um wenigstens einen kleineren Teil davon retten zu können«, schrieb Rostoptschin später mit charakteristischer Schärfe. [4] Ganz gleich, aus welchen Motiven heraus sie spendeten, die Beiträge flossen in die Staatskasse – zwei Millionen Rubel alles in allem –, und Alexander war mit dem Ergebnis sehr zufrieden.

Bei der zweiten Versammlung, die aus ernannten Vertretern des Adels und der Aristokratie der Region Moskau bestand, verlangte Alexander mehr als Geld. Seiner Forderung wurde entsprochen. Er brauchte Leibeigene für die Miliz und Freiwillige, um neue Regimenter aufstellen zu können. Innerhalb eines Monats standen sieben verschiedene Milizregimenter, die aus der Gegend der alten Hauptstadt kamen, bereit, die reguläre Truppe zu vergrößern, obwohl sie nicht genügend ausgebildet waren und es ihnen an Waffen fehlte. [5] Der Zar verließ sich auf die Loyalität seiner Untertanen und begünstigte den aufkeimenden Patriotismus, der im Begriff war, alle Klassen Rußlands, ja sogar die Leibeigenen zu erfassen. Es ist unmöglich zu unterscheiden, wie weit dieses Gefühl der Heimatliebe entsprang und eine Antwort war auf die instinktiv gefürchtete äußere Gefahr, oder wie weit es mit der Abneigung, ja mit dem Haß gegen ausländische Sitten und Gebräuche des Lebens und der Kultur zusammenhing. Es gibt aber genug Beweise, daß beides im Jahre 1812 der Fall war, sogar schon Monate vor der bevorstehenden Krise. Indem der Krieg gegen Napoleon zu einem »nationalen, heiligen Krieg für das Vaterland« erklärt wurde trug Alexander dem aufblühenden Patriotismus Rechnung, der so stark war wie der im England Elisabeths oder in Britannien zur Zeit Nelsons. Den »heiligen Krieg« von Moskau aus auszurufen, war ein guter Schachzug. Mit sechs Kathedralen und 1500 Kirchen in seinen Mauern, gab es in ganz Rußland keinen günstigeren Ort, von dem aus die Proklamation hätte erlassen werden können.

Der Ruf nach Kutusow

Nachdem Alexander am 31. Juli Rostoptschin zum Abschied auf beide Wangen geküßt hatte, eilte er nach Twer, das er noch am gleichen Abend, einem Freitag, erreichte. Er blieb nur eine Nacht im Hause seiner Schwester, und über ihre Unterhaltungen gibt es keine Aufzeichnungen. Wie üblich, bedauerte er es aufs tiefste, daß er sich von der »liebsten Katharina und dem lieben Georg« schon so bald wieder verabschieden mußte, und er fuhr so rasch als möglich in die Hauptstadt zurück. [6]

Am Montag, dem 3. August, kam Alexander »gegen zwei Uhr morgens« in St. Petersburg an und erreichte sein Palais unbemerkt. Dieses »Anonym-sein-wollen« behielt er im Sommer und Herbst bei. Er zeigte sich selten in der Öffentlichkeit und gab keine großen Festlichkeiten, denn das Reich war in einen Krieg verwickelt, und er war entschlossen, dem Unterschied zwischen den friedlichen Tagen nach dem Tilsiter Friedensvertrag und der kriegerischen Gegenwart Rechnung zu tragen. Die meiste Zeit in den folgenden Wochen verbrachte er arbeitend in dem kleinen Palais auf der Kamennyj-Insel. »Du kannst Dir vorstellen, wie viel Arbeit hier in St. Petersburg nach so langer Abwesenheit auf mich wartete, ganz besonders unter den gegenwärtigen Umständen«, schrieb er an Katharina, und er fügte einen bemerkenswerten Kommentar hinzu: »Hier ist die Gesinnung schlechter als in Moskau oder im Inneren des Landes.« [7]

Es gab Stunden, in denen er das Fehlen von zuverlässigen Neuigkeiten beinahe als unerträglich empfand. Mit Maria Naryschkina vertrödelte er jetzt keine Zeit mehr. Genau wie in früheren Krisenzeiten suchte er bei Elisabeth Unterstützung, die sie ihm auch gab. Sie blieb in großartiger Weise tapfer: »Wie schmerzlich ist es, daß ich nicht in der Lage bin, Dir mitzuteilen, was meinen Geist bei Tage und bei Nacht unablässig beschäftigt, ganz gleich, ob ich wache oder schlafe«, schrieb sie eine Woche nach Alexanders Rückkehr an ihre Mutter. »Grüße von meinem lieben und über alles geliebten Rußland, für das ich im Augenblick Gefühle hege wie für ein geliebtes Kind, das schwer krank ist! Ich bin sicher, daß Gott es nicht verlassen wird, aber es wird Schmerzen leiden müssen, und ich leide mit und teile jede seiner angstvollen Zuckungen.« [8]
Inzwischen kamen aus dem russischen Hauptquartier nur gegenseitige Beschuldigungen und Entschuldigungen. Bagration, dem es zu guter Letzt doch noch gelungen war, mit Barclays Truppen bei Smolensk Verbindung aufzunehmen, machte in seinen Briefen an Araktschejew seitenweise seinem Ärger Luft. Barclay selbst – der »Minister«, wie ihn seine Feinde nannten, um seine militärische Stellung herabzusetzen – schrieb direkt an Alexander und erklärte weitschweifig, warum er die Armee schone und für den geeigneten Augenblick bereithalte. Doch von Bagrations Erklärungen hielt Alexander nicht viel. »Es herrscht«, so schrieb er an Katharina, »eine große Mißstimmung gegen den Kriegsminister, der, ich muß es bemerken, dafür gute Gründe abgibt, denn seine Haltung ist unentschlossen, und seine Arbeit ist ein Chaos.« [9] Und doch widerstrebte es ihm, ihn von seinem Posten als Oberbefehlshaber abzulösen, denn wer sollte seine Stellung übernehmen?
Alexander rief eine Sondersitzung von sechs Generälen ein, die von Araktschejew und Saltykow angeführt wurde. Er gab ihnen Berichte aus der Kriegszone zum Studieren und bat, ihm zu raten, wem er den Oberbefehl über die Truppen geben solle. Nach dreieinhalb Stunden Diskussion unterzeichneten sie einen Beschluß, der einmütig die Ernennung Kutusows vorschlug. Kutusow war sowohl in Moskau als auch in St. Petersburg das Idol der Massen und galt als die echt russische Vaterfigur, die von allen Dienstgraden der Armee verehrt wurde. [10] Ihre Wahl kam für Alexander nicht überraschend. »Ich fand, daß in St. Petersburg jedermann rief, man solle dem alten Kutusow den Oberbefehl geben«, erklärte er später. [11] Aber die Entscheidung konnte ihm kaum Freude bereitet haben.

Es war schwer, die Demütigungen der Schlacht von Austerlitz zu vergessen.
Drei Tage lang zögerte Alexander. Für seinen Entschluß waren drei Briefe von Bedeutung: Einer kam vom Militärgouverneur aus Moskau, einer von der Großfürstin Katharina und der letzte von ihrem Gemahl, dem Prinzen Georg von Oldenburg. Rostoptschin teilte dem Zaren mit, daß auch in Moskau jedermann begierig darauf warte, daß man Kutusow den Oberbefehl gäbe. [12] Prinz Georg dagegen, der gerade aus dem Smolensker Hauptquartier Nachricht erhalten hatte, unterstützte die Ansprüche Bagrations. Er betonte, daß sich »die Armee danach sehne, unter ihm dienen zu dürfen, auch wenn Sie persönlich ihn nicht leiden können«. [13] Katharina stimmte mit ihrem Gemahl überein, aber ihre Kritik war schärfer: »Wenn die Dinge so weitergehen«, schrieb sie offen, »wird der Feind innerhalb von 10 Tagen in Moskau sein. Georg zeigt Dir nur einen Weg, aber es gibt auch noch andere. Aber um Gottes willen übernimm das Oberkommando nicht selbst. Es ist unerläßlich, daß Du ohne Verzögerung einen Führer bestimmst, zu dem die Truppen Vertrauen haben, andernfalls wissen sie nicht, wem sie gehorchen sollen.... Bitte vergib mir, wenn Dich dieser Brief verstimmt, denn er soll Dir nur meine guten Absichten und meine persönliche Ergebenheit für Dich zeigen, an denen Du nie zweifeln sollst.« [14]
Alexander vergab ihr, aber nichts brachte ihn dazu, den Oberbefehl Bagration zu übergeben. Er mißtraute ihm schon lange und war immer noch verstimmt über Bagrations offensichtliche Gehorsamsverweigerung gegenüber Alexanders strategischen Plänen im Juli dieses Jahres. Wenn es tatsächlich unumgänglich geworden war, die Armee in die Hände eines Austerlitz-Veteranen zu geben, dann war Kutusow immer noch Bagration vorzuziehen, denn zum mindesten bestand die Möglichkeit, daß der »alte Fuchs« wichtige Entscheidungen Bennigsen treffen ließe. Und so kam es, daß Alexander endlich am 20. August Kutusow zu sich rufen ließ, der seit seiner Rückkehr von der türkischen Front die Miliz in St. Petersburg organisierte. Ein Ukas, der ihn zum Oberbefehlshaber machte, wurde noch am gleichen Tag unterzeichnet. Bennigsen wurde ihm als Generalstabschef zugeordnet, und Barclay de Tolly und Bagration wurden als Armeekommandeure bestätigt, wobei Barclay nominell Kriegsminister blieb. Es war eine schwerfällige Gliederung, doch bei den Truppen im Felde populär. »Ein echter Russe trieb den bösen Geist der Ausländer aus«, schrieb

der preußische Oberst Carl von Clausewitz mit beißendem Spott. [15] Aber war es vielleicht nicht schon zu spät? Kutusow traf erst am 29. August im Hauptquartier Barclays ein. Zu diesem Zeitpunkt hatte Napoleons Große Armee schon das in Schutt und Asche liegende Smolensk hinter sich gelassen, Wjasma erobert und stand nur noch 240 Kilometer vor Moskau. Rußland hatte keine Zeit mehr zu verlieren: In weniger als sieben Wochen hatte sich Barclay über 800 Kilometer zurückgezogen. Endlich stießen die Armeen am 7. September in der Nähe des Dorfes (»bei der 12. Werst* von Moshajsk aus«), das unter dem Namen Borodino bekannt wurde, zusammen.

Die Schlacht von Borodino und ihre Folgen

In späteren Jahren seines Lebens bezeichnete Napoleon die Schlacht westlich von Moskau als die »schrecklichste aller meiner Schlachten«, ein Kampf, bei dem die »Franzosen sich des Sieges würdig erwiesen und die Russen ihre Unbesiegbarkeit« zeigten.

Von sechs Uhr morgens an, als hundert französische Kanonen das Feuer gegen die linke Flanke der russischen Verteidigungslinien eröffneten, bis vier Uhr nachmittags, als es den Russen gelang, eine neue Linie 1000 Meter weiter im rückwärtigen Gelände neu zu bilden, war der Ausgang der Schlacht ungewiß. Tatsächlich machten die Oberkommandierenden beider feindlichen Lager die Schlacht zum Sieg ihrer Armee. Napoleon, weil es seinen Soldaten gelungen war, die russischen Stellungen zu erstürmen und Kutusow, weil seine Truppen die Straße nach Moskau blokkierten.

An diesem Tag wurden über 30 000 Soldaten der napoleonischen Großen Armee vernichtet. Und wahrscheinlich mehr als 43 000 Russen verloren ihr Leben, ein Drittel der Streitkräfte Kutusows. Unter den Gefallenen waren zehn Generäle und zehn Obristen Napoleons, mehr hohe Offiziere als bei seinem Gegner. Unter den tödlich verwundeten Russen war auch Prinz Bagration, der einen Granatsplitter in das Bein abbekommen hatte,

* Eine Werst sind 1067 Meter, etwas mehr als $^5/_8$ einer Meile. 12 Werst sind etwa $7^1/_2$ Meilen, etwa 13 km.

als er den Verteidigern in den Schützengräben zu Hilfe eilte. Obwohl sein Leben noch weitere siebzehn Tage dauerte, brachte die Nachricht, daß er verwundet war, große Unruhe in die linke russische Flanke und den Franzosen einen Vorteil, auf den sie seit Tagesanbruch gewartet hatten. Weder Verlustlisten noch Darstellungen von gewonnenen oder verlorenen Stellungen werden dem Sieg und dem Gemetzel von Borodino für beide Armeen gerecht. Als alles vorüber war und Nebel und Sprühregen über das weite Schlachtfeld niederfiel, herrschte in keinem der feindlichen Lager Siegesstimmung – nur schwermütige Erleichterung, gemischt mit Furcht, daß nach Anbruch der Morgendämmerung das sinnlose Morden wieder beginnen würde. Dies jedoch blieb den Truppen erspart.
Kutusow riskierte nicht, den Rest seiner Soldaten und Kanonen zu verlieren, indem er die Schlacht am zweiten Tag wieder aufnahm. Dies war der Fehler der Österreicher im Jahre 1809 bei Wagram gewesen. Ehe die Sonne aufging, zog er sich mit seinen Truppen in Richtung Moskau zurück, das 110 Kilometer weiter östlich lag. Sich nach Moskau zurückzuziehen in der Gewißheit, daß es keine andere Chance mehr gab, den Feind außerhalb der Stadt zu stellen, bedurfte es des ruhigen Mutes und der Verachtung der Meinung anderer, wie es Kutusow in den langen Jahren seiner Kriegsführung gelernt hatte.
Die Nachrichten über Borodino erreichten St. Petersburg nicht vor Freitag, den 11. September, morgens. Man hatte jedoch schon seit Mittwoch gehört, daß eine Schlacht bevorstehe, und Kutusows Heeresbericht wurde mit Spannung und lebhafter Zuversicht erwartet. Die erste Meldung, die am Montag abend bekanntgegeben wurde, war voll Begeisterung: Es hat (so schrieb die Kaiserin Elisabeth an ihre Mutter) »einen großen Sieg« gegeben, der Napoleon zwang, sich um elf Kilometer zurückzuziehen. [16]
Auf den Freitag fiel das Fest des Heiligen Alexander Newskij, und der Zar gab die gute Nachricht von Kutusow in der Kathedrale des Klosters bekannt, die seinem Schutzheiligen geweiht war. In St. Petersburg feierte man die ganze Nacht hindurch. Die Glocken der Kirchtürme wurden geläutet, es gab Feuerwerk, und an den Ufern der Newa hingen Ketten von Lampions. Jedes Schiff, das im Hafen lag, wurde illuminiert. Man erhob Kutusow in den Rang eines Fürsten, schenkte ihm 100 000 Silberrubel und einen Marschallstab. Man stellte Spekulationen an, ob Napoleon bereits ein Gefangener sei oder nicht. Und wenn das so war, würde er dann in einem eisernen Käfig in die Hauptstadt gebracht werden wie ein wildes

Tier? So jedenfalls hatte Alexanders Großmutter, Katharina die Große, Pugatschow behandelt, der vor dreißig Jahren die Leibeigenen zu einer Revolte gegen ihre Besitzer aufgewiegelt hatte.
Erst am Samstag gegen Abend begannen erste Zweifel in der Stadt zu kursieren. [17] Man behauptete jetzt, daß Moshajsk bereits in französischer Hand sei. Da weder der Zar noch seine Minister Dementis veröffentlichten, verwandelte sich die Begeisterung plötzlich in Angst und Sorge. Die St. Petersburger dachten mit Schrecken daran, daß der Feind Tag für Tag den Druck auf das »Heilige Moskau« verstärkte. Und wenn er Moskau tatsächlich erobert hatte, was wäre dann sein nächstes Ziel? Vorsichtshalber begann man, die Kunstschätze der Eremitage zu verpacken, und die Aristokratie begab sich nach Osten, in Provinzen, die an der Grenze zu Sibirien lagen.
Nach den Aufzeichnungen von John Quincy Adams erreichten Gerüchte, die Franzosen hätten Moskau besetzt, am 21. September St. Petersburg. Er fügte hinzu, manche behaupteten, daß die »Große Armee« zurückgeworfen und »der Kaiser Napoleon tödlich verwundet sei«. [18] Über das, was wirklich vorgefallen war, hatte Alexander ein klareres Bild, aber er behielt seine Information für sich. Da die Nachrichten von Kutusow unheilvoll langsam in der Hauptstadt ankamen, erfuhr der Zar das Schicksal Moskaus durch seine Schwester Katharina. Sie schrieb ihrem Bruder am 15. September von Jaroslawl aus einen Brief – an diesem Tag zog Napoleon im Kreml ein –, den Alexander am 18. September morgens erhielt. Erst 48 Stunden später kam der persönliche Adjutant Kutusows, Oberst Michaud, nach St. Petersburg und erklärte dem Zaren die Truppenbewegungen des Marschalls. [19] Der Zar versicherte seiner Schwester in einem Brief – und wiederholte es wörtlich gegenüber Michaud –, daß er nicht nachgeben, sondern weiterkämpfen werde. Allerdings erlaubte er den Behörden nicht, den Fall von Moskau in einem offiziellen Bulletin zu veröffentlichen.
Am Sonntag, dem 27. September, sollte nach dem Hofkalender die Thronbesteigung Alexanders, die elf Jahre vorher stattgefunden hatte, gefeiert werden. Er wagte es dieses Jahr nicht, hoch zu Roß über den Newskij Prospekt zur Kasaner Kathedrale zu reiten. In einer geschlossenen Karosse begleitete er Elisabeth und fuhr mit ihr durch die Straßen der Hauptstadt. Seine Begleitung stellte fest, daß die Bevölkerung unheildrohend feindselig gestimmt war. Als er aus dem Wagen stieg

und die granitenen Steintreppen zum hohen Portal der Kathedrale hinaufging, blieb die Menschenmenge stumm. Genau zwölf Monate vorher hatte er anläßlich der Einweihung der Kathedrale den gleichen Weg in einer Prozession gemacht. Jetzt herrschte bedrückende Stille, und die Schritte der kaiserlichen Gesellschaft hallten dumpf durch die Bogen der großen Kolonnaden. »Niemals mehr in meinem Leben kann ich diese Minuten vergessen«, schrieb Roxana Sturdza, eine der Hofdamen Elisabeths. »Wir stiegen die Stufen zur Kathedrale hinauf, und auf beiden Seiten stand eine Reihe von Zuschauern, von denen nicht ein einziger in Jubel ausbrach ... Zufällig sah ich den Zaren an und fühlte seine Seelenqualen, die er in diesem Augenblick litt. Meine Knie begannen zu zittern ...« [20]
Zwei Tage später wurde endlich offiziell bekanntgegeben, daß auch Moskau evakuiert werden müsse, obwohl Adams in sein Tagebuch schrieb, »man stellt es jetzt als ein Ereignis von unwichtiger Bedeutung dar, das für den endgültigen Ausgang des Krieges ohne Belang ist«. Am folgenden Freitag teilte man den Einwohnern der Hauptstadt mit, daß für St. Petersburg »keine Gefahr bestehe, vom Feind eingenommen« zu werden. Man solle sich durch die gepackten Kisten vor der Eremitage und vor den Ministerien nicht aus der Ruhe bringen lassen. [21] Das war keineswegs beruhigend. Nur *eine* Persönlichkeit der Gesellschaft strömte, wo immer sie auch erschien, große Ruhe aus, und das war Lord Cathcart, der englische Gesandte, der einen Unfall überlebt hatte. Kurz vor Erreichung St. Petersburgs kippte sein Wagen um. Er war überzeugt, daß seine Mission zum Erfolg führen müsse, und deshalb schloß er für seine offizielle Residenz einen dreijährigen Mietvertrag ab. [22] Es gab nur wenige im diplomatischen Korps, die seinen Optimismus teilten. Die meisten glaubten, daß man im äußersten Falle vielleicht mit den Franzosen ein Abkommen aushandeln könne.

Die vier Wochen, die auf die traurige Szene vor der Kasaner Kathedrale folgten, bedeuteten für einen Mann von Alexanders Stolz und Empfindlichkeit eine Zeit fortgesetzter seelischer und geistiger Qualen, einen Dornenweg. Von den Friedensfühlern, die Napoleon ausstreckte, wollte er nichts wissen, und er weigerte sich, einen Brief Napoleons aus Moskau zu beantworten, in dem er die Verantwortung für die in Brand gesteckte Stadt von sich wies. »Nur eine einzige Zeile von Eurer Majestät, entweder vor oder nach der letzten Schlacht, hätte mich dazu bewogen, den Feldzug abzubrechen«, schrieb Napoleon. [23] Alexander wiederholte seinen Schwur, keinen schmählichen Friedensvertrag zu unterzeichnen, solange der Feind noch auf russischer Erde stand. »Mehr denn je ist mein Volk mit mir verbunden«, schrieb Alexander an Bernadotte, »und wir ziehen es vor, unter den Ruinen vernichtet zu werden, als mit diesem modernen Attila Frieden zu schließen.« [24] Und am 6. Oktober berichtete Elisabeth ihrer Mutter: »Ich kann Dir versichern, daß der Entschluß des Zaren durch nichts erschüttert werden kann. Auch nicht im Falle, daß St. Petersburg das gleiche Schicksal wie Moskau erleiden sollte, ja auch dann würde er niemals die Möglichkeit eines schmachvollen Friedens in Betracht ziehen.« [25]

In der Zwischenzeit hatte Marschall Kutusow mit seiner russischen Hauptarmee 88 Kilometer südwestlich von Moskau bei den Zwillingsdörfern Tarutino und Letaschowka ein Lager bezogen. Der Marschall beabsichtigte, einen günstigen Moment im Herbst abzuwarten, um dann bei passender Gelegenheit die Franzosen anzugreifen. Er setzte seine Hoffnungen auf Verstärkungen durch Soldaten und Waffen, die aus dem Süden kommen sollten, während Abteilungen von Partisanen begannen, die langen Verbindungslinien Napoleons zu überfallen und abzuschneiden, der eine vorgeschobene Versorgungsbasis in Wilna und Depots für den Nachschub in Polen und Deutschland angelegt hatte. In der Gegend um Moskau gab es seit einiger Zeit einen zeitweiligen Waffenstillstand. Einzelne russische Kommandeure tauschten Höflichkeiten und Geschenke mit Murat und Marschall Bessières aus. Napoleon selbst sah diese Verbrüderung nicht gerne, aber er war erfreut, als ihm Murat mitteilte, daß die Russen begierig darauf warteten Frieden zu schließen. Um so mehr wunderte er sich, daß bis jetzt kein Kurier mit Friedensvorschlägen des Zaren von St. Petersburg zu ihm nach Moskau gekommen war. [26]

Doch zu Beginn des Monats Oktober hatte Napoleon aus St. Petersburg noch immer keine Nachricht erhalten. Deshalb wurde seine Situation zunehmend schwieriger. In Moskau konnte er keinesfalls überwintern, denn abgesehen von der Zerstörung der Stadt durch den großen Brand, war es eine Unmöglichkeit, das französische Reich von einem improvisierten Hauptquartier aus zu regieren, das seiner Ansicht nach an der Grenze Asiens lag. Seinen Marschällen schlug er eine Umgruppierung der Armee vor, die es ihm ermöglichen würde, den Konzentrationspunkt nach Norden zu verlegen, um auf diese Weise St. Petersburg zu bedrohen. Sie wiesen den Vorschlag als unausführbar zurück. Napoleon wollte unter allen Umständen einen Frieden diktieren, solange er »die politische Position Moskaus«, wie er sich ausdrückte, in Händen hielt. Am 3. Oktober ließ er Caulaincourt kommen, der ihn quer durch Europa von Dresden bis Moskau begleitet hatte. Er beauftragte ihn, nach St. Petersburg zu fahren. »Sie müssen den Zaren Alexander sehen. Ich vertraue Ihnen einen Brief an, und machen Sie Frieden.« Aber Caulaincourt argumentierte gegen diesen Vorschlag, weil er deutlich machte, daß seine Ankunft in der russischen Hauptstadt den Zaren nur von der schwachen Position der Franzosen überzeugen würde. Außerdem gab er Napoleon den Rat, nicht auf den Einfluß zu vertrauen, den er als Gesandter und Freund früher am kaiserlichen Hof genossen hätte. Napoleon wählte eine andere Alternative. Er sandte Caulaincourts Nachfolger, Lauriston, in das Hauptquartier Kutusows und bat um sicheres Geleit nach St. Petersburg. »Ich wünsche Frieden. Ich brauche ihn dringend. Ich brauche ihn um jeden Preis, außer um den meiner Ehre«, erklärte Napoleon Lauriston. [27]
In der Nacht vom 5. auf den 6. Oktober empfing Kutusow Lauriston. Er sagte nichts von einem sicheren Geleit in die Hauptstadt (ein Gedanke, von dem Lauriston genau wie Caulaincourt nichts hielt). Kutusow lehnte die französischen Vorschläge eines sofortigen Waffenstillstands ab, erklärte sich aber bereit, den Prinzen Wolkonskij mit einer Abschrift des Briefes, den Napoleon an den Zaren geschrieben hatte, nach St. Petersburg zu schicken. Napoleon war mit dem, was Lauriston erreicht hatte, sehr zufrieden. Er war überzeugt, daß Alexander selbst, genau wie er, einen Frieden in Ehren suchte. Die dazu notwendige Initiative hatte er nun eingeleitet. »Sobald sie in St. Petersburg meinen Brief erhalten haben, werden sie Freudenfeuer anzünden«, erklärte er. [28]
Wieder einmal sollte er sich irren. Wolkonskij kam am 16. Oktober in St.

Petersburg an und fand Alexander im Winterpalais. Der Zar las Kutusows Aktennotiz über seine Unterredung mit Lauriston und die Abschrift der Botschaft Napoleons. Er war weit davon entfernt, erfreut zu sein. »Frieden?« erklärte Alexander Wolkonskij, »aber bis jetzt haben wir ja noch gar nicht Krieg geführt. Mein Feldzug geht jetzt erst los.« Er ließ sich nicht herab, Napoleons Botschaft anzuerkennen, aber fünf Tage später schickte er Wolkonskij zu Kutusow und gab Befehl, mit den Franzosen keine Gespräche mehr zu führen: Denn solange der Feind auf russischem Gebiet stand, war Frieden für ihn unmöglich. [29]
Es trat genau das sein, was Caulaincourt und Lauriston prophezeit hatten. Als Alexander erfuhr, daß Napoleon zu Verhandlungen bereit war, verhärtete sich sein Standpunkt. Ja, er ging sogar so weit, Kutusow wegen seiner unerlaubten Unterredung mit Napoleons Emissären zurechtzuweisen. Man höre, daß »die Friedenspartei am Hofe zunimmt«, schrieb Adams am 21. Oktober in sein Tagebuch, obwohl er hinzufügte, daß diese »Information fragwürdig« sei. [30]
Am 24. Oktober trafen in St. Petersburg die ersten Nachrichten eines Sieges durch das Korps Wittgensteins bei Polozk ein, das die nördliche Flanke der Hauptlinie der napoleonischen Nachrichtenvermittlung bedrohte. Am gleichen Tag wurde gemeldet, daß Kutusow wieder Kampfhandlungen gegen Murats Vorposten südwestlich von Moskau aufgenommen hatte. Kosakenpatrouillen war es sogar gelungen, in die Straßen der alten Hauptstadt einzudringen. Der Beginn der Gegenoffensive wurde zwei Tage später mit einem feierlichen Te Deum gefeiert. Adams schrieb in sein Tagebuch, daß die Erstürmung Polozks einen Stimmungsumschwung von »Verzweiflung zum Vertrauen« hervorgerufen habe. [31]
Aber die freudigste aller Nachrichten erreichte St. Petersburg um die Mittagszeit des 27. Oktober, als Salven aus den Kanonen abgeschossen wurden, die auf der Peter-Paul-Festung für zeremonielle Zwecke standen. Sie verkündeten dem Volk, daß die Russen Moskau wieder zurückerobert hatten und daß sich Napoleon auf dem Rückzug befand. »Endlich führt uns Gott der Allmächtige vorwärts«, schrieb Elisabeth an jenem denkwürdigen Abend an ihre Mutter. [32]
Tatsächlich hatte Napoleon am 19. Oktober Moskau verlassen und marschierte südlich entlang der Straße nach Kaluga. Er beabsichtigte, Kutusow eine Niederlage zuzufügen und, wenn es das Wetter erlaubte, die Waffenfabriken in Tula zu zerstören, bevor er nach Smolensk zurück-

wich. Obwohl er sich aus Moskau zurückzog, befand er sich militärisch doch nicht auf dem Rückzug. Er machte nämlich bereits Pläne, wie er seine Armee umgruppieren könnte, um im Frühjahr 1813 St. Petersburg anzugreifen, natürlich nur, falls der Zar in der Zwischenzeit nicht die Einsicht hätte, um Frieden zu bitten. Der Tag der Entscheidung war für Napoleon noch nicht gekommen. Am 24. Oktober kämpfte ein vorwiegend italienisches Korps der Großen Armee, das unter Napoleons Stiefsohn Eugène Beauharnais stand, um die kleine Stadt Malojaroslawez. Sein Gegner, der russische General Dochturow, hatte 15 000 Russen zur Verfügung. Eugènes Soldaten eroberten die Stadt, und deshalb sprach Napoleons Heeresbericht von einem Sieg. Dies tat aber auch Kutusow, und dieses Mal war der Marschall im Recht. [33] Bei dem Kampf um Malojaroslawez traten die Grenzen, die Napoleons Strategie gesetzt waren, offenkundig zutage. Es war ihm nicht möglich, den Sieg Eugènes auszunutzen und die Hauptarmee der Russen zur Schlacht zu stellen. Einmütig drängten Napoleons Marschälle, sofort nach Moshajsk und Smolensk zu marschieren, anstatt den ausweichenden Kutusow entlang der Straße nach Kaluga weiter zu verfolgen. Und am 26. Oktober wandte er sich nach Nordwesten, endlich fort von den Russen.

Als Alexander sechs Tage später von dem Gefecht um Malojaroslawez und dem französischen Rückzug hörte, war es ihm nicht sofort klar, daß sich das Blatt gewendet hatte. Er hatte vor dem militärischen Genie Napoleons einen viel zu großen Respekt, um solch voreilige Urteile zu fällen. Vielleicht neigte er auch dazu, die Meldungen Kutusows mit Vorsicht aufzunehmen. Er schenkte den Berichten Wittgensteins auf diesem Gebiet mehr Glauben als seinem Oberkommandierenden. Die meiste Zeit im November war Alexander zufrieden, in seinem Arbeitszimmer zu sitzen und die Berichte und Meldungen zu studieren, die man ihm zuschickte. Auf einer Landkarte, die ihm sein Stab besorgt hatte, verfolgte er die Truppenbewegungen. Zu diesem Zeitpunkt hatte er auch eine neue Beschäftigung im Sinn. [34] Während der schwarzen Wochen im Oktober war er durch den unerschütterlichen Glauben dreier ihm nahestehender Menschen sehr beeindruckt worden: Das waren seine Frau Elisabeth, sein alter Freund Fürst Alexander Golizyn, der einmal ein notorischer Wüstling gewesen war, und der junge Rodion Koscheljow, ein Kavallerieoffizier, den er in diplomatischer Mission nach Wien geschickt hatte und der im Augenblick Oberhofmeister war. Bei diesen drei Freunden fand Alexander den Seelenfrieden und die Inspiration, die man in Stunden der Krise aus der Heiligen Schrift schöpfen kann. Er hatte die Psalmen und die Propheten des Alten Testaments gelesen, und er erinnerte sich der Augenblicke in Moskau, da er aus einer religiösen Erfahrung heraus sich emporgehoben fühlte. So pflanzte er auf seinen orthodoxen Mystizismus noch den Eifer, der die Wahrheit in Gottes Wort sucht, und dies zusammen gab eine wirksame Kombination. »Ich verschlang die Bibel«, schrieb Alexander später, »und ich fand, daß die Worte meinem Herzen einen unbekannten Frieden gaben und den Durst meiner Seele stillten. Unser Gott erweckte mich in seiner unendlichen Güte und gab mir die Möglichkeit, zu verstehen, was ich las.« [35] Beim Studium der Propheten Jesaja, Jeremia und Ezechiel beobachtete Alexander dankbar, wie Gott der Allmächtige seine Feinde auf der gefrorenen und vereisten weiten russischen Ebene beim Rückzug vernichtete.

Wenige Wochen nach dem Empfang des Berichts über das Gefecht bei Malojaroslawez, den ihm Kutusow geschickt hatte, sah der Zar vom Fenster seines Palais aus, wie große Eisblöcke die Newa hinunterschwammen. In der Nacht vom 7. zum 8. November fiel die Temperatur plötzlich, und einige Tage später fuhren Schlitten über die mit Schnee bedeckten Straßen. Auch die Kanäle waren zugefroren. Der starke Schneefall überraschte die Bevölkerung. Dieses Jahr schien der Winter vierzehn Tage früher als in den vorhergegangenen zwei Jahren zu kommen. [36] Weit weg vom Baltikum, im offenen Gelände westlich von Wjasma, war es schwer für die französischen Armeen, vorwärtszukommen. Dort begann es bereits am 4. November zu schneien; innerhalb von 48 Stunden wurden die Truppen von einem dichten Schneesturm überrascht, als sie schwer darum kämpften, sich nach Smolensk zurückzuziehen. Es war einfach unmöglich, weiter als etwa hundert Meter zu sehen, und es bestand immer Gefahr, in Schneewehen zu fallen. [37] Die Situation war aber nicht nur für Napoleon, sondern auch für Kutusow fürchterlich, dessen Kavallerie unablässig die Flanke der Großen Armee angriff. Für den Augenblick mußten die Kampfhandlungen wegen des Schneesturms abgebrochen werden. Aber für diejenigen, die die Generalstabskarte im Hauptquartier oder in St. Petersburg studierten, spielte die Einstellung von Kampfhandlungen keine Rolle. Denn es schien Alexander und seinem Stab, als ob Napoleon in eine Falle stolpern würde. Im Norden hatte Wittgenstein bereits Witebsk zurückerobert, während im Südwesten Tschitschagow mit den vereinigten Truppenteilen, die einstmals Tormassows dritte Moldau-Armee gewesen waren, gegen Osten nach Minsk marschierte. Drei russische Armeen zogen sich entlang einer Linie an der Beresina, einem rechten Nebenfluß des Dnjepr, zusammen, um Napoleon eine Schlacht anzubieten.

In diesem Augenblick war Alexander geneigt, selbst wieder den Oberbefehl zu übernehmen. Er teilte Katharina am 20. November mit, daß er in einigen Tagen St. Petersburg verlassen wolle, um sich mit Wittgenstein zu treffen. Er erklärte, daß dieser nach einem »Plan, den er jetzt gerade durchführt, mit Tschitschagows Armee Verbindung aufnimmt. So wird er die vorderste Linie halten, während die Hauptarmee in der zweiten Linie stehen wird.« [38] Man weiß nicht, warum er diese Idee aufgab. Wahrscheinlich war es nicht mehr als ein impulsiver Gedanke gewesen. Sein Bein schmerzte ihn, und die Schneeverhältnisse machten es schwierig, nach Nowgorod durchzukommen. Wittgensteins vorgeschobenes Quartier lag in Witebsk. Außerdem bestand ein dringendes Bedürfnis, daß der Zar mit den Regierungsgeschäften im Zentrum seines Landes blieb. Als Alexander am 21. November zu Bett ging, sandte ihm Kutusow eine Meldung und teilte ihm mit, er habe einen französischen General gefangengenommen, der ihm berichtete, daß in Paris eine Revolution ausgebrochen sei. Die Kaiserin Marie Louise sei zur Flucht gezwungen worden. Diese Geschichte beruhte wahrscheinlich auf den verstümmelten Berichten über Malets erfolglose Verschwörung vier Wochen vorher, die man Napoleon am 6. November mitgeteilt hatte. [39] Obwohl diese Geschichten von Zwist und Uneinigkeit in Frankreich stark übertrieben waren, erregten sie Alexander sehr. Als man den Marschallstab Davouts in der Kasaner Kathedrale zur Schau stellte und den Neugierigen zeigte, unterlag es keinem Zweifel mehr, daß sich der Feind in voller Flucht zu den westlichen Grenzen des russischen Reiches befand. »Gott der Allmächtige«, schrieb er an Katharina in seinem neuen Stil, dem der christlichen Offenbarung, »läßt über das Haupt Napoleons all das Unglück kommen, das er uns zugedacht hat.« [40]

In der ersten Dezemberwoche herrschte in St. Petersburg wieder einmal eine Stimmung größter Erwartungen. Es schien, so schrieb Adams, »moralisch unmöglich« zu sein, daß die Reste der Großen Armee nicht in die Falle gehen, die die Russen an der Beresina aufgestellt haben. [41] Aber genau wie nach Borodino trat plötzlich Nachrichtenstille ein, was den

Zweiflern unheilverkündend vorkam. Am 8. und 9. Dezember schwirrten widersprüchliche Gerüchte durch die Stadt. Die einen behaupteten, die Russen hätten einen entscheidenden Sieg über Napoleon erfochten, und sein Leichnam sei auf dem Schlachtfeld gefunden worden. Andere behaupteten, Napoleon hätte die russischen Armeen besiegt, denn Tschitschagow sei nicht in der Lage gewesen, Napoleon aufzuhalten, der seine Verfolger bereits hinter sich gelassen habe. Nach einiger Zeit wurde klar, daß die letzte Meldung der Wahrheit am nächsten kam. Die Franzosen hatten Tschitschagow durch ein Umgehungsmanöver getäuscht, denn als sie in den Nachmittagsstunden des 26. November die Beresina bei Borissow erreichten, gelang es ihnen, am 27. und 28. November etwa 50 000 Mann über den Fluß zu setzen. Diese marschierten gegen Wilna und die preußische Grenze in nordwestlicher Richtung weiter. Aber Wittgenstein und Kutusow waren ihnen so nahe auf den Fersen, daß die improvisierten Brücken über den Fluß zerstört werden mußten, bevor alle Versprengten übersetzen konnten. Deshalb hatten die Franzosen, obwohl Napoleon entkommen war, beträchtliche Verluste. Die Große Armee war jetzt nichts mehr als eine auf der Flucht befindliche Horde. Alexander war enttäuscht, daß Napoleon nicht gefangengenommen worden war. Er gab Kutusow die Schuld, daß er nicht schneller nach Krasnyj und östlich nach Borissow gestoßen war. Als die Nachricht von dem, was an der Beresina passiert war, St. Petersburg erreichte, hatte Napoleon Rußland bereits verlassen. Was noch von seiner Armee übriggeblieben war, verließ er bei Smorgonie (Smorgon) am Abend des 5. Dezember und legte seine 1800 Kilometer lange Reise nach Paris in Begleitung Caulaincourts und eines polnischen Dolmetschers zurück. [42] Vor allem in den letzten Tagen des französischen Rückzugs war die Kälte am furchtbarsten, denn die Temperatur fiel manchmal auf 25 Grad unter Null. Gejagt von Kosaken und Partisanen zogen sich die Reste der Großen Armee über Wilna zum Flusse Njemen zurück. Am 13. Dezember erreichten die aufgelösten Nachhuten unter Marschall Ney endlich die preußische Grenze bei Kowno (Kaunas). Etwa eine halbe Million Soldaten der Großen Armee kehrten nicht mehr aus Rußland zurück.

Am gleichen Tage besetzte Kutusow Wilna, das er gut kannte, weil er dort zweimal Garnisonskommandeur gewesen war. Obwohl die Stadt keine Kriegsschäden erlitten hatte, war sie kaum wiederzuerkennen. »Es sah wie in einer Tatarenhölle aus. Überall war Schmutz und Gestank«, schrieb einer der Preußen, die in seinem Stab dienten. [43] Bereits am 7. Dezember teilte Kutusow Alexander mit, daß seine Truppen völlig erschöpft seien, und sein Bericht über die Wiedereroberung von Wilna betonte u. a. die großen Entbehrungen, die die russischen Soldaten in den vorhergehenden fünf Wochen erlitten hatten. [44] Und doch kam es dem Zaren in St. Petersburg so vor, als ob Kutusow übertreibe. Er konnte es in der Hauptstadt einfach nicht länger aushalten und wollte sich persönlich von den wahren Zuständen im Grenzgebiet überzeugen. Am 19. Dezember früh am Morgen verließ Alexander das Winterpalais, um wieder einmal nach Wilna zu fahren. Er sollte seine Hauptstadt erst nach achtzehn Monaten wiedersehen, zu einem Zeitpunkt, als Napoleon bereits auf die Insel Elba verbannt worden war.

KAPITEL 13

Der Zar mit einer Mission

Wieder einmal in Wilna (Dezember 1812 – Januar 1813)

Mit Schlitten oder Troikas fuhr der Zar in schnellem Tempo über die weiten Schneeflächen und erreichte Wilna vor Tagesanbruch am 23. Dezember. Er umarmte Kutusow, der ihm feierlich die erbeuteten Fahnen und Siegestrophäen übergab. Er verlieh Kutusow die höchste militärische Auszeichnung Rußlands, den St. Georgsorden, Stern und Kreuz aus Brillanten. Sowohl der Herrscher wie der Feldherr weinten vor Dankbarkeit und Erleichterung. In der Öffentlichkeit bemerkte man zwischen den beiden Männern weder Spannungen noch Mißtrauen. Was auch immer Alexander in Privatgesprächen zu seinen Freunden und Ministern sagte, so wollte er doch auf keinen Fall Kutusows Ansehen bei der Armee schmälern. Sie bedurfte eines weisen Beschützers, den sie abgöttisch verehren konnte, wenn sie den Krieg in den Wintermonaten unermüdlich fortsetzen sollte.

Äußerlich hatte sich Alexander, seit er das letzte Mal in der Stadt war, kaum verändert. Es machte ihm noch immer Spaß, mit den Damen der polnischen Aristokratie eine Tasse Tee zu trinken, obwohl die meisten entweder Väter oder Brüder hatten, die unter Napoleon dienten. Genau wie im Sommer nahm er täglich an der Parade teil, die auf dem Stadtplatz stattfand. Seine Truppen begrüßte er mit den traditionellen Worten: »Wie geht es euch, meine Kinder?« Einmütig antworteten sie: »Uns geht es gut, Majestät, und Ihnen Majestät?« Seine Lebensweise war so familiär, daß es ganz natürlich erschien, daß man seinen Geburtstag am 24. Dezember mit einem Ball im erzbischöflichen Palais feierte. Kutusow gab seinen Adjutanten Befehl, dieses Fest zu arrangieren. Doch Alexander wollte in dieser schweren Zeit nicht der Mittelpunkt persönlicher Huldigungen sein. Er konnte allerdings die Abhaltung des Balles nicht verhindern, und es scheint, daß es ihm keine Schwierigkeiten bereitete, ihn zu einem Erfolg zu machen. Wieder tanzte er mit der jungen Gräfin Tiesenhausen, deren Partner er in der denkwürdigen Nacht auf Gut Zakret sechs Monate vorher gewesen war. »Sie werden erstaunt sein ... mich hier auf einem Ball zu finden«, sagte er entschuldigend zu ihr. »Aber was kann ich tun? Ich mußte doch dem ›alten Kameraden‹ eine Freude bereiten«, und dabei sah er zu Kutusow hinüber, der als offizieller Gastgeber für diesen Abend verantwortlich war. Es paßte Alexander, in großen und kleinen Dingen die Verantwortung auf Schultern abzuwälzen, die schon oft den Wechsel des Glückes erfahren hatten. »Der alte Kerl sollte zufrieden sein«, murmelte er nachdenklich. »Das kalte Wetter hat ihm einen großen Dienst erwiesen.« [1]

In Wirklichkeit aber hatten der Zar und sein Marschall große Differenzen. Nach Wilna zurückgekehrt, war der Zar entschlossen, die Rolle des Befreiers Europas zu spielen, die er sich schon sieben Jahre vorher in den Kopf gesetzt hatte. Von jetzt ab verwandelte er sich in einen Zaren, der eine Mission zu erfüllen hatte. Selbst Rumjanzew, der von Natur aus zu Kompromissen neigte, fühlte den neuen Geist: »Der Himmel hat Sie auserwählt, seine Absichten auszuführen«, schrieb er an seinen Herrscher aus St. Petersburg, »denn Ihr Schicksal, das Sie zum Retter Europas bestimmt, ist bereits offenkundig geworden.« [2] Aber Kutusow war vorsichtig. Er zweifelte keinen Augenblick, daß die Fortsetzung des Krieges zum endgültigen Sturz Napoleons führen würde, jedoch nur, wenn die Russen über genügend Menschen und Material verfügten. Nach den Aufzeichnungen des Generals Wilson, der Kutusows Oberkommando angehörte, hatten die Russen bei der Verfolgung Napoleons in den letzten vier Wochen, ehe Wilna wieder in ihre Hände fiel, etwa 45 000 Mann verloren. Moderne sowjetische Historiker haben ausgerechnet, daß am Ende des Jahres 1812 nur noch ein Drittel der Soldaten, die unter Kutusow standen, für den Dienst in der aktiven Truppe geeignet war. [3] Deshalb wollte Kutusow warten, bis die Rekruten, die zu Tausenden in Rußland ausgehoben wurden, in die Armee eingegliedert waren.

Alexander dagegen wollte nicht auf Kutusow hören. Der preußische Staatsmann Freiherr vom Stein hatte dem Zaren bereits geschrieben und ihn gedrängt, »die Menschheit von diesem lächerlichen und würdelosen Tyrannen« zu befreien. Er glaubte tatsächlich, die Russen könnten den Feind schlagen, solange er sich noch in Auflösung befand. [4] In diesem Argument lag viel Wahres, denn die Kosaken und die Einheiten der Miliz konnten im Winter besser kämpfen als im Frühjahr, wenn Klima und Terrain die Truppen West- und Südeuropas begünstigten. Dazu kam, daß Wittgenstein, obwohl Kutusow selbst und seine Truppen erschöpft waren und dringend der Ruhe bedurften, die zurückflutenden Militärkolonnen der Franzosen an den Ufern des unteren Njemen unablässig verfolgte und angriff. Er wollte so rasch als möglich auf preußisches Gebiet gehen. Alexander begrüßte Wittgensteins Initiative auf das wärmste, so wie er es während des ganzen Krieges immer getan hatte, denn hier war einmal ein General so ganz nach seinem Herzen.

Die kommenden Ereignisse spielten den Erfolg in Alexanders Hände. Am 30. Dezember schloß General Ludwig Graf Yorck von Wartenburg, der den Rest des preußischen Kontingents, das der Großen Armee zugeteilt war, befehligte, bei Tauroggen (Taurage) mit dem russischen General Diebitsch, einem Armeekommandeur unter Wittgenstein, einen Neutralitätsvertrag ab. [5] Die Bestimmungen dieser Konvention waren begrenzt, doch sehr präzise. Die Preußen würden den hervorspringenden Zipfel des Gebiets an der Mündung des Njemen, südlich von Memel, besetzt behalten. Sie würden dagegen dem Angriff der Russen keine Gegenwehr entgegensetzen. Die Bedeutung dieses Neutralitätsversprechens hatte weittragende Konsequenzen auf Ereignisse, die weit außerhalb dieses Gebietes lagen. Denn jetzt war es den Franzosen praktisch nicht mehr möglich, in Ostpreußen noch einen Brückenkopf zu halten. Sie mußten Königsberg schnellstens evakuieren, obwohl sie sich auf eine Belagerung Danzigs vorbereiteten, denn diesen wichtigen Seehafen wollten sie auf keinen Fall aufgeben.

Von der Konvention von Tauroggen erfuhr Alexander durch einen Adjutanten Wittgensteins, der am 4. Januar 1813 in Wilna eintraf. [6] Sofort entschloß sich der Zar, die Zeichen der schwachen Positionen der Franzosen auf deutschem Gebiet auszunutzen. Er sandte den glühend-patriotischen preußischen General von Boyen in geheimer Mission zu Friedrich Wilhelm und bot ihm sowohl ein Offensiv- wie ein Defensiv-Bündnis an. Er ermunterte vom Stein, dem König einen Appell zu senden und darauf zu drängen, daß dieser die Beziehungen mit Napoleon abbreche. Weiter sollte er sein Volk aufrufen, gemeinsam mit den herannahenden russischen Truppen, sich selbst von dem Tyrannen zu befreien. Am 9. Januar verließ Alexander endlich Wilna und war darauf vorbereitet, den Krieg nach Europa zu tragen. Bei Meritz (Meretsch) am unteren Njemen schlug er ein vorläufiges Quartier auf. Von dort aus gab er seinen Truppen drei Tage später den Befehl, den Njemen zu überqueren und in westlicher Richtung nach Preußen vorzudringen.

Die Befreiung Preußens

Elf Wochen lang begünstigte das Glück Alexanders Sache. Die Franzosen zogen sich fluchtartig zurück, um ihre Linien zu verkürzen. Eugène de Beauharnais, dem Napoleon den Oberbefehl übertragen hatte, war außerstande, Posen zu halten, und bereits in der zweiten Februarwoche versuchte er krampfhaft, eine neue Linie um Frankfurt an der Oder zu bilden. In weniger als 30 Tagen hatte er sich mehr als 160 Kilometer zurückziehen müssen. Aber der russische Vormarsch ging unaufhaltsam weiter: Wittgenstein ließ drei kleinere Freikorps nach Pommern einfallen, die anschließend nach Mecklenburg vordrangen. Eines von ihnen besetzte am 18. März Hamburg. Europa wurde aufgeschreckt. In der Zwischenzeit mußte Eugène sogar Berlin aufgeben und zog sich nach Magdeburg zurück. Die Hauptlinie lag jetzt an der Elbe. Politisch hatte dieser klar zutage tretende Zusammenbruch napoleonischer Macht in Mittel- und Ost-Deutschland eine Stärkung der Alliierten zur Folge: Die Preußen und die Schweden erklärten Frankreich den Krieg. Die Österreicher (die an dem Feldzug im Jahre 1812 mit genauso wenig Begeisterung teilgenommen hatten wie die Preußen) befahlen ihren Truppen, nach Galizien zurückzukehren und schlossen mit den örtlichen russischen Kommandeuren Waffenstillstandsverträge ab.
Alexander stürmte mit seinen Truppen in einer Art religiöser Ekstase vorwärts. Immer wieder las er das 11. Kapitel des Buches Daniel, in dem eine apokalyptische Vision beschreibt, wie der alles beherrschende König des Südens zuletzt doch noch von dem König des Nordens besiegt wird. Es schien ihm, als ob die Prophezeiungen, die ihm während der dunklen Tage des Herbstes und frühen Winters 1812 Mut gemacht hatten, nun doch in Erfüllung gingen. In diesem Jahr lag über dem Osterfest für ganz Europa eine neue Hoffnung. »Ich lege mein Schicksal fest in Gottes Hände und unterwerfe mich blind seinem Willen«, schrieb er an seinen Freund Golizyn. »Mein Glaube ist echt und voll Inbrunst. Jeden Tag wird er stärker, und

ich erlebe Freuden, die ich vorher niemals erfahren durfte... Es ist schwierig in Worte zu fassen, welchen Nutzen ich durch das tägliche Lesen der Bibel gewinne. Vorher habe ich sie nur ganz oberflächlich gekannt ... Meinen ganzen Sieg weihe ich dem Fortschreiten der Herrschaft unseres Herrn Jesus Christus.« [7] Dieser Mystizismus beschränkte sich aber keineswegs nur auf seine Privatkorrespondenz. Bei Kalisch (Kalisz), das an der Grenze des Herzogtums Warschau und Preußens lag, trafen sich der Zar und Friedrich Wilhelm zu einer Absprache. Die Vereinbarung sah ein enges, militärisches Bündnis zwischen Rußland und Preußen vor und setzte die Größe der jeweiligen Truppenkontingente fest. Preußen sollte wieder die Grenzen erhalten, die es 1806 hatte. Doch die abschließenden Vertragsklauseln gingen weit über die in der Diplomatie übliche Sprache hinaus und wurden zu einem Echo von Alexanders religiösen Inspirationen. »Laßt ganz Deutschland an unserer Mission der Befreiung teilnehmen«, hieß es im Kalischer Vertrag. »Die Stunde hat geschlagen, in der man Verpflichtungen einhalten muß, mit dem religiösen Glauben heiliger Unverletzlichkeit, der die Macht und Beständigkeit von Nationen zusammenhält.« [8]

Seiner Begleitung fiel es schwer, die außergewöhnliche Geisteshaltung ihres Herrschers zu verstehen. Die meisten von ihnen hatten die Aufgabe, diese vagen Wünsche in die Praxis umzusetzen: Kutusow, der den unkomplizierten religiösen Glauben eines einfachen Bauern hatte, schrieb seine militärischen Anweisungen in knappem und präzisem Stil. Nesselrode sah zu, daß die Vernarrtheit seines Herrschers in mystische Offenbarungen die wichtigsten politischen Ziele nicht beeinflußte. Es gab Zeiten – Kutusow hatte sie vorausgesehen –, in denen die Gefahr bestand, daß Alexanders Vertrauen und seine Begeisterung weit über seine Kräfte gingen. Es gelang niemandem, ihn in Kalisch zurückzuhalten, nachdem er einmal davon überzeugt war, daß er nur dem Willen Gottes gehorche. Als er in der zweiten Märzwoche 110 Kilometer nach Westen fuhr, um Friedrich Wilhelm in Breslau (Wroclaw) zu treffen, verstärkte sich seine religiöse Idee. Seit dem Tode der Königin Luise hatten sich Alexander und Friedrich Wilhelm nicht mehr gesehen, und jeder war tief ergriffen. Beide trauerten sehr um sie, während sie zur gleichen Zeit ihr Bündnis gegen ihren alten Feind feierten.

Unter normalen Umständen gab es nur *einen* Menschen, der Alexander davon überzeugen konnte, daß der Mantel Elias' nur leicht auf seinen

Schultern ruhte, und das war die Großfürstin Katharina. Aber gerade in diesen Monaten stand sie selbst vor einem seelischen und körperlichen Zusammenbruch, der vielleicht dazu beigetragen hat, den Weg ihres Bruders zu einem nach innen gerichteten Mystizismus noch zu verstärken. Der unglückliche Georg von Oldenburg, Katharinas Gatte, starb am 27. Dezember 1812 an einem Fieber. Katharina, mit 24 Jahren Witwe geworden und mit zwei unmündigen Kindern, schien sich anfänglich mit Selbstvorwürfen zu überhäufen, denn sie glaubte, daß sie durch ihren »rastlosen Ehrgeiz alles verloren« hätte. Glücklicherweise jedoch verfügte Katharina über große Spannkraft und Energie. Bereits Mitte Februar tröstete sie sich damit, daß sie in schwarzer Trauerkleidung am besten aussehe. Vier Wochen später nach St. Petersburg zurückgekehrt, zeigte sie neuen Eifer für Intrigen. Auch ihre Briefe an Alexander zeigen noch einmal ihre ungebrochene Lust an Verleumdungen. Der Zar, bereits damit beschäftigt, die Probleme der Außenpolitik von einer dunklen Ecke Polens aus zu kontrollieren, dürfte die Einwände seiner Schwester wahrscheinlich als lästig empfunden haben, denn am 7. März antwortete er ihr aus Kalisch in weit weniger herzlichem Ton als üblich. In aller Ruhe setzte er seiner »lieben, süßen Freundin« auseinander, daß er für die Vorschriften über Dienstalter am kaiserlichen Hofe nicht verantwortlich sei, weil die Etikette noch von seinem Vater bestimmt worden war. Er nahm die Gelegenheit wahr, ihr mitzuteilen, warum er in einem früheren Brief bekannt hatte, daß er »kaum einen Moment« Zeit zum Briefeschreiben habe: »Die letzten paar Tage glaubte ich, mein Kopf drehe sich in einem Kreis unter der Bürde von Arbeit, die ich plötzlich bewältigen muß. Der Bündnisvertrag mit Preußen und die daraus resultierenden militärischen Konsequenzen; die Ankunft General Scharnhorsts und des englischen Gesandten; drei Kuriere kamen aus Kopenhagen und London an; die Ankunft des österreichischen Gesandten Lebzeltern und des Adjutanten des Königs von Preußen, Wrangel; endlich die Besetzung von Berlin. Alle diese Ereignisse fallen zusammen, so daß ich entweder an meinen Schreibtisch gebunden bin oder mich in Besprechungen mit diesen Herren befinde. Jetzt halte ich wenigstens die Feder zwischen meinen Fingern, indem ich Dir schreibe; und damit Du Dir vorstellen kannst, wie die Dinge liegen, kann ich Dir mitteilen, daß es eine halbe Stunde nach Mitternacht ist und daß einer dieser Herren vor kurzer Zeit weggegangen ist, nachdem er mit mir seit acht Uhr eine Unterredung hatte.« [9]

Ende März gab es einen großen, festlichen Einzug in das befreite Berlin und am 23. April in die Stadt Dresden. Überall wurde Alexander mit Hochrufen und Lorbeerkränzen begrüßt. Einige von ihnen sandte er mit höflichen Komplimenten an Marschall Kutusow und seine Korps-Kommandeure weiter. Aber wie lange konnten diese Erfolge andauern? Man wußte, daß Napoleon noch von Moskau aus Befehle zur zwangsweisen Aushebung von Rekruten gegeben hatte, die 1813 zu den Fahnen eilen sollten, und in der zweiten Januarwoche ließ er schon Rekruten für das kommende Jahr ausheben. [10] Deshalb lag es im Bereich des Möglichen, anzunehmen, daß er in Deutschland eine Armee konzentrieren würde, allerdings nur halb so stark wie die Kräfte der Alliierten. Kutusow sah diese Gefahr bereits in Wilna voraus und ließ nicht ab, Alexander zu warnen, obwohl der Vormarsch der Russen wie eine Kavalkade des Sieges aussah. Die Bewährungsprobe kam mit der Besetzung Berlins. Sollten die Alliierten die Elbe überqueren und nach Magdeburg marschieren, oder sollten sie ihre Stellung ausbauen und auf die napoleonische Gegenoffensive warten? Wittgenstein war seiner Sache sicher und wollte tief nach Westfalen eindringen, um die Konzentration neuer französischer Kräfte zu stören. Aber Kutusow, der noch immer Oberkommandierender war, wollte im Raum von Magdeburg und Berlin eine kleine Verteidigungstruppe lassen, während er das Gros seiner Armee nach Sachsen verlegte, wo man Napoleons Angriff erwartete. »Wir können natürlich ohne Zwischenfall die Elbe überqueren, aber kurz darauf werden wir sie mit einer blutigen Nase zum zweiten Mal überqueren müssen«, erklärte er offen heraus. [11] Wittgenstein dagegen versuchte, beide Strategien zu vereinen. Erfolgreich ging er am 2. April bei Rosslau über die Elbe und drehte dann nach Süden ab, um sich mit den Preußen zu vereinigen, die unter dem Befehl Blüchers in Sachsen standen. Die russischen Verluste waren schwer, und es wurde klar, daß sich der Widerstand des Feindes verstärkte. In der dritten Aprilwoche glaubten sowohl Wittgenstein als auch Blücher, daß Napoleon selbst in Sachsen jeden Augenblick angreifen könne, und über ihre exponierten Stellungen waren sie sehr beunruhigt.

Alexander blieb vertrauensvoll. Er konnte sich nicht vorstellen, daß Napoleon vor Juni angreifen würde und hegte Zweifel, ob die frisch ausgehobenen Rekruten in der Lage wären, die Alliierten aus den Städten, die sie im Frühjahr besetzt hatten, zu vertreiben. Er hielt die Lage für so sicher, daß er die Nachricht, seine Schwester Katharina komme Anfang Mai zu einer Badekur nach Teplitz, begrüßte. Dort plante er eine Familienfeier, an der auch seine Schwester Maria teilnehmen sollte. Sie wurde aus Weimar erwartet, das bis zu diesem Zeitpunkt hoffentlich von französischen Truppen befreit sein würde. [12] Aber in der letzten Aprilwoche kam es für Alexander zu einer unerwarteten Krise, als Kutusow am 28. April einen Schlaganfall bekam und in Bunzlau, das im preußischen Teil Schlesiens lag, starb. Zu seinem Nachfolger als Oberkommandierenden ernannte der Zar Wittgenstein, aber er mußte feststellen, daß zwei ältere russische Generäle, Tormassow und Miloradowitsch, die Beförderung eines an Dienstjahren jüngeren Offiziers, der zudem deutscher Abkunft war, übelnahmen. Deshalb wurde Alexander gezwungen, beider Korps unter seinen persönlichen Befehl zu stellen. Er überließ Wittgenstein die vorwiegend preußischen Kräfte und trennte sie von den verbleibenden russischen Einheiten und der ganz aus Preußen bestehenden Armee Blüchers. [13] Solche unklaren Dispositionen im Befehlsbereich führten zu Verwirrungen und konnten nur Unglück bringen. Genau zu diesem Zeitpunkt ergriff Napoleon am 30. April nach sechseinhalb Monaten wieder die Initiative und sandte seine reorganisierte Große Armee nach Osten an die Saale.

Napoleons Vormarsch bedrohte Leipzig und Dresden, wo Alexander eine Woche vorher das orthodoxe Osterfest gefeiert hatte. Die beiden Armeen prallten am 2. Mai bei Lützen aufeinander. [14] Lützen, etwa 130 Kilometer westlich von Dresden, war strategisch so wichtig, daß der Ausgang der Schlacht das Schicksal von ganz Sachsen entschied. Obwohl die Franzosen größere Verluste als die Alliierten erlitten, waren es Wittgenstein und Blücher, die sich zurückziehen mußten, und deshalb war die Schlacht militärisch ein napoleonischer Sieg. Am 10. Mai mußten die Russen »mit einer blutigen Nase« wieder über die Elbe zurückgehen, genau wie es der alte Marschall zwei Monate vorher prophezeit hatte. Napoleon verlegte sein vorgeschobenes Hauptquartier nach Dresden, wo König Friedrich August von Sachsen, dessen Loyalität in letzter Zeit geschwankt hatte, jetzt entschlossen und zu seinem Verhängnis auf die französische Seite überging.

Der Verlust Dresdens ließ die kleinmütigen Herzen im alliierten Lager erzittern. »Gott im Himmel, soll das heißen, daß ich nach allem wieder nach

Memel zurückgehen muß?« fragte Friedrich Wilhelm von Preußen klagend, als er die Nachricht von Napoleons Erfolg erhielt. [15] Und die Großfürstin Katharina, die in Teplitz weilte (das nur 40 Kilometer jenseits der Grenze von Dresden entfernt liegt), entschied am 7. Mai, daß sie in Prag sicherer wäre und ließ rasch ihre Pferde wieder anspannen, für den Fall, daß Napoleon beabsichtigte, ihren Bruder bis in das neutrale Österreich zu verfolgen. [16] Der Fall von Dresden half Alexander wenigstens ein Problem zu lösen. Wenn man sich nicht darauf verlassen konnte, daß Wittgenstein nicht den Kopf verlor, so war es sinnlos, ihm den Oberbefehl anzuvertrauen. Deshalb rief der Zar Barclay de Tolly zurück, der der älteste russische General bei der kämpfenden Truppe war. Obwohl der Feind im großen und ganzen wenig Respekt vor Barclay zeigte, konnte man doch mit Sicherheit sagen, daß seine Ernennung zum Oberkommandierenden jetzt, da seine beiden alten Rivalen Bagration und Kutusow tot waren, zu keinen Spannungen und Ressentiments führen würde.
Allerdings gab es in der vierten Maiwoche einige besorgniserregende Tage, als Napoleon bei Bautzen, 55 Kilometer östlich von Dresden, einen neuerlichen Sieg erfocht und Barclay zu einem Rückzug nach Polen riet. [17] Aber Alexander war für einen Frieden nicht zu gewinnen. Und doch lag der Friede in der Luft. Metternich, dem alles daran gelegen war, für Österreich wieder politische und militärische Gleichberechtigung zu erlangen, hatte zwei Sonderkuriere mit diplomatischer Erfahrung in das feindliche Hauptquartier geschickt und hoffte zuversichtlich, daß sie sowohl Napoleon als auch Alexander zur Unterzeichnung eines Kompromisses bringen würden, der dem Krieg in ganz Europa ein Ende setzte. [18] Im tiefsten Grunde seines Herzens lag Napoleon sehr viel daran, den verrückten Krieg gegen Rußland zu beenden. Er wußte, daß er zwar genug Soldaten hatte, aber daß es ihm sowohl an Pferden wie an Gewehren, Kanonen, Material und Verpflegung fehlte, die nicht mehr so regelmäßig wie bei seinen früheren Unternehmungen aus Paris bei der Hauptarmee eintrafen. Aber Napoleon wollte auch nicht von Österreich abhängig sein. Er brauchte dringend eine Atempause, um die Möglichkeit, mit dem Feind doch noch zu einem Bündnis zu kommen, zu eruieren. Er erinnerte sich nochmals an Tilsit und ließ Caulaincourt kommen. Ihm wurde befohlen, sich in das Hauptquartier Alexanders zu begeben, um ihn »aus den Klauen Metternichs« zu befreien. Noch immer war Napoleon überzeugt, daß Alexander einen leicht beeinflußbaren Charakter habe, den jeder-

mann mit honigsüßen Worten verführen konnte, vorausgesetzt man wußte, wie man ihm schmeichelte. »Wenn der Kaiser Alexander und ich nur noch einmal miteinander reden könnten«, vertraute Napoleon Caulaincourt an, »bin ich sicher, daß wir am Ende zu einem gegenseitigen Verständnis kommen würden ... Eine einzige Unterhaltung im russischen Hauptquartier, und wir könnten die Welt zwischen uns beiden teilen.« [19]
Am 25. Mai schrieb Caulaincourt an Nesselrode und fragte ihn, ob er Alexander seine Aufwartung machen dürfe, um zwischen den rivalisierenden Parteien einen Frieden auszuhandeln. Aber der Zar hatte nicht die geringste Lust, Caulaincourt eine Audienz zu gewähren. Die Waffenstillstandsverhandlungen fanden gemäß dem diplomatischen Protokoll zwischen Caulaincourt und einem russischen und einem preußischen Bevollmächtigten zuerst in Waldstatt und später in Pläswitz statt. Nachdem man sich fünf Tage herumgestritten hatte, wurde endlich am 4. Juni ein Waffenstillstand unterzeichnet: Die Franzosen zogen sich nach Liegnitz zurück, während die Alliierten eine Linie besetzten, die südwestlich von Breslau bis zur österreichischen Grenze bei Landshut verlief. Zwischen die beiden feindlichen Armeen legte man einen 20 bis 40 Kilometer breiten, neutralen Korridor. Für wenigstens sechs Wochen sollte völlige Waffenruhe herrschen. [20]
Der Zar war zufrieden. Er sah es lieber, daß Nesselrode den Schritt bestimmte, als daß es die Österreicher taten, denen Alexander genauso wie Napoleon mißtraute. Nach Ansicht des Zaren war der Waffenstillstand bei Pläswitz genauso viel wert wie eine gewonnene Schlacht, denn das Geplänkel hatte Napoleon Menschen und Material gekostet. Es war das erste Mal, daß Napoleon mitten im Sommer gezwungen wurde, der Großen Armee Halt zu gebieten, ehe er seine Ziele erreichen konnte.
Was schwebte Alexander eigentlich vor? Ein zusammengeflicktes Europa, in dem die Franzosen noch immer eine beachtliche Macht ausübten, entsprach nicht den Vorstellungen des Zaren, dessen Truppen als erste sowohl in Polen als auch in Deutschland einmarschiert waren. Nun war der Zeitpunkt gekommen, zu dem er sich entscheiden mußte, wie das neue Europa aussehen sollte, wenn der Krieg endgültig zu Ende wäre. Die Periode dieses Waffenstillstandes wurde für Alexander – auch für seine brüderlichen Herrscher von Preußen und Österreich – zu einem hektischen Zwischenspiel von Bluff und Kuhhandel. Jetzt bestimmten nicht die Generäle, sondern die Diplomaten den Hauptakt des Dramas.

In früheren Jahren hatte Alexander seine Kriegsziele immer wieder bis ins kleinste Detail dargelegt. Da er jetzt eine gewisse Handlungsfreiheit hatte, wollte er diese unter keinen Umständen verlieren. Diese Unabhängigkeit war teilweise durch Zufall zustande gekommen. Der offizielle Staatskanzler Rumjanzew war in St. Petersburg geblieben, um, wie er sich beklagte, »Pässe zu unterschreiben«. [21] Und Nesselrode, noch etwas unsicher, hielt sich deshalb im Hintergrund. Er versuchte nicht, seinen Herrn zu beeinflussen. Während seiner ganzen Regierungszeit hatte Alexander noch nie seine Geschäfte so selbständig entscheiden können. Da er nun auch strategische Probleme lösen mußte, war es nicht verwunderlich, daß er keine Zeit fand, sich mit einem sorgfältig ausgeklügelten Plan der Neuaufteilung Europas zu befassen.
Fest stand für ihn allerdings, was er in Mitteleuropa wollte: die Vertreibung der Franzosen sowohl aus Deutschland als auch aus dem Großherzogtum Warschau. Polen sollte unter seiner Oberhoheit wieder vereinigt werden. Aber was stellte er sich eigentlich unter »Deutschland« oder »Polen« vor? Zuerst hatte er vom Stein ermutigt, zu einem patriotischen Krieg für das deutsche Vaterland aufzurufen. Aber am 25. März erließen die Russen überraschend in Kutusows Namen einen »Aufruf an alle Fürsten und das Volk in Deutschland«, der auf der einen Seite die Abschaffung des Rheinbundes forderte, der aber auf der anderen Seite weit davon entfernt war, Steins Hoffnungen auf ein vereinigtes Deutschland zu erfüllen. Zur gleichen Zeit hatte Alexander in privatem Kreise die Versicherung abgegeben, daß er dafür sei, daß Kaiser Franz die Gebiete wiedererhalte, die er an Napoleon verloren hatte. Er gab der Hoffnung Ausdruck, daß die Habsburger Dynastie nach Abzug der Franzosen über den Rhein wieder ihre Vormachtstellung in Deutschland erringen würde. All dies war eine vertrackte Situation, die durch den Vertrag von Kalisch keineswegs klarer wurde, in dem es hieß, daß Friedrich Wilhelm den preußischen Teil Polens an Alexander abtreten müsse. Er sollte dafür mit nicht näher bestimmten Gebieten, die irgendwo in Deutschland lagen, entschädigt werden. [22]
Alexanders ausweichendes Verhalten irritierte die Engländer, und Metternich war geradezu perplex. Er entschloß sich deshalb, im Juni selbst nach Böhmen zu reisen und bei dieser Gelegenheit die Großfürstin Katha-

rina in Prag zu besuchen. Er ließ sie wissen, daß er großes Interesse hätte, seine Politik mit der ihres Bruders Alexander abzustimmen. [23] Schließlich wurden Vorkehrungen getroffen, daß Alexander sein Hauptquartier bei Reichenbach (Dzierżoniów) in Schlesien am 16. Juni verlassen und die österreichische Grenze überqueren sollte. Er verbrachte einige Tage im Schloß des Grafen Colloredo bei Opočno, wo er seine Schwestern Katharina und Maria treffen sollte – und Metternich, der auf dem Wege zu Kaiser Franz war, der sich im österreichischen Hauptquartier in Gitschin aufhielt. [24]

Alexander hatte Metternich nur einmal anläßlich seines Besuches im November 1805 in Potsdam und Berlin getroffen, wo dieser damals akkreditierter Gesandter war. Obwohl die beiden vor und nach der Invasion Napoleons immer in Kontakt gewesen waren, mißtraute der Zar dem Fürsten Metternich, weil er ihn für den Initiator der Ehe zwischen der habsburgischen Erzherzogin Marie Louise und Bonaparte hielt. Als die beiden Staatsmänner am 18. und 19. Juni 1813 auf Schloß Opočno zusammentrafen, war Alexander ungewöhnlich reserviert und ließ Metternich gegenüber keinen Zweifel aufkommen, daß er den Eindruck hätte, der Fürst sei »ganz auf der Seite der Franzosen«. [25] Aber die Verhandlungen machten Fortschritte, und man erreichte in folgenden fünf Punkten Übereinstimmung, die Alexander als Basis eines Friedensvertrages anerkannte:

1. Die Franzosen gaben ihre Kontrolle des Rheinbundes auf.
2. Die freien Reichsstädte Hamburg und Lübeck wurden wieder hergestellt.
3. Preußen bekam die Gebiete wieder, die es 1807 an die französischen Satelliten verloren hatte.
4. Österreich erhielt die verlorenen Gebiete an der Adria zurück.
5. Das Großherzogtum Warschau wurde wieder aufgelöst.

Napoleon sollte die Möglichkeit gegeben werden, diese Bedingungen zu studieren. Zum Stichtag wurde der 20. Juni bestimmt. Bei Ablehnung würde Österreich auf die Seite der Alliierten übergehen, und der Krieg würde so lange fortgesetzt werden, bis Holland, Spanien, Deutschland und das ganze Italien von französischer Oberhoheit befreit wären. Diese Punkte wurden in die Reichenbacher Konvention aufgenommen, die Rußland, Österreich und Preußen am 27. Juni unterzeichneten.

Der Zar kehrte von Opočno nach Reichenbach zurück und war nicht nur über die Gespräche, die er mit seinen Schwestern, sondern auch mit Metternich geführt hatte, hoch beglückt. Jetzt gab es nichts anderes mehr zu tun, als auf die Antwort Napoleons zu warten. Kurz nachdem Metternich den Zaren verlassen hatte, ließ Napoleon Metternich nach Dresden kommen. Nach viertägigen Verhandlungen in Dresden gelang es Napoleon, Metternich zu überreden, daß er einer bewaffneten Vermittlung Österreichs zustimme und am 10. Juli einen Beauftragten zu einer Friedenskonferenz nach Prag schicke, vorausgesetzt, daß für vier Wochen nach Beendigung der Konferenz keine militärischen Operationen stattfinden würden. Diese Bedingungen widersprachen der Reichenbacher Konvention, und Alexander war zornig über Metternichs augenfälliges Doppelspiel. Er hatte keine Absicht, selbst nach Prag zu gehen und sandte deshalb nur einen Diplomaten, der ein unwichtiges Amt bekleidete. Zur gleichen Zeit machte er seiner Schwester Katharina den Vorschlag, sie solle doch während eines privaten Besuchs in Prag herausbringen, was man tun könnte, damit »Metternich ganz auf unsere Seite übergeht«. Es ist bemerkenswert, daß er hinzufügte, »ich habe die Mittel, also sei nicht geizig ...«

Es lohnte sich nicht, der Prager Konferenz so viel Aufmerksamkeit zu schenken. Napoleon sandte Caulaincourt, erlaubte ihm aber nur, die alliierten Delegierten auszuhorchen. Die Reichenbacher Vorschläge durfte er in seinen Gesprächen nicht erwähnen. Metternich dagegen tat alles, um dem Kaiser Franz die Augen über seinen Schwiegersohn zu öffnen und ihm zu zeigen, wie sehr sich dieser im Unrecht befand. Noch immer konnte sich der Kaiser nicht entschließen, die österreichischen Armeen gegen einen Mann marschieren zu lassen, den er mit seiner Lieblingstochter verheiratet hatte. Und so kam es, daß Metternich durch seine Gespräche mit Caulaincourt wichtige Informationen erhielt, die er aber nicht gewillt war, an die Russen weiterzugeben. Metternich war jetzt selbst davon überzeugt, daß eine alliierte Armee so rasch wie möglich gegen Frankreich marschieren müsse. Friedensverhandlungen konnte man erst diktieren, wenn die Truppen die Grenze überschritten hatten, und deshalb sandte er am 8. August ein Ultimatum an Napoleon. Da man von den Franzosen keine Antwort erhielt, traten die Österreicher am 12. August der Koalition der Russen, Engländer, Preußen und Schweden gegen Napoleon bei. In Schlesien fingen vier Tage später die Kampfhandlungen wieder an. [26]

Dresden und die Völkerschlacht bei Leipzig und der Eilmarsch auf Frankfurt

Jetzt standen in Deutschland 800 000 alliierte Kräfte, die Napoleons Armee weit überlegen waren, obwohl er die Reihen seiner Regimenter mit unerfahrenen Rekruten wieder aufgefüllt hatte. Einige Kontingente setzten sich aus Kräften der Satellitenstaaten Bayern und Sachsen zusammen. Ihre Loyalität war deshalb wenig sicher. Wer sollte dieser Befreiungsarmee Befehle erteilen? Alexander hatte nie daran gedacht, daß einer seiner russischen Generäle eine so heterogene Armee koordinieren könnte. Am 6. August kam man endlich überein, dem österreichischen Fürsten Schwarzenberg den Oberbefehl zu übertragen. So viel konnte man von Schwarzenberg sagen: Seine Führungskunst wurde auch von Napoleon respektiert, und er kannte seine Gegner ganz genau, denn er war österreichischer Gesandter in Paris gewesen und hatte sogar die österreichischen Hilfskräfte kommandiert, die 1812 der Großen Armee zugeteilt gewesen waren. Persönlich war er tapfer und zugleich strategisch ehrgeizig und sah auf ein fünfundzwanzigjähriges Soldatenleben zurück. Doch kaum hatte der Zar seine Zustimmung zu Schwarzenbergs Ernennung gegeben, als er plötzlich seine Meinung änderte und den Oberbefehl selbst übernehmen wollte. [27]

Dieser Vorschlag erfreute niemanden. Politisch hätte es die Stellung des Zaren als Führer der »Guten Sache« gegen Bonaparte, zum Kummer des österreichischen Herrschers und seiner Minister, nur bestätigt. Militärisch hätte es katastrophale Folgen gehabt. Bis jetzt hatte Alexander nur an *einer* Schlacht, Austerlitz, teilgenommen. Die Österreicher lehnten diesen Vorschlag kategorisch ab. Metternich drohte, die Österreicher würden sich aus der Koalition zurückziehen, wenn der Zar die Ernennung Schwarzenbergs nicht bestätigen würde. Ja, er gab sogar zu verstehen, daß er in diesem Falle seine Truppen Napoleon zur Verfügung stellen wolle, um so den Frieden zu erzwingen. [28] Widerwillig gab Alexander nach: Jetzt hatte er noch einen zweiten Grund, Metternich abzulehnen.

In der vierten Augustwoche wurde es bedauerlicherweise klar, wie beschränkt Alexanders Kenntnisse in militärischen Dingen waren. Die Alliierten setzten alles daran, die Initiative in die Hand zu bekommen und nach Leipzig vorzustoßen, ehe Napoleon sie angreifen konnte. Alexander dagegen wollte zuerst Dresden, eine Stadt, die ihm besonders wichtig erschien, wieder gewinnen. Gegen den Rat der Österreicher und seiner eigenen Armeekommandeure bestand Alexander darauf, Schwarzenberg solle von den südwestlich liegenden Hügeln einen Frontalangriff auf Dresden wagen. [29] Der Zar und Friedrich Wilhelm beobachteten am 26. August nachmittags den Ablauf der Schlacht von den Racknitzer Höhen aus. Am Anfang schien es, als ob die Alliierten gute Fortschritte machten. Dann sah Alexander plötzlich durch sein Fernrohr die langen, dunklen Frontlinien der Alten Garde, die entlang des rechten Elbufers in die Stadt eindrangen. Hinter ihnen aber kamen, was wie endlose Kolonnen aussah, Verstärkungen aus der Richtung Bautzen. Dem Zaren wurde klar, daß der Angriff der Alliierten zu spät kam und daß in diesem Augenblick kein Sieg erfochten werden konnte. Er beabsichtigte, sofort die Kriegshandlungen abzubrechen. Ganz unerwartet wollte Friedrich Wilhelm der neben ihm auf den Racknitzer Höhen stand, dieses Mal nicht aufgeben. »Warum sollten 200000 alliierte Soldaten vor der Garde eines einzigen Mannes kapitulieren?« fragte er. Vielleicht wurde es Alexander jetzt klar, daß er den Angriff auf keinen Fall hätte erzwingen sollen. Er fügte sich dem König und mischte sich nicht mehr ein. Und obwohl sich die Schlacht auch noch am zweiten Tage hinzog, war es den Alliierten nicht mehr möglich, in die französischen Verteidigungslinien einzubrechen. Ehe der Abend anbrach, zogen sie sich am 27. August gegen die Hügelketten zurück. [30]

Im Augenblick drohte der alliierten Stellung größte Gefahr durch die Schlacht von Dresden, denn zwei Tage vorher war französische Kavallerie in Österreich eingedrungen und stand nur noch 8 Kilometer vom Hauptquartier der Verbündeten bei Teplitz entfernt. Am 30. August kam der französische Vormarsch endlich bei Kulm zum Stehen. Langsam zog Schwarzenberg seine Truppen zusammen und ließ sie durch das westliche Sachsen in Richtung Leipzig marschieren. Obwohl Alexander weiter militärische Ratschläge gab, hatte ihn die Lektion von Dresden vorübergehend gedämpft.

In Teplitz war der Zar gezwungen, sich mehr mit diplomatischen als mit militärischen Problemen zu befassen. Seine Verbündeten waren beunruhigt, daß es zwischen den Alliierten immer noch kein Einverständnis über die endgültigen Ziele des Krieges gab. Dies war aber keine Sache, die Alexander beunruhigte, denn er glaubte fest daran, daß es seine Mission sei, den napoleonischen Staat zu zerstören. Später würde er dann im Ge-

IV. Die Völkerschlacht bei Leipzig: Lage am 18. 10. 1813

bet auf eine Offenbarung hoffen und danach handeln. Aber sowohl Metternich und Nesselrode als auch Hardenberg (der preußische Staatskanzler) waren Männer der Praxis. Verhandlungen führten am 9. September zu drei bilateralen Verträgen, die Rußland, Österreich und Preußen aneinander banden und so zu einem kontinentalen Bündnis gegen Frankreich wurden. Diese Zusammenarbeit zwischen den drei Staaten bestand bis tief in das 19. Jahrhundert hinein. Allgemein hieß dieser Pakt die *Teplitzer Verträge*. Die Hauptziele des Krieges wurden der Öffentlichkeit bekanntgegeben. Man wollte »das gerechte Gleichgewicht zwischen den Mächten«

wiederherstellen. Durch geheime Absprachen wurden diese vagen Ziele etwas präziser gefaßt: Der Rheinbund und das Großherzogtum Warschau wurden von der Landkarte, sozusagen als napoleonisches Relikt, gelöscht. Österreich und Preußen konnten, »soweit es irgend möglich war«, ihre Grenzen von 1805 wiederherstellen. Die kleineren deutschen Staaten sollten sich »absoluter und vollständiger« Unabhängigkeit erfreuen. Die Zukunft Polens würde durch freundschaftliche Abmachungen zwischen den drei Staaten zu einem späteren Zeitpunkt entschieden werden.
Der Angriff der Alliierten begann tatsächlich in der ersten Oktoberwoche. Napoleon war sich seiner zahlenmäßigen Unterlegenheit schmerzlich bewußt, deshalb verkürzte er seine Front, konzentrierte sich bei Leipzig und ließ nur einige Garnisonen in Dresden und anderen Städten im Osten stehen. Am 14. Oktober kam es außerhalb von Leipzig zu einem Geplänkel. Am 16. Oktober begann die Hauptschlacht, bei der sich 255 000 Alliierte und 160 000 Franzosen gegenüberstanden. Ohne Unterbrechung kämpfte man 60 Stunden lang. Am Abend des 18. Oktober war es klar, daß Napoleon die Schlacht abbrechen mußte oder die völlige Vernichtung seiner Armee riskierte. Die Völkerschlacht bei Leipzig war eine Abnutzungsschlacht, die die Alliierten wegen ihrer Überlegenheit an Menschen und Waffen gewannen, die Napoleon fehlten. Es war ein Triumph eiserner Entschlossenheit, kein Sieg der Waffen. [31]
In dankbarer Stimmung schrieb Alexander an Golizyn am 21. Oktober: »Gott der Allmächtige gab uns nach einer viertägigen Schlacht vor den Wällen der Stadt Leipzig einen glorreichen Sieg über den berühmten Napoleon. Der Allmächtige hat gezeigt, daß in seinen Augen niemand auf dieser Welt stark oder groß ist, außer denen, die er selbst erhöht. Siebenundzwanzig Generäle haben wir gefangen, beinahe 300 schwere Kanonen und 37 000 Gefangene erbeutet – das ist das Ergebnis der vier aufwühlenden Tage. Und jetzt sind wir nur noch zwei Tagesmärsche von Frankfurt am Main entfernt! Du kannst Dir gut vorstellen, was ich fühle und denke!« [32]
Nun lag ganz Deutschland rechts des Rheins für die Offensive der Angreifer offen da. Bayern und Württemberg waren schon vor der Völkerschlacht von Napoleon abgefallen, Sachsen war ihrem Beispiel noch während der Kämpfe gefolgt. Jetzt flüchteten die Franzosen demoralisiert und von den Bundesgenossen verlassen nach Westen. Es gab wahrlich genug Gründe, Gott zu danken.

Die Verfolgung der Franzosen durch Deutschland verlangsamte sich, als das Wetter schlecht wurde und die Straßen sich in Morast verwandelten. Aber es gab immer Möglichkeiten, für ein lohnendes Ziel einen besonderen Einsatz zu wagen. So begann in den ersten Tagen des November ein Rennen um die Stadt Frankfurt, die traditionelle Krönungsstadt der Kaiser des Heiligen Römischen Reiches Deutscher Nation. Metternich gewann das Rennen und erreichte Frankfurt am Abend des 4. November, und Alexander kam am nächsten Morgen mit Kavallerievorhuten an, denn er hatte die Hauptmasse der russischen Kavallerie weit hinter sich gelassen. Metternich und Alexander arrangierten einen großen, triumphalen Empfang für Kaiser Franz, der am 6. November eintraf. Es war ein besonderes, frohes und dankbares Ereignis, als der Herrscher des weit entfernten Rußland den letzten Träger der alten kaiserlichen Würden an das Portal des Römer führen durfte, wo Kaiser Franz 21 Jahre vorher, im Jahre 1792, zum Kaiser des Heiligen Römischen Reiches Deutscher Nation gekrönt worden war. [33] Von jetzt ab war es nicht mehr möglich, den Zaren von Rußland an die äußerste Grenze Europas zu verbannen. Sowohl St. Petersburg als auch Wien hatten sich ein Mitspracherecht in europäischen Angelegenheiten gesichert.
Es gab aber wichtigere Probleme, die man nicht durch große Gesten an historischen Stätten lösen konnte. Während Alexander und die Österreicher ein Wettrennen nach Frankfurt machten, überquerten die letzten Truppen, die unter Napoleon standen, den Rhein bei Mainz. Sollten die Alliierten nach Frankreich eindringen, oder sollte man einen letzten Versuch machen, jetzt einen allgemeinen Frieden zu schließen? Und zu welchen Bedingungen? Wie früher, wollte Alexander den Gegner pausenlos weiterverfolgen, [34] doch die Preußen und Österreicher zögerten. Manche von ihnen, darunter auch Schwarzenberg, hatten 1792 den Marsch nach Paris angetreten. Durch den patriotischen Geist der Revolutionsarmee mußten sie aber den Vormarsch abbrechen, denn die Franzosen verteidigten tapfer die vom Feind »beschmutzte« Erde. Die Alliierten konnten in einer Winterschlacht keine größere Niederlage riskieren, denn Verstärkungen und Nachschub konnten nur mit größten Schwierigkeiten in die vorderste Linie gebracht werden. Es gab Beweise dafür, daß Napoleon verhandeln wollte, besser gesagt, seine Marschälle und Minister hielten es für wünschenswert, weil sie eine bedingungslose Kapitulation vermeiden wollten.

Nach außen gesehen waren die Beziehungen zwischen Alexander und Metternich besser als in Böhmen. Doch gab es zwischen den beiden grundlegende Differenzen, denn ihre Ansichten über die Nachkriegsprobleme gingen weit auseinander. In den drei Monaten, in denen Metternich mit den Russen verhandelt hatte, war er zu der Überzeugung gekommen, daß Mitteleuropa ein starkes Frankreich, doch keinen napoleonischen Staat brauchte, um das Gegengewicht gegen das russisch-preußische Bündnis der Nachkriegszeit zu bilden. Alexander auf der anderen Seite hielt sich selbst für das göttliche Vergeltungswerkzeug, das dazu berufen war, die Leiden des Jahres 1812, die durch Napoleon verursacht wurden, zu rächen. Der Gedanke, in Paris einzuziehen, war für ihn wichtiger als alles andere: »Laßt uns über den Frieden verhandeln, aber setzt den Vormarsch fort! Wir müssen das Herz Frankreichs erobern, so wie er fünfzehn Monate vorher das Herz Rußlands eroberte!« [35]

Blücher und die Preußen waren der Ansicht Alexanders, sie drängten auf sofortige Überquerung des mittleren Rheins und befürworteten einen Marsch durch Lothringen. Schwarzenberg gefiel der Druck nicht, dem er am Konferenztisch ausgesetzt war, er zögerte, seine erschöpften Truppen gegen feindliche Festungen anrennen zu lassen, die vor langer Zeit als Schutzwall des alten Königreiches Frankreich gebaut worden waren. Am 19. November, noch in Frankfurt, nahm Alexander einen Kompromiß an. Die Hauptarmee würde südlich, vorbei an Basel, durch die Burgundische Pforte in Frankreich einfallen, während Blücher mit den Überresten der einstigen »schlesischen Armee« in Richtung Nancy vordringen wollte, um die obere Marne zu erreichen. [36] Drei Tage vor Weihnachten überquerten die Alliierten den oberen Rhein, während der Zar bis zum Beginn des neuen Jahres in Süddeutschland blieb, denn es bestand immer noch die Möglichkeit, daß Napoleon einen Emissär schicken könnte, um um Frieden zu bitten. Alexander wollte unter keinen Umständen Metternich freie Hand lassen. Er wäre natürlich lieber mit seinen Truppenverbänden weitergestürmt, war aber nicht gewillt, zuzusehen, wie während seiner Abwesenheit Friedrich Wilhelm und Metternich Ränke gegen ihn schmiedeten, vor allem zu einem Zeitpunkt, an dem der englische Außenminister Castlereagh, mit großen Vollmachten ausgestattet, auf dem Wege zum Hauptquartier der Alliierten war. Alexander hatte bereits gehört, wie groß seine Popularität in England war, und deshalb erwartete er das Kommen Castlereaghs mit größter Spannung.

Alexander befand sich bei Beginn des Jahres 1814 in der gleichen gehobenen Stimmung wie zwölf Monate vorher in Wilna. Am 3. Januar sandte er von Freiburg aus einen Brief an seinen alten Lehrer de La Harpe, in dem er mit geradezu jugendlicher Begeisterung den Winterfeldzug beschrieb. [37] Eine Woche später ging er in die Schweiz und traf seine königlichen Brüder und Metternich in Basel. Am 13. Januar schrieb Metternich an seinen Freund Gentz: »Zar Alexander glaubt es Moskau schuldig zu sein, die Tuilerien in die Luft zu sprengen. Glaube mir, sie werden nicht gesprengt werden.« [38] Das war natürlich eine übertriebene Vereinfachung der Lage, denn Alexander hatte nie die Absicht gehabt, Paris zu zerstören; er wollte nur den Herrscher über diese Stadt vernichten. Die Bemerkung Metternichs weist aber genau auf das Irrationale in Alexanders Benehmen hin. Seine erneuten Wutanfälle und seine Ungeduld waren für seine Umgebung nervenaufreibend geworden. Etwa 200 Kilometer von Paris entfernt, bei Langres, war es Schwarzenberg gelungen, ein neues Feldquartier aufzuschlagen. Warum zauderte er? Ganz plötzlich reiste Alexander aus Basel ab, um Schwarzenberg zur Eile zu bewegen. Armer Schwarzenberg!

Dieses Jahr war der Winter viel härter und kälter als sich irgend jemand in Westeuropa erinnern konnte. Der Zar glaubte, daß diese Witterungsverhältnisse seinen Truppen (natürlich auch den anderen Kontingenten der Alliierten) Vorteile gegenüber den Franzosen bringen würden. Er hielt es für ratsam, daß Schwarzenberg in dauerndem Kontakt mit den sich zurückziehenden französischen Truppen blieb. In Wirklichkeit beurteilte Alexander Schwarzenberg falsch, überschätzte die Beweglichkeit seiner eigenen Armee und die Erfolge der drei alliierten Kontingente, denn auf dem Plateau von Langres lagen hohe Schneewehen, die die Kampfhandlungen beeinträchtigten. [39] Es gab militärisch überhaupt keinen Grund, daß er sich in das Feldquartier nach Langres begab, und politisch war seine Entscheidung, Basel zu verlassen, ein schwerer Fehler. Zwei Tage nach seiner Abreise kam endlich Castlereagh an und diskutierte eine Woche lang Kriegspläne und Friedensbedingungen mit Metternich. In Privatgesprächen kamen sie überein, daß die meisten Pläne Alexanders indiskutabel seien: Castlereagh verstand die polnische Frage nicht, doch gab er zu, daß er genau wie Metternich eine russisch-preußische Lösung des Pro-

blems für zu einseitig hielt. Als Metternich sagte, daß Alexander Bernadotte gerne auf dem Thron Frankreichs gesehen hätte, stimmte Castlereagh auch in dieser Frage mit Metternich überein, der eine solche Lösung für reinen Unsinn hielt, denn sie widersprach dem legitimen dynastischen Prinzip, auf dem nach Ansicht dieser beiden Staatsmänner alle guten Regierungen ruhten. Und so kam es, daß in der letzten Woche des Januar, als Metternich und Castlereagh bei Basel über die Grenze gingen, um sich auch nach Langres zu begeben, zwischen diesen beiden fast in allen politischen Fragen Einmütigkeit erzielt worden war. Das Resultat: eine fast völlige Isolierung des russischen Zaren. [40]
Doch zu dieser Zeit war das Alexander gleichgültig. Am 1. Februar schlugen die Alliierten die Franzosen das erste Mal in ihrem eigenen Land: Der preußische General Blücher wurde von Schwarzenberg, Barclay und Wittgenstein unterstützt. Er griff Napoleon und Marschall Ney bei La Rothière an und zwang die beiden zum Rückzug. Alexander drängte die Generalität, sofort in Richtung Paris zu marschieren, und sie stimmten mit ihm überein, weil sie von Deserteuren wußten, daß die Moral im französischen Lager tief gesunken war. Als deshalb Metternich und Castlereagh den Zaren über Friedensbedingungen aushorchen wollten, fanden sie ihn zu sehr mit strategischen Problemen beschäftigt als daß er dieser Angelegenheit besondere Aufmerksamkeit schenkte. Nach fünftägiger Beratung schickte er einen Kurier nach Chatillon an der oberen Seine, um mit Caulaincourt über Friedensbedingungen zu verhandeln. Er gab allerdings zu, daß er wenig Hoffnung habe, man könne noch vor dem Fall von Paris zu einem politischen Ergebnis kommen. Auf Metternichs Vorschlag, die endgültige Neugliederung des neuen Europa bei einem Kongreß in Wien zu besprechen, ging er ohne Widerrede ein. Mittlerweile ermutigte er Schwarzenberg, das alliierte Oberkommando doch nach Troyes zu verlegen.
Ohne auf die Wünsche seiner Bundesgenossen zu hören, war er entschlossen, einen Befehl zu erlassen, sofort nach Paris zu marschieren. Doch gerade jetzt, da sich Alexander so starrköpfig verhielt, konnte Napoleon wieder einige Erfolge erzielen, die ihm seit Ende August des verflossenen Jahres versagt geblieben waren. [41] Bei Montmirail wurde am 11. Februar der Vormarsch der Preußen unter Blücher aufgehalten, und drei Tage später wurden sie bei dem benachbarten Dorfe Vauchamps geschlagen. Auch Schwarzenberg traf auf schweren Widerstand, als er gegen den Wald

von Fontainebleau marschierte. Am 17. Februar mußten sich die Alliierten zurückziehen, und die Herrscher waren bereit, Troyes zu räumen und ein neues Hauptquartier bei Chaumont an der oberen Marne zu beziehen.

Diese plötzlichen Zeichen von französischer Widerstandskraft brachten Alexander endlich zur Vernunft. Das Resultat der französischen Siege im Februar war, daß sich die Alliierten endlich völlig einig wurden. Unter Castlereaghs Führung unterzeichneten die Russen, Engländer, Preußen und Österreicher am 9. März in Chaumont einen Vertrag der Großen Allianz, der folgende Klausel enthielt:

kein Separatfrieden,
Unabhängigkeit Hollands und der Schweiz,
eine Konföderation Deutschlands,
Wiederherstellung der alten Ordnung in Spanien und Italien (soweit dies auszuführen war),
ein zwanzigjähriges Bündnis dieser Vierer-Allianz nach Friedensschluß.

Hinter diesen Abmachungen stand die Entschlossenheit, den Frieden in Europa für kommende Generationen so zu sichern, daß Frankreich ihn nicht mehr stören konnte. [42] Manche Probleme wurden nicht erörtert, so zum Beispiel die zukünftige Regierung Frankreichs oder die polnische Frage. Zum mindesten aber war erreicht worden, daß die Alliierten gegenseitig im Kontakt blieben, gemeinsam handelten und nicht vor Kriegsende auseinanderfielen und uneins wurden.

Der Krieg konnte nicht mehr lange so weitergehen, denn außer seinem militärischen Genie standen Napoleon keine Mittel mehr zur Verfügung. In der ersten Woche des März hatten sowohl Blücher als auch Schwarzenberg ihre Verbände umgruppiert und konnten weiter nach Westen vorstoßen. Am 10. März traf in Chatillon ein Emissär aus Paris mit einem ununterschriebenen Brief an Nesselrode ein: »Ihr tappt wie kleine Kinder auf Krücken; benutzt Euer Fußwerk und geht auf Stelzen vorwärts, denn Ihr könnt alles erreichen was Ihr wollt!« [43] Nesselrode zweifelte keinen Augenblick, daß diese Nachricht in erster Linie von Talleyrand kam, und er eilte zu Alexander, um ihn vom Inhalt dieser Mitteilung in Kenntnis zu setzen. Aber im Augenblick war es ganz unmöglich, auf »Stelzen vorwärts« zu schreiten, denn Napoleon marschierte südostwärts bis zur Marne, und es sah aus, als wolle er Schwarzenbergs Armee von hinten fassen. Weder Alexander noch Nesselrode konnten die Österreicher, ganz gleich mit welchen siegessicheren Parolen, zum Vorstoß überreden, denn der österreichische Marschall ging der Gefahr der Umzingelung aus dem Wege.

In der vierten Märzwoche kamen frische Nachrichten über die innere Auflösung und Demoralisierung unter Napoleons früheren Getreuen in Paris im Hauptquartier an. Alexander riß die Geduld, und er bat Friedrich Wilhelm, Schwarzenberg und die anderen Armeekommandeure zu sich, um westlich von Vitry einen Kriegsrat abzuhalten. Er bestand darauf, daß am folgenden Tag, Freitag, dem 25. März, die Hauptarmee der alliierten Streitkräfte auf Paris marschieren müsse, das nur noch etwa 160 Kilometer entfernt war. Ein russisches Armeekorps unter General Wintzingerode sollte die Nachhut decken und Napoleons Truppenbewegungen beobachten. [44] Der Zar, der preußische König und Großfürst Konstantin schlossen sich dem Vormarsch Schwarzenbergs an. Wilhelm, Kronprinz von Preußen, damals 17 Jahre alt, war auch mit von der siegreichen Partie. Er sollte 56 Jahre später noch einmal einen ähnlichen Feldzug mitmachen.

Vor ihnen lagen noch schwere Kämpfe, denn am gleichen Freitag geriet Alexander noch in ein Artilleriefeuer. [45] Die Alliierten waren Napoleons Truppen zahlenmäßig so hoch überlegen, daß innerhalb von drei Tagen die Straße nach Paris freigekämpft war, nur noch an den Abhängen des Montmartre verzeichnete man leichten Widerstand. Am Mittwoch war Alexander nur noch 130 Kilometer von der französischen Hauptstadt entfernt. Im Châtaeu de Bondy schlug er in dieser Nacht sein Quartier auf, und dort war es, wo ihn der Präfekt von Paris aufsuchte, um über die Übergabe der Stadt zu verhandeln. [46]

Am nächsten Morgen kam ein ganz unerwarteter Gast zu Besuch: Caulaincourt, den Napoleon am Tage der Invasion zu seinem Außenminister ernannt hatte. Obwohl er noch zehn Wochen vorher mit den Alliierten verhandelt hatte, war ihm Alexander immer aus dem Wege gegangen. Dieses Mal wurde er von Napoleon in direkter Mission geschickt, der vor dem Fall von Paris Frieden anbot. Doch dieses Mal war der sonst zögernde Alexander bereit, ihn zu empfangen. Seit dem gefühlvollen Abschied in St. Petersburg im Frühjahr 1811 hatten sie sich nicht wiedergesehen. Der Zar begrüßte Caulaincourt herzlich und nannte ihn »einen Freund, der immer willkommen« sei. Doch kein persönlicher Appell konnte Alexander von seiner Entschlossenheit, feierlich in Paris einzuziehen, abbringen, denn das war der Moment, auf den er in freudiger Erwartung zwei lange Winter gehofft hatte. [47] Er erklärte Caulaincourt, daß er nicht als feindlicher Eindringling, sondern als Befreier in Paris einreite. Er war überzeugt, daß sowohl Frankreich als auch Europa der Regierung Napoleons müde seien, und deshalb war er entschlossen, mit Napoleon nichts mehr zu tun haben zu wollen. »Die Seine ist nicht der Njemen, und Paris ist von Tilsit nicht nur räumlich, sondern auch zeitlich weit entfernt«, sagte er.

Alexander zieht in Paris ein (31. März 1814)

Am 31. März um 11 Uhr morgens erreichten die ersten russischen Kavallerieeinheiten das Tor von Pantin, die östliche Stadtgrenze von Paris. Ihnen folgte die Leibgarde des Zaren in Paradeuniform. Dann kam der Zar, der vorsichtig über das Kopfsteinpflaster ritt, neben ihm Friedrich Wilhelm. Direkt hinter ihnen kamen andere hohe Persönlichkeiten. [48] In diesem feierlichen Zug schien man überhaupt niemand außer dem Zaren zu bemerken, der aller Augen auf sich zog. Dies war nicht verwunderlich, denn im Lichte des herrlichen Frühlingstages wurde er mit seiner farbenprächtigen Uniform, seinen goldenen Epauletten und Spiegeln, die im Sonnenschein glänzten, zur Inkarnation eines Gottes aus der klassischen Mythologie. Auf seinem Gesicht lag ein zufriedenes Lächeln. Die Hochrufe der Menge nahm er grüßend zur Kenntnis und salutierte, indem er seine rechte Hand an seinen großen grünen Dreispitz legte, dessen Hahnenfedern sich im Winde bewegten. »Die Alliierten sollen lange leben!« »Ein Hoch dem Frieden!« »Ein Hoch dem Zaren Alexander!« so riefen die Zuschauer, als der Siegeszug an ihnen vorbeidefilierte. Vierhundert Jahre lang war es keinem fremden Eroberer gelungen, in Paris einzumarschieren! Das war für Alexander die Stunde der Apotheose. Das war der Tag seiner Verklärung, und dieses grandiose Erlebnis wollte er bis zur Neige auskosten.

Langsam zogen die Kolonnen die Rue du Faubourg Saint-Martin entlang, durch das alte Stadttor Saint-Martin, die Rue Royale hinauf. Sie gingen an dem Platz vorbei, auf dem während der Schreckensherrschaft der Revolution die Guillotine gestanden hatte, marschierten dann in die Champs

Elysées ein und an dem unfertigen Arc de Triomphe vorbei. An den Stadtgrenzen wurden Wachen aufgestellt, denn obwohl die Kämpfe vorbei waren, wußte man, daß sich Napoleon immer noch in Fontainebleau aufhielt. Außerdem gab es überall noch versprengte Truppenverbände in anderen Provinzen. Man konnte einen Überraschungsangriff auf die Stadt seitens des gestürzten Kaisers nicht ausschließen.
Die Parade dauerte bis fünf Uhr nachmittags. Noch immer hatte Alexander offiziell nicht bekanntgegeben, wo er in Paris wohnen wollte. Das Schloß der Tuilerien kam nicht in Frage, weil er die Bourbonen nicht beleidigen wollte. Er hatte eigentlich an den Elysée-Palast gedacht, aber während des feierlichen Einzuges hatte Nesselrode eines dieser anonymen Schreiben erhalten, die in den Wochen der Ungewißheit noch öfters seine Entscheidung beeinflussen sollten. Diese Nachricht warnte ihn und behauptete, daß der Elysée-Palast unterminiert sei und daß jeder, der dort Wohnung beziehe, in die Luft fliegen würde. Diese Erzählung war reiner Unsinn und wahrscheinlich von einer Person erfunden worden, die dem Zaren schon privat Quartier angeboten hatte, nämlich von dem unglaublichen Talleyrand. Auf jeden Fall entschied sich Alexander, nicht in den Elysée-Palast zu ziehen, sondern sich an den Mann zu wenden, von dem er überzeugt war, daß er am besten wußte, was Frankreich in diesem Augenblick erwartete. Im Abendlicht ritt Alexander zum Hause Talleyrands, das an der Ecke der Rue Saint-Florentin und der Rue de Rivoli lag. »Monsieur de Talleyrand«, sagte Alexander, als er vom Pferde stieg, »ich habe mich entschlossen, in Ihrem Hause zu wohnen, da Sie nicht nur mein, sondern auch das Vertrauen meiner Alliierten besitzen.« [49] Talleyrand überließ Alexander das obere Stockwerk seines riesigen Hauses, und Posten der berittenen Preobrashenskij-Grenadiergarde zogen in der engen Rue Saint-Florentin auf. In der ganzen Stadt herrschte Ordnung und Disziplin. Durch die Fenster des großen Salons, der im ersten Stock im Hause Talleyrands lag, schien Kerzenlicht, und über allem lag der tröstliche Hauch einer einvernehmlichen Improvisation. »Ein Hoch unseren Befreiern!« riefen ein paar Pariser, als einige Wortführer der Alliierten sich an diesem Abend versammelten, um bei Alexander und Talleyrand Rat zu suchen. [50] Es war ein hoffnungsvoller Friedensanfang: Die Besetzung Moskaus war viel dramatischer gewesen.

7 *Alexander I. stellt Napoleon I. am 8. Juli 1807 Kosaken, Kalmücken und andere Soldaten der russischen Armee vor*

8 *Parade der russischen Infanterie vor dem Winterpalais in St. Petersburg*

9 Feldmarschall Michail Ilarionowitsch Kutusow (1745–1813)

10 Michail Speranskij, einflußreicher Minister unter Alexander I.

KAPITEL 14

Europäischer Ausblick

Der Zar, Talleyrand und Caulaincourt (April 1814)

»Ich bin als ein Eroberer gekommen, der keine andere Ehre sucht als die, den Besiegten Glück zu bringen«, schrieb Alexander an Golitzyn, wenige Stunden nachdem er in Paris eingezogen war. Im Jahre 1814 hätte man eine derartige Erklärung jeder anderen Person, die im Licht der Öffentlichkeit stand, als viel zu salbungsvoll ausgelegt: ein nichtssagender Satz, um ein Gewissen zu beruhigen, das durch die Kapitulation der französischen Hauptstadt übermäßig erregt worden war. Doch aus der Feder Alexanders klang dieser Satz echt und zeigte seine wahren Gefühle.

In den ersten zwei Wochen des April 1814 erfreute sich der Zar einer politischen Überlegenheit in europäischen Angelegenheiten, die er sich selbst in seinen kühnsten Träumen nie erhofft hätte. Er war zum Hauptsprecher der Alliierten geworden und somit de facto der wahre Beherrscher Frankreichs. Castlereagh, Metternich und Kaiser Franz blieben in Dijon, denn sie wollten sich nicht nachsagen lassen, daß die jetzige französische Regierungsform in ihrem Gepäck nach Paris gekommen sei. Deshalb überließ man es völlig dem Zaren zu entscheiden, ob die Bourbonen wieder ein Anrecht auf den Thron hätten, der ihren Ahnen gehört hatte. Auch das weitere Schicksal Napoleons legten sie in seine Hand. In solch heiklen Angelegenheiten wandte sich Alexander selbstverständlich an seinen Gastgeber, der während der letzten 25 Jahre jeder Regierung Frankreichs gedient hatte, mit Ausnahme der Jakobiner. Deshalb war es nicht verwunderlich, daß Talleyrand ihm mit seiner großen Erfahrung zur Seite stand. [1]

Vom ersten Abend an, dem 31. März, als Alexander in die Rue Saint-Florentin eingezogen war, legte ihm Talleyrand die berechtigten Thronansprüche der Bourbonen ans Herz. Talleyrand rief 64 Senatoren zusammen, die am 2. April Napoleon absetzten und »freiwillig Ludwig XVIII. auf den Thron Frankreichs« zurückholten, der sich in seinem

Landhaus in Buckinghamshire in England, wo er seit mehreren Jahren im Exil lebte, von einem schweren Gichtanfall erholte. Alexander allerdings fühlte sich nicht an die Entscheidung dieser Senatssitzung gebunden, bei der mehr als die Hälfte der Senatoren nicht anwesend war, denn er selbst liebte die Dynastie der Bourbonen nicht, und es gab Momente, in denen er dazu geneigt hatte, eine Regentschaft der Bonapartisten zu unterstützen. [2]

Während des Feldzugs in Frankreich hatte Alexander immer wieder betont, daß er mit Napoleon nicht mehr persönlich verhandeln werde. Castlereagh unterrichtete die englische Regierung in London, »daß der Zar nur deshalb an der Spitze seiner tapferen Truppen in Paris einziehen wollte, um aller Welt seine Seelengröße zu zeigen, und trotz der Zerstörung seiner Hauptstadt keine Rache zu üben«. [3] Diese scharfsinnige Charakterbeschreibung des Zaren kam der Wahrheit nahe, denn Alexander war, genau wie Napoleon, ein ausgezeichneter Schauspieler, aber in etwas anderem Maße. Jetzt, da der Kampf beendet war, würde eine großzügige Geste gegenüber dem am Boden liegenden Gegner seine Mission mit Edelmut krönen. Napoleon sollte zwar nicht auf dem Thron Frankreichs bleiben, aber der Zar wollte, daß man ihn persönlich mit Großmut behandele. Er sah nicht ein, warum das autokratische Regierungssystem, das Napoleon in Frankreich errichtet hatte, vernichtet werden sollte, vor allem in einem Volk, das im Herzen immer noch bonapartistisch gesinnt war. Es bleibt jedem selbst überlassen, sich auszumalen was passiert wäre, wenn sich Napoleon und Alexander in diesen Tagen der Ungewißheit nochmals getroffen hätten. Auf der einen Seite Napoleons persönliche Anziehungskraft, auf der anderen Seite die Herzensgröße des Zaren. Vielleicht wären in der dreizehnten Stunde die Ziele der Alliierten über den Haufen geworfen worden. Deshalb war es verständlich, daß gewisse Kräfte alles daran setzten, eine solche Begegnung zu vereiteln.

Genau wie in früheren Tagen war das einzige Glied, das Alexander und Napoleon verband, Caulaincourt. In den ersten zehn Tagen des Monats April hatte er vier lange Unterredungen mit Alexander, und er ritt die 60 Kilometer zwischen Talleyrands Palais und Schloß Fontainebleau, wo Napoleon Zuflucht gesucht hatte, hin und her. Napoleon sandte außerdem noch drei seiner Marschälle zum Zaren, um Caulaincourt zu unterstützen, der für Napoleons unmündigen Sohn einen Regenten einsetzen wollte.

Sie kamen am 5. April morgens um drei Uhr in der Rue Saint-Florentin an. Alexander erwartete sie und ließ sie sofort zu sich bitten. Es war eine ungewöhnliche Situation, denn im unteren Stockwerk des Palais diskutierte zur gleichen Zeit Talleyrand mit dem Vertreter der Bourbonen, dem Baron Vitrolles, über die Rückkehr des Bruders Ludwigs XVIII., des Grafen d'Artois, nach Paris. Die beiden Männer wußten, daß nur ein ganz wichtiges Ereignis Caulaincourt und die drei Marschälle zu solch früher Stunde zu Alexander geführt haben konnte. Sie hörten deutlich die Stiefeltritte und das Sporenklirren auf dem Parkett des Salons, der über ihren Köpfen lag. »Da ist etwas los, und wir müssen sehen, was passiert«, bemerkte Talleyrand. »Zar Alexander trifft manchmal unerwartete Entscheidungen – er ist immerhin der Sohn Pauls I.« [4]
Aber im Gegensatz zu seinem Vater übereilte Alexander nichts. Zwei Stunden hörte er sich Caulaincourts Argumente an, der die Beibehaltung der Dynastie Bonaparte wollte. Er und auch die Marschälle betonten, daß Frankreich vor allem eine Regierung brauche, an die das Volk »keine bitteren Erinnerungen« und deshalb auch keinen Grund habe, seine unglückliche Vergangenheit wieder »auszugraben«. Kategorisch verlangte der Zar die Zusicherung, daß Napoleon endgültig abdanke. »›Zu Gunsten seines Sohnes‹, war unsere Antwort«, schreibt Caulaincourt, »diese Nachricht nahm er gut auf.« Um fünf Uhr morgens brach der Zar die Unterredung ab und bat die Emissäre, im Laufe des Tages zu weiteren Verhandlungen zurückzukehren.
Nachmittags kamen sie wieder. Es wurde bekannt, daß Marmonts Korps zu den Alliierten übergelaufen war, und Napoleon standen deshalb keine Truppen mehr zur Verfügung. Die Bestätigung dieser Meldung erhielt Alexander während der Besprechung mit Caulaincourt und den Marschällen. Sofort ging er in den unteren Stock, um sich mit Talleyrand zu besprechen, der ihm riet, den Regentschaftsgedanken fallenzulassen, da Napoleon jeden, der den Staat führe, zu beeinflussen versuchen werde. Als der Zar in den ersten Stock zurückkehrte, hatte er sich endgültig entschieden. »Eine Regentschaft gibt Frankreich keine Aussicht auf Ruhe«, sagte er. »Der Kaiser muß bedingungslos abdanken. Er wird genug zum Leben haben und wird ein unabhängiges Gebiet erhalten.« Die Marschälle verließen die Besprechung, doch Alexander bat Caulaincourt, noch zu bleiben. Nun wurde erörtert, wo Napoleon sein »unabhängiges Leben« führen sollte. Man kam zu dem Entschluß, daß die Insel Elba ein Exil sei,

gegen das aus politischen Gründen nichts einzuwenden wäre. [5] An diesem Abend fand nochmals eine Besprechung zwischen Alexander und den vier Emissären statt. Der Zar war höflich, doch blieb er fest und verlangte von Napoleon die definitive Zusage seiner Abdankung.

Nun war die dynastische Frage endlich gelöst. Am Mittwoch, dem 6. April, unterzeichnete Napoleon in Schloß Fontainebleau seine Abdankung, und Caulaincourt brachte die Urkunde gegen Mitternacht nach Paris. [6] Niemals zuvor hatte Alexander in diesem Ausmaß den Schiedsrichter über das Schicksal Europas gespielt. Nun mußte nur noch die finanzielle Seite geklärt werden. In welcher Form sollte Napoleon auf der Insel Elba leben, und wie würde die zukünftige Stellung der Kaiserin Marie Louise und ihres Sohnes sein? Was diese Angelegenheit betraf, so war Alexander ausgesprochen aufgeschlossen und hegte sogar Sympathien für die gefallene Dynastie. Es wurde ihm jedoch die Möglichkeit genommen, diese Probleme in direkten Verhandlungen zu entscheiden, denn die anderen Verbündeten wurden durch Alexanders Macht und Unabhängigkeit alarmiert. Nur Friedrich Wilhelm war mit allem einverstanden, was der Zar wollte. Dagegen waren Metternich und Castlereagh durch das Übergewicht Alexanders stark beunruhigt. Beide konnten sich nicht mit dem Gedanken befreunden, Napoleon nach Elba zu schicken, denn sie meinten, daß die Insel geographisch viel zu nahe am Festland liege. Alexander war nicht damit einverstanden, seine Entscheidung, Elba betreffend, zu widerrufen. Allerdings erklärte er sich bereit, den Österreichern freiere Hand zu geben, was die Zukunft Marie Louises und ihres Sohnes betraf. Caulaincourt gegenüber hatte er sich anders geäußert. [7] Es war ja ganz besonders Metternich gewesen, der die Verbindung der habsburgischen Erzherzogin mit Napoleon in die Wege geleitet hatte.

Am 11. April entschieden die Alliierten gemeinsam über das Schicksal Napoleons. Die Bedingungen wurden in einem Dokument festgelegt, das später als Vertrag von Fontainebleau bekannt wurde. [8] Am folgenden Tag überbrachte Caulaincourt das Dokument. Nach einem mißglückten Selbstmordversuch unterzeichnete Napoleon am 13. April morgens den Vertrag. Nachdem der Vertrag ratifiziert war, reiste er sieben Tage später nach Elba ab. In Paris berieten Alexander und seine Alliierten die Möglichkeiten eines Friedensvertrages mit Frankreich. Es sollte der erste Schritt sein, um Europa als Ganzes wiederherzustellen.

Castlereagh hatte gehofft, man könnte während des Sommers, als sich alle Alliierten in Paris aufhielten, in den wichtigsten diplomatischen Fragen zu vorläufigen Abmachungen kommen. [9] Er wurde rasch enttäuscht. Die Hauptstadt Frankreichs, bekannte er in einer Mitteilung an seine Regierung, »ist ein schlechter Platz, um Geschäfte abzuschließen«. [10] Nach den schweren Kämpfen und den harten Monaten, die die Alliierten ertragen hatten, war es für die politischen und militärischen Führer eine große Versuchung, sich in den Wirbel der Festlichkeiten und Vergnügungen zu stürzen, ehe sie sich wieder, wie es Alexander entschuldigend nannte, »mit den schmutzigen Wassern der Politik« beschäftigten. [11] Vom Standpunkt des Zaren aus war es das Vorteilhafteste, die Friedensfeiern so lange als möglich hinauszuschieben. Militärisch gesehen befand er sich in einer unangreifbaren Stellung. Seine Truppen beherrschten Mitteleuropa von der Weichsel bis zum Rhein, und sie bewachten Dresden und Leipzig. Sie standen in Garnisonen in größeren und kleineren Städten Polens, und sie zogen in Basel und Magdeburg zu Paraden auf. Auf dem Kartäuser Berg bei Koblenz, oberhalb der Weinberge an der Mosel, bauten sie »Fort Alexander« und »Fort Konstantin« aus. Eine Kette von befestigten Lagern zog sich über ganz Frankreich, von Montmirail bis Metz, hin und bestätigte die russische Militärmacht. In Paris stellten die Russen das größte Kontingent. Zu dieser militärischen Überlegenheit kann man ruhig auch die Charaktereigenschaften des Zaren zählen, ganz besonders seinen Takt und seine Großzügigkeit. Er zeigte vor allem bemerkenswerten gesunden Menschenverstand und große Höflichkeit.

Als liebedienerische Adelige vorschlugen, den Pont d'Austerlitz in Paris umzutaufen, um den Befreiern unangenehme Erinnerungen zu ersparen, lehnte Alexander diesen Vorschlag ab: »Es genügt«, sagte er, »daß das Volk weiß, daß der Zar von Rußland und seine Armee über diese Brücke gezogen sind.« [12] Bei allen Anlässen fand er die passenden Worte. Man hörte, wie er zu Lafayette sagte, daß die Leibeigenschaft in Rußland abgeschafft werden müsse. Bei einem Ball bei der Gräfin Jablonowska bemerkte er öffentlich zu Kościuszko, daß er einen freien polnischen Staat für das Richtige halte. [13] Als er sich im Louvre aufhielt, fragte er ironisch, ob Napoleon jemals für einen »Saal des Friedens« Verwendung gehabt hätte. Gegen seinen gestürzten Gegner oder seine Würdenträger zeigte er sich nie rachsüchtig.

Eine ganz eigenartige und traurige Beziehung hatte Alexander während seines Pariser Aufenthaltes zu der Kaiserin Josephine. Die Revolution hatte ihr ihren ersten Gatten genommen, und ihren zweiten Mann hatte sie aus dynastischen Gründen verloren. Die Kaiserin hatte ganz zurückgezogen vier Jahre in Schloß Malmaison gelebt und beobachtet, wie die Schatten immer länger wurden, als die kaiserliche Sonne langsam am europäischen Himmel unterging. Obwohl erst fünfzig Jahre alt, war sie durch die Nackenschläge des Lebens früh gealtert. Die Bevölkerung von Paris brachte ihr Sympathie und Respekt entgegen, denn dreißig Jahre lang hatte sie das Auf und Ab der Geschichte Frankreichs miterlebt. Es war deshalb nichts Außergewöhnliches, daß der Zar ihr in Malmaison einen Höflichkeitsbesuch abstattete. [14] Einer bezauberte den anderen. Als Alexander in die Rue Saint-Florentin zurückkehrte, schrieb er sofort an Josephine und teilte ihr mit, sie brauche sich um die Zukunft keine Sorgen zu machen. »Unter keinen Umständen möchte ich die Erlaubnis, die Sie mir gegeben haben, ausnutzen«, schrieb er, »aber ich freue mich, wenn ich Ihnen am Freitag zur Dinerstunde meine Ehrerbietung erweisen darf.« [15] Er kam immer wieder, und Josephine bestellte neue Kleider und plante elegante Diners. So wurde der Glorienschein, der das Schloß und den Garten von Malmaison unter der Konsularregierung umgeben hatte, wieder neu belebt. Weder Alexander noch Josephine waren sich im klaren, wie krank sie war, und sie bestand darauf, die Rolle der »First Lady«, die sie sich selbst zugelegt hatte, weiterzuspielen.

Am Dienstag, dem 24. Mai, gab sie für Alexander ein wunderbares Diner, bei dem auch die Creme der russischen militärischen Gesellschaft eingeladen war. Dem Diner folgte ein Ball, den der Zar mit Josephine eröffnete. Es war ein schöner Abend, und die beiden gingen zusammen zwischen den Rhododendronhecken zu dem einzigartigen Gewächshaus im Park, das der Stolz Josephines war. Die Nachtluft und die Temperaturschwankungen waren zu viel für ihre Gesundheit. Am Samstag morgen bekam sie Fieber und starb am nächsten Tag um die Mittagszeit. [16] Alexander trauerte um sie und begab sich selbst nach Saint-Leu, um ihrem Sohn und ihrer Tochter sein Beileid auszusprechen. In Paradeuniform standen seine Regimenter Spalier, als der Sarg auf der Landstraße von Malmaison nach der Pfarrkirche bei Rueil, wo sie begraben wurde, vorbeifuhr. [17] Es war eine Ironie des Schicksals, daß sie ausgerechnet mit militärischen Ehren der Garde des Herrschers begraben wurde, den Napoleon als ersten in sein Vertrauen gezogen hatte, um seine Scheidung von ihr und eine eventuelle Wiederverheiratung zu besprechen.

Die Bourbonen wurden wieder eingesetzt, aber der Zar konnte sich mit der Dynastie nicht befreunden, obwohl er nach außen hin gute Beziehungen mit ihnen unterhielt. Er wollte zuerst mit Frankreich Frieden schließen und dann erst andere Fragen des Wiederaufbaus Europas in die Hand nehmen. Dieses Mal war Metternich gleicher Ansicht, doch aus ganz anderen Gründen. Es schien den Österreichern nämlich ratsam, Alexander von den polnischen Emigranten, die in Paris lebten, fernzuhalten, ehe die Zukunft Deutschlands und des Weichselgebietes nicht ausgehandelt war. Auch Castlereagh wollte dem englischen Parlament einen raschen Friedensvertrag mit Frankreich vorlegen, solange die Bevölkerung noch über das Ende des Krieges erleichtert und froh war. In diesem günstigen Klima würde man sich nämlich über die eigentlichen Friedensbedingungen keine genauen Gedanken machen. Der einzige Staatsmann, der den Standpunkt vertrat, daß der Friedensvertrag mit Frankreich einen Teil des Gesamtfriedensvertrages und nicht einen Separatfrieden darstellen sollte, war der preußische Kanzler Hardenberg. Sowohl am 29. April als auch wieder am 21. Mai schlug er Abmachungen, die deutschen und polnischen Fragen betreffend, vor. Aber die unterschiedliche Bedeutung europäischer Gebiete rief unter den Großmächten solche Spannungen hervor, daß es Alexander leichtfiel, seine Verbündeten zu überzeugen, daß es für diese Entscheidungen vorläufig viel zu früh sei. [18] Im Mai kam man mit dem französischen Friedensvertrag gut vorwärts, und die Russen zeigten sich über die Grenzfragen im Norden großzügiger als die Engländer und Österreicher. Es wurden keine Reparationen verlangt, das französische Heer in seiner Stärke nicht begrenzt und das besiegte Land von keiner Okkupationsarmee besetzt. Auch die Kunstschätze, die Napoleon als Siegestrophäen geraubt hatte und die im Louvre ausgestellt waren, sollten nicht zurückgegeben werden. Die Grenzen Frankreichs waren etwa diejenigen des Jahres 1792, unter Einschluß von Chambery, Annecy und der päpstlichen Enklave Avignon. Die Friedensstifter gratulierten sich gegenseitig zu der gezeigten Mäßigung, und am 30. Mai wurde der Vertrag unterzeichnet. [19] Er ging unter dem Namen der *Erste Friede von Paris* in die Geschichte ein. Spätere Abmachungen würden mehr Schwierigkeiten bereiten, das wenigstens nahmen alle Beteiligten zu diesem Zeitpunkt an. Offiziell war der Kriegszustand beendet, doch sollte im Herbst in Wien ein Kongreß stattfinden. Nachdem der Vertrag unterzeichnet war, gab es keinen Grund für die Herrscher und Staatsmänner, noch länger in Paris zu bleiben. Kaiser Franz, der sich in der französischen Hauptstadt nicht wohl fühlte, fuhr nach Wien zurück und ließ Metternich und Schwarzenberg als seine Vertreter bei den anderen Alliierten. Seit einiger Zeit kursierten Gerüchte, Alexander wolle nach London reisen. Ende April erhielten die alliierten Staatsmänner eine offizielle Einladung, an den englischen Siegesfeierlichkeiten teilzunehmen. Auch Alexander versprach sich von diesen diplomatischen Verhandlungen während seines Staatsbesuches Erfolg. Deshalb bestand er darauf, nicht nur die überlebenden russischen Kriegshelden, die das englische Volk mit Beifall begrüßen wollte, sondern auch Nesselrode und Czartoryski mitzunehmen, den Alexander nach Napoleons Sturz wegen seiner Kenntnisse in der polnischen Frage wieder als Berater zu sich gerufen hatte. Am 3. Juni verließen der Zar und sein Gefolge Paris und reisten in zwei Tagen mit ihren Kaleschen bis Boulogne, wo der Herzog von Clarence (der spätere König William IV.) auf der *Impregnable* auf sie wartete, um mit den ausländischen Staatsmännern über den Kanal nach Dover zu segeln. [20]

Alexander in England (Juni 1814)

Die Nachricht von Alexanders bevorstehendem Besuch rief in ganz England große Aufregung hervor. Flugblätter wurden verteilt, die seine großen Qualitäten priesen und Daten seines Lebenslaufes nannten.
Die Kanalüberquerung nach Dover am 6. Juni wurde bei stürmischem Wetter vorgenommen, und zu seinem Ärger mußte der Zar erleben, daß er seekrank wurde. Bei seiner Ankunft in Dover war seine äußere Erscheinung alles andere als imposant, und die Zuschauer am Kai bemerkten: »Alles andere als ein schöner Mann.« Eine siebzehn Jahre alte Zuschauerin schrieb in einem Privatbrief: »Schrecklich rosa ist seine Gesichtsfarbe, und er sieht aus wie ein Pudding.« Auf einem Umweg fuhr ihn ein Landauer in die Stadt. In einem Hotel, das nahe beim Piccadilly lag, wurde er von seiner Schwester Katharina empfangen, die schon seit einigen Wochen in England

weilte und die die englische königliche Familie nicht ausstehen konnte. Dieses Gefühl erwiderten die englischen Gastgeber. Katharinas Vorurteile vergifteten die Gesinnung ihres Bruders gegen den Prinzregenten, den zukünftigen König Georg IV., schon ehe sich die beiden Monarchen persönlich kennenlernten. Während der ganzen drei Wochen, die sich Alexander in England aufhielt, blieben die Beziehungen zwischen Alexander und Georg ausgesprochen kühl.

Doch ungeachtet der Stimmung am Hofe schwärmte die Bevölkerung geradezu für die russischen Gäste, und jedes Mal brach sie in Begeisterung aus, wenn sich der Zar der Menschenmenge in London zeigte. Stadtbewohner, die früh aufstanden, konnten Alexander, diese »gottähnliche Schöpfung«, wie einen sterblichen Menschen neben seiner Schwester spazierengehen sehen. Manchmal ritt er auch durch die Felder von Marylebone über die nördlich gelegenen Hügelketten nach Hampstead und Highgate, wo die Städter ihre »Datschas« hatten, genau wie die Moskauer auf den westlich gelegenen Hügeln der alten Hauptstadt. Später am Tage war es sowohl für Alexander wie auch für Katharina nicht mehr möglich, sich so frei zu bewegen. Wenn sie nach den üblichen Ausflügen, die Touristen unternehmen, z. B. dem Besuch der Westminster Abbey oder des Britischen Museums, zum Pultenay Hotel zurückkamen, wurden sie oft von aufgeregten Frauen empfangen, die ihre Hände ergreifen wollten. Aber Alexander, dem diese Leidenschaft der Leute schon von Moskau her bekannt war, fühlte sich nicht besonders belästigt. »Als er die Treppen zu seinem Hotel hinaufstieg«, berichtete *The Times* mit gebührender Ehrfurcht, »drehte sich Seine Kaiserliche Majestät um, sah auf das Volk hinunter und zog leutselig seine Kopfbedeckung.« [21]

Während der drei Wochen seines Londoner Aufenthalts war Alexanders Zeit meist mit Staatsempfängen oder offiziellen Feierlichkeiten ausgefüllt. Die Öffentlichkeit sah den Zaren in scharlachrot und gold verbrämten Uniformen zu Banketten und Gala-Empfängen durch die Straßen der Stadt fahren. Immer war er in Begleitung seiner Schwester, die, wenn irgend möglich, einen Hut mit einer großen Feder trug, um ihrem Aussehen Würde zu geben, die sie nicht besaß. Die Gesellschaft natürlich amüsierte sich und gab ihren Kommentar ab, vor allem über Frauen, die angeblich seine Aufmerksamkeit erweckten. Es wurde beobachtet, daß er sehr oft mit der Gräfin von Jersey Walzer tanzte, die einmal die Geliebte des Prinzen von Wales gewesen war, aber schon seit langer Zeit nicht mehr in seiner Gunst stand. Die Bevorzugung der Gräfin seitens des Zaren ärgerte den Regenten, und die Schwätzer amüsierten sich köstlich. [22] Am 14. Juni fuhr die ganze Kavalkade von Herrschern und Würdenträgern nach Oxford, wo die Universität beschlossen hatte, dem Befreier Europas die Würde eines Ehrendoktors zu verleihen. Alexander trug einen »einfachen blauen Rock« und Katharina ein »einfaches Reisekleid, und auf dem Kopfe einen großen Strohhut, der mit einer Feder geschmückt war«. Gegen vier Uhr kamen sie im offenen Wagen im Merton College an, wo die russischen Gäste übernachteten. Am nächsten Morgen marschierten der Prinzregent, der Zar, der König von Preußen, Fürst Metternich, Marschall Blücher, die Generäle und Diplomaten in einem langen Zug von der Christus-Kirche (Christ Church) zum Sheldonian Theater, wo Alexander der Doktor des Zivilrechts verliehen wurde. Man las nicht weniger als acht Oden vor, die für diese Gelegenheit geschrieben wurden: zwei in griechischer, eine in lateinischer und fünf in englischer Sprache. Am folgenden Samstag, dem 18. Juni, fand ein großes Bankett, gegeben von der Stadt London in der Guildhall, statt. Es war, wie das Annual Register erklärt, »ein Essen mit so großem Aufwand wie es mit Geld und Geschick nicht besser hätte ausgerichtet werden können«. [23] Das Fest wurde durch kleinliche Spannungen, die zwischen dem Regenten, dem Zaren und seiner Schwester bestanden, beeinträchtigt. Die Schwierigkeiten hatten schon am Morgen begonnen, als der Prinz-Regent Alexander einlud, mit ihm in seiner Staatskarosse zur Guildhall zu fahren. Der Zar nahm die Einladung unter der Bedingung an, daß seine Schwester Katharina mit ihm zusammen im gleichen Wagen sitzen dürfe. Der Prinz-Regent schickte eine knappe Erwiderung, daß dies unmöglich sei, denn noch nie sei eine Frau mit dem Monarchen zusammen im gleichen Wagen gefahren, wenn er sich bei solch einer Gelegenheit der Öffentlichkeit gezeigt habe. [24] So fuhr der englische Prinz-Regent um halb fünf Uhr nur mit dem König von Preußen in die Guildhall. Dann kam die Staatskarosse in das Hotel am Piccadilly zurück und holte den Zaren und seine Schwester ab, die mit einer Stunde Verspätung ankamen. Plötzlich lenkte der Zar seine Aufmerksamkeit auf die Führer der Whig Oppositions Partei. Er blieb stehen, unterhielt sich mit ihnen und schritt anschließend in dem feierlichen Zug von siebenhundert Gästen zum Ehrenpodium. Katharina dämpfte die feierliche Stimmung, indem sie ihren Tischnachbarn in Erinnerung brachte, daß Musik sie immer krank mache, denn sie konnte die

patriotischen Lieder von Opernsängern nicht leiden. Während des ganzen Abends behandelte der Prinz-Regent den Zaren und seine Schwester mit »hochmütigem Schweigen«. [25]
Durch solche Begebenheiten machte sich der Zar rasch bei der Gesellschaft unbeliebt. Man kann es einfach nicht verstehen, warum ein Herrscher, der in St. Petersburg so voller Charme und Güte war, sich in London wie ein junger Mensch benahm, der gegen das Establishment revoltierte. War es vielleicht im Unterbewußtsein ein unterdrückter Ärger auf die offensichtliche urbane Wohlhabenheit der Engländer?
Es gab auch noch eine andere Möglichkeit der Erklärung. Vielleicht war Alexanders Ungeschliffenheit auf Gewissenskonflikte zurückzuführen. War es seine ungeschickte Reaktion auf das oberflächliche Leben in London, das in schroffem Gegensatz zu den Leiden der europäischen Völker und zu der diplomatischen Krise stand, in der sich die Verbündeten immer noch befanden? Es steht fest, daß am Ende seines Besuches in England die ernste Seite seines Charakters wieder zum Vorschein kam. Der Zar hatte seit langem Kenntnis von der Existenz der »Quäker«, (der Society of Friends). Als Kind wurde er von Thomas Dimsdale, dem »Quäker-Doktor«, geimpft, und während einer Krankheit hatte ihn dessen Frau, Mrs. Dimsdale, gepflegt. [26] Die Ziele der Quäkerbewegung kannte er, und als die Londoner Quäker ihm eine Bittschrift überreichten und ihn baten, in Rußland die vielen »frommen Menschen« zu schützen, die »ihr Seelenheil in außerkirchlicher Weise« suchten, zeigte der Zar sofort Interesse. Diese Sprache war ihm vertraut und stand in direktem Zusammenhang zu seiner eigenen religiösen Meditation, die ihm in den vergangenen zwei Jahren so viel bedeutet hatte. Er bat den Botschafter Lieven, die Verbindung mit den Quäkern, die die Bittschrift in das Pulteney Hotel gebracht hatten, nicht abbrechen zu lassen. [27]
Am Sonntag nach dem Bankett in der Guildhall beauftragte der Zar plötzlich Lieven, es zu ermöglichen, daß er einem Treffen der Quäker beiwohnen könne. Durch einen Glücksfall war es dem Gesandten möglich, den bekannten Quäker William Allen zu erreichen, der Alexander und Katharina in ein Vereinshaus der »Society of Friends« an der St. Martins Lane geleitete. Sie hörten sich zwei kurze Predigten und ein eindrucksvolles Gebet an. [28] Von dem Gottesdienst war Alexander so ergriffen, daß er William Allen und zwei andere Mitglieder der »Society of Friends« am Tag vor seiner Abreise aus London in sein Hotel einlud.

Es ist ausgesprochen schwierig, in der nüchternen Sprache, in der William Allen sein Tagebuch führte, den gleichen Mann wiederzuerkennen, der sich in der Guildhall so brüskierend benommen hatte:
»Der Kaiser, der an diesem Tag bis sechs Uhr morgens gearbeitet hatte, war noch nicht aufgestanden, und wir mußten deshalb etwa zweieinhalb Stunden auf ihn warten. Endlich erreichte uns die Nachricht, daß er empfangsbereit sei, und wir, d. h. Stephen Grellet, John Wilkinson und ich, wurden nach oben geleitet ... Der Kaiser empfing uns stehend. Er war allein und trug einen Anzug aus einfachem Tuch, und mit seinem leutseligen Blick schien er eher Freunde und nicht Fremde zu begrüßen ... Die Unterhaltung wurde teilweise in der englischen Sprache, die er verstand und sogar richtig aussprach, und teilweise in Französisch geführt ... Er sagte, daß er in Sachen des Gebets völlig mit den Freunden übereinstimme, denn es handele sich um eine ganz persönliche und seelische Angelegenheit. Er bemerkte, daß er täglich bete und zuerst mit Regelmäßigkeit Worte spreche. Nach einiger Zeit werde er unsicher, da die Worte des Gebets nicht immer zu seiner seelischen Stimmung paßten. Augenblicklich bete er seiner seelischen Stimmung gemäß so, wie er fühle, und während dieser Gebetsübung fühle er süßen Frieden ... Er fand, daß die wahre Versenkung im Gebet nichts mit äußerlichen Zeremonien oder der Wiederholung von Worten zu tun habe, denn gerade die Schlechten und Heuchler würden diese Art des Gebets oft ausüben. Man müsse sich demütig vor die Füße Gottes werfen ... Über die Sitte, die in diesem Land herrschte, daß man nach dem Dinner noch stundenlang zusammensaß, äußerte er sich ablehnend und behauptete, es sei eine Zeitverschwendung, die man besser nützen könne, indem man sich für das Wohl seiner Mitmenschen einsetze ... [29]«
Die Unterhaltung, bei der auch Fragen über das häusliche Leben der Quäker-Familien zur Sprache kamen, dauerte »etwa eine Stunde«. Am Ende sagte der Zar, wenn irgendwelche Freunde St. Petersburg besuchen würden, sollten sie sofort zu ihm kommen und ihn aufsuchen. William Allen und seine zwei Freunde waren von Alexanders Aufrichtigkeit und seinem Glauben überzeugt. Es gibt keinen Grund, Zweifel an seiner Haltung zu hegen, denn zu dieser Zeit glaubte der Zar an jedes Wort, das er sagte.
Am Mittwoch, dem 22. Juni, verließ Alexander Portsmouth. Zum letzten Mal wurden der Zar und seine Schwester auf die königliche Yacht einge-

laden, und sie waren Zeugen einer großartigen Flottenparade bei Spithead. Sie sagten dem englischen Regenten Lebewohl und fuhren auf der Küstenstraße von Sussex nach Kent. Bei Hastings sah Alexander zwei Personen im Gewand der Quäker an der Straße stehen, und er gab seinem Kutscher Befehl, sofort anzuhalten. Nathaniel Rickmann und seine Frau Mary waren nicht wenig erstaunt, auf diese ungewöhnliche Weise begrüßt zu werden. Beide waren durch Alexanders bohrende und suchende Fragen stark beeindruckt und zeigten dem königlichen Besucher gerne ihr Farmhaus und ihre kleine Milchwirtschaft. [30] Nach einem kleinen Imbiß stiegen Alexander und seine Schwester wieder in den Reisewagen und verschwanden in einer Staubwolke in Richtung Dover.

Am 27. Juni ging der Zar an Bord und segelte nach Ostende. Dieses Mal war die See ruhig und die Überfahrt angenehm. In Gent verabschiedete er sich von seiner Schwester, machte den Niederlanden einen kurzen Besuch und fuhr dann ins Rheinland weiter, das in diesem Sommer von Gewittern mit wolkenbruchartigen Regengüssen heimgesucht wurde. [31] Am 5. Juli kam er in Bruchsal an, wo sich die Sommerresidenz der badischen markgräflichen Familie befand. Das Schloß lag dreißig Kilometer nordwestlich von Karlsruhe; endlich war der Zar wieder mit seiner Gemahlin, der Kaiserin Elisabeth, vereint. Er blieb fünf Tage in Bruchsal und erholte sich von dem englischen Besuch und der anstrengenden Reise. [32]

Es gab genug, womit er sich beschäftigen konnte. Die drei Wochen, die Alexander in London verlebt hatte, stellten sich als ein diplomatisches Unglück heraus. Über die Zukunft Europas waren keine wichtigen Entscheidungen getroffen worden, obwohl Czartoryski in England über Polen mit beiden englischen Parteien, den Torys und den Whigs, Besprechungen geführt hatte. Es kam Alexander überhaupt nicht zum Bewußtsein, was für einen verheerenden Eindruck sein ungeschliffenes Benehmen in England bewirkt hatte. Sein Benehmen und die Taktlosigkeiten seiner Schwester förderten alte Vorurteile gegen die Russen wieder zutage, denn die Engländer fürchteten, daß eine erneute Expansionspolitik des Zaren für sie wieder gefährlich werden könnte. Alexander hätte unter allen Umständen versuchen müssen, diese Vorurteile zu mildern. Es war deshalb selbstverständlich, daß sowohl der Regent als auch Castlereagh sich nach dem Besuch des Zaren näher an die Österreicher anschlossen. Maßgebend beeinflußte auch das diplomatische Geschick Metternichs die englische Haltung, der es verstand, bei jeder Gelegenheit die passenden einschmeichelnden Worte zu finden. Die Uneinigkeit zwischen den Alliierten war so groß geworden, daß alle dem Zaren mißtrauten, als er den Wiener Kongreß von Mitte August auf Ende September verschieben wollte. Alexander beabsichtigte nämlich, nach Rußland zurückzukehren, um einige innenpolitische Angelegenheiten zu regeln. Die Engländer und Österreicher dagegen fürchteten, er würde in der polnischen Frage eine einseitige Erklärung abgeben, die die Arbeit des Kongresses vorbelastet hätte. Deshalb überredeten sie die Russen, keine unwiderruflichen Entscheidungen vor der Eröffnung des Kongresses in Wien zu treffen. Auch sollten keine Truppenverschiebungen ohne vorherige Absprache mit den Alliierten vorgenommen werden. War es nicht ein unheilverkündender Ausblick, daß man den Oberkommandierenden der größten Armee Europas vor Beginn der Friedensbesprechungen zu einem solchen feierlichen Versprechen zwingen mußte?

Man bereitet sich in St. Petersburg und Pulawy auf den Wiener Kongreß vor

Nach Rußland kehrte Alexander in trüber Stimmung zurück. Nicht nur in Berlin, Dresden, Frankfurt, sondern auch in Paris war er in großem Stil empfangen worden, und auch mit den Engländern hatte er den Frieden mit Gelagen und Lustbarkeiten gefeiert. Als er in St. Petersburg ankam, gab es auf seine persönliche Anweisung hin, keinen offiziellen Empfang für ihn. Als er in Bruchsal weilte, hatte er eine Abordnung hoher russischer Staatsbeamter – Mitglieder des Staatsrats – und kirchlicher Würdenträger in Audienz empfangen. Siegesfeiern und die Aufstellung einer Siegessäule in St. Petersburg zu seinen Lebzeiten lehnte er ab. [33] Gegen den Beinamen »Der Gesegnete« hatte er nichts einzuwenden, obwohl er sagte, »daß er sich eines derartigen Titels für unwürdig halte«. Und so kehrte er heimlich, still und leise am 24. Juli, sozusagen unangekündigt, in seine Hauptstadt zurück. Er gestattete nur seiner Mutter, Maria Fjodorowna, in Pawlowsk ein großes Bankett für ihn zu geben, während er sich alle anderen Feiern anläßlich seiner Rückkehr verbat. In der Kasaner Kathedrale wurde ein feierliches Te Deum gesungen: der Sieg über Napoleon sei nicht sein Verdienst, sondern er sei nur durch die Gnade Gottes möglich gewesen. Solange noch so viel Not, Elend und Verwüstung in seinem Reich herrschten, schienen ihm aufwendige Feste unangebracht. Erst nach Unterzeichnung des endgültigen Friedensvertrages durch die Alliierten würden seiner Ansicht nach die Leiden Rußlands zu einem Ende kommen, doch bis zu diesem Zeitpunkt sollten noch viele Monate ins Land gehen.

Der Zar blieb sieben Wochen in St. Petersburg und beschäftigte sich vor allem mit den Vorbereitungen für den Kongreß. Die zwei wichtigsten Aufgaben waren: erstens, zu bestimmen wer von seinen Ministern und Ratgebern ihn zu den Verhandlungen nach Wien begleiten sollte. Zweitens beabsichtigte er, in den polnischen Gebieten eine provisorische Verwaltung einzurichten. Diese Maßnahme sollte seinen Alliierten zeigen, daß Rußland seine Gebietserweiterungen im Weichselbecken unter allen Umständen konsolidieren wollte, ohne daß seine Verbündeten zu Gegenmaßnahmen gezwungen würden. Er mußte auch einige Angelegenheiten in seiner Familie ordnen. Seine Schwester Katharina konnte sich nur mit der Erlaubnis ihrer Mutter wieder verheiraten, und diese war mit dem österreichischen Erzherzog Karl als zweitem Schwiegersohn nicht einverstanden. Alexander mußte nun herausfinden, ob die Kaiserinwitwe hartnäckig bei ihrer Ablehnung blieb. Und wenn dem so war, würde sie dann unter Umständen einer Eheschließung zwischen Katharina und ihrem Neffen Wilhelm von Württemberg, den die Großfürstin während ihres Aufenthaltes in England kennengelernt hatte, nicht im Wege stehen? Zudem war die jüngere Schwester des Zaren, Anna Pawlowna, noch immer ohne Gemahl; würde seine Mutter vielleicht eine Ehe zwischen ihr und dem Prinzen von Oranien gutheißen? Natürlich waren diese häuslichen Angelegenheiten im Verhältnis zu den politischen Problemen von untergeordneter Bedeutung, und doch sieht es so aus, als ob sie für des Zaren plötzliche Entscheidung, noch vor Beginn des Kongresses nach Rußland zurückzukehren, mitverantwortlich waren. Er hätte auch von Wien aus sein Beraterteam zusammenstellen und die polnischen Fragen ordnen können, ohne einen Fuß nach Rußland zu setzen. Heiratsangelegenheiten jedoch mußten mit der Mutter persönlich in Pawlowsk besprochen werden. Da alle in Frage kommenden fürstlichen Ehekandidaten beim Wiener Kongreß anwesend sein würden, war es unerläßlich, die Liste der Anwärter zusammen mit Maria Fjodorowna durchzugehen. Andererseits war es nicht schwierig, eine Delegation für Wien zusammenzustellen. Deshalb ernannte der Zar Nesselrode zum »Staatssekretär für auswärtige

Angelegenheiten«. Beobachter behaupteten, daß der Herrscher durch diese Ernennung zeigte, »daß er selbst das Auswärtige Amt kontrollieren« konnte, denn andernfalls hätte er Nesselrode zum Minister befördert. [34] Auf der gleichen Rangstufe in der russischen Delegation stand Graf Rasumowskij, der seit vielen Jahren Gesandter Rußlands in Wien war, und Adam Czartoryski fuhr als Sprecher der unter Rußlands Herrschaft lebenden Polen mit. General Pozzo di Borgo, der wie Napoleon ein Korse war und seit 1805 in russischen Diensten stand, galt als Experte für Angelegenheiten Frankreichs und der Länder am westlichen Mittelmeer. [35] Der 38 Jahre alte Aristokrat Johannes Kapodistrias, der von der Insel Korfu kam, wurde zur Überraschung aller ernannt. Erst kürzlich hatte ihn der Zar in geheimer Mission in die Schweiz geschickt. Seinem alten Lehrer La Harpe beschrieb Alexander Kapodistrias als »einen sehr empfehlenswerten Mann, der sich durch die Tugend seiner aufgeklärten Ideen und liberalen Ansichten auszeichnet«. Seine rasche Beförderung beunruhigte sowohl die Engländer als auch die Österreicher, denn sie deuteten diese Ernennung als ein Zeichen erneuten russischen Interesses in der orientalischen Frage und an dem Schicksal der Griechen, die noch im türkischen Reich lebten. [36] In der ganzen Suite, die Alexander begleitete, stammte nur ein einziger Berater von russischen Eltern ab, und das war der Graf Rasumowskij. Doch auch er brüstete sich seines kosmopolitischen Weitblicks in solchem Maße, daß er offen aussprach, er halte es für unter seiner Würde, auch nur eine einzige Zeile in seiner russischen Muttersprache zu schreiben. War es da ein Wunder, daß Metternichs Geheimdienst berichtete, die alten russischen Familien seien aufgebracht, daß Ausländer solchen Einfluß auf die Gedankengänge und Entschlüsse des Herrschers hatten? [37] Nicht ein einziger Vertreter des Zaren beim Wiener Kongreß konnte behaupten, er sei der Sprecher und Vertreter der alten moskowitischen Tradition des »Heiligen Rußlands«.

Dies war aber nur *ein* Aspekt bei den Friedensverhandlungen, der die konservativen Landbesitzer beunruhigte. Sie waren besorgt über die Auswirkungen der polnischen Politik Alexanders und fürchteten vor allem die sozialen Unruhen auf ihren Gütern, wenn dem russischen Reich Gebiete einverleibt würden, die aus Napoleons sozialen Reformen große Vorteile gezogen hatten. Es war ihnen klar geworden, daß die Leibeigenschaft aufgehoben werden mußte. Doch was kam nach der Freilassung der Leibeigenen? Deshalb verfolgten sie die provisorischen Abmachungen des

Zaren für die polnischen Gebiete mit dem gleichen Argwohn wie die Staatsmänner im Ausland. [38]
Alexander hatte ganz genaue Vorstellungen, wie er die polnische Frage lösen wollte: Rußland würde alle Gebiete, die vorher zum Großherzogtum Warschau gehört hatten, annektieren. Außerdem hoffte er, durch Verhandlungen mit Metternich und dem österreichischen Kaiser Franz auch noch Galizien seinem Reiche einzuverleiben. Den Preußen wollte er zum Ausgleich für den Verlust ihrer polnischen Gebiete Sachsen anbieten, das in das Königreich Preußen eingegliedert werden sollte. Und Metternichs Ehrgeiz in Italien wollte Alexander unterstützen und somit die Österreicher für ihre Verluste versöhnlich stimmen. Dann würde er ein Königreich Polen ausrufen, das offiziell von den anderen Provinzen seines Reiches unabhängig war. Es sollte aber in Personalunion mit Rußland unauflöslich vereinigt werden. So umriß er Czartoryski und den Vertretern anderer großer polnischer Familien gegenüber die Zukunft Polens, als er bei der Rückkehr von St. Petersburg nach Wien in Pulawy haltmachte. [39] Er versicherte den Polen, daß er sich ein Königreich vorstelle, das etwa zehn bis elf Millionen Einwohner zähle und stimmte einem Verfassungsentwurf zu, den Czartoryski ausgearbeitet hatte und den dieser auch vorlas. Das parlamentarische System sollte aus zwei Kammern bestehen. Auf dem Papier sahen diese Konzessionen sehr viel großzügiger aus, als die Polen es erwartet hatten. Weder damals noch später zweifelten sie an der Aufrichtigkeit Alexanders und seines Programms, das er in Pulawy umrissen hatte. Voller Hoffnung für die nahe Zukunft reiste er am 20. September in Richtung Wien ab. [40]

Alexander residiert in der Wiener Hofburg

Fünf Tage später ritt der Zar wieder einmal an der Seite des Königs von Preußen im Triumph in Wien ein. Kaiser Franz stellte dem Herrscher aller Reußen einen ganzen Flügel der Hofburg zur Verfügung. Auch Friedrich Wilhelm von Preußen und die regierenden Häupter dreier anderer Dynastien waren zusammen mit ihren Gemahlinnen in der Hofburg untergebracht. Es war alles getan worden, damit sich die Monarchen wohl und zufrieden fühlen sollten, und man wollte allen königlichen und fürstlichen Familien, die in diesem Herbst nach Wien strömten, Freude machen.

Kaiser Franz sorgte dafür, daß seine Gäste durch die Kastanienalleen des Praters reiten konnten. Sie durften auch in den südlich und westlich der Stadt gelegenen bewaldeten Hügeln jagen. In den kaiserlichen Ställen standen 1400 Pferde, aus denen die regierenden Herrscher und die Prinzen zu jeder Tageszeit ein Reitpferd wählen konnten. Ein »Festkomitee« von Hofbeamten sorgte für endlose Unterhaltungen und Belustigungen. Nicht zu vergessen die zahlreichen Bälle, Bankette und Konzerte, die von den mächtigsten Familien Mitteleuropas anläßlich des Kongresses gegeben wurden.

Diese großzügige Gastfreundschaft, die der ersten Gesellschaft Europas gewährt wurde, gab während des ganzen Winters den Ton an und bestimmte die Mode. Während des Kongresses kamen mehr als 100 000 fremde Besucher nach Wien und alle, außer den Sparsamen und Nüchternen, waren von dem glänzenden gesellschaftlichen Leben wie geblendet. Höchstens einer unter zwanzig Besuchern hatte mit dem Geschäft des Friedensmachens während seines Aufenthalts in Wien etwas zu tun. Die übrigen waren extravagante Außenseiter, die einer der zahlreichen Polizeispitzel treffend als ein »Panorama Europas« bezeichnete. [41] Niemals zuvor in der europäischen Geschichte hatte sich die weltbürgerliche Aristokratie des ganzen Kontinents anläßlich solcher prunkvoller Galavorstellungen ein Stelldichein gegeben. Es ergab sich für alle auch nie mehr die Gelegenheit, in solch einem Übermaß luxuriös zu schwelgen. Der Stil des Kongresses erinnerte an das prunkvolle Barockzeitalter, und es gab die ganze Skala von konventionellen diplomatischen Vorschriften des Verhaltens bis zur sorgfältigen Planung gesellschaftlicher Abendveranstaltungen und Salonempfänge.

Für einen Menschen wie Alexander war der eigenartige Charakter des Kongresses mehr als verwirrend. [42] Sorgfältig arbeitete er sich immer durch die Akten hindurch, entschied sich nicht leichtfertig oder vernachlässigte eingegangene Verpflichtungen. Diese Arbeitsweise war in Wien ganz unmöglich. Obwohl schriftliche Dokumente ausgearbeitet und vorgelegt wurden, waren sie mehr oder weniger nur Lageberichte. Es kam oft vor, daß sie schon durch private Unterhaltungen ungültig geworden waren, ehe sie überhaupt verteilt wurden. Alexander hatte angenommen, daß die Friedensbedingungen in etwa sechs Wochen ausgehandelt sein würden, so daß er bis Ende des Jahres wieder in St. Petersburg – eventuell auch in Warschau – sein könnte. Zu seiner Bestürzung fand er die Vertre-

ter der anderen Mächte seinen polnischen Plänen gegenüber unkulant und voll Mißtrauen über seine Absichten in anderen Gegenden Europas. Deshalb war es für ihn ganz unmöglich, schon nach Hause zurückzukehren und Nesselrode und Czartoryski die Bedingungen aushandeln zu lassen, denn die russische Delegation war in sich uneins und hatte außer ihm keinen Führer. So war er also gezwungen, eine aktive politische Rolle bei den diplomatischen Zusammenkünften zu spielen, die er aber auf Grund der außergewöhnlichen Umstände nicht als dominierender Wortführer ausüben konnte. Zur gleichen Zeit mußte er Abend für Abend bei offiziellen Anlässen als Herrscher des mächtigsten Staates des eurasischen Großraums repräsentieren.
Vom Tage seiner Ankunft in Wien an wurde Alexander ein ganz besonderer Anlaß zum Ärgernis. Er wußte und fühlte, daß er von Spionen und Spitzeln umgeben war, die genaue Berichte an den österreichischen Polizeichef Baron Hager schickten. Manchmal versuchte er, durch ein ausgeklügeltes Doppelspiel zu bluffen und ließ in privaten Unterhaltungen Äußerungen fallen, die er in der Öffentlichkeit nicht zu sagen gewagt hätte. Aber er hatte keine Ahnung von dem Umfang und der Leistungsfähigkeit des österreichischen Geheimdienstes, noch wußte er, wie geschickt dieser Briefe abfangen konnte und anderer Menschen Privatbriefe kopierte. [43]
Da zwischen dem gesellschaftlichen Leben und den ernsten und wichtigen Aufgaben, die der Kongreß zu erledigen hatte, enge Verbindungen bestanden, waren die Berichte, die Hagers Spione sammelten, von nicht unerheblicher Bedeutung.
Sie betonten und intensivierten wahrscheinlich auch die Differenzen, die zwischen Alexander und dem Fürsten Metternich bestanden, dem großen Drahtzieher der Intrige. Es ist schwer zu unterscheiden, ob die häufigen Ausbrüche österreichisch-russischer Spannungen die Folge von echten politischen Zweifeln waren oder nur durch die schlechte Laune von Rivalen in diversen Schlafzimmern der Schönen ausgelöst wurden. Weder der Zar noch Metternich vergeudeten während des Kongresses Zeit darauf, die Motive ihrer gegenseitigen Abneigungen zu analysieren. Sie nahmen diese als unvermeidlich hin und versuchten alles, sowohl in der Öffentlichkeit als auch in privaten Kreisen, den Einfluß des anderen einzudämmen.
Es war in der Tat für Alexander fast unmöglich, Hagers Agenten zu entfliehen. Ein Spitzel wurde beauftragt, das Haus in der Paniglgasse Nr. 60 genau zu beobachten, denn Maria Naryschkina war dem Zaren nach Wien

gefolgt und hatte dieses Haus für sich gemietet. Da sie von Geburt Polin war, glaubten die Österreicher, sie würde seine Politik, ihr Vaterland betreffend, beeinflussen wollen. Der Spion beobachtete, daß der Zar sie zweimal in der gleichen Woche besuchte und einen seiner Flügeladjutanten mit Geheimberichten zu ihr geschickt hatte. [44] Aber der Ort, wo man diese Begebenheiten am besten beobachten konnte, war das Palais Palm in der Schenkengasse, das nur einige hundert Meter von der Hofburg entfernt lag. Dort hatten zwei führende politische Kurtisanen, die Herzogin Wilhelmine von Sagan und die Fürstin Katharina Bagration, sich im gleichen Palast eingemietet und wohnten in verschiedenen Flügeln. [45] In Hagers Kanzlei trafen so viele Berichte ein, daß man fast annehmen mußte, daß außer den Fürstinnen jeder in der Schenkengasse ein Agent sei. Ungelöst bleibt allerdings, in wessen Interesse die Kurtisanen arbeiteten.

Alexander kannte beide schon jahrelang. Die Fürstin Bagration war die Witwe des gefeierten russischen Kriegshelden und mit dem Zaren weitläufig verwandt. Sie hatte sich kurz nach ihrer Eheschließung von Bagration getrennt und meist in Dresden oder Wien gelebt. Sie war eine von Metternichs vielen Freundinnen gewesen, dem sie 1802 eine Tochter gebar. Wilhelmine von Sagan war in Wirklichkeit eine Untertanin des Zaren, denn sie war die älteste von vier Töchtern des letzten Herzogs von Kurland und besaß noch große Ländereien in den baltischen Provinzen. Im Grunde genommen war sie ein Mitglied der weltbürgerlichen Aristokratie und besaß außer ihren russischen Ländereien noch das große Gut von Sagan, das in Preußen lag. In Prag hatte sie einen Palast, und auf ihrem Schloß Ratiborzitz in Böhmen waren Alexander und Metternich schon zu Gast gewesen. Es war für sie in Wien äußerst schwierig zu entscheiden, zu wem sie halten sollte. Noch immer schmeichelte ihr Metternich, mit dem sie ein Verhältnis hatte, Talleyrand besuchte und verwöhnte sie. Auf der anderen Seite wußte sie ganz genau, daß sie unter Umständen ihre russischen und preußischen Ländereien wegen der polnischen Frage verlieren konnte, wenn es tatsächlich zwischen Rußland und Österreich zum Bruch käme. Der Zar bevorzugte die Gesellschaft der Fürstin Bagration, die, zweiunddreißig Jahre alt, sehr schön war und einer Porzellanfigur glich. Mit den Jahren war sie reifer und witziger geworden, und sie besaß die Eigenschaft, die die Franzosen »esprit« nennen. Außerdem beherrschte sie die Kunst, Männer zu bezaubern. Ihre Rivalin Wilhelmine liebte leidenschaftlicher, war aber leichtfertiger und liederlicher. Talleyrand wollte auf Alexander wieder den gleichen Einfluß ausüben, den er in Paris über den Zaren gehabt hatte. Er ermutigte Wilhelmine, sich mit aller Macht in die Arme des Zaren zu werfen. Nicht nur der Zar, sondern auch die österreichischen Berichte bestätigten, daß man alles tat, um die beiden zusammenzubringen. Der Zar schreibt: »Sie gingen sogar so weit, daß sie uns zu einem Tête-à-tête in einer Kalesche einsperrten.« [46] Aber Alexander hielt sich selbst für viel zu schlau, um auf einen solchen plumpen Scherz hereinzufallen. Er fuhr fort, den linken Flügel des Palais Palm zu besuchen, wo die Fürstin Bagration wohnte, und überließ es Metternich, Talleyrand und anderen weniger wichtigen Persönlichkeiten im rechten Flügel Wilhelmine den Hof zu machen. Mehr als einmal wurde der Wiener Kongreß zu einer Posse!

Einmal besuchte der Zar die Fürstin und wollte sofort wieder fortgehen, als er einen Herrenhut liegen sah. Es stellte sich heraus, daß ihn ein Handwerker liegengelassen hatte. Daraufhin blieb Alexander über zwei Stunden bei ihr, und der Polizeichef Hager, dem diese Episode berichtet wurde, schrieb auf den Bericht: »Hony soit qui mal y pense«. [47]* Ein anderes Mal, als der Zar die Fürstin besuchen wollte, war die ganze Schenkengasse voller Karossen, und er nahm an, die Fürstin veranstalte ein Fest. So gab er seinem Kutscher Anweisung umzukehren. Er befand sich im Irrtum; die Fürstin wartete allein auf ihn, den Ball gab ihre Rivalin, die Herzogin Wilhelmine. Der mitfühlende österreichische Polizeichef schrieb an den Rand des Geheimberichts: »Die arme Fürstin war allein und wartete auf ihn, und sie wartet noch immer auf ihn.« [48]

Diplomatische Verwicklungen (Oktober 1814–Februar 1815)

In der Zwischenzeit gingen die Staatsmänner langsam, vorsichtig und widerwillig daran, für Europa einen langen Frieden auszuarbeiten. Vorbesprechungen wurden zwischen Nesselrode, Castlereagh, dem preußischen Kanzler Hardenberg und Metternich noch vor Ankunft des Zaren in Wien abgehalten. Man wollte folgendermaßen vorgehen: Die Entschei-

* »Ein Schelm, wer Arges dabei denkt.« (Wahlspruch des Hosenbandordens, des höchsten englischen Ordens.)

dungen lagen in den Händen der Großen Vier: Österreich, England, Preußen und Rußland. Dann wurden sie den Franzosen und Spaniern zur Prüfung und Zustimmung vorgelegt, ehe sie zur Ratifizierung wieder an den Kongreß zurückgeschickt wurden. Talleyrand, der in Wien erst eine Woche vor der Kongreßeröffnung eintraf, erhob bei seinen Kollegen Einspruch gegen diese Abmachung und wollte, daß Frankreich mit den Großmächten auf einer Stufe stand. Die daraus resultierenden Zwistigkeiten gaben Metternich Gelegenheit, den offiziellen Beginn des Kongresses auf den 1. November zu verschieben. In Wirklichkeit wußten alle Beteiligten, daß dieser Aufschub nur wenig mit Talleyrands Taktik zu tun hatte. Die Alliierten wollten nur Alexander mürbe machen, der darauf bestand, daß seine in Pulawy umrissenen polnischen Verfassungsfragen angenommen würden. Metternich bat Castlereagh, als Sprecher der Großmächte mit dem Zaren zu verhandeln und ihn auszuhorchen, was er eigentlich wolle und ihn unter Umständen zu Zugeständnissen zu bewegen. [49]

Es waren zwei Aspekte, gegen die die Österreicher und die Engländer, diese allerdings aus anderen Gründen, Einspruch erhoben: die Einverleibung aller polnischen Gebiete in das russische Reich und die Annektierung Sachsens (augenblicklich von einem russischen General regiert) durch Preußen, als Ausgleich für die polnischen Gebiete, die zu Preußen gehört hatten. Castlereagh machte auf Alexander überhaupt keinen Eindruck, und er erklärte sich nur bereit, ein kleines Gebiet in Nordwest-Europa an Preußen zu geben, weigerte sich aber energisch, die Gegend um Tarnopol Österreich zu überlassen. »Ich habe das Herzogtum Polen erobert, und ich habe eine halbe Million Soldaten, die es halten können«, erklärte er knapp. Weiter sagte er zu Castlereagh: »Preußen werde ich geben, was ihm zusteht, aber nicht ein einziges Dorf an Österreich.« [50] Er war auch nicht bereit, wegen Sachsen irgendwelche Konzessionen zu machen, dessen unglücklicher König im Frühjahr 1813 auf die alliierte Seite übergegangen war und dann später bei Kriegsbeginn wieder seine Verbindungen zu Napoleon aufgenommen hatte. Obwohl Alexander und Castlereagh gegenseitig Komplimente austauschten und sich ihrer gegenseitigen Freundschaft versicherten, war sich der englische Außenminister über die Absichten der Russen völlig im klaren. Er fuhr fort, Alexander den ganzen Oktober hindurch mit Einsprüchen und Memoranden zu überhäufen, machte aber zur gleichen Zeit den Versuch, Hardenberg auf seine Seite zu ziehen, um auf diese Weise Alexander zu isolieren. [51]

Tatsächlich war die Position des Zaren viel schwächer als Castlereagh annahm. Obwohl Nesselrode in der Öffentlichkeit die Politik seines Herrschers unterstützte, sprach er in privatem Kreise von des Zaren »unglücklichen Ideen in Sachen der fatalen polnischen Frage«. [52] Auch Pozzo di Borgo stimmte mit Nesselrode überein, und sogar Alexanders alter Lehrer de La Harpe, der Ende September in Wien eintraf, teilte nicht die Ansicht seines Schülers. La Harpe vertrat die Interessen der Schweizer Kantone beim Kongreß. [53] Kritik, diplomatische Schwierigkeiten und das anstrengende gesellschaftliche Leben mit seinen Festen und Bällen trugen die Schuld an Alexanders schlechter Laune und machten ihn zugleich immer hartnäckiger und verbohrter. Während eines Balles, der zur Erinnerung der Völkerschlacht bei Leipzig gefeiert wurde, äußerte er: »Hier sehe ich zu viele Diplomaten, und diese Menschen langweilen mich.« Eine Woche später nörgelte er in einem eleganten Salon: »Ich bin nur ein einfacher Soldat und verstehe überhaupt nichts von Politik.« [54] Außer sich selbst überzeugte er niemanden.

Langsam wurde ihm klar, daß es einfach unmöglich war, das Programm von Pulawy zu erfüllen. Aber er hielt noch einen Trumpf in seiner Hand. Ende Oktober würde er Kaiser Franz und König Friedrich Wilhelm nach Ungarn begleiten, um dort an den Siegesfeiern in Buda* teilzunehmen. Die Monarchen wollten ohne ihre Minister reisen. Vielleicht ergab sich dort Gelegenheit, daß die drei Herrscher die schwebenden Fragen unter sich lösen konnten, ohne die Geschäftigkeit ihrer Außenminister. Nach erzielter Einigkeit könnte man nach Wien zurückkehren und Metternich und seine ganze Mannschaft vor vollendete Tatsachen stellen.

Zuerst jedoch hatte Alexander schwierige Besprechungen mit Talleyrand und Metternich. Die Franzosen erhoben Einspruch gegen die Einverleibung Sachsens in das Königreich Preußen, da man König Friedrich Wilhelm zusätzlich noch Gebiete am Rhein als Kompensation geben mußte. Deshalb hatte Ludwig XVIII. Talleyrand Vollmachten gegeben, und er teilte Alexander mit, daß Frankreich der polnischen Lösung nicht zustimme. Am 23. Oktober empfing der Zar den französischen Außenminister in Audienz. Talleyrand verteidigte die legitimen Thronrechte des sächsischen Königs. »Aber«, behauptete Alexander, »Friedrich August war ein

* Buda wurde später mit Pest vereinigt und erhielt den Namen Budapest; die Stadt heißt heute noch so.

Verräter an der gemeinsamen Sache.« »Das, Majestät«, erwiderte Talleyrand kühl, »ist nur eine Frage des Datums.« [55]
Eine Zusammenkunft am Nachmittag des nächsten Tages verlief noch viel stürmischer. Man hatte den Fürsten Metternich beauftragt, im Namen aller Alliierten dem Zaren drei Vorschläge wegen Polen zu unterbreiten: erstens einen unabhängigen Staat, zweitens ein verstümmeltes Königreich wie im Jahre 1791 oder drittens die Grenzen, wie sie 1795 nach der dritten polnischen Teilung gezogen worden waren. Alle drei Vorschläge lehnte der Zar mit der Begründung ab, daß er beabsichtige, ein unabhängiges Polen auszurufen, das mit der russischen Krone unauflöslich verbunden sein sollte. Metternich stand auf dem Standpunkt, daß die Habsburger genauso gut ein unabhängiges Polen gründen könnten. Diese Bemerkung ärgerte den Zaren, und er wurde wütend. In einer Sprache, die Metternich an Napoleon erinnerte, machte er klar, daß er den österreichischen Außenminister nicht für die geeignete Person halte, mit ihm über Polen zu verhandeln. »Sie sind der einzige Mann in ganz Österreich, der es wagt, mit mir in solch einer Weise zu reden«, sagte er, und zwei Stunden lang zählte er alle Beschwerden, die er gegen Metternich und seine Arbeit hatte, auf. Bald schwirrten Gerüchte über diesen Zwischenfall durch die vornehmen Salons, und man behauptete sogar, die beiden Gegner hätten sich schlagen wollen, aber durch den Einspruch des Kaisers Franz sei das Duell abgesagt worden. [56] Ganz so schlecht stand die Sache nicht, doch die nächsten fünf Monate sprachen Alexander und Metternich kein Wort miteinander.
Ende Oktober reisten die drei Monarchen zu einem Staatsbesuch nach Ungarn. Während der Reise gab es für den Zaren eine letzte Gelegenheit, seine Reisegefährten auszuhorchen. Seine Hoffnung, Kaiser Franz umzustimmen, trog. Denn jetzt kannte Kaiser Franz Alexander besser, und er war nicht mehr von dessen Behauptung beeindruckt, der jeweilige Außenminister müsse immer mit seinem Monarchen übereinstimmen. Alexander konnte einfach nicht die natürliche, konservative Anschauung des Kaisers Franz verstehen, der die Ziele seines Außenministers Metternich kannte und für besser hielt als die unbekannten Vorschläge des Zaren. Freundlich, doch fest gab Franz dem Zaren zu verstehen, daß er die Erfahrung gemacht habe, es wäre besser, wenn die Minister unter sich oder mit den Gesandten verhandelten als direkt mit dem König oder Kaiser. Inoffiziell schien sich Franz über Alexanders Schwierigkeiten zu amü-

sieren, denn Hager hatte ihm natürlich die Geheimberichte vorgelegt. [57] Doch bei Friedrich Wilhelm hatte Alexander mehr Erfolg. Dieser stand noch immer unter dem Einfluß des Zaren, ließ Hardenberg kommen und gab ihm in Gegenwart Alexanders die Anweisung, über Polen und Sachsen dürfe er weder mit Metternich noch mit Castlereagh Besprechungen abhalten. Im gleichen Augenblick erklärte sich der Zar bereit, die Verwaltung des von seinen Truppen besetzten Sachsen aus den Händen der russischen Generäle an die der preußischen Armee übergehen zu lassen.

In Wirklichkeit konnte die polnische Frage nur gelöst werden, wenn der Zar andere Opfer brachte und seine ehrgeizigen Pläne zur Neuorganisation Europas fallenließ. In der zweiten Novemberwoche sahen alle, daß auch Nesselrode seinen Herrscher in der polnischen Frage nicht mehr unterstützte. [58] Der britische Außenminister wollte die polnische Frage vor den Kongreß bringen, so daß alle europäischen Regierungen selbst sehen konnten, was für »Ansprüche zur Erweiterung Polens seine kaiserliche Hoheit« hatte. Doch Talleyrand warnte Alexander eindringlich, daß, falls er in der polnischen und sächsischen Frage nicht nachgebe, er unter Umständen seinen »Ruhm als Friedensbringer Europas« opfern müsse. [59]

In der zweiten Dezemberwoche wurde Alexanders Stimmung plötzlich zusehends unausgeglichener. Dies brachte seine Umgebung aus der Fassung. Am 10. Dezember war er gegen die Österreicher so aufgebracht, daß er seinen Gastgeber in der Hofburg kaum begrüßte. Doch fünf Tage später lud er den österreichischen Kaiser zu Besprechungen ein und zeigte sich bereit, an Österreich das Gebiet um Tarnopol abzutreten, das, im östlichen Galizien gelegen, 1809 durch die Gnade Napoleons unter seine Herrschaft gekommen war. Vier Tage war ganz Wien der Ansicht, daß der Zar zu Kompromissen über die polnische Frage bereit und gegen Preußen nicht mehr so freundlich gestimmt sei wie früher. [60] Die Preußen, die des Zaren veränderte Ansicht fühlten, rasselten indirekt mit dem Säbel, und ihre Panik wurde von Talleyrand geschickt ausgenützt, der die diplomatische Stellung Frankreichs verbessern wollte. Tatsächlich wurde am 3. Januar 1815 zwischen Österreich, England und Frankreich ein geheimes Verteidigungsbündnis unterzeichnet, das theoretisch die Ansprüche Alexanders und Preußens beschnitt. Es bestand aber keine Aussicht, daß bei Nichteinhaltung die drei Unterzeichner gezwungen würden, zu den Waffen zu greifen. [61] Wenn Talleyrands Vertrag überhaupt eine Bedeutung hatte, so war er ein Bluff, denn Preußen fehlten die Mittel, wegen Sachsen einen Krieg anzufangen, und auch Alexander wollte wegen Polen keinen Krieg beginnen. Schon ehe die Allianz geschlossen wurde, waren die größten Streitigkeiten aus der Welt geschafft worden.

Endlich machten die Großmächte Fortschritte, zu endgültigen Abmachungen zu kommen. Mit der Grenzziehung Italiens waren die Russen einverstanden und auch mit der Gründung eines Königreichs der Niederlande. [62] Überraschenderweise nahm Alexander auch Castlereaghs Vorschlag an, daß die Insel Korfu und die Ionischen Inseln englisches Protektorat werden sollten. Der Zar stand zu seinem Versprechen, das er 1812 den Schweden gegeben hatte. Sie sollten Norwegen von Napoleons Verbündetem Dänemark bekommen, als Ausgleich für den Verlust von Finnland, das an Rußland fiel. Jedermann beim Kongreß war mit dieser Lösung einverstanden. [63] Mitte Februar waren alle Hauptbeteiligten in Wien bereit, in allen noch ungelösten Fragen Kompromisse zu schließen, ja sogar das polnisch-sächsische Problem schien nicht mehr unlösbar zu sein.

Alexander verzichtete auf alle polnischen Gebiete, die er im Herbst noch hatte annektieren wollen. Er stimmte einer erneuten Teilung Polens zu: Österreich behielt Galizien und erhielt Tarnopol und Czortkow zurück; Preußen erhielt die Provinz Posen mit den Städten Posen (Poznan) und Thorn. Krakau, das alte kulturelle und religiöse Zentrum, die ehemalige Hauptstadt des polnischen Reiches, wurde zur freien Stadt erklärt. Was noch vom Großherzogtum Warschau, das Napoleon gegründet hatte, übrigblieb, wurde zusammen mit der Stadt Warschau zu einem Königreich gemacht, das bis in alle Ewigkeit von den Herrschern Rußlands regiert werden sollte. [64] Diese Lösung fiel natürlich ganz anders aus, als es Alexander großzügigerweise im September vergangenen Jahres in Pulawy umrissen hatte. Doch die polnischen Nationalisten waren jetzt Realisten geworden und froh, daß wenigstens ein Teil ihres Reiches wiedererstehen würde. Sie boten Czartoryski in Verfassungsfragen über »Kongreßpolen«, wie es jetzt getauft wurde, ihre volle Unterstützung an. Sie wollten unter allen Umständen Alexanders Wohlwollen erhalten und alles versuchen, daß er an der Zukunft ihres Landes nicht das Interesse verlor.

Die sächsische Frage konnte nicht so schnell gelöst werden. Viel zu spät brachte man den legitimen Herrscher Sachsens, Friedrich August, zu Besprechungen nach Preßburg (Bratislava). Praktisch war er ein Jahr gefangengehalten worden, und zum Erstaunen der Großmächte war er zu Kompromissen nicht bereit. Ende Februar waren sich alle, außer dem König, einig, er solle drei Fünftel seines Gebietes mit den Städten Dresden und Leipzig zurückerhalten. Die restlichen zwei Fünftel sollten an Preußen fallen. Der sächsische König versuchte vergebens, die Großmächte umzustimmen, und so kehrte er im April als geschlagener Mann in seine Hauptstadt Dresden zurück.

Alexanders Sympathien sind nicht mehr dieselben

Nicht nur die Kongreßteilnehmer, sondern auch fremde Beobachter waren über Alexanders offensichtliche Gesinnungsänderung mehr als verblüfft, die ab Mitte Dezember bis in die ersten Wochen des Januar offen zutage trat. Man stellte Vermutungen an, was ihn veranlaßt haben könnte, seine Sympathien zu ändern. Metternich fürchtete zuerst, er hätte den Kampf um Polen nur aufgegeben, um sich für die griechisch-orthodoxen Christen, die noch unter türkischem Joch lebten, besser einsetzen zu können und wollte diese Probleme der orientalischen Fragen während des Kongresses noch zur Sprache bringen. [65] Andere behaupteten, der Zar hätte seine Begeisterung fallenlassen, weil Czartoryski und die Kaiserin Elisabeth wieder ihre alten Beziehungen hatten aufleben lassen, die sie während der Regierungszeit Pauls gepflegt hatten. Der österreichische Geheimdienst dagegen glaubte, daß die Gesinnungsänderung des Zaren auf den Einfluß der Großfürstin Katharina zurückzuführen sei. [66] Diese Vermutung war nicht von der Hand zu weisen, denn seit die Großfürstin in Wien angekommen war, wurde man auf sie aufmerksam. Durch ihre Sprachgewandtheit, ihre Kenntnisse in wissenschaftlichen Dingen und ihre bestimmten Ansichten über Krieg und Fragen die Armee betreffend, gewann sie die Achtung der mächtigsten Aristokraten Europas, die sie ganz anders behandelten als die Tories und Whigs in England. Die Schwätzer fragten sich, wer wohl der zweite Gemahl der Großfürstin werden würde? Bis Anfang Dezember schien Katharina noch immer den Erzherzog Karl vorzuziehen, der immerhin einer der geachtesten Heerführer seiner Zeit war. Es war jedoch einfach unmöglich anzunehmen, daß zwei so ausgesprochene Egoisten mehr als ein paar Wochen glücklich miteinander hätten leben können. Wahrscheinlich merkte der Erzherzog, wie absurd eine solche Verbindung wäre. Wie dem auch sei, Mitte Dezember meldeten Hagers Geheimdienste, daß die »geplante Heirat zwischen dem Kronprinzen von Württemberg und der Großfürstin Katharina realisiert« würde. [67] An einem Morgen kam es zu einem dramatischen Auftritt, bei dem die Großfürstin zwischen zwei Ohnmachtsanfällen es zustande brachte, Karl ihre Absage zu erteilen und sich offen für Wilhelm auszusprechen. Nun mußten Abmachungen getroffen werden, und das Datum des Hochzeitstages war festzusetzen. Da der König von Württemberg bereits sechzig Jahre zählte und vorzeitig gealtert und leidend war, bestand berechtigte Aussicht, daß Katharina in nicht allzu langer Zeit selbst Königin sein würde. Deshalb wollte sie, daß ihr Bruder Alexander auf den in Wien gegründeten *Deutschen Bund* Einfluß behalten sollte. Diesen würde er aber verlieren, wenn er weiter darauf bestand, daß Preußen ganz Sachsen annektierte. Von dem Augenblick an, in dem sich Katharina als eine gute Württembergerin sah, ging sie verständlicherweise in das andere Lager, d. h. gegen Preußen, über. Wie früher hörte Alexander ihr zu und achtete ihre Meinung.

Es war jedoch nicht nur Katharina, die Alexander beeinflußte. Im Dezember veränderte sich sein Gemütszustand, und sein ganzes Benehmen wurde anders. Während der ersten zehn oder elf Wochen, die er sich in Wien aufhielt, führte er ein ausgesprochen ausschweifendes Leben in ganz großem Stil. Er amüsierte sich nicht nur mit den beiden Damen fürstlichen Geblüts, die im Palais Palm wohnten, sondern auch mit zwei ungarischen Gräfinnen, drei Mitgliedern der deutsch-österreichischen Aristokratie und einer Anzahl hübscher »Weanermadeln«, die aus einer ganz anderen Gesellschaftsschicht stammten als er. [68] In der zweiten Dezemberwoche wurde sein Benehmen disziplinierter. Bezeichnenderweise melden die Geheimberichte nach dem 5. Dezember keine Tête-à-têtes mit Damen mehr, denn er war während eines Besuches bei der Fürstin Bagration, bei dem er mit ihr allein war, plötzlich erkrankt. [69] Während der Weihnachtszeit und am Anfang des Neuen Jahres nahm der Zar Einladungen der Wiener Aristokratie nur an, wenn er wußte, daß außer ihm noch Männer von Rang und Namen anwesend waren.

Die Geheimagenten Hagers hatten eine einfache Erklärung für das veränderte Verhalten des Zaren: Ihrer Ansicht nach litt er unter einer Geschlechtskrankheit. [70] Es ist nicht von der Hand zu weisen, daß sie im Recht waren. Wenn dem aber so gewesen ist, so bedrückte diese Tatsache sein Gewissen. Metternich schrieb später über diese Krisenwoche des Kongresses, daß Alexander wieder einmal »unter seinen periodisch auftretenden Gemütsschwankungen litt«, die psychologisch gesehen »in seiner Natur« lagen. [71] Ganz plötzlich wandte sich sein Geist in einer Art Mystik höheren Welten zu, und er verachtete deshalb das Feilschen und den Kuhhandel des Friedensmachens. Er glaubte, daß dies für einen Herrscher, der durch göttliche Offenbarung gesegnet sei, eine Beschäftigung wäre, die weit unter seiner Würde lag. In den folgenden zwei Jahren, vielleicht auch noch länger, wurde er von einer eigenartigen religiösen Ekstase ergriffen, ähnlich derjenigen, die er in den friedlichen Tagen vor dem Feldzug gegen Napoleon verspürt hatte.

Bei der Wiederentdeckung seines Glaubens wurde er durch eine von Elisabeths jungen, griechischen Hofdamen, Roxana Sturdza, unterstützt, deren Bruder beim Zaren Privatsekretär war. Roxana gehörte zur Anhängerschaft der viel verehrten Bußpredigerin und Evangelistin Baronin Juliane von Krüdener, die von Geburt Lettin war.* Die schriftstellerischen Arbeiten der Baronin und vor allem ihr halb-autobiographischer Roman *Valerie* hatten die Kaiserin Elisabeth sechs oder sieben Jahre früher interessiert, aber es gibt keinen Hinweis dafür, daß ihn auch der Zar gelesen hatte. [72] Er wurde auf die Baronin Juliane nur durch den Einfluß Roxana Sturdzas und ihres Bruders aufmerksam. Als Roxana in Wien weilte, erhielt sie bemerkenswerte Briefe von ihrer Freundin, die voll von apokalyptischen Offenbarungen waren, so daß ihr Inhalt dem Zaren, wahrscheinlich durch seinen Sekretär, zu Ohren kam. Es war tröstlich für

---

* Die Familie Sturdza kam aus Morawien (ein Teil des modernen Rumäniens). Sie waren Phanarioten, das heißt Griechen, die unter den Türken im türkischen Reich als Beamte gedient hatten. In der St. Petersburger Gesellschaft galt die Familie Sturdza als eigentliches Haupt der griechischen Kolonie in der Hauptstadt. Juliane von Krüdener wurde 1764 in Riga geboren. Sie war die Tochter eines baltisch-deutschen Gutsbesitzers, Baron Otto von Vietinghoff, und mütterlicherseits die Urenkelin des Feldmarschalls Münnich, der sich in den Türkenkriegen 1730 ausgezeichnet hatte. Juliane heiratete im Jahre 1782 einen russischen Diplomaten, Alexej von Krüdener, den sie als seine Frau nach Venedig und Kopenhagen begleitete. Sie hatten zwei Kinder: Paul (geboren im Januar 1784) und Juliette (geboren im Juli 1787). Alexej und Juliane trennten sich 1792, und er starb zwei Jahre später. Die Baronin starb 1824 in Rußland auf der Krim.

Alexander zu erfahren, daß Frau von Krüdener während der schlimmsten Periode der Spannungen mit den Österreichern wußte, daß er ein Mensch war, »dem Gott eine größere Macht übertragen hatte, als die Welt im allgemeinen gewahr wurde«.
Als fremde Beobachter in der zweiten Hälfte des Dezember über die »abgeklärte Heiterkeit« des Zaren verwundert waren, ging er oft in den vierten Stock der Hofburg und besuchte an Abenden, an denen er nichts anderes vorhatte, Roxana in ihrem kleinen Zimmer. [73] Sie war ein anziehendes Mädchen mit charmantem, freundlichem Lächeln und einer angenehmen Stimme, aber es gibt keinen Hinweis, daß Alexander sie zu seiner Geliebten machen wollte. In Roxana sah der Zar eine Gläubige, einen Menschen, mit dem er über theologische Fragen diskutieren konnte, die ihm Sorgen bereiteten. Weder Roxana noch der Zar waren im Grunde genommen tiefe Denker. Auch Roxanas Bruder und seine Freundin Katharina Walujewa, die manchmal an den Diskussionen teilnahmen, waren in theologischen Fragen nicht geschult. Alle vier hatten den charakteristischen Wunsch des orthodoxen Glaubens nach religiöser Versenkung, ohne geistiges Training, das ihnen aber geholfen hätte, von dem, was Roxana später als »Trost der Einsamkeit« bezeichnete, zu profitieren. Psychologisch gesehen hatte Alexander die Sehnsucht nach einem inneren Ruf, Ähnliches hatte er in London empfunden, als er sich plötzlich für die Quäkerbewegung interessierte. Die Gewißheit, daß es in Deutschland eine eigenartige Prophetin gab, die an seine Mission glaubte, als er sie selbst vergessen zu haben schien, gab jenen Zusammenkünften in der Hofburg einen außergewöhnlichen, mystischen Auftrieb und eine Befriedigung seiner Seele, was alles durch die Geheimhaltung noch verstärkt wurde.

Napoleons Rückkehr von der Insel Elba und das Ende des Wiener Kongresses

In der zweiten Novemberwoche erhielt Roxana Sturdza einen Brief, den die Baronin vierzehn Tage vorher von Straßburg aus geschrieben hatte. Wie immer war der Inhalt eine Mischung biblischer Prophezeiungen und geheimnisvoller Andeutungen. »Ein Sturm ist im Anzug«, erklärte sie, und das bedeute, daß die Lilien der Bourbonen in Frankreich »auf der

Bildfläche nur erschienen sind, um wieder zu verschwinden.« [74] Da jedermann, der das Königreich Ludwigs XVIII. besuchte, sah, daß sich seine Untertanen mit der Restauration der Bourbonen nicht abfinden wollten, war diese Prophezeiung an und für sich nichts Besonderes, aber die Baronin hüllte ihre Warnungen in den Mantel eines verführerischen Geheimnisses. Sie schrieb Roxana, daß sie Alexander »außergewöhnliche Dinge« zu sagen habe, »ihm, den zu lieben und zu achten uns Gott selbst befohlen hat«. Es gab zu diesem Zeitpunkt genug Freunde, die den Zaren über Dinge informieren wollten, die für ihn von Interesse waren. Es genügte dem Zaren, daß ihm die Neuigkeiten von Frau von Krüdener durch Roxana mitgeteilt wurden, und er war nicht geneigt, daß sie die Zahl der fremden Besucher des Kongresses in Wien noch vergrößere. Im Februar 1815 versuchte sie es noch einmal. Sie schrieb wieder an Roxana, sie hätte »ihm ganz wichtige Dinge mitzuteilen«. In höflicher Form ließ er Roxana wissen, daß er bereit wäre, die Bekanntschaft der Baronin zu einem späteren Zeitpunkt zu machen. Unter keinen Umständen wollte er sie jetzt nach Wien kommen lassen. [75] Dies ist nicht überraschend, denn ihre Anwesenheit hätte sofort zu Gerüchten Anlaß gegeben und die private Atmosphäre dieser glücklichen Stunden der Meditation zerstört.

Am 7. März jedoch erreichten Wien niederschmetternde Nachrichten, die die Aussichten auf weitere ruhige und friedliche Abende zunichte machten. Um halb sieben Uhr morgens öffnete Metternich einen Brief des österreichischen Konsuls in Genua und las, daß Napoleon von der Insel Elba verschwunden sei. Eine dreiviertel Stunde später wurde der österreichische Außenminister in Alexanders Gemächern zu einer Audienz empfangen. Es war die erste Begegnung der beiden innerhalb von vier Monaten. [76] Diese Nachricht war für Alexander eine Blamage, denn er war sich natürlich bewußt, daß Napoleon nur auf seine Initiative hin während der Pariser Verhandlungen auf die Insel Elba verbannt worden war. Er gab sofort Befehl, seine Truppen zu mobilisieren. Ja er bot an, selbst den Oberbefehl zu übernehmen, um Frankreich und den Korsen noch einmal zu züchtigen. Dieser Vorschlag wurde von Metternich in taktvoller Weise übergangen.

Um zehn Uhr morgens fand in Metternichs Arbeitszimmer eine Lagebesprechung der führenden Staatsmänner statt. Man überlegte, ob sich Napoleon zuerst nach Frankreich oder nach Italien wenden würde. Vorsichtshalber wurden von Wien aus an die Armeekommandeure aller alliierten Korps, die sich auf dem europäischen Kontinent befanden, Kuriere geschickt. Sie sollten ihre Truppen sofort in Alarmbereitschaft versetzen. Wenn Napoleon hoffte, er könne von den Zwistigkeiten, die unter den Alliierten herrschten, profitieren, so wurde er enttäuscht. »Keinen Frieden mit Bonaparte!« erklärte Alexander genau wie früher. »Unsere erste Aufgabe ist es jetzt, ihn niederzuzwingen!« [77] sagte er. Eine offizielle Proklamation wurde unterzeichnet, die »Napoleon Bonaparte« als einen Verbrecher brandmarkte, der in Frankreich »wieder erschienen war, um Aufruhr und Unordnung« zu bringen. Ende März wurde eine große Allianz zwischen Österreichern, Engländern, Preußen und Russen geschlossen. Jedes Land stellte 150 000 Mann, um die umstrittenen Grenzen Europas gegen die erneute Bedrohung, die durch Napoleons Flucht hervorgerufen wurde, zu schützen. Man hoffte, daß bis Mitte des Sommers etwa eine Million Mann nochmals gegen Paris marschieren würden. Dieses Mal würden die militärischen Führer dem Zerstörer des Weltfriedens kein Quartier mehr geben. [78]

Die Nachricht von Napoleons Rückkehr nach Frankreich ernüchterte die Friedensstifter in Wien plötzlich. Ohne Aufschub wickelten sie ihre Geschäfte nun so rasch als möglich ab. Die russischen Minister arbeiteten gut mit den Österreichern und Engländern zusammen. Seit der Rückkehr Castlereaghs nach London, der im Februar abgereist war, wurde die englische Delegation vom Herzog von Wellington geführt. Die Grenzen Hollands und Polens wurden offiziell festgelegt. Auch über den Charakter der Föderation der Eidgenossen kam man überein. Es wurde eine Proklamation zur Abschaffung des Sklavenhandels erlassen, ein Problem, das sowohl Alexander wie auch Wellington am Herzen lag. Man wollte die Stellung der Juden in Deutschland verbessern und den offiziellen Rang ausländischer Diplomaten in den Städten, in denen sie akkrediert waren, genau festlegen. Die Schiffahrt auf dem Rhein und der Maas sollte international frei werden. [79] Ab Mitte März wurde ein Komitee aus 33 Delegierten und Sekretären gebildet, das die letzten Bestimmungen zusammenfaßte. Alle Entscheidungen der Staatsmänner wurden in einer einzigen Urkunde niedergelegt. Es war äußerst schwierig, die Form des Deutschen Bundes vertraglich festzulegen oder die politische Verbindung der Staaten auf der italienischen Halbinsel untereinander. Als der Zar Wien verließ, war keine dieser Fragen in befriedigender Weise gelöst. Die Schwierigkeiten wurden entweder durch interne Verwicklungen oder

11 *Die Zarenvilla auf der Kammenyj-Insel nahe bei St. Petersburg*

12 *Das Winterpalais in St. Petersburg, Uferfront*

13 *Juliane von Krüdener (22. 11. 1764–25. 12. 1824)*

14 *Alexander I. 1818*

durch die Eifersucht und den Argwohn kleinerer Staaten ausgelöst und nicht durch die Großmächte. Bezeichnenderweise hatten Alexander und Fürst Metternich nach Napoleons Rückkehr nach Frankreich keine Auseinandersetzung mehr darüber, wie die politische Form des neuen Deutschland aussehen sollte.

In diesem Frühjahr gab es nur einen einzigen Augenblick, in dem es aussah, als ob die dünnen Bande der österreichisch-russischen Freundschaft reißen könnten. Auf der Insel Elba hatte sich Napoleon über die Spannungen, die wegen Polen zwischen Alexander und Metternich entstanden waren, amüsiert. Kurz nach seiner Rückkehr nach Paris sandte er dem Zaren eine versöhnliche Botschaft und legte eine Kopie des Geheimvertrages zwischen Österreich und den Engländern bei, den Talleyrand am 3. Januar unterzeichnet hatte. Man hatte den Vertrag im französischen Auswärtigen Amt gefunden. Wie Napoleon richtig angenommen hatte, machte diese Eröffnung den Zaren ärgerlich, aber er ließ sich trotzdem nicht dazu bewegen, auf die französischen Schmeicheleien einzugehen. Sofort ließ er Metternich in seine Gemächer in der Hofburg rufen, wo ihm Alexander die aus Paris übersandten geheimen Verträge vorlegte. Der Zar genoß die Überlegenheit, die er durch Napoleons Mitteilung erhalten hatte. Es gab eine Szene der Vergebung und des Ausgleichs, in der Metternich ängstlich eine diplomatische Blamage vermied und diesmal tatsächlich gewillt war, mit dem Zaren zusammenzuarbeiten. Beide Männer umarmten sich, versicherten sich gegenseitig, daß alles vergessen sei und versprachen feierlich, sich »ernsteren Dingen zuzuwenden«. [80] Was noch im Januar ein Geheimdokument von größter Wichtigkeit gewesen war, wurde zwölf Wochen später zu einem »Fetzen Papier«, der nur noch historischen Wert hatte.

Die Hauptarmee der Russen unter dem Befehl Barclay de Tollys war in Polen konzentriert, mit einigen Garnisonen in Schlesien. Es war also völlig klar, daß die Russen auf Grund der großen Entfernung in den nächsten Monaten militärisch nicht in der Lage waren, Napoleon zu strafen. Da die Österreicher dabei waren, die italienische Halbinsel zu befrieden, sollten die Grenzen der Niederlande von Engländern und Preußen verteidigt werden. In der Zwischenzeit würde Schwarzenberg, der den Oberbefehl über die Alliierten führte, am rechten Rheinufer eine Armee bilden. Diese Kampftruppe sollte sich mit dem Korps Barclay de Tollys verbinden und im Sommer nach Frankreich einmarschieren, vorausgesetzt, daß

Napoleon bis dahin nicht geschlagen war. Die Engländer boten Wellington den Oberbefehl über die englisch-niederländischen Truppen an, die in Belgien standen. Ehe der Zar am 29. März aus Wien abreiste, fand eine Besprechung zwischen dem Zaren, Schwarzenberg und Wellington statt. Alexander hatte für Wellington eine Schwäche, denn er hatte diesen Soldaten wegen seiner Siege in Portugal und Spanien immer geschätzt. Er zweifelte deshalb nicht, daß es dem Herzog gelingen würde, die neue Gefahr, die aus Frankreich kam, zu bannen. Unter Umständen bestand sogar die Möglichkeit, mit Hilfe des preußischen Marschalls Blücher die französische Armee zu vernichten. Als sich Alexander Ende März in Wien von ihm verabschiedete, legte er die Hand auf die Schulter des Herzogs und erklärte: »Nun ist es an Ihnen, die Welt noch einmal zu retten.« [81] In diesem Augenblick fühlte der Zar als Europäer, und es kam ihm gar nicht der Gedanke, daß ein englisch-preußischer Sieg ohne russische Armeen auf dem Schlachtfeld vielleicht nicht den Interessen seines eigenen Reiches dienen könnte. Doch jetzt hatte er genug Kriegserfahrung gesammelt und hoffte, daß es möglich wäre, ohne erneutes russisches Blutvergießen zu siegen.

Im April wurde das Leben in der österreichischen Hauptstadt wieder ruhig und normal. Während die Truppen in den Krieg zogen, wagte niemand mehr, luxuriöse Einladungen zu geben, da diese in dieser schweren Stunde der Nation einfach als unpassend angesehen werden mußten. Alexander nahm an Lagebesprechungen teil, ritt im Prater spazieren, diskutierte mit seinen Ministern darüber, warum das Komitee so langsam arbeite und aß meist junggesellenhaft einfach allein. Die Polizeispitzel stellten fest, daß er manchmal einen kleinen Flirt mit einer böhmischen Aristokratin hatte, und einmal fuhr er auch zum Palais Palm und verbrachte kurze Zeit mit Katharina Bagration. [82] An vielen Abenden war er allein und nahm seine Beschäftigung mit der Heiligen Schrift wieder auf. Dieses Studium der Bibel nahm ihn immer mehr in Anspruch. Seit Roxana mit der Zarin Elisabeth nach Bayern abgereist war, erhielt er von Juliane von Krüdener keine Berichte mehr. Später im Sommer gab er zu, daß ihre Offenbarungen seine Gedanken während dieser militärischen und politischen Wochen der Ungewißheit beschäftigten. Die Baronin zögerte nicht, zu erklären, sie habe Napoleons Rückkehr vorausgesehen. Sie behauptete jetzt, sie sehe voraus, daß des Zaren Seele dabei sei, in Kürze ein »glorreiches Geschick« herbeizuführen, »das die Welt in Erstaunen setze«. [83]

Wir finden keinen Beweis, daß diese wie im Fieber gesprochenen Weissagungen das Ohr des Zaren erreichten, solange er noch in Wien weilte, aber sie standen in bemerkenswertem Zusammenhang mit seiner immer stärker werdenden Gewißheit, daß er eine von Gott bestimmte Mission zu erfüllen habe. Jetzt fehlte nur noch ein wie durch ein Wunder zustandegekommenes Treffen mit der Prophetin, um Alexander wirklich Sicherheit zu geben. Ihr gesunder Menschenverstand hatte ihr geraten, sich in dem Dorfe Schluchtern niederzulassen, das auf dem Wege der alliierten Truppen lag, als sie in westlicher Richtung wieder gegen die Grenzen Frankreichs marschierten. Es bestand berechtigte Hoffnung, daß das Wunder geschehen würde.

Bis zur letzten Maiwoche blieb Alexander in Wien. Jetzt gab es keine Zweifel mehr, daß, obwohl es noch langweilige Dispute in den Komitees über die Zukunft des Deutschen Bundes geben würde, der Kongreß seine Hauptarbeit getan hatte. Man hoffte, im Juni den Vertrag unterzeichnen zu können. Am 27. Mai gab Kaiser Franz bekannt, daß er in das Hauptquartier Schwarzenbergs abreisen werde. Aus Höflichkeitsgründen beschlossen sowohl der Zar als auch Friedrich Wilhelm, am Tag vorher unabhängig voneinander die österreichische Hauptstadt zu verlassen. Wieder einmal ließ der Zar seine Pferde zu raschem Tempo antreiben, erreichte bereits am ersten Tag Lambach zum Abendessen und fuhr während der ganzen Nacht bis München durch. [84] Er verbrachte einige Tage mit Elisabeth und seiner Schwägerin in Bayern und reiste dann nach Württemberg und Baden weiter. Spät am Nachmittag des 4. Juni kam er in Heilbronn an und nahm in einem der schönsten Gebäude der Stadt, dem Rauchschen Palais, Quartier. Es war Sonntag, und da Alexander fast den ganzen Tag in seinem Reisewagen verbracht hatte, zog er sich in sein Zimmer zurück und las die Bibel. [85] Zur gleichen Zeit verließ eine Frau Anfang fünfzig in einfacher Kleidung das Dorf Schluchtern, etwa 15 Kilometer westlich von Heilbronn. Es war niemand anderes als die Baronin von Krüdener, die auf dem Weg zum Zaren war. Sie wußte schon seit langer Zeit, daß Gott sie schließlich berufen würde.

KAPITEL 15

Die Heilige Allianz

Die Prophetin in Heilbronn

Die erste Begegnung Alexanders mit Juliane von Krüdener war, obwohl von beiden genau beschrieben, ausgesprochen ungewöhnlich und dramatisch und liefert einem Heiligenlegendenschreiber, der nach Zeichen des Wirkens der Vorsehung sucht, Stoff genug. Es war bereits dunkel, als die Baronin, begleitet von ihrer 27 Jahre alten Tochter Juliette, Heilbronn erreichte. Die Wachen, die vor dem Rauchschen Palais standen, beachteten die ärmlich gekleidete Frau anfangs nicht, die zu dieser ungewöhnlichen Stunde eine sofortige Audienz beim Zaren forderte. Sie bestand jedoch darauf und behauptete, daß dies ihr Recht sei: Man solle nur seiner kaiserlichen Majestät ihren Namen mitteilen, und sie würde sofort vorgelassen. Nach einiger Zeit erregte ihre hartnäckige Beharrlichkeit die Aufmerksamkeit des Fürsten Wolkonskij, eines Flügeladjutanten des Zaren. Widerstrebend erklärte er sich bereit, in Alexanders Zimmer zu gehen, um nachzusehen, ob er noch wach sei. Nach einer Mitteilung, die der Zar selbst Roxana Sturdza gegenüber machte, hatte er an diesem Abend die Heilige Schrift studiert und an die Prophetin gedacht. »Wo befindet sie sich jetzt, überlegte ich, und wie kann ich mit ihr Verbindung aufnehmen?« erzählte er Roxana. »In diesem Augenblick hörte ich ein Klopfen an der Tür, und Fürst Wolkonskij kam herein und schien ganz aus der Fassung zu sein. Er entschuldigte sich, daß er mich zu so später Stunde störe, doch könne er eine Frau, die darauf bestand, zu mir vorgelassen zu werden, nicht los werden. Zu meinem größten Erstaunen antwortete er auf meine Frage, daß es sich um eine Frau von Krüdener handele. Ich ließ sie sofort zu mir kommen. Sie sprach mit mir und äußerte Worte der Hoffnung und des Trostes, als ob sie in meiner Seele lesen könnte.« Nur in Demut und Zerknirschung, »zu Füßen des Kreuzes Christi«, könne er sich selbst von der Bürde der Sünde befreien, sagte sie zu ihm, als »ein großer Sünder, dem aber verziehen wurde«. Diese Botschaft enthielt nichts Neues, doch in ihrer Einfachheit beruhigte sie den Widerstreit seiner Gemütserregung. [1] In dieser Nacht blieb die Baronin mehrere Stunden bei ihm, und er lud sie zu erneuten Besuchen sein. Als er in westlicher Richtung weiterfuhr, reiste sie im Gefolge seines Hauptquartiers mit. Sie war der gläubigste Mensch, der sich diesem Heereszug anschloß und wurde Hunderte von Kilometern nur von einem einzigen Kosaken zu Pferde begleitet, der eine gebrochene Lanze in der Hand hielt. [2]

Das Benehmen Juliane von Krüdeners in Heilbronn schockierte und bestürzte einige Leute in Alexanders Suite. Wieder andere, so darf man annehmen, erheiterten sich über ihre Anmaßung und ihr Selbstvertrauen. Sie war natürlich anderen gegenüber in gewissem Vorteil, denn den sozialen und politischen Hintergrund Rußlands kannte sie genau, da sie ja in Riga geboren war. Als junge Ehefrau eines ehrgeizigen Diplomaten hatte sie sogar einmal den Zaren Paul empfangen müssen, als er noch Großfürst war, und man wußte damals nicht, ob er überhaupt den Thron besteigen würde. Außerdem hatten Julianes religiöse Schwärmereien sie mit vielen Persönlichkeiten, die der Zar kannte und respektierte, zusammengeführt, unter ihnen auch die unglückliche Königin Luise von Preußen. Julianes Kraft, durch eigenes Studium der Heiligen Schrift Einsichten zu gewinnen, und ihr nie schwankendes Selbstvertrauen waren beachtenswert. Das alles genügte, um Kritik herauszufordern. War sie die rechte Hand Gottes, eine spätgeborene Johanna von Orleans, die die Vision eines neuen heiligeren Europa sah? Oder war sie eine Schwindlerin, die Berühmtheit suchte? Wollte sie gerne eine literarische Salondame sein? Viele, die Frau von Krüdener 1815 sprechen hörten, verachteten und kritisierten alles, was sie sagte und was sie tat. Es gab Stimmen in privaten Kreisen, die behaupteten, daß Alexanders Geisteszustand »nicht ganz normal« sei, falls er diese Prophetin tatsächlich ernst nähme. Wieder anderen kam es vor, als ob sie in der Lage wäre, die Wolken, die seinen Geist verdunkelten, hinwegzufegen und ihm anstelle von Schwermut Gelassenheit zu vermitteln. [3]

Die Zeitspanne, die zwischen damals und heute liegt, macht es schwer, die Echtheit ihrer beider seelische Erlebnisse zu prüfen. Es ist eine schwierige Aufgabe, historische Episoden im rechten Licht zu sehen, die über die normale Religiosität hinausgehen. Glaube und Gebet sind subjektiv und können nicht mit Tatsachen belegt werden, und die Grenze zwischen mystischem Erlebnis und reiner Scharlatanerie ist ebenso hauchdünn wie das, was einen Menschen, der die Gnade Gottes spürt, von einem Heuchler trennt. Das ist aber nicht das einzige Problem. Die ungewöhnliche, rein gefühlsmäßige Art der Ekstase im Pietismus des frühen 19. Jahrhunderts läßt beim modernen Menschen Zweifel aufkommen über die Ehrlichkeit des Antriebs und die Art und Weise der Bestätigung. Doch wenn man mit Skepsis alle diese Gründe prüft, so bleibt in Julianes übertriebenen Schwärmereien und Alexanders Seelenqualen doch eine mächtige Überzeugungskraft bestehen. Man fühlt, selbst in ihrem ganz widerspruchsvoll ungereimten Gebaren, einen echten Versuch, den Schleier der Sterblichkeit wegzureißen und einen Zustand des Bewußtseins zu erreichen, aus dem ein neuer Himmel und eine neue Erde der Offenbarung hervorgehen. »Sei erfüllt von der göttlichen Schöpfung! Mach' das Leben Christi dir moralisch zum Vorbild deines geistigen Lebens!« sagte sie zu Alexander, als er sich anschickte, den alliierten Friedensmachern nochmals seinen Willen aufzuzwingen. [4] Nach den enttäuschenden Monaten in Wien waren das genau die Worte des Trostes und der Inspiration, die Alexander suchte. Was das anbetrifft: hätte Juliane in diesem Sommer nicht existiert, so wäre es notwendig gewesen, sie zu erfinden.

Man macht in Paris noch einmal Frieden

Nach dem Zusammentreffen mit der Baronin blieb Alexander nur noch einige Tage in Heilbronn. Dann begab er sich in sein neues Hauptquartier nach Heidelberg, wo Kaiser Franz und Friedrich Wilhelm schon mit dem Fürsten Schwarzenberg und der Rheinarmee Kontakt aufgenommen hatten. Am 21. Juni hörte er dort eine Neuigkeit, die seine eigene Stellung unter den Alliierten über Nacht veränderte. [5] Denn am Mittwoch sickerten die ersten Nachrichten über die Schlacht von Waterloo durch, die am Sonntag vorher stattgefunden hatte. Aus den verwirrenden Schlachtenberichten gingen zwei Tatsachen klar hervor: Napoleon war vernichtend und endgültig geschlagen, und der Sieg wurde von englisch-niederländischen Truppen unter Wellington und von preußischen Armeen unter Blücher und Bülow erfochten. Jetzt gab es für Alexander keine Möglichkeit mehr, an der Spitze seiner Befreiungsarmee in Paris einzuziehen wie damals im Frühjahr 1814, denn er hatte in Heidelberg nur ein Armee-

korps, dessen Soldaten durch den Marsch von Polen nach Deutschland im Hochsommer völlig erschöpft waren. Der Lorbeerkranz für den Befreier – zusammen mit dem politischen Einfluß, der eng damit zusammenhing – würde dieses Mal Wellington zustehen. Für die Russen war die verbesserte Position Preußens wichtig, das bisher unter den Großmächten der schwächste Partner gewesen war. Der Zar wollte so rasch als möglich die französische Hauptstadt erreichen, ehe Blücher alle Lorbeeren eingeheimst hatte. Am 25. Juni verließ er mit einer Eskorte Kosaken Heidelberg, um über Mannheim, Lothringen und die Champagne die Seine zu erreichen. [6]
Es folgten 14 enttäuschende Tage. Da Alexanders verhältnismäßig kleine Truppe Angriffe von versprengten französischen Truppenteilen fürchtete, kamen die Russen nur langsam vorwärts. So kam Alexander erst am Abend des 10. Juli an, während Ludwig XVIII. 48 Stunden vor ihm eintraf. Der König von Frankreich zog in die Tuilerien ein, im Bewußtsein, daß Wellington seine Ansprüche schützte und weder für die Engländer noch für die Preußen etwas anderes als die Wiedereinsetzung der Bourbonen in Betracht kam. Für Ludwig war es ein Problem, in welch alarmierender Weise die Preußen ihren Sieg auf Kosten der Sicherheit und des Eigentums seiner Untertanen ausnützten. Alexander kam zu spät, um die Forderung seiner Bündnispartner abzulehnen, die die Bourbonen das zweite Mal auf den französischen Thron setzten. Aber immerhin kam er noch rechtzeitig, d. h. vor Beginn der letzten Friedenskonferenz, in Paris an, [7] um an den Beratungen teilnehmen zu können.
Alexander wollte die Franzosen nicht demütigen, weil sie eine Regierung abgelehnt hatten, die er und Talleyrand ein Jahr vorher eingesetzt hatten. Er war entschlossen, dieses Mal über den Parteikämpfen der Franzosen zu stehen und wollte nicht mehr als Freund und Beschützer der Stadt Paris gelten. Jetzt wollte er im Elysée-Palast wohnen und nicht mehr in Räumen, die er durch die Gefälligkeit Talleyrands bezogen hatte.
Aber es gab noch eine andere Abwechslung, die nicht nur Alexanders Minister, sondern auch seine Verbündeten auf das Äußerste in Erstaunen setzte. Eine halbe Stunde, nachdem der Zar im Elysée-Palast eingezogen war, machte ihm Ludwig XVIII. einen Höflichkeitsbesuch. Der König von Frankreich war huldvoll-liebenswürdig und lobte den Zaren für das Verständnis und die Mäßigung, die er dem französischen Volke gegenüber gezeigt habe, im Gegensatz zu der Habgier der Preußen. Durch den

Erfolg des Feldmarschalls Blücher war die aufrichtige alte Freundschaft mit Friedrich Wilhelm nicht mehr dieselbe, denn die Preußen bedurften jetzt nicht mehr des Schutzes der Russen. Es war auch zu verstehen, daß Ludwig XVIII. Wellington und den Engländern gegenüber nicht zum Dank verpflichtet sein wollte. Alexander fühlte genau wie der König, auch wenn er dem Herzog von Wellington ein Schwert mit brillantbesetztem Griff, mit der Aufschrift »Dem Sieger von Waterloo«, geschenkt hatte. [8]
Alles in allem hatten Rußland und Frankreich genug gemeinsame Interessen, um den Versuch dieser Versöhnung zu rechtfertigen. Wenige Tage nach dem Besuch des Königs beim Zaren fiel es fremden Diplomaten auf, in welch ungewöhnlicher Achtung die Bourbonen, die er so lange verachtet hatte, plötzlich bei ihm standen. »Neue Bedürfnisse schaffen neue Formen«, bemerkte Metternich trocken wenige Wochen später. [9]
Alexanders diplomatische Ratgeber paßten sich schnell der politischen Kehrtwendung ihres Herrschers an. Zwei Männer im besonderen befürworteten die französisch-russische Zusammenarbeit, Kapodistrias und Pozzo di Borgo, und während der Pariser Verhandlungen zog der Zar lieber sie als Nesselrode ins Vertrauen. Sie waren der Ansicht, daß die französischen und russischen Interessen im Mittelmeer viel mehr als mit jeder anderen Macht in Übereinstimmung gebracht werden konnten. Sie überzeugten Alexander auch davon, daß wegen seiner dynastischen Verbindungen zu Bayern und Baden, ganz zu schweigen von der bevorstehenden Einheirat seiner Schwester ins württembergische Königshaus, Rußland notwendigerweise einen Kräfteausgleich am Rhein suchen sollte. Man mußte unter allen Umständen vermeiden, daß Preußen in Deutschland die Oberherrschaft bekam und zum Hüter der Grenzen gegen Frankreich werde. [10] Deshalb waren es die Russen, die gegen die Preußen auftraten, die Elsaß-Lothringen und Burgund von Frankreich abtrennen wollten. Es ist eine Tatsache, daß weder die Engländer noch die Österreicher beabsichtigten, die wiedereingesetzten Bourbonen einen Revanchefrieden unterzeichnen zu lassen.
Vom russischen Standpunkt aus war die Bereitwilligkeit des Zaren, bei den Friedensgesprächen des Jahres 1815 diesmal alle Einzelheiten seinen Ministern und Gesandten zu überlassen, kaum zu fassen. Seine über den Dingen stehende Haltung und seine sich selbst auferlegte Isolierung standen in krassem Gegensatz zu den vorausgegangenen Jahren in Paris und Wien. Niemals zuvor schien er ein solch großes Vertrauen in das

Team seiner Mitarbeiter gesetzt zu haben. Während diese sich am runden Konferenztisch unterhielten, meditierte er im Elysée-Palast oder besuchte Gottesdienste und erinnerte sich von Zeit zu Zeit daran, mit dem Herrscher der wiederhergestellten Monarchie der Bourbonen Höflichkeiten in den Tuilerien auszutauschen.
Im Herbst dieses Jahres brachten die Sympathiekundgebungen für die Bourbonen dem Zaren einen unerwarteten Erfolg. Im Juli war Ludwig XVIII. zu seinem Bedauern gezwungen worden, einem neu gebildeten Ministerium seine Zustimmung zu geben, an dessen Spitze Talleyrand stand und das durch Fouché unterstützt wurde. Die im August abgehaltenen Wahlen gaben einer royalistisch gesinnten Kammer ihre Stimmen. Der König entließ das Ministerium und säuberte den öffentlichen Dienst von Namen, die mit liberalen Ideen infiziert waren. Beide Männer arbeiteten mit Wellington zusammen, und Talleyrand bewies sein großes Verhandlungsgeschick. Wenn Fouché und Talleyrand entlassen würden, wer wäre in der Lage sie zu ersetzen? Der frisch ernannte russische Gesandte, Pozzo di Borgo, konnte dem französischen König Ludwig eine Antwort geben. Und so nahm Alexander an dem Geheimvertrag vom Januar 1815 Rache. Er schlug dem König nämlich vor, Talleyrand zu zwingen, seinen Abschied zu nehmen und als seinen Nachfolger den Herzog von Richelieu zu ernennen. Hier stand ein Mann, der einen der berühmtesten Namen in der französischen Geschichte trug, der aber wie Pozzo selbst nach Rußland emigriert und in die Dienste des Zaren getreten war. Das Aufblühen des Handels in der Hafenstadt Odessa und anderer Industrieansiedlungen im südlichen Rußland ging weitgehend auf seine Verdienste zurück. In der letzten Septemberwoche wurde Richelieu Premierminister. »Man hat tatsächlich eine erstklassige Wahl getroffen«, erklärte der gestürzte Talleyrand trocken. »In ganz Frankreich gibt es niemand, der die Krim besser kennt als Herr von Richelieu.« [11] Unzweifelhaft entsprach diese Äußerung der Wahrheit. Auf der anderen Seite aber kannte der Herzog auch den Zaren besser als jeder andere Franzose, ausgenommen Caulaincourt, dessen treue Dienste für Napoleon selbstverständlich eine Beschäftigung unter den Bourbonen ausschlossen. So stand an der Spitze der französischen Regierung vom September 1815 bis Dezember 1818 ein Staatsmann, der 25 Jahre in russischen Diensten gewesen war, eine Tatsache, die auf die internationalen Beziehungen dieser Zeitspanne einen nicht unerheblichen Einfluß hatte.

Während sich Diplomaten über Landkarten beugten und Minister Intrigen spannen, um Stellungen und politischen Einfluß zu gewinnen, verlief das gesellschaftliche Leben in Paris in jenen späten Sommer- und Herbsttagen des Jahres 1815 eigenartig ruhig. Männer, die – wie Metternich und Nesselrode – die Stadt in früheren Zeiten gekannt hatten, setzte diese »ungewöhnliche« Veränderung in Erstaunen, ja man hätte sogar behaupten können, die Stimmung der Pariser sei leicht bedrückt. Über allem lag eine Unsicherheit über das Ausmaß des »Weißen Terrors«, der sich an den Bonapartisten aller Klassen der Bevölkerung rächen wollte. Preußische Musketiere liefen mit geladenen Gewehren herum, und als englische Soldaten Kunstschätze aus dem Louvre entfernten, die Napoleon während seiner Siegeszüge aus anderen Ländern mit nach Paris genommen hatte, zeigte eine aufgeregte Menschenmenge ihren Unmut. Die äußerliche Fassade sah allerdings anders aus, und es gab genug leichte Unterhaltung in engen, schlecht belüfteten Theatern. Manche frönten der Spielleidenschaft, und in der Oper sangen erste Kräfte. Entlang der breiten Boulevards konnte man in Buden Marionetten-Theater sehen. Besonders beliebt war ein Ballett, das behauptete, es tanze die Schlacht von Waterloo. Die Choreographie hatte alles getan, daß sich weder die Franzosen noch ihre Besieger in irgendeiner Form verletzt fühlten. Und wieder einmal war alles, was in Europa Rang und Namen hatte, in Paris versammelt. In diesem Jahr gab es eine ganz besondere Sensation in den eleganten Salons, und das war die Baronin Juliane von Krüdener, die zuerst einen großen Fehler begangen hatte, indem sie in ein Hotel am falschen Seineufer gezogen war. Doch Ende Juli siedelte sie in die Rue Saint-Honoré über. Eine erstaunte mondäne Welt konnte jeden Abend in ihrem Salon religiöse Ermahnungen hören, die sorgsam in den leichten Fluß der Abendunterhaltung eingeflochten wurden.

Es gab Menschen, die von Julianes Eigenschaften sehr beeindruckt waren, aber nicht alle. Castlereagh, der regelmäßig Sonntags zur Kirche ging, hielt ihren Einfluß für so bedeutend, daß es ihm notwendig erschien, in einer Mitteilung über sie nach London zu berichten. Unbarmherzig beschrieb er sie als ein Gespenst, eine »alte Fanatikerin, die unter den wenigen religiösen Schwärmern, die in Paris leben, einen ganz besonderen Ruf genießt«. [12] Andere, die gewillt waren, ihre Botschaften anzuhören,

waren von ihren vermeintlichen Trancezuständen und Visionen nicht immer überzeugt. In diesem Jahr kam der Herbst verhältnismäßig früh, und es wurde offensichtlich, daß die Baronin im Verhältnis zu weniger frommen und religiösen Gastgeberinnen der Stadt *einen* ganz großen Vorteil besaß. Der Zar von Rußland besuchte nämlich in diesem Jahr ausschließlich ihren Salon und keinen anderen. Auch wenn ihn niemand persönlich gesehen hatte, so genügte es schon, daß die vornehme Gesellschaft wußte, daß er in den Abendstunden erwartet wurde. Man stellte sich vor, wie der Bittsteller durch eine geheime Pforte in der Mauer des Elysée-Gartens schlüpfte und bei der Baronin sein Gewissen entlastete. So erhielt das religiöse Ritual noch den Beigeschmack eines romantischen Stelldicheins! Es war kein Wunder, daß diese nächtlichen Besuche den Gerüchtemachern Stoff lieferten, und so war dem Gerede kein Ende gesetzt. [13]
Frau von Krüdener zählte 51 Jahre und hatte eine blasse Gesichtsfarbe und tief eingesunkene Augen. Ihr graues Haar trug sie mit einem Mittelscheitel. Besaß sie vielleicht verborgene magnetische Kräfte, die auf besonders komplexe Persönlichkeiten eine außergewöhnliche Anziehungskraft ausübten? Ihre Beziehungen zum Zaren wurden zum Gesprächsthema Nummer eins und führten zu fruchtlosen Spekulationen.
Sie erreichte den Zenit ihres bestimmenden Einflusses auf den Zaren am Namenstag des Heiligen Alexander Newskij, von dem Alexander seinen Namen hatte und der sein Beschützer war. Eine eindrucksvolle Feier fand am 11. September nicht in Paris, sondern auf der Ebene von Vertus* zwischen Montmirail und Châlons statt. Dieses natürliche Amphitheater trennt die obere Marne von der Champagne und liegt etwa 140 Kilometer östlich von Paris. [14] Dort hielt Alexander eine Truppenparade ab, und 150 Kavallerieschwadronen, über 100 Infanteriebataillone, zusammen mit 600 Kanonen, wurden von ihm besichtigt. Anwesend waren: Kaiser Franz von Österreich, Friedrich Wilhelm von Preußen, Fürst Schwarzenberg, Marschall Blücher und der Herzog von Wellington. Unter diesen illustren Zuschauern stand auch die Baronin von Krüdener, als eine einfache Frau in blauem Leinenkleid und einem Strohhut. Nach der Parade sammelten sich die Truppen vor sieben Altären. Denn sieben ist die mystische Zahl der Apokalypse. Bischöfe und Priester zelebrierten die Messe nach der rus-

* In dieser Gegend wurde im Jahre 451 n. Chr. Attila in der Schlacht auf den Katalaunischen Feldern geschlagen.

sisch-orthodoxen Liturgie. Am Ende der Prozession schritten Alexander und die Baronin, die an seiner Seite ging, von Altar zu Altar. Das war etwas ganz Außergewöhnliches in dem kirchlichen Ritual, denn Juliane war eine evangelische Protestantin, die der russisch-orthodoxen Kirche nicht angehörte.

Die religiöse Erregung, die von dieser Feier ausging, war so mächtig, daß dies undogmatische Verhalten zu einer Nichtigkeit wurde. Juliane war tief bewegt: »Hier wurde Jesus Christus von seinem Helden und von seiner geliebten Armee angebetet«, schrieb sie kurz darauf. »Hier beteten die Nationen des Nordens für das Glück Frankreichs ... Gott der Allmächtige hat Alexander berufen, und Alexander folgte der Stimme Gottes ...« [15] An diesem Abend, als der Zar nochmals die Litaneien der Messe gelesen hatte, versuchte er die exaltierte Gemütsstimmung, in der er sich befand, zu Papier zu bringen. »Dieser Tag ist der schönste meines Lebens gewesen«, schrieb er an Juliane. »Mein Herz wurde mit Liebe für meine Feinde erfüllt. Am Fuße des Kreuzes brach ich in Tränen aus und betete mit Inbrunst, daß Frankreich gerettet würde.« [16] In Alexanders Seelen- und Glaubensqualen schien das Feuer des Glaubens noch heißer zu brennen als im hymnischen Stil ihrer Prosa. Innerhalb von vierzehn Tagen sollte Alexanders Verzückung und Mystizismus wie eine Flamme vor aller Welt sichtbar werden, und sie warf Schatten in die nüchternen und wohlausgewogenen Protokolle der konventionellen Diplomatie.

Der Vertrag der Heiligen Allianz vom 26. September 1815

Kurz nachdem Alexander von der Ebene von Vertus nach Paris zurückgekehrt war, übergab er seinen königlichen Brüdern Kaiser Franz von Österreich und Friedrich Wilhelm von Preußen einen »heiligen« Vertrag, und er drängte seine Freunde, diesen zu unterschreiben und in Europa bekanntzumachen. Dieses eigenartige Dokument sollte die Herrscher des Kontinents in einer Union der Tugend zusammenbinden, denn es verlangte von ihnen, sie sollten als »einzige Richtlinie ihres Verhaltens die Gebote der christlichen Religion« ansehen. [17] Der König von Preußen, der sich zu dieser Zeit in seinen Träumen auch manchmal im Erhabenen verlor, hieß das Projekt willkommen, doch er gab offen zu, daß er es nicht verstand. Der Kaiser von Österreich auf der anderen Seite war perplex und aus der Fassung gebracht. Die Friedensstifter waren schon früher zu der Auffassung gekommen, daß ihre Abmachungen für die innere Stabilität Europas nach einem allgemeinen Sitten- und Moralkodex abgesprochen werden sollten. Kaiser Franz, dem die heiligen Riten am Alexander-Newskij-Tag zweifelndes Kopfschütteln verursacht hatten, las das Dokument durch und erklärte, daß das was er schon lange befürchtet habe, der Wahrheit entsprach: Der Zar von Rußland sei verrückt geworden. [18] Als Alexander sein eigenes Geistesprodukt Wellington erklärte, war auch Castlereagh anwesend. Später bekannte der Herzog, es sei ihm schwer gefallen, sein Schmunzeln zu unterdrücken. Als der Zar wieder in den Elysée-Palast zurückgekehrt war, behandelten die beiden Staatsmänner die vorgeschlagene Allianz mit der Respektlosigkeit, die sie ihrer Ansicht nach verdiente. [19]

Keiner dieser Staatsmänner war ein Zyniker. Aber die Erfahrung hatte sie gelehrt, daß man in der Politik nicht nach Gefühlen, sondern mit dem gesunden Menschenverstand handeln müsse. In krassem Gegensatz zu dieser Auffassung standen Alexanders Erziehung und Ausbildung, die unvollkommen war. Während seiner ganzen Regierungszeit schreckte er vor systematischen Gedankengängen zurück und zog Intuition und Gefühl der Realität vor. Diskret ging Fürst Metternich daran, das Manifest der »Heiligen Allianz« umzugestalten, Sätze, die Buße für alte Sünden forderten, wurden gestrichen. Er wollte unter allen Umständen vermeiden, daß revolutionäre Strömungen aus diesem Vertrag Nutzen zögen, und deshalb wollte er disziplinierter, konservativer Regierungsform den Rücken stärken. Metternichs Umarbeitung hat aus dem Aufruf zur Umkehr, der religiös-moralisch gemeint war, ein Werkzeug restaurativ-konservativer Tendenz gemacht. Würde der Zar das redigierte Dokument, das er als eine zweite Heilige Schrift betrachtete, unterschreiben? [20]

Es hing viel davon ab, in welchem Maße Alexander sich selbst mit den hohen Gefühlen der Heiligen Allianz identifizierte. Ging dieser Entwurf auf eigene Meditation zurück, oder war er nur ein Echo von Juliane von Krüdeners Weissagungen? Wenn seine Ideen das Produkt langer Monate geistiger und seelischer Spannungen waren, mußte man dem Zaren klarmachen, daß seine Worte zweideutig und deshalb nicht in der Lage wären, die absolute Wahrheit auszudrücken. Wenn andererseits die Heilige Allianz unter dem Zauberbann der Prophetin Juliane entworfen wurde, dann war es höchste Zeit, daß man sie los wurde. Es war besser, wenn Ju-

liane in ihrer Heimat Rußland zu Ehren kam als in Paris, der Hauptstadt Frankreichs.
Die meisten Beobachter und Zeitgenossen Julianes behaupteten, sie hätte die Heilige Allianz inspiriert, eine Vermutung die die Baronin einige Jahre später in einer Unterhaltung mit Roxana Sturdza als Tatsache für sich in Anspruch nahm. [21] Doch diejenigen, die Alexander besser kannten (Roxana eingeschlossen), wiesen dies entrüstet zurück und sagten, die Allianz sei nicht einer Augenblickslaune entsprungen. Lange Zeit ehe der Zar von der Baronin hörte, hatte er eine Neigung gezeigt, politische Manifeste in hochtönende Worte einzukleiden. Als Beispiel sei hier der Potsdamer Eid und der Vertrag von Bartenstein genannt: Die Dürftigkeit der Zielsetzung wurde bereits damals in heiligtönende Schwaden von Phrasen eingehüllt. Dazu kam, daß der Zar in den letzten drei Jahren mit den Werken Jung-Stillings, der aus einer badischen Familie stammte und den er in Bruchsal getroffen hatte, vertraut war. Jung-Stilling, Arzt, Dichter und ein religiöser Fanatiker, wollte Europa zu den christlichen Idealen der Nächstenliebe zurückführen. Von dem deutschen Katholiken Franz von Baader erhielt Alexander religiöse Schriften, die einen universalen theokratischen Staat zur Diskussion stellten. Golizyn und Koscheljow machten ihn mit den russischen mystischen Tradtitionen und der Patristik des Mittelalters bekannt. Durch die »Gesellschaft der Freunde« (Society of Friends) der englischen Quäker war ihm der pietistische Protestantismus schon viele Monate bekannt, ehe ihm Roxana Sturdza die ersten Briefe der Baronin von Krüdener zeigte. [22] Obwohl Juliane zu der überhitzten Atmosphäre wesentlich beitrug, in der die Heilige Allianz geboren wurde, so war nicht sie es, die das Samenkorn pflanzte.
Und doch muß man zugeben, daß die Wahl des Zeitpunktes der Veröffentlichung unzweifelhaft durch Juliane inspiriert wurde. Sie hatte das Wort »Heilige Allianz« in einer ihrer Erbauungsreden benutzt und es wahrscheinlich dem Buch Daniel entnommen, also nicht selbst erfunden. Und man kann ein direktes Echo ihrer Gefühle in Alexanders sonderbarem hartnäckigen Beharren finden, der einen Vertrag der »Heiligen und Unteilbaren Dreieinigkeit« widmen will, ausgerechnet in Paris, das eine der ungläubigsten Hauptstädte Europas war. [23] Es ist nicht von der Hand zu weisen, daß die Baronin den Originalentwurf noch verbesserte und noch einige Floskeln hinzufügte. Wenn dem so gewesen ist, so war es das letzte Mal, daß sie durch ihre Tätigkeit Einfluß auf den Zaren hatte, denn

in dem Augenblick, als Metternich den Charakter der Heiligen Allianz modifizierte, wurden die engen Beziehungen zwischen Alexander und seiner geistlichen Ratgeberin abgebrochen. Als am 26. September der überarbeitete Vertrag der Heiligen Allianz vom Zaren, dem König von Preußen und dem Kaiser von Österreich unterschrieben wurde, hatte Alexander bereits die Zeit seiner religiösen Überempfänglichkeit und Ekstase hinter sich, in der das ursprüngliche Manifest entworfen worden war. Nur so kann man sich seine Bereitschaft erklären, die Textänderungen anzunehmen.* Man weiß nicht genau, zu welchem Zeitpunkt Alexander aufhörte, die Offenbarungen der Baronin für wichtig zu halten. Seit ihrer Ankunft in Paris waren die Bande religiöser Schwärmerei zwischen Juliane und dem Zaren langsam abgekühlt. Es gibt Bruchstücke ihres Briefwechsels, in dem die Baronin mit zänkischen Worten der Ungeduld dem Herrscher Vorwürfe macht, warum er sie nicht zur verabredeten Stunde besucht habe. »Wenn Sie ohne mich weitergehen wollen, so werde ich mich zurückziehen«, schrieb sie. »Aber wo werden Sie noch einmal einen Menschen finden, der Ihnen solche Dienste tut wie ich? Wo werden Sie einen Menschen finden, der Ihre Gedanken so versteht wie ich?« Schon vor dem großen Tag auf der Ebene von Vertus war es zu einer unerquicklichen Szene gekommen, als zwei ihrer nächsten Anhänger in einem zweifelhaften Trancezustand versuchten, aus dem Zaren eine Geldzuwendung herauszupressen, um eine religiöse Zelle in Baden zu gründen. [24] Es gab aber auch Besucher der Gebetsstunden bei der Baronin, die sie für eine Betrügerin hielten. [25] Alexander ging in seiner Beurteilung nicht so weit. Er hielt ihre Frömmigkeit für echt, aber seine eigene Unsicherheit verhinderte, daß er ihr als Prophetin oder Mentor erneut Vertrauen schenkte. Sobald

* In ihrer abgeänderten Form war die Heilige Allianz ein Manifest, das die Herrscher Österreichs, Preußens und Rußlands unterzeichneten. Sie bestätigten, daß ein »Rat der Fürsten« gebildet werde, der nach »den Maximen Gerechtigkeit, christliche Nächstenliebe und Friede« handle. Andere Herrscher Europas wurden eingeladen, sich der Allianz anzuschließen. Die meisten traten bei, doch nicht der Papst, der nicht mit Häretikern und Schismatikern in Zusammenhang gebracht werden wollte. Auch der König von England unterzeichnete aus konstitutionellen Gründen nicht. Im Originalentwurf sah die Allianz ein Versprechen universaler Brüderlichkeit nicht nur zwischen den Untertanen, sondern auch zwischen den Herrschern vor. Solche gefährlichen Sätze strich Metternich, doch bezeichnenderweise ließ Alexander in Rußland aber den Originaltext veröffentlichen und nicht die redigierte Version des Vertrags vom 26. September.

sein Glaube in ihre Botschaften erschüttert wurde, war ihr Einfluß auf seine Gedanken und seine Handlungen zu Ende.
Zwischen den beiden gab es keinen rührenden Abschied. Sie sagte ihm in Paris, sie sei bereit, ihrem Herrscher nach Rußland zu folgen, sobald seine Arbeit in der französischen Hauptstadt beendet sei. Fest und freundlich, doch mit dem Versprechen zukünftiger Gebetsstunden und gemeinsamer Auslegung der Heiligen Schrift, lehnte der Zar ihr Angebot ab. Nach der Unterzeichnung der Heiligen Allianz verließ er hastig Paris. Alexander und die Baronin trafen sich im Leben noch zweimal: im Herbst 1819 in Pskow und nochmals ganz kurz, einige Jahre später, in einem kleinen Haus außerhalb von St. Petersburg. [26]

Desillusionierung?

Am 1. Oktober sandte Alexander seiner Schwester Katharina von Brüssel aus einen Brief in erleichtertem Ton: »Hier bin ich angelangt und endlich weg von dem verfluchten Paris«, begann sein Brief, und er fügte hinzu, daß er »am Abend vorher« angekommen sei. [27] Seine plötzliche Abreise erstaunte die Minister, die immer noch mit dem Friedensvertrag beschäftigt waren. Es dauerte noch sechs Wochen, bis sie den zweiten Vertrag von Paris fertiggestellt hatten. Er sah eine Kriegsentschädigung und eine Besetzung Frankreichs durch eine alliierte Besatzungsarmee vor.* Es war wirklich nicht mehr notwendig, daß Alexander persönlich anwesend war,

* Der Zweite Friede von Paris (20. November 1815) nahm Frankreich zwei Festungen, die die Niederlande erhielten. Das Saargebiet fiel an Preußen. Kleinere Gebiete entlang der Landesgrenze mußten an die Schweiz, Bayern, Savoyen und Sardinien abgetreten werden. Die Franzosen wurden gezwungen, eine Besatzungsarmee anzuerkennen, die auf ihre Kosten ging und in siebzehn Forts im nördlichen und östlichen Frankreich für drei, unter Umständen fünf Jahre stationiert war. Sie mußten auch eine Kriegsentschädigung von 700 Millionen Franken bezahlen und die Kunstschätze, die Napoleon als Siegestrophäen geraubt hatte, zurückgeben.
Am gleichen Tag unterzeichneten die Engländer, Österreicher, Russen und Preußen eine Vierer-Allianz und erneuerten den Vertrag von Chaumont, der im Jahre 1814 abgeschlossen worden war. Sie versprachen sich gegenseitige Hilfe, falls der Frieden nochmals durch Frankreich bedroht würde. Artikel VI dieser Vierer-Allianz sah regelmäßige Besprechungen in der Zukunft vor. Die Sprecher der vier Großmächte sollten sich über die schwebenden europäischen Probleme besprechen. Aus diesem Artikel entsprang zwischen 1818–1825 das sogenannte »Kongreß-System«.

als seine Minister die Friedensbedingungen aushandelten, denn Nesselrode, Kapodistrias und Pozzo di Borgo wußten genau, was ihr Herrscher wollte. Überraschend war es allerdings, daß er seinen Ministern Vollmacht gab, die endgültige Form der politischen Bündnisse zwischen den Großmächten zu besprechen, obwohl er ursprünglich selbst den Entwurf skizziert hatte. Als Konsequenz durfte das Frankreich der Bourbonen an den Verhandlungen nicht teilnehmen. Dieser Vorschlag ging auf die Initiative Castlereaghs zurück, doch wollten sich die Außenminister Englands, Österreichs, Preußens und Rußlands regelmäßig zu Beratungen treffen, um schwebende Probleme zu besprechen. [28] Hätte Alexander auf seinem ursprünglichen Plan beharrt, so wäre Frankreich nicht ausgeschlossen worden, und es wäre eine Fünfer-Allianz geworden. Das daraus resultierende Kongreß-System hätte dann aus regelmäßigen Besprechungen in festgelegten Zeitabständen bestanden und sich nur auf Fragen der Allianz selbst beschränkt. Daß der Zar so ganz plötzlich das Interesse an einem Projekt verlor, das er in verschiedenen Formen, zuerst 1804 mit Pitt, besprochen hatte, läßt darauf schließen, daß er im September 1815 wieder von Zweifeln und Unentschlossenheit geplagt wurde. Nach den Gemütserregungen von Vertus lag eine Wolke von Trübsinn über seiner Seele und beeinflußte auch seine Vernunft. »Mein Kummer hat nicht nachgelassen«, beichtete er Katharina, »ich finde nur im Göttlichen Trost, doch dieser hängt von der Gnade des Allerhöchsten ab.« [29] In Paris hieß es, Alexander sei so rasch abgereist, weil ihn in Warschau und St. Petersburg dringende Geschäfte erwarteten. Aber sein Reiseplan der folgenden fünf Wochen straft diese Behauptung Lügen. Nach zwei Tagen in Brüssel wandte er sich gen Süden und reiste so rasch er konnte die 400 Kilometer nach Dijon. Dort nahm er eine Truppenparade österreichischer Streitkräfte ab, überquerte den Rhein und fuhr nach Wiesbaden und Frankfurt weiter. Anschließend besuchte er die Schweiz und machte in Konstanz, Zürich und Basel halt. Er ging auch »zu Fuß, bewunderte den natürlichen Reichtum des freien Landes und betrat auch Bauernhäuser«, notierte einer seiner Adjutanten. [30] In nördlicher Richtung weiterfahrend, hielt er sich in Nürnberg auf und kam dann in Berlin an, um am 8. November in Richtung Warschau abzureisen und seinen Pflichten als König von Polen nachzukommen. Er war kreuz und quer durch Europa geirrt, immer auf der Flucht vor sich selber oder anderen. Was für ein eigenartiger Epilog auf die zurückliegenden Jahre, in denen er eine Mission erfüllen wollte!

KAPITEL 16

Gegensätze

Alexander in Kongreßpolen (November 1815)

Warschau hieß den neuen König Polens am 7. November 1815 mit vorsichtigem Optimismus und einer Zurschaustellung amtlich befohlener Begeisterung willkommen. Beim Einzug in die Stadt sah Alexander gut aus. Er trug eine polnische Uniform und das breite Band des Weißen Adler-Ordens. Er wollte die Schlüssel der Stadt, die ihm am Westtor durch hohe Zivilbeamte angeboten wurden, nicht annehmen: »Ich komme zu euch nicht als Eroberer, sondern als Beschützer und Freund«, erklärte er. Als er zur Zitadelle ritt und die hübschen Polinnen ihm aus den Fenstern begeistert zujubelten, schien es, als ob die Polen, wie jemand bemerkte, »endlich einen König und Vater« gefunden hätten. Als sich die Mutter Adam Czartoryskis von einem Balkon aus vor ihm verneigte, hob er seinen Degen und erwiderte ihren Gruß respektvoll. [1]

Drei Wochen lang wurde er von der Aristokratie großzügig bewirtet und umsorgt, und er erwiderte ihre Höflichkeiten in entsprechender Weise. Abends feierte man in den großen Häusern der Stadt Warschau glanzvolle Empfänge für den Zaren, und am 17. November gab Adam Czartoryski einen Ball für Alexander, bei dem er mit dessen Schwester eine lebhafte Polonaise tanzte. In taktvoller Weise erklärte er, »er wünsche die Vergangenheit zu vergessen«, und es war sehr geschickt von ihm, daß er Worte wie »Pardon« oder »Vergebung« nicht äußerte. In privaten Gesprächen gab er zu, daß ihn der Ausgang der Friedensgespräche enttäuschte, denn er hätte für Polen beim Wiener Kongreß gern mehr erreicht. »Die anderen Herrscher standen immer in Opposition zu meinen polnischen Plänen«, erklärte er, doch er fügte ermutigend hinzu: »Aber immerhin haben wir den ersten Schritt in dieser Richtung getan.« [2]

Die Polen hatten keinen Grund, sich über die neue konstitutionelle Verfassung von »Kongreßpolen«, wie man es jetzt nannte, zu beklagen. Am

Ende der dritten Woche seines Warschauer Aufenthaltes unterzeichnete Alexander pflichtgemäß die Konstitutionsurkunde, die Czartoryski ausgearbeitet hatte. Auf dem Papier war es ein liberales Dokument. [3] Der polnischen Nation wurde »für alle Zeiten« ein Reichstag (Sejm) mit zwei Kammern versprochen. Der »Zar-König« teilte die Macht der Legislative mit dem Reichstag und mit einem getrennten Staatsrat der Exekutive. Letzterer bestand aus fünf Ministern und einer Anzahl Adeliger, die ernannt wurden. Diese Charta garantierte den Polen Freiheit der Ausübung »christlicher Glaubensbekenntnisse«, Pressefreiheit und Befreiung von willkürlicher Verhaftung und sah ein unabhängiges Justizministerium vor. In St. Petersburg würde sich ein polnischer Sekretär und in Warschau ein kaiserlicher Kommissar befinden. In der Praxis waren diese Institutionen alles andere als demokratisch; sie waren oligarchisch, und es war unvermeidlich, daß die zivilen Freiheiten der Polen von russischen Beamten in der Verwaltung geschmälert würden. Das Oberhaus (Senat) war eine ernannte Körperschaft mit Vorrang der älteren Aristokratie und des katholischen Episkopats. Das Wahlrecht für das Unterhaus, in dem sowohl ernannte Vertreter als auch Deputierte saßen, war den Landadeligen und den Besitzenden in den Städten vorbehalten. Das Parlament traf sich nur einmal einen Monat lang alle zwei Jahre, hatte kein Recht, Gesetze zu erlassen und durfte die Gesetzesvorlagen nur diskutieren. Immerhin gaben diese Bestimmungen den Polen wenigstens die Gelegenheit, ihre innenpolitischen Angelegenheiten selbst zu regeln. Der Zar machte ganz bewußt in seinen Gedanken einen Unterschied zwischen dem »Königreich Polen« und seinem eigenen russischen Reich. Mehr als einmal hinterließ er bei seinen Ratgebern den Eindruck, als ob er Polen sozusagen als Versuchskaninchen konstitutioneller Experimente ansah, die zu geeigneter Zeit in noch viel größerem Maße in Rußland eingeführt werden sollten. [4]

Und doch ließ der Zar, als er Ende November in östlicher Richtung von Warschau nach Wilna weiterfuhr, eine enttäuschte Stadt zurück. Am Abend seiner Abreise hatte er, wie erwartet, einen Statthalter ernannt, doch nicht Adam Czartoryski, sondern ein relativ unbekanntes Mitglied des niederen Adels, den General Jozef Zajaczek, der früher unter Napoleon gedient hatte. Der General war ein alter Mann, der im Krieg verwundet worden war. Die ausübende Macht und Autorität lag in den Händen von Alexanders Bruder, des Großfürsten Konstantin, der Oberkom-

mandierender der Armee wurde, und in denen von Nowossilzow, der zum kaiserlichen Kommissar ernannt worden war.
Alexanders Politik in Polen erregte unter den vielen russischen Gutsbesitzern und altgedienten Veteranen Mißstimmungen. Graf Wassilij Lanskoj, der der Präsident der provisorischen Regierung des befreiten Herzogtums gewesen war, hatte im Namen zahlreicher Landsleute im vergangenen Mai beim Zaren dagegen protestiert, den Polen eine eigene Armee zu geben. Er drückte sich so aus: Sie wird zu einer »Schlange werden, die ihr Gift gegen uns ausspritzt«. [5] Alexander wußte, daß viele seiner russischen Untertanen die Polen als Erbfeinde ansahen, die in ihren Augen fast ebenso gefährlich waren wie die Türken. War es nicht unerträglich, daß eine Nation, die mit Napoleon im Jahre 1812 so offen zusammengearbeitet hatte, jetzt plötzlich vom Siege der Russen am meisten profitieren sollte? Deshalb konnte sich Alexander nicht öffentlich zu den polnischen Problemen und dem Ehrgeiz der polnischen Nationalisten bekennen. Es war auch verständlich, daß er nicht riskieren konnte, nach Rußland zurückzukehren, wenn er zum Beispiel die Geschäfte in Warschau in die Hände des fähigen und ehrgeizigen Polen Czartoryski legte, der in Rußland so unpopulär war. Diese Widersprüche und Halblösungen der polnischen Frage belasteten Alexanders Politik während seiner ganzen Regierungszeit und auch noch die seiner Nachfolger. [6]

Wieder einmal in St. Petersburg

Zur Rückfahrt von Warschau nach St. Petersburg brauchte Alexander viel länger, als er angenommen hatte. Die Straßen lagen unter tiefem Schnee, und die Überquerung der Flüsse war gefährlich. Es gab auch immer wieder Aufenthalte, weil Brücken, die im Feldzug 1812 gesprengt worden waren, nur teilweise instandgesetzt werden konnten. Nun konnte sich Alexander selbst über die Zerstörungen ein Bild machen und sah, was alles noch aufgebaut werden mußte. Am 14. Dezember kam er endlich im Winterpalais an.
Der Friede wurde nicht durch öffentliche Festlichkeiten, aber mit einem langen, festlichen Gottesdienst in der Kasaner Kathedrale gefeiert. In allen Städten des Reiches verlasen die Geistlichen von den Kanzeln den

ursprünglichen Entwurf der Heiligen Allianz, den der Zar am russischen Neujahrstag bekanntgab. Er spiegelte seine Beschäftigung mit mystischen Erlebnissen wider. Seinen Untertanen teilte er mit, daß nur durch die Güte Gottes der Friede erreicht werden konnte. Anstatt auf den Sieg stolz zu sein, sollten sie sich lieber demütig dem Allmächtigen zu Füßen werfen, um bessere Menschen zu werden. Als man ihn als den »Bezwinger des Unbezwinglichen« feierte, lehnte er diese Ehre bescheiden ab. Er dankte der Armee und seinem Volk für ihren Mut und ihre Stärke, die sie während des langen Kampfes gegen den »ruchlosen Verbrecher gegen das allgemeine Recht«, Bonaparte, bewiesen hatten. Er rief diejenigen, die bereit waren, ihm weiterhin zu helfen, auf, »den Kampf gegen den Geist des Übels«, der das »Gute bedroht«, fortzusetzen. [7] Ganz gleich, was auch immer in Europa passiere, die öffentliche Moral Rußlands werde unerschütterlich auf den Pfeilern der Heiligen Allianz ruhen. In den nächsten fünf Jahren sollten seine Erklärungen, die Politik betreffend, von apokalyptischer Düsterkeit geprägt sein. Diejenigen seiner Untertanen, die die Probleme seiner Regierung kannten, waren verwirrt.

»Etwa eine viertel Million unerledigter Sachen wartet auf eine höhere Entscheidung«, berichtete ein französischer Diplomat kurz nach der Rückkehr Alexanders. [8] Ein Teil der öffentlichen Begeisterung, die den Zaren so warm willkommen hieß, entsprang der Hoffnung, daß jetzt viele Dinge wieder in Ordnung gebracht würden. Der damals sechzehn Jahre alte Dichter Alexander Puschkin, der das neu gegründete Lyzeum in Zarskoje Selo besuchte, verfaßte ein Gedicht, das er »in Liebe und Dankbarkeit unserem großen Monarchen« widmete. Er und viele andere Romantiker seiner Generation sollten bald enttäuscht werden. Veteranen, die selbst gesehen hatten, »wie gut die Zustände in anderen Ländern waren«, fiel es schwer, Trost in der Heiligen Schrift über die katastrophalen Mißstände in ihrem Vaterland zu finden. [9] Der Gegensatz zwischen der Stellung des Zaren in Europa, der dort als Befreier und Schiedsrichter gefeiert wurde, und den Zuständen in seinem eigenen Reich war groß. Seine Unfähigkeit, dieses riesige Land ordentlich zu regieren, war für die Offiziere und Mannschaften, die von den »Ufern des Rheins bis zur Seine« gefochten hatten, geradezu eine unerträgliche Schande, denn sie alle wünschten nichts sehnlicher als eine Politik wohltätiger Reformen. Später erklärte ein zurückgekehrter Gardeoffizier: »Es war einfach unerträglich, das leere Leben in St. Petersburg zu beobachten und den Graubärten zuzuhören, die alles

lobten, was konservativ war, und ihren Spott über jeden fortschrittlichen Gedanken ausgossen. Wir hatten sie längst überrundet und hundert Jahre hinter uns zurückgelassen!« [10]
Wäre Alexander ein phantasieloser reaktionärer Herrscher gewesen, unempfänglich für fremde Eindrücke, so wie seine Brüder Konstantin und Nikolaus, so hätte er die Stimmung der Enttäuschung mit Gewaltmaßnahmen unterdrücken können, wie es z. B. sein Vater getan hatte. Aber er verstand in gewissem Sinne seine Soldaten, die mit ihm im Ausland gekämpft hatten. Zu Recht vertrat er den Standpunkt, daß man Rußlands Übel am besten durch eine gute Verwaltung bekämpfen könne. Weniger gerechtfertigt dagegen war seine Annahme, daß dieses Ziel nur durch Disziplin und durch ein militärisches System erreicht werden könnte. Er war eben doch seines Vaters Sohn. Kurz nach seiner Rückkehr nach St. Petersburg wählte er einen Mann aus, der sein Vertrauen bis zum Ende seiner Regierungszeit genießen sollte und der es im Grunde nie verloren hatte: General Araktschejew. Am 5. Januar 1816 gab er ihm den wichtigsten Posten im ganzen Reich. Er war verantwortlich für die Zusammenarbeit aller Ministerien, er überwachte das ganze Geschehen, und somit wurde er zum einzigen Vermittler zwischen dem Herrscher und denjenigen, die in seinem Namen regierten. Es wurden ihm offiziell nicht die Titel verliehen, die Speranskij innegehabt hatte, aber in Wirklichkeit war er nach dem Zaren der mächtigste Mann und sozusagen ein russischer Großwesir.

Die Militärkolonien des Generals Araktschejew

In St. Petersburg war Araktschejew niemals populär gewesen. Auch die Zeit hatte seinen Charakter nicht liebenswerter gemacht. In den Augen Alexanders besaß er zwei große Tugenden: Erstens war er ihm hundertprozentig treu ergeben, und zweitens gehörte er in die Kategorie der unermüdlichen Arbeiter. Seine Umwelt dagegen sah ihn in einem völlig anderen Licht. Einer seiner Leutnants beurteilte ihn als einen unkultivierten Bullen, der Schrecken erregte und den man nicht lieben konnte. Äußerlich gesehen hatte er ... »kalte, farblose Augen, eine dicke, ganz unelegante Nase, die die Form eines Schuhes hatte und ein viel zu langes Kinn. Über seine Lippen, die er immer fest zusammenpreßte, hatte noch niemand ein

Lächeln huschen sehen.« [11] Ohne zu fragen, führte er rücksichtslos Befehle aus und zeigte eine Brutalität, die für die Regierung Peters des Großen so bezeichnend gewesen war. Und doch besaß er zur gleichen Zeit auch Geistesgaben, die größer waren, als es seine Feinde zugeben wollten. Bei Besprechungen des Komitees zum Beispiel legte er sorgfältig ausgearbeitete Memoranden vor. Da er für sich selbst weder finanzielle Vorteile noch Ehren suchte, genügte ihm die rücksichtslose Ausübung seiner Macht als Kompensation für seinen Dienst am Vaterland. Es war ihm besonders wichtig, daß die Menschen wußten, wie mächtig er war und welchen Einfluß er beim Zaren genoß. Daher bereitete es ihm die größte Freude, daß die Bittschriften an den Zaren zuerst durch seine Kanzlei am Litejnyj Prospekt gehen mußten. [12]

Er ganz allein, nicht der Minister des Inneren oder der Polizeiminister oder einer der Hofmarschälle oder Flügeladjutanten, entschied, wen der Zar in Audienz empfing und aus welchem Grund. Araktschejew, schon jahrelang von der St. Petersburger Gesellschaft verachtet und bei den unteren Rängen der Armee gefürchtet, wurde in kürzester Zeit zum gehaßtesten Symbol aller enttäuschten Hoffnungen und Unterdrückungen. Man bezeichnete ihn als den schlechtesten und verabscheuungswürdigsten Ratgeber des »guten« Zaren. Diese niederschmetternde Verurteilung des Generals entsprach nicht ganz der Wahrheit. Wäre er nur ein brutaler Zuchtmeister gewesen, so hätte ihm der Zar bestimmt nicht so viel Verantwortung übertragen. Pflichtgetreu besuchte er jede Provinz, in der die Franzosen gekämpft hatten und die anschließend wieder befreit wurde. Er übernahm selbst die Aufgaben des Aufbaus, indem er sowohl ungeschickte Beamte als auch leibeigene Arbeiter einschüchterte. Es war nur seine eiserne Energie, die es ermöglichte, daß Smolensk rasch wieder aufgebaut wurde, und seiner systematischen Kleinarbeit verdankte man die Bestandsaufnahme aller Kriegszerstörungen. [13] Die örtlichen Kommunalbeamten waren niemals sicher, wann »der Beauftragte des Zaren« erscheinen würde, und er hatte einen unfehlbaren Instinkt, Korruption und Bestechung aufzudecken. Er genoß Alexanders Unterstützung in vollem Maße: [14] Betrug, Unterschlagung und bürokratische Schurkerei mußten als erstes ausgemerzt werden, wenn das Reich modernisiert werden sollte. Wenn der General erschien, war alles in Ordnung, sobald er abreiste, fing die alte Schlamperei wieder an.

Im Juli 1816 wollte Alexander in aller Öffentlichkeit Araktschejew sein

Vertrauen zeigen. Er reiste deshalb in Begleitung des Fürsten Wolkonskij nach des Generals Gut Grusino und blieb dort zwei Tage zu Gast. Araktschejew war seinem Souverän so ergeben, daß er über alles, was der Zar während der 36 Stunden seines Besuchs getan hatte, eine Niederschrift anfertigte, die er in der Kirche niederlegte. Aber Alexanders Aufwartung war mehr als ein offizieller Höflichkeitsbesuch.

Nach Beendigung des Krieges überlegte sich der Zar mehr und mehr, ob man nicht das Militär mit dem Bauerntum verbinden könnte. Mit Hilfe von Araktschejew wollte er sogenannte »Militärkolonien« an den Ufern des Wolchow-Flusses zwischen Grusino und der Stadt Nowgorod gründen. Der General könnte so regelmäßig die Siedlungen besuchen und Alexander über den Fortschritt des Experiments auf dem laufenden halten.

Bereits acht Wochen nach Alexanders Besuch auf Gut Grusino kamen die ersten Truppen, ein Bataillon des Regiments des Grafen Araktschejew, zwischen Wysozk und Wolchow an. [15] Der General ließ ihnen wenig Zeit zum Einleben. Er war entschlossen, dem Zaren bei seinem Besuch im nächsten Sommer ein blühendes Unternehmen vorzuführen. Bereits nach neun Monaten konnte der General dem Zaren einen Erfolgsbericht übermitteln. Dieser war begeistert! Trotz der Opposition Barclay de Tollys und aller höheren Militärs in St. Petersburg erließ Alexander Befehle, neue Siedlungen bei Nowgorod, Pskow und in der Ukraine zu gründen. [16] Innerhalb von fünf Jahren wurden auf diese Weise über hundert Infanteriebataillone und etwa zweihundert Kavallerieschwadronen in diesen sogenanten »Kolonien« angesiedelt, alles zusammen etwa eine dreiviertel Million Menschen. Seit dem Bau St. Petersburgs 1703 als seiner Hauptstadt durch Peter den Großen hatte kein Zar ein solch riesiges Unternehmen befohlen. Auch unter Alexanders Nachfolgern hat keiner mehr solch revolutionäre Pläne in die Tat umgesetzt, abgesehen von der zwangsweisen Kollektivierung der Bauern nach Stalins erstem Fünfjahresplan im Jahre 1929.

Die Militärkolonien, mehr als jede andere Institution, reflektierten Alexanders eigene Ideen aufgeklärter Reformen. Er war fest davon überzeugt, daß dieses System sowohl dem Soldatentum als auch dem Staat Nutzen bringen würde. Bauern und Soldaten würden zusammen mit ihren Familien unter der väterlichen Obhut eines Regimentskommandeurs leben und nicht in irgendeiner weit entfernt gelegenen Garnisonstadt. Zu einem späteren Zeitpunkt dachte er daran, die ganze russische Armee in Friedenszeiten auf diese Weise zu organisieren. »Wenn mit der Hilfe Gottes diese Siedlungen eine endgültige Form angenommen haben«, schrieb er im August 1818, »so braucht man im ganzen Reiche keine Rekrutierung mehr.« [17] Diese Kombination von Soldatentum und Bauerntum würde es Veteranen möglich machen, nach zwanzigjähriger Dienstzeit den Rest ihrer Tage erwerbstätig auf dem Lande zu verleben. Durch gute Organisation und Erfahrung wäre man auch in der Lage, die Ernteerträge zu heben. Er war davon überzeugt, daß gerade dieses System den Unterschied zu den Schattenseiten der Leibeigenschaft zeigte, und somit würde die Befreiung der Leibeigenen vorangetrieben, die fortschrittliche Gutsbesitzer schon lange im Auge hatten. Gerade diese Entwicklung lag Alexander besonders am Herzen. [18] Die Idee war ein typisches Produkt seiner gefühlsbetonten, noch im 18. Jahrhundert geformten Weltanschauung, denn den Soldaten stellte er sich fast als einen »edlen Wilden« vor, der gerne in »Arkadien«, fern von der Verderbtheit der Stadtwelt, ein Leben häuslicher Tugend führen wollte.

Ausländische Besucher der Militärkolonien äußerten sich positiv. [19] Die Siedler lebten in gut gebauten Häusern, und es gab nicht nur Spitäler, sondern auch saubere sanitäre Einrichtungen. Die Kinder gingen in fortschrittliche Schulen und wurden auch in Fremdsprachen unterrichtet. Im allgemeinen aber waren die Militärkolonien unpopulär, denn die Soldaten wollten keine Feldarbeit machen, und die Bauern haßten die militärische Disziplin. Die Gutsbesitzer wiederum ärgerten sich über die wirtschaftliche Konkurrenz der in ihren Augen »verhätschelten« Kollektive. Doch es war niemand in der Lage, Alexander klarzumachen, daß diese Siedlungen mehr einem Gefängnis als Arkadien glichen. Sein Glaube an die wohltätigen Eigenschaften dieser Kolonien blieb trotz Bittschriften, Revolten und Aufruhr bis zum Ende seiner Regierungszeit unerschüttert.

Großfürstinnen werden verheiratet

Der Friede brachte auch in der kaiserlichen Familie große Veränderungen mit sich. Anfang Januar 1816 wurde die Großfürstin Katharina offiziell mit dem württembergischen Kronprinzen Wilhelm verlobt. Vierzehn Tage später heiratete sie, und man feierte ein prunkvolles Fest. Kurz danach verließ sie Rußland und reiste mit ihrem Gatten nach Stuttgart, und innerhalb von zehn Monaten wurde sie Königin und Mutter einer Tochter. Sie hat ihre Heimat nie wiedergesehen! Bis zu ihrem plötzlichen Tode im Jahre 1819, nach dem Alexander eine gewisse Zeit in Schwermut verfiel, blieb er ihr tief verbunden. Es gibt keinen Beweis dafür, daß sie sich nach ihrer Verehelichung noch mit russischer Politik befaßte oder ihren Bruder zu beeinflussen versuchte.

Seine jüngste Schwester, Anna, heiratete den Prinzen Wilhelm von Oranien und ließ sich im Sommer 1816 in Holland nieder. Ein Jahr später heiratete Großfürst Nikolaus die älteste Tochter der Königin Luise von Preußen, die auf den Namen Charlotte getauft war und nach ihrem Übertritt in die russisch-orthodoxe Kirche den Namen Alexandra Fjodorowna annahm. Der Zar hatte seine Schwägerin im Oktober 1805 in Berlin kennengelernt, damals war sie sieben Jahre alt gewesen. Diese Ehe hatte Alexander gestiftet, und als sich die jungen Leute im Sommer 1814 das erste Mal trafen, verliebten sie sich auch tatsächlich sofort ineinander. Über diese Verbindung der beiden Dynastien war Alexander tief beglückt. Er bewunderte die Intelligenz und den Frohsinn Alexandras, sorgte sich deshalb besonders um das Wohl der Neuvermählten und kümmerte sich mehr um seinen Bruder Nikolaus als früher.

Alexander sucht noch immer Frieden der Seele

Nach wie vor beschäftigte sich Alexander mit religiösen Fragen, aber nachdem er nach Rußland zurückgekehrt war, befreite er sich von dem mystischen Zwang, den die Baronin von Krüdener auf ihn ausübte. Juliane gab nicht so schnell auf, fuhr fort, ihm lange Episteln zu schicken, die voller unzusammenhängender religiöser Schwärmereien waren. Er beantwortete die Briefe nicht selbst, sondern überließ Geschäfte dieser

Art dem Fürsten Golizyn, dem Freunde, der ihn in den schweren Zeiten des Jahres 1812 gelehrt hatte, wie man in Notzeiten in der Bibel Trost findet. [20] Von 1816 bis zum Frühjahr 1824 war der Fürst beim Zaren als Sekretär beschäftigt, der ihm zu gleicher Zeit auch als Beichtvater diente und ihm immer zur Seite stand, als er den Frieden der Seele immer noch suchte. [21]

Seit 1802 war Fürst Alexej Golizyn Oberprokurator des Heiligen Synods der offiziellen orthodoxen Kirche Rußlands, und 1816 wurde er zum Erziehungsminister ernannt. Im darauffolgenden Oktober wurde das Ministerium umgetauft und hieß von da ab Ministerium für geistliche Angelegenheiten und Erziehung.

Der Fürst war also, abgesehen von seiner persönlichen Freundschaft zum Zaren, eine Person, die in Rußland höchsten Einfluß genoß. [22] Außerdem trug er die Verantwortung dafür, wie man die nicht-orthodoxen Religionsgemeinschaften in das Reich eingliederte. Er war kein liberaler Denker, aber in seinem religiösen Denken war er doch kein Fanatiker, sondern ein toleranter Mensch, der sich auch mit anderen Religionen beschäftigte. Unter dem Protektorat des Fürsten Golizyn wurde die erste russische Bibelgesellschaft gegründet, und der Zar überredete den Heiligen Synod die Bibel in die Sprache des einfachen Volkes zu übersetzen. Der Fürst unterstützte allerdings auch eine Sekte ekstatischer Tänzer, die in einer Sprache, die niemand verstand, Prophezeiungen aussprachen. An diesen Riten nahm der Zar nicht teil, obwohl er davon wußte. Die Witwe eines Offiziers, die im Michajlowskij-Palast wohnte und dort keine Miete bezahlte, war die Leiterin dieses okkulten Kreises. [23]

Im Jahre 1817 erinnerte sich Alexander an die sauberen Siedlungen der Quäker in England. Er schrieb an seinen Gesandten in London, ob ihm die »Gesellschaft der Freunde« (Society of Friends) nicht einen Spezialisten der Landwirtschaft senden könnte, der die Trockenlegung der Moore zwischen St. Petersburg und Zarskoje Selo überwachen solle ... [24] Und tatsächlich kam ein Quäker aus Yorkshire, England, Daniel Wheeler, in St. Petersburg an. Golizyn wurde sein Hauptgönner. Ein Jahr später unterstützte der Fürst finanziell auch William Allen und Stephen Grellet, beides Quäker, die Alexander während seines Aufenthaltes in London getroffen hatte. Sie kamen in einer Art Mission nach St. Petersburg, um einem Herrscher zu dienen, dessen christliche Tugenden sie bewunderten. [25] Es war klar, daß Golizyn die religiösen Minderheiten im russischen Reich schützen mußte,

aber sowohl Alexander als auch er standen den religiösen Idealen der Quäker näher. Sowohl die orgiastischen Feiern im Michajlowskij-Palast als auch die übertriebenen Prophezeiungen der Baronin von Krüdener lagen beiden nicht. Und doch konnte kein Mitglied der St. Petersburger Aristokratie, der Zar eingeschlossen, an der einfachen Kleidung und dem bescheidenen Auftreten der englischen »Gesellschaft der Freunde« Gefallen finden. Letzten Endes gab es für Alexander und die Mehrzahl seiner Untertanen kein größeres religiöses Erlebnis als den Wechselgesang der Chöre beim orthodoxen Gottesdienst mit den goldenen Meßgeräten, den Kerzen, dem Ikonostas und dem Glockengeläute des »Heiligen Moskau«.
Seine eigene Situation belastete ihn. Fürst Golizyn ließ es den Zaren immer wieder wissen, daß Gott ihn wegen seines Ehebruchs mit Maria Naryschkina strafen würde. [26] Der Zar respektierte die Ansichten des Fürsten, doch fühlte er sich zu Maria hingezogen und liebte seine aus dieser Beziehung geborene Tochter Sophia. Er war einfach nicht im Stande, diese Beziehung, die, bis auf einige Unterbrechungen, beinahe sechzehn Jahre bestanden hatte, abzubrechen. Erst im Sommer 1818 entschloß er sich nach schweren Seelenkämpfen dazu. In einem Brief an seine Schwester Katharina war er einmal sogar so weit gegangen, Maria und ihre Tochter als »meine Familie« zu bezeichnen. [27] Über seine Trennung von Maria berichtete er in einem Brief, nicht an den strengen Golizyn, sondern an Roxana Sturdza, die jetzt eine Gräfin Edling geworden war und ein großzügigeres Herz besaß als der Fürst.

> »Ich bin schuldig, aber nicht so schuldig wie manche Menschen glauben. Es entspricht der Wahrheit, daß ich, als mein häusliches Glück zerstört war, bei einer anderen Frau Tröstung suchte. Ich nahm an, irrtümlicherweise, daß ich in den Augen Gottes ein freier Mann sei, denn ich war mit meiner Gattin ohne mein Zutun nur aus konventioneller Rücksicht verbunden. Wir waren miteinander nur in den Augen der Menschen vermählt. Meine hohe Stellung verlangte von mir, die Konvention zu achten, aber ich glaubte, daß ich mein Herz schenken könnte, wem ich wollte, und viele Jahre war ich Madame Naryschkina treu. Sie, die sich in der gleichen Lage befand wie ich, täuschte sich genauso. Wir standen auf dem Standpunkt, daß wir uns gegenseitig keine Vorwürfe machen müßten. Obwohl ich mir in der letzten Zeit über meine Beziehungen völlig klar geworden war, hätte

ich nie den Mut besessen, Verbindungen abzubrechen, die mir so sehr am Herzen lagen. Aber sie (Maria) hat selbst darum gebeten. Mein Schmerz war so groß, daß ich ihn nicht in Worten ausdrücken kann, aber die Gründe, die sie angab, waren so vornehm und in meinen Augen so einleuchtend, daß ich mich ihr fügen mußte. Und so kam es, daß ich das Opfer auf mich nahm, das mir mein Herz brach, das auch in diesem Augenblick nicht aufgehört hat zu bluten.« [28]

Als Entschuldigungsbrief ist der Inhalt etwas unaufrichtig. Ausländische Beobachter bemerkten bei dem Zaren eine große Gelassenheit, denn endlich war sein Gewissen entlastet. Von jetzt ab brauchte er sich keine Gewissensbisse mehr zu machen, denn seine Reue hatte ein Ende gefunden. Alexander hatte einen moralischen Sieg errungen.

Abrüstung und Außenpolitik (1816–18)

Alexanders religiöser Glaube schlug sich auch in der Außenpolitik nieder. Obwohl er 1815 Paris in Eile verlassen hatte, stand er auf dem Standpunkt, den auch Metternich und Castlereagh teilten, daß es, um den Frieden in Europa zu garantieren, absolut notwendig war, mit den Herrschern und Staatsmännern regelmäßige Zusammenkünfte abzuhalten. Wie er später seinen Quäker-Besuchern William Allen und Stephen Grellet erklärte, sollte die Idee der Heiligen Allianz eine Geste der Liebe zu Gott und den Menschen sein. Er war sich bewußt, daß seine Motive mißverstanden würden, und doch war er davon überzeugt, daß er seine königlichen Brüder und die Fürsten eines Tages bekehren könnte, damit auch sie die »heiligen Gebote« des christlichen Glaubens annähmen.

Es unterliegt keinem Zweifel, daß Alexanders Äußerungen echt waren, als er solch pazifistische Gedanken aussprach. Wegen der Größe der russischen Armee und seiner Liebe zu Militärparaden zweifelten jedoch viele seiner Zeitgenossen an der Aufrichtigkeit seiner Worte. Die Gegensätze zwischen dem, was er sagte und den tatsächlichen Zuständen schienen unüberbrückbar. Und so scheiterte auch das Projekt der Abrüstung, das er in einem Privatbrief zuerst Castlereagh gegenüber im April 1816 geäußert hatte. [29]

Am Anfang des Schreibens dankte der Zar dem englischen Außenmini-

ster, daß er die Ratifizierung des Vertrags der Heiligen Allianz im Unterhaus befürwortet hatte. Er fuhr fort, daß jetzt die Zeit gekommen sei, »eine Abrüstung aller Waffenarten« durchzusetzen, die während der napoleonischen Kriege zum Schutze der Völker von so großer Wichtigkeit gewesen waren. Er argumentierte, daß eine in Kriegsbereitschaft stehende große Armee die Ehrlichkeit und Aufrichtigkeit der unterzeichneten Verträge in Frage stelle, und außerdem würde sie den Staatshaushalt stark belasten. Anschließend schlug er eine gemeinsame englisch-russische Initiative zur Abrüstung vor, um die Beziehungen unter den Großmächten zu verbessern. [30]
Die englische Regierung war zwar interessiert, doch auch argwöhnisch. Castlereagh konnte nicht verstehen, warum Rußland eine allgemeine Abrüstung fordere, anstatt zuerst selbständig die Rüstung zu beschränken. Dem englischen Gesandten schrieb der britische Außenminister über die Widersprüchlichkeiten im Charakter Alexanders und nannte u. a. auch die Größe und die Unverletzbarkeit Rußlands ... Ferner bemerkte er, daß Alexander »die Armee liebt und seinen Einfluß auf Europa« nicht aufzugeben bereit ist. [31]
Da die britische Antwort so kühl ausfiel, ließ Alexander das Thema fallen. Weil in Rußland die Aushebung der Rekruten und die Mobilisierung viel schwieriger war als im Westen, konnte es der Zar bei seinem System nicht riskieren abzurüsten, ehe er nicht die Garantie hatte, daß seine Nachbarn das gleiche täten. Hatten doch die napoleonischen Kriege klar gezeigt, daß Rußland für seine Kriegsvorbereitungen viel länger brauchte als seine Verbündeten. Und doch schien es unmöglich zu sein, andere Großmächte vom russischen strategischen Dilemma zu überzeugen. Vergebens versuchte der Zar in den drei folgenden Jahren nach der Unterzeichnung des Vertrages der Heiligen Allianz, seine Bundesgenossen von der Redlichkeit seiner Absichten zu überzeugen. Sein Ratgeber Johannes Kapodistrias, der auf Korfu geboren war, übernahm die Aufgabe, den Idealismus des Zaren gegenüber der Welt zu interpretieren. Die Kontrolle des russischen Außenministeriums teilte sich Kapodistrias mit dem orthodoxeren und phlegmatischeren Nesselrode. [32] Gerade weil Alexander glaubte, daß seine Ideen mit dem des Ministers weitgehend übereinstimmten, hörte er in außenpolitischen Fragen fast ausschließlich auf seinen Rat, obwohl er auch die Einwände seines Gesandten in Paris, Pozzo di Borgo, respektierte. Kapodistrias verstand besser als jeder andere Staats-

mann das religiöse Fieber, das in späteren Lebensjahren in Alexanders Adern brannte. Im Jahre 1815 hatte er den Zaren zu einigen Séancen der Baronin von Krüdener begleitet, und wie sein Herrscher war er am theokratischen Universalismus des bayrischen katholischen Theologen Franz von Baader interessiert. Die Beziehungen zwischen den beiden gestalteten sich jedoch nie so intim wie zwischen Alexander und dem Polen Czartoryski. In der St. Petersburger Gesellschaft wurde sein Philhellenismus, im Gegensatz zur polnischen Frage, nicht als Bedrohung der russischen Interessen angesehen. Natürlich hatte auch der Korfiote in St. Petersburg Kritiker, aber er wurde niemals so bitter gehaßt wie der fremde Favorit des Zaren, der Pole Czartoryski.

Dagegen wurde der General in London und Wien mit größtem Argwohn beobachtet, denn in diesen Hauptstädten wollte niemand, daß die Russen die orientalische Frage wieder anschnitten. Hinzukam, daß Metternich Kapodistrias wegen seiner angeblichen Sympathie für liberale Ideen mißtraute. [33] Es gab für den Fürsten keinen Zweifel, daß der Aufstieg des Korfioten nur ein Vorspiel war, denn er glaubte, daß Rußland seine Mission, die orthodoxen Gläubigen zu befreien, die unter türkischer Herrschaft lebten, wieder aufnehmen wollte. Alexander begrüßte deshalb den Vorschlag des englischen Außenministers, die diplomatischen Tafelrunden-Gespräche wieder aufzunehmen. Die führenden Staatsmänner sollten der Polarisierung Europas in rivalisierende Lager Halt gebieten. Nur über den Tagungsort und welche Mächte an dem Kongreß teilnehmen sollten, war man sich noch uneinig.

Der Kongreß von Aachen (1818)

Nachdem man Düsseldorf, Mannheim und Basel in Betracht gezogen hatte, einigten sich die Alliierten auf Aachen, eine Stadt, die reich an historischen und militärischen Erinnerungen war und außerhalb der Reichweite jakobinischer Aufrührer lag. [34] Die Zusammensetzung des Kongresses machte viel Kopfzerbrechen. Dieses Mal wollte Alexander nicht nur als Herrscher des größten Reiches auf dem Kontinent auftreten, sondern als Beschützer der Kleinstaaten. So sollten Abgeordnete von kleineren deutschen Staaten und auch aus Spanien eingeladen werden. An dem Kongreß nahmen die früheren Verbündeten, die vier Großmächte Rußland, Preußen, Österreich und England teil. Auf russische Intervention hin wurden auch französische Bevollmächtigte zugelassen. Dies war eine Konzession an den Zaren, der glaubte, daß man keinen Frieden in Europa stiften könne, wenn die Sieger von Leipzig und Waterloo nicht auch die Bourbonen Frankreichs zu den Besprechungen einlüden. [35] Alexander wollte unter allen Umständen die enge Freundschaft zwischen dem Hause Hohenzollern und der Dynastie der Romanows festigen. Im Juni 1818, vier Monate vor Kongreßbeginn, hieß er Friedrich Wilhelm III. und seinen ältesten Sohn bei einem Staatsbesuch in Moskau willkommen. Anschließend fuhr er mit seinen Gästen nach St. Petersburg und unterhielt sie vierzehn Tage lang mit Paraden und Festlichkeiten, die in seinen verschiedenen Palais stattfanden. [36] Auch bei seinem letzten Besuch in Rußland Anfang 1810 hatte man dem preußischen König eine großzügige Gastfreundschaft gewährt, doch im Grunde genommen behandelte man ihn damals als »armen Nicht-Verwandten«. Dieses Mal war der Aufwand noch viel größer. Der Respekt, den der Zar dem Schwiegervater seines Bruders erwies, hätte jedem Besucher Freude gemacht, und natürlich ganz besonders dem gefühlvollen königlichen Witwer aus Berlin. Politisch wünschte der Zar, Preußen daran zu hindern, daß es demütig der österreichischen Führung in deutschen Angelegenheiten folgte. Noch immer fühlte sich Alexander an seine Treueschwüre gebunden, die er der Königin Luise gegeben hatte. Beide Monarchen schwelgten in Erinnerungen und idealisierten die Vergangenheit. Im Herbst unterbrach der Zar seine Reise nach Aachen in Berlin, so daß Friedrich Wilhelm und er noch einmal gemeinsam durch die deutschen Staaten fahren konnten wie in den historischen Monaten des Jahres 1813.

Den ganzen Sommer des Jahres 1818 hindurch galt Alexander als der Beschützer, der die Rechte kleinerer Staaten verteidigte. Er war der Mann, der Frankreichs zukünftige Stellung als Großmacht befürwortete. Er erlaubte Kapodistrias Vorschläge über Frankreich und die Neuordnung Europas überhaupt zur Geltung zu bringen, die zwischen der russischen Delegation schon vorher abgesprochen waren. [37] Eigenartigerweise aber gab der Zar sich wenig Mühe, diese durchzusetzen. Doch in Aachen angekommen, änderte er seine Meinung. Ein Projekt befürwortete er, nämlich daß sich alle Regierungen in einer Union gegen die Revolution vereinigen sollten. Man schlug eine europäische Armee unter dem Oberbefehl Wel-

lingtons und Brüssel als Hauptquartier vor. Und noch einmal überreichten die Russen Abrüstungspläne. Doch als die Alliierten die Vorschläge des Zaren zurückwiesen, gab er ohne zu widersprechen nach. So zeigte sich Alexander ungewöhnlich unterwürfig. Mit Metternich stand er auf gutem Fuße. »Ich war ganz überrascht, und es hat mich amüsiert, als ich eines Abends Papa Arm in Arm mit dem Zaren sah«, schrieb Metternichs einundzwanzigjährige Tochter, Maria Esterhazy, an ihre Mutter nach Wien. [38] Und es gab noch viele andere Kongreßteilnehmer, die über Alexanders offen zur Schau getragenes Interesse an einer Versöhnung erstaunt waren.
Es gibt aber einen noch einleuchtenderen Grund als Alexanders »periodisch auftretende Gemütsschwankungen«, die nach Metternichs Ansicht an seinem Gesinnungswandel die Schuld trugen. [39] Die Antwort war viel einfacher. In Aachen, genau wie in Paris und London im Jahre 1814, stand Alexander einmal wieder im Mittelpunkt des öffentlichen Interesses. Er dominierte auf der diplomatischen Bühne, was ihm in Wien nur selten vergönnt gewesen war. Nur bei seinem zweiten Aufenthalt in Paris, anläßlich des Gedenkgottesdienstes bei Vertus, hatte man ihm viel Aufmerksamkeit geschenkt. In seinem eigenen Reich nahm er die Huldigungen seiner Untertanen als sein angestammtes Recht hin. Im Ausland war das ganz anders. Er war glücklich, wenn er wußte, daß der Premierminister Frankreichs und die Außenminister Englands und Österreichs ihn beobachteten und ängstlich darauf achteten, wann sich der Ausdruck seines Gesichts veränderte. Aber nicht nur die Staatsmäner warteten auf seine Zustimmung. Es wurden ihm z. B. Bittschriften überreicht, den Sklavenhandel abzuschaffen. Andere sprachen im Namen humanitärer Einrichtungen und baten um finanzielle Unterstützung. Auch hatten deutsche, französische und englische Zeitungen ihre Korrespondenten nach Aachen geschickt. [40] Friedrich von Gentz, Metternichs wichtigster Sekretär, berichtete über den Eindruck, den der Zar beim Kongreß machte, wie folgt: »... Nur der Zar von Rußland ist in der Lage, etwas Großes zu erreichen ... Für ihn gibt es keine parlamentarischen Hindernisse ... Was er heute beschließt, wird morgen ausgeführt ... Es ist ihm wichtig zu erfahren, was andere von ihm denken ... Er ist darauf bedacht, seinen Ruf als gütiger Monarch nicht zu verlieren ... Ein natürliches religiöses Empfinden füllt sein Herz und beherrscht seine Gefühle.« [41]
Obwohl aus Alexanders detaillierten Vorschlägen nichts wurde, war er

glücklich, daß die englischen und österreichischen Außenminister noch immer von der »moralischen Solidarität« der Allianz sprachen. In der Ratifizierungsurkunde las man auch Worte wie »Gerechtigkeit, Mäßigung und Übereinstimmung«, die eine Erinnerung an die Heilige Allianz waren. [42]*

Der Zar, hochbefriedigt, wieder einmal der Anziehungspunkt der europäischen Gesellschaft und Politik gewesen zu sein, fuhr nach Westen weiter. Er inspizierte die letzten Reste der russischen Besatzungsarmee bei Sedan und Valenciennes und machte sogar einen Blitzbesuch in Paris, wo ihm Ludwig XVIII. für seine Unterstützung dankte, die er Frankreich beim Kongreß in Aachen gegeben hatte. Anschließend reiste er zu seinen Schwestern Anna in Brüssel und Maria in Weimar. Katharina, die er am meisten liebte, sah er in Stuttgart wieder. In den letzten Wochen des Jahres machte er einen Überraschungsbesuch in Wien und wurde von Metternich zum Diner in sein Palais eingeladen. Der Geist des Friedens und des guten Willens war in der Weihnachtszeit überall zu spüren. Dann fuhr er in sein Reich zurück und war entschlossen, St. Petersburg noch vor dem russischen Epiphanias-Fest zu erreichen. Langsam zog seine Kalesche von Wien aus durch das südliche Polen, [43] und zwischen Brünn und Olmütz sah er die verschneiten Pratzener Höhen liegen. Es gibt keinen Bericht, was für Gedanken ihn bewegten, als er das Schlachtfeld von Austerlitz wiedersah. Nicht immer hatte sein Stern so hell geleuchtet wie nach dem Kongreß von Aachen.

* Der Kongreß von Aachen beendete die militärische Besetzung Frankreichs und bestimmte die Höhe der Reparationen. Die Vierer-Allianz von 1815 wurde nochmals durch einen Geheimvertrag bestätigt. Man forderte Ludwig XVIII. von Frankreich auf, nicht nur den Frieden, sondern auch den status quo in Europa aufrechtzuerhalten. Man kam überein, die Insel St. Helena, auf der Napoleon gefangengehalten wurde, besser zu sichern, für den Fall, daß der Korse nach Amerika entfliehen wolle. Ein Artikel, der schon während des Wiener Kongresses beschlossen worden war, gab den deutschen Juden die Bürgerrechte.

KAPITEL 17

Der abwesende Zar

Traurige Nachrichten aus Stuttgart (Januar 1819)

Alexander kam gerade noch rechtzeitig in St. Petersburg an, um das Russische Neujahr zu feiern. Er war in fröhlicher Stimmung und arbeitete viel. Da die Kaiserin Elisabeth noch bei ihren Eltern in Baden weilte, spielte die Kaiserinwitwe Maria Fjodorowna die erste Rolle in der Gesellschaft. Man gab Faschingsbälle, Diners, Theateraufführungen und feierte in ganz »großem Stil«. Die im einfachen Preußen geborene und aufgewachsene Großfürstin Alexandra schrieb: »Ich war einfach begeistert! Alles war so neu für mich, und ich selbst kaum zwanzig Jahre alt!« Aber diese Lustbarkeiten wurden durch eine traurige Nachricht jäh unterbrochen.

Am Morgen hatte der Zar an einer Prozession teilgenommen, bei der das Eis der gefrorenen Newa gesegnet wurde. Am Abend des gleichen Tages erreichte ihn die Schreckensbotschaft, daß seine geliebte Schwester Katharina in Stuttgart plötzlich gestorben war. Die kaiserliche Familie wollte das Unglück zuerst nicht glauben. Es war verständlich, daß über Katharinas Tod sofort Gerüchte in die Welt gesetzt wurden. Man wußte, daß sie eine so ausgeprägte Persönlichkeit gewesen war, daß man einen Mord nicht ausschließen konnte. Die junge Großfürstin Alexandra schrieb deshalb, »man wisperte den Namen des Prinzen Paul von Württemberg«.

Obwohl es keinem Zweifel unterliegt, daß zwischen Katharina und dem jüngeren Bruder ihres Gatten Spannungen bestanden hatten, scheint es doch gewiß zu sein, daß sie eines natürlichen Todes gestorben ist. Offiziell behauptete man, sie sei an Wundrose am Kopf gestorben. Aber wahrscheinlich war ihre Konstitution durch die Geburt zweier Töchter innerhalb von zwanzig Monaten so geschwächt, daß sie einer Grippe erlag. [1] Sie starb im Alter von dreißig Jahren.

Katharina war nicht nur Alexanders Lieblingsschwester gewesen, sondern auch das bevorzugte Kind ihrer Mutter, die über den Tod ihrer Tochter beinahe wahnsinnig wurde. Auch der Zar war völlig fassungslos, und wenn man den Namen seiner Schwester nannte, standen ihm Tränen in den Augen. Nur das Gebet und das Bibelstudium halfen ihm über den schweren Verlust hinweg. Seiner Umgebung fiel auf, daß er plötzlich auf seine eigene Gesundheit überhaupt keine Rücksicht mehr nahm. Als man ihn darauf ansprach, antwortete er: »Warum sollte ich auch vorsichtig sein? Für mich beten zwei Heilige, die Königin Luise von Preußen und meine Schwester Katharina.« [2]

Alexander regiert aus der Postkutsche

Im Frühjahr des gleichen Jahres sollte Alexanders Gemüt noch durch den Tod eines anderen Menschen in Aufregung versetzt werden. Am 23. März wurde in Mannheim der deutsche Lustspieldichter August von Kotzebue von dem Studenten Karl Ludwig Sand, einem fanatischen Theologiestudenten der Universität Jena, erdolcht. Kotzebue schickte als russischer Generalkonsul regelmäßig an den Zaren Berichte über deutsche Verhältnisse, und er hatte außerdem in früheren Jahren für den russischen Geheimdienst gearbeitet. Alexander kannte das Werk Kotzebues von Jugend an und bewunderte ihn, denn er hatte den Dichter selbst gekannt, der während der Regierungszeit seines Vaters Direktor des Deutschen Theaters in St. Petersburg gewesen war. Was Alexander beunruhigte, war nicht so sehr der Verlust eines fähigen Stückeschreibers, sondern die Tatsache, daß sich deutsche Studenten gegen die gottgewollte Ordnung auflehnten und daß der russische Staat zum Symbol der »Gegenrevolution« wurde. Schon in Aachen hatte Metternich vergebens versucht, die Autokratien zu einem Bündnis zu gewinnen, das gegen radikales Jakobinertum zusammenhalten sollte. Zu dem Zeitpunkt, als Kotzebue ermordet wurde, waren die meisten europäischen Herrscherhäuser mit der russischen kaiserlichen Familie verwandt, und viele von ihnen waren deshalb vom Zaren abhängig. Der Mord an Kotzebue kam Metternich sehr gelegen, denn auf seine Veranlassung hin beschloß eine Ministerkonferenz im August die später im Bundestag bestätigten Karlsbader Beschlüsse: Vorzensur für alle Zeitungen und Schriften unter 20 Druckbogen; Verbot der Burschenschaften; Entlassung revolutionär gesinnter Lehrkräfte; Überwachung der Universitäten. [3] Als man in Rußland hörte, zu welchen Gegenmaßnahmen man in Deutschland gegriffen hatte, fragte man sich besorgt, was der Zar mit seinem eigenen Reich im Sinne habe. Würde er jetzt Metternichs Beschlüssen folgen? Würde er wie Friedrich Wilhelm in Preußen die letzten Reste des freiheitlichen Denkens verbieten? Und was würde dann aus der angekündigten und versprochenen russischen Verfassung?

Nach außen hin blieb der Zar nach Kotzebues Ermordung ruhig. Die Zensur wurde gelockert, und die Freiheiten waren größer als in den vergangenen fünf Jahren, die auf die Invasion Napoleons folgten. Mitte des Jahres bestätigte der Zar in Privatgesprächen, daß er die Absicht habe, Rußland eine Verfassung zu geben, doch wollte er zuerst einmal abwarten, wie das polnische Experiment anlief. Er behauptete auch, daß er nicht genug Geld habe, um eine Neuorganisation der Behörden durchzuführen und beklagte sich über antiliberale Vorurteile in Regierungskreisen in St. Petersburg und Moskau. [4]

Zwischen den Karlsbader Beschlüssen, die in Deutschland das Universitätsstudium und seine Freiheiten beschnitten, und Rußlands neuen Beschlüssen, das akademische Leben stärker zu überwachen, lag mehr als ein Jahr. Gerade in diesen Monaten der Unsicherheit war das Pädagogische Institut von St. Petersburg in den Rang einer Universität erhoben worden. Erst im Juni 1820 wurden Verordnungen der Zensur erlassen. Sie fielen mit der ersten Säuberungswelle akademischer Lehrer zusammen. [5] Die Verzögerung hing mit des Zaren eigenen Anschauungen eng zusammen, denn ganz gleich, was außerhalb der Grenzen geschah, war er doch ein Kind der Aufklärung aus der Zeit Katharinas II. und ein Schüler La Harpes. Als ihm im Frühsommer 1821 der Generalgouverneur von St. Petersburg nahelegte, gegen die neu gegründeten Geheimgesellschaften der Hauptstadt vorzugehen, antwortete der Zar traurig: »Sie wissen doch, daß ich diese Illusionen und Ideen nicht nur geteilt, sondern auch ermutigt habe. Deshalb kann ich keine strengen Maßnahmen gegen sie ergreifen.« [6] Die aufgeregten Beamten, die natürlich viel mehr über das Unbehagen der Intelligenz wußten, fanden Alexanders Mäßigung erstaunlich und geradezu ärgerlich, und sie hatten allen Grund dazu.

Das eigenartige Verhalten des Zaren, das nach dem Tode seiner Schwester

drei Jahre lang andauerte, stellte selbst die Beamten, die ihm gegenüber loyal gesinnt waren, auf eine harte Geduldsprobe. Manchmal war er monatelang nicht in St. Petersburg. So reiste er zum Beispiel im Juni 1819 nach Archangelsk und besuchte auf dem Rückweg Finnland, ein Land, das so ganz anders aussah als die Steppen und die Ebenen Rußlands. Außerdem glaubte er, es wäre notwendig, daß er in Warschau im polnischen Parlament persönlich anwesend wäre, denn sein Bruder Konstantin wurde immer unpopulärer. Es ist aber fragwürdig, ob diese Reisen von Nutzen waren. Manchmal jagte er wie ein Irrer durch die Gegend, ein Lebensrhythmus, dem er immer in Augenblicken der Sorge und Spannung folgte. Es war einfach unmöglich, daß man autokratisch ein Land regierte, wenn man nur wie ein Wanderprediger umherzog. Man war ja nicht mehr im Kriege, sondern im Frieden, und die Anwesenheit des Zaren in St. Petersburg war notwendiger denn je. »Augenblicklich«, beklagte sich Fürst Wjasemskij, »wird Rußland von einer Postkutsche aus regiert.« [7]
Die Unruhe des Zaren kann man psychologisch beim besten Willen nicht erklären, und auch seine Gemahlin stand vor einem Rätsel. Er war müde und gelangweilt und interessierte sich nur noch für Religion. Im Sommer 1819 besuchte er Krasnoje Selo, wo das Garderegiment seines Bruders lag. Nachdem er das Ismajlowskij-Regiment besichtigt hatte, dinierte er mit Nikolaus und der Großfürstin Alexandra und sagte plötzlich, daß »er sehr zufrieden sei, wie Nikolaus seine Pflichten erfülle, denn auf ihn würde eines Tages die Bürde der Verantwortung fallen«. Alexandra hat die Bemerkungen, die der Zar an diesem Abend machte wie folgt aufgeschrieben: »Er hielt ihn (Nikolaus) für die Person, die sein Nachfolger werden sollte. Dies würde sich viel rascher ereignen, als irgend jemand es sich heute vorstellen könne, denn es würde noch zu seinen Lebzeiten eintreten. Wir saßen wie zwei Statuen da, mit offenem Mund und ganz benommen. Der Kaiser fuhr fort: ›Ihr scheint erstaunt, aber laßt mich euch erklären, daß mein Bruder Konstantin, der sich nie um den Thron gekümmert hat, fest entschlossen ist, ihn abzulehnen, er ist deshalb bereit, seine Rechte an seinen Bruder Nikolaus und dessen Kinder abzutreten. Was mich betrifft, so habe ich mich entschlossen, mich meiner Pflichten zu entledigen und mich von der Welt zurückzuziehen ... Ich bin nicht mehr der Mann, der ich war, und ich glaube, daß es meine Pflicht ist, mich zum richtigen Zeitpunkt zurückzuziehen‹ ... Als er sah, daß wir den Tränen nahe waren, versuchte er, uns zu trösten und versicherte uns, es würde sich nicht sofort

ereignen und es könne vielleicht noch einige Jahre dauern, bis er seinen Plan durchgeführt habe. Dann ließ er uns allein, und man kann sich vorstellen, in welchem Gemütszustand wir uns befanden.« [8]

Viele seiner Redensarten kommen uns bekannt vor und sind nur ein Echo von Wünschen, die der Zar schon in seiner Jugend äußerte: alle Verantwortung loszuwerden und sein Leben fernab vom Getriebe der Welt in Einsamkeit zu beenden. Damals wollte er sich an den Ufern des Rheins niederlassen, diesmal gab er keine konkreten Hinweise, wohin er sich zurückziehen wolle. Nicht nur für die Zeit nach der Thronbesteigung seines Vaters, sondern auch für die Zeit seines Pariser Aufenthaltes und nach dem Tode seiner geliebten Schwester Katharina gibt es Beweise, daß er sich mit ähnlichen Gedanken trug. Obwohl es von diesem Tischgespräch nur diese Aufzeichnung gibt, so klingt der Ton glaubwürdig und echt, und wir haben keinen Grund, an den Mitteilungen zu zweifeln.

Manchmal sprach der Zar auch von der Möglichkeit abzudanken, doch weigerte er sich, öffentlich ein Dekret über seine Nachfolge zu erlassen. Er gab weder den Zeitpunkt bekannt, zu dem dieser Thronwechsel stattfinden sollte, noch sagte er, ob er in Rußland bleiben oder ins Ausland gehen wolle. Das ist sehr überraschend, denn in der ganzen russischen Geschichte hatte keiner seiner Vorgänger freiwillig auf seine Thronrechte verzichtet.

Etwa drei Monate nach seinem Besuch in Krasnoje Selo traf er auch das erste Mal seit den religiösen Gesprächen in der Rue du Faubourg Saint-Honoré in Paris die Baronin von Krüdener wieder. Juliane hatte öfter versucht, den »jungen Helden«, wie sie Alexander in den Briefen an ihre Tochter noch immer bezeichnete, wiederzusehen. [9] Das Zusammentreffen fand am 21. September bei Petschora, einer kleinen Stadt zwischen Pskow und den Sümpfen Estlands, statt. Der Ort war eine Poststation, auf der Alexander auf seinem Weg nach Warschau haltmachen mußte. Unter den goldenen Kuppeln einer Klosterkirche hörte er der Baronin zu. In seiner grenzenlosen Güte hatte sich der Allmächtige herabgelassen, ihr neue Offenbarungen zukommen zu lassen: Das Leben des Königs von Preußen war in Gefahr, und deshalb war es absolut notwendig, daß Alexander diesen so rasch als möglich dazu brächte, ohne jeden Vorbehalt sein Leben in die Hand Gottes zu legen und auch das preußische Königreich unter den Schutz des Allerhöchsten zu stellen. Die Heilige Allianz mußte gefestigt werden, um gegen Kräfte, die die Königreiche dieser Welt zerstören wollten, als Bollwerk dazustehen. [10] Wir wissen nicht, ob der Zar ihren Äußerungen Glauben schenkte, doch als sie ihn am nächsten Tage wiedertreffen wollte, teilte man ihr mit, daß er bereits nach Warschau abgefahren sei. Ihre Worte waren genau wie früher eine Mischung aus Unsinn und sibyllinischen Warnungen. Der Zar hat die Beziehungen zu ihr nie ganz abbrechen lassen, und durch den Fürsten Golizyn blieb sie immer in – wenn auch nur losem – Kontakt mit dem russischen, von Gott eingesetzten Autokraten Alexander.

Der Zar begibt sich nach Troppau

In gewisser Weise wurden im Jahre 1820 die Warnungen der Baronin erfüllt. Mindestens die Hälfte des europäischen Kontinents stand plötzlich auf und wehrte sich gegen die Grundsätze der Heiligen Allianz. Auf der italienischen Halbinsel wurde der Geheimbund »Carbonari« (Köhler) gegründet, der sich über ganz Italien ausbreitete. Mitglieder der Gesellschaft waren vor allem Offiziere und Beamte und nicht selten Mönche und Priester. Sie wollten die fremden Herrscher loswerden und eine eigene Regierung gründen, die auf einer neuen Verfassung ruhen sollte. Nach Ausbruch der Revolution in Spanien und Portugal kam es auch in Italien zu Aufständen, die in Neapel begannen, dem Zentrum der Carbonari. Alexander wurde durch diese Hiobsbotschaften stark beunruhigt. Die Hüter der Ordnung konnten einfach nicht zusehen, wie Regierungen fielen, durch Männer, deren Ideen aus der »Schule des Despotismus des Volkes stammten, die während der französischen Revolution propagiert wurden«. [11]

Als der Zar hörte, daß der spanische König Ferdinand VII. von Revolutionären gezwungen worden war, eine Verfassung auszurufen, handelte er. Er hielt eine Intervention der fünf Großmächte für unumgänglich, ehe die Flamme der Revolution ganz Europa in Brand setzte.

Der russische Vorschlag wurde in London mit Argwohn aufgenommen. Metternich dagegen fühlte sich in Verlegenheit gesetzt, denn er wollte unter allen Umständen vermeiden, daß der Zar eine Strafexpedition aus dem fernen Rußland nach Europa sandte. Die Engländer glaubten, die Russen wollten in Spanien eine Marinebasis errichten, um in Zukunft eine

Flotte im Mittelmeer halten zu können. Obwohl Metternich die Art der russischen Einmischung ablehnte, war er doch dankbar, daß sich Alexander jetzt zum Wortführer der »Anti-Liberalen« machte und nicht mehr nur zum Anhänger der Konstitutionalisten. Die Engländer lehnten die Einmischung der Russen in spanische Angelegenheiten glattweg ab, und es war für den englischen Außenminister Castlereagh nicht schwer, seine Alliierten von der Tollheit der Pläne des russischen Zaren zu überzeugen. [12] Erst im Jahre 1823 gelang es dann einem französisch-spanischen Heer, die Revolution niederzuschlagen. Als Kompromiß schlug Metternich deshalb eine sofortige Konferenz in Troppau (Opava) vor, damals Hauptstadt des österreichischen Schlesiens. Dort sollten der russische Zar und der österreichische Kaiser zusammentreffen. [13]

Am 21. Juli 1820 verließ Alexander St. Petersburg und hoffte, in drei bis vier Monaten wieder zurück zu sein. Er wollte den Herbstanfang in Warschau verbringen, sich dort mit Regierungsgeschäften befassen und dann in südlicher Richtung nach Troppau weiterreisen. Die diplomatische Situation wurde immer prekärer. Auf dem ganzen Kontinent gab es Aufruhr, und die Gefahr neuer Revolutionen zwang die europäischen Staatsmänner, ihre Pläne zu ändern. Das Treffen in Troppau wurde zu einem Kongreß ausgebaut, an dem auch Friedrich Wilhelm von Preußen teilnahm, doch die Engländer schickten nur einen Beobachter. Die Probleme, die dort besprochen wurden, waren so mannigfaltig, daß die Diplomaten sie nicht wie in Aachen kurzfristig lösen konnten. Dies bedurfte langwieriger Verhandlungen, und es dauerte ein ganzes Jahr, bis Alexander wieder nach St. Petersburg zurückkehren konnte, um seine Regierungsgeschäfte im eigenen Land aufzunehmen. Diese lange Abwesenheit war für die Innenpolitik von großem Nachteil, und selbst die Kaiserin Elisabeth schrieb ihrer Mutter nach Baden, daß die Abwesenheit des Zaren ein schwerer Schlag für die Innenpolitik der Regierung sei. Während der Wintermonate dauerte es 4 Wochen, bis Berichte aus St. Petersburg nach Troppau und – mit den Kommentaren des Zaren versehen – wieder nach St. Petersburg zurückgelangten. [14] Außerdem bestand der Zar darauf, daß sein Bruder, der Großfürst Nikolaus, bei ihm in Troppau blieb, denn er wollte ihn in die Probleme der Diplomatie beim Kongreß einführen. Zur Enttäuschung der liberalen Kräfte in St. Petersburg wurden die Regierungsgeschäfte fast ganz von Araktschejew übernommen.

Am 20. Oktober kam der Zar in Troppau an, und kurz nach seiner Ankunft hatte er ein Treffen mit Metternich. Er distanzierte sich von seinen früheren Ansichten, in denen er für eine konstitutionelle Regierungsform eingetreten war, ja er ging so weit, sich für diese Ansichten zu entschuldigen. Kapodistrias war sofort mit allem einverstanden, was der Zar sagte. [15] Wenn man dem österreichischen Außenminister schmeichelte, so war es vielleicht möglich, ein gemeinsames Manifest zu erlassen, das die Revolution öffentlich verdammte, denn das lag dem Zaren vor allem am Herzen.

Zu Alexanders Überraschung war Metternich nicht geneigt, ein Dekret zu verfassen, das einer Großmacht das Recht gab, sich in die inneren Angelegenheiten eines anderen Staates einzumischen. Die österreichische Haltung war sophistischer, als die Russen erwartet hatten, denn eine Intervention einer Großmacht wäre nach Metternich nur dann gerechtfertigt, wenn deren Sicherheit selbst gefährdet sei. Er behauptete, daß nur Österreich sich in Italien einmischen dürfe, denn es bestände Gefahr, daß der Funke der Revolution auch auf die Kerngebiete der habsburgischen Monarchie übergreife. Rußland und Preußen dagegen lagen geographisch viel zu weit von dem Krisenherd entfernt, und deshalb sprach Metternich diesen Ländern das Recht zur Einmischung ab. Doch Anfang November kam Kapodistrias mit des Zaren Unterstützung mit neuen Vorschlägen. Er tat sein Bestes, die Unterdrückung der Revolution mit der Idee einer konstitutionellen Regierungsform zu vereinigen. Der Intervention der Großmächte sollte eine gemeinsame Erklärung vorausgehen. Man war gewillt, nach Zerschlagung des Aufstandes dem bedrohten Land »zweifache Freiheiten« zu gewähren: erstens nationale Unabhängigkeit und zweitens politische Freiheit. [16] Auf diesen ausgeklügelten Vorschlag wußte selbst Metternich keine Antwort, und er nahm deshalb wieder zum Intrigenspiel seine Zuflucht, ein Spiel, das er meisterhaft beherrschte.

Am 9. November erhielt Alexander aus Rußland eine Botschaft, die ihn völlig aus der Fassung brachte, genau wie damals, als er von der Rückkehr Napoleons von der Insel Elba erfuhr. Ein Offizier überbrachte sowohl Briefe von Araktschejew als auch von Militärkommandanten von St. Petersburg. Sie teilten ihm mit, daß am 28. Oktober Soldaten des Semjonowskij-Regiments gemeutert und die Ablösung ihres Kommandeurs

Schwarz gefordert hatten. Diese Nachricht traf den Zaren schwer, denn er hatte gerade dieses Garderegiment besonders bevorzugt und speziell als sein eigenes betrachtet. In der Meuterei sah er einen ernsten Vorfall und glaubte, daß die neuen schlimmen revoltierenden Ideen bereits in seine treue Armee eingedrungen wären und die Soldaten verseucht hätten, die bisher der Krone gegenüber immer loyal gewesen waren. Tatsächlich war die Meuterei nur ein ganz vereinzelter Zwischenfall. Die Truppe wandte sich gegen einen Offizier, der nicht russischer Abstammung war und altgediente russische Veteranen wegen kleinerer Dienstvergehen hatte auspeitschen lassen. [17] Alexander verlangte, daß die Soldaten hart bestraft würden, obwohl er einsah, daß Oberst Schwarz versetzt werden mußte, da anders die Disziplin und Ordnung nicht mehr aufrechterhalten werden konnten. Zu Metternichs Erstaunen war es ausgerechnet diese Mitteilung, die den Zaren von einer internationalen Verschwörung überzeugte, die alles daran setze, die Anstrengungen der »Heiligen Allianz« in Troppau zunichte zu machen. [18] Seine Theorie legte er am 17. November in einem besonderen Brief Araktschejew dar: »Es ist leicht für Dich, Dir vorzustellen, wie mich der Schmerz getroffen hat. So ein Vorfall ist, Du wirst mit mir übereinstimmen, in unserer Armee etwas noch nie Dagewesenes. Es ist ganz besonders traurig, daß dies bei der Garde vorgefallen ist, und für mich persönlich ist es der schwerste Schlag, daß es beim Semjonowskij-Regiment passierte. Da ich gewöhnt bin, mit Dir vertraulich zu reden, muß ich Dir mitteilen, daß mich nichts davon überzeugen kann, daß diese Aktion von den Soldaten geplant war oder daß der Grund nur die harte Zucht des Oberst Schwarz gewesen ist ... Ich glaube nicht, daß die Ursache militärischer Natur war, denn auf Grund ihrer Ausbildung als Soldaten würden sie naturgemäß dazu neigen, Waffen zu ergreifen, was aber keiner von ihnen tat ... Ich glaube, daß der Aufruhr von außerhalb der Armee kam. Die Frage erhebt sich natürlich: woher? Dies ist schwer zu beantworten. Ich muß zugeben, daß ich die geheimen Gesellschaften dafür verantwortlich mache, denn nach den Beweisen, die Du und ich besitzen, sind sie mit unserem Bündnis und unserer Arbeit in Troppau unzufrieden. Es sieht so aus, als ob es das Ziel des Aufstandes war, uns einzuschüchtern ... man wollte mich zwingen, meine Arbeit in Troppau aufzugeben und so rasch als möglich nach St. Petersburg zurückzukehren. Aber durch den Willen Gottes konnte dies vereitelt werden, und das Übel wurde bereits an der Wurzel vernichtet.« [19]

Jetzt beschloß der Zar, so lange mit den Österreichern und Preußen am Konferenztisch zu bleiben, bis ein Vertrag über die Sicherheit Europas unter Dach und Fach war. Sofort befahl er Kapodistrias, einen diplomatischen Kompromiß auszuarbeiten, und von »zweifachen Freiheiten« oder irgendwelchen Prinzipien der Aufklärung konnte keine Rede mehr sein. [20] Kapodistrias arbeitete auf Wunsch Metternichs ein »Vorläufiges Protokoll« aus, das in der dritten Novemberwoche bekanntgemacht wurde. Es gab den Alliierten das Einmischungsrecht für den Fall, daß ein »illegaler« Regierungsumsturz stattgefunden hätte. Eine österreichische Besatzungsarmee sollte nach Süditalien geschickt werden, begleitet von Beobachtern der Großmächte. Zu weiteren Verhandlungen, die in Laibach (Ljubljana) stattfinden sollten, wollte man den König von Neapel einladen, um mit ihm die Zukunft seines Königreichs zu diskutieren. [21] Trotz der Einwände der Engländer waren Metternich und Alexander mit dem Protokoll einverstanden. An und für sich war der Kongreß beendet, denn ehe man vom König von Neapel keine Antwort in den Händen hatte, konnte man nichts mehr unternehmen. Aber Alexander wollte nach der Meuterei des Garderegiments noch nicht nach Hause reisen. Und so blieben die Herrscher von Rußland, Österreich und Preußen zusammen mit ihren Außenministern im November und Dezember im kleinen schlesischen Troppau, dessen Zufahrtsstraßen zu dieser Jahreszeit in Schmutz und Morast versanken. Oft war es ihnen langweilig. Manchmal gab es auch etwas zu lachen, so z. B. als der Zar auf einer Planke, die über das »Schokoladen-Eis« der aufgeweichten Troppauer Hauptstraße gelegt wurde, mit einer Dame zusammentraf, die aus der entgegengesetzten Richtung kam. Die Etikette schrieb vor, daß der Zar den Vorrang hatte. Wer von den beiden mußte in den weichen Morast hinuntersteigen? Über solche Nichtigkeiten zerbrachen sich manche Troppauer den Kopf! [22] Abends konnte man nicht viel unternehmen, und so spielte man Whist, trank Tee und unterhielt sich. Noch niemals vorher hatten Alexander und Metternich Gelegenheit gehabt, sich so nahe zu kommen. Er kam mit den Österreichern öfters zusammen als mit seinen eigenen Ratgebern Kapodistrias und Nesselrode. Mitte Dezember übergab Metternich dem Zaren ein Dokument, das 8000 Worte enthielt und »politisches Glaubensbekenntnis« hieß. Es unterstrich die Zusammenarbeit von Regierungen, sie müßten auf der Hut gegen Eifersüchteleien sein, und wandte sich auch gegen Großraumgelüste. [23] Metternich warnte und sagte, daß es die Pflicht jedes guten europäischen Herrschers sei, »die religiösen Prinzipien in all ihrer Reinheit« zu erhalten, denn der Glaube dürfe nicht durch »Unmoral, Visionen oder schwärmerische Sektierer« angezweifelt werden. [24] Dies war ein Hinweis auf die Baronin von Krüdener. Von diesem Manifest war der Zar beeindruckt und schrieb darüber zustimmend an den Fürsten Golizyn. [25] Und doch änderte er seine Ansichten nicht und sandte an die Baronin immer noch Grüße durch den Fürsten. Im Grunde war er enttäuscht, daß es ihm nicht gelingen wollte, eine Neuordnung Europas fertigzubringen, und so segelte er im Kielwasser Metternichs.

Laibach und das Wiederaufleben der orientalischen Frage

In der letzten Dezemberwoche verließ Alexander Troppau, blieb einige Tage in Wien und kam in Laibach am 8. Januar 1821 an. Offiziell dauerte der Kongreß bis zum 28. Februar. Metternich gab den Ton an. [26] Einmal versuchte der Zar, die Initiative zu übernehmen. Er stand auf dem Standpunkt, daß, wenn die Österreicher das Recht hatten, die radikalen Kräfte in Neapel niederzuschlagen, die Franzosen genauso im Recht wären, über die Pyrenäen zu marschieren, um Ferdinand zu Hilfe zu kommen. Metternich wollte unter allen Umständen vermeiden, daß Frankreich als der Ordnungshüter in Europa angesehen werde. Er erklärte, man könne Frankreich, das der Mittelpunkt internationaler Verschwörung sei, nicht mit dieser Aufgabe betrauen. So gab der Zar nach und stimmte den Vorschlägen Metternichs zu, die spanische Frage zu vertagen und sie bei einem späteren Kongreß zu besprechen. [27]

Alexander wollte so lange in Slowenien bleiben, bis der italienische Aufstand niedergeschlagen war. Innerhalb von vierzehn Tagen wurde die Situation anstatt besser schlimmer. Die Garnison in Turin meuterte und rief zu einem Krieg gegen die Österreicher auf, denn sie wollten den Neapolitanern zu Hilfe kommen. Der Zar, der noch ganz unter dem Eindruck der Meuterei seines Garderegiments stand, war schockiert und erklärte sich bereit, sofort seine Armee von Polen abzuziehen. Sie sollte die Österreicher in ihrem Kampf unterstützen. »Jetzt erst verstehe ich, warum Gott mich bis zu diesem Augenblick hier gelassen hat«, rief er aus. »Wieviel Dankbarkeit schulde ich ihm für eine solche Regelung der Dinge, daß ich noch immer mit meinen Verbündeten zusammen bin ... wenn wir Europa retten, so ist es nur deshalb, weil der Allmächtige es gewünscht hat!« [28] ... Wie schon früher kam das russische Hilfskorps zu spät, und der Aufstand in Piemont war bereits niedergeschlagen, als die Truppen ihr Ziel erreichten. Doch Metternich machte sehr viel aus Alexanders Aktion. Ganz Europa sollte sich an der Zusammenarbeit der österreichischen und russischen Höfe ein Beispiel nehmen, die in engster Zusammenarbeit die aufkeimende Revolution im Keime erstickten.

Fünf Tage nach dem italienischen Aufstand in Turin alarmierten noch andere Nachrichten die Monarchen und ihre Außenminister. Anfang März rief einer der Adjutanten des Zaren, Fürst Alexandros Ypsilanti, griechische Patrioten in Odessa zusammen und überquerte mit ihnen den Pruth und drang in die Moldau ein, um gegen die Herrschaft der Türken in den Donaufürstentümern zu revoltieren. Innerhalb eines Monats erhoben sich auch die griechisch-orthodoxen Glaubensbrüder im Peloponnes gegen die Herrschaft des Sultans, und ihr Aufruhr wurde vom orthodoxen Erzbischof in Patras offiziell unterstützt. Und gerade in dem Augenblick, als die Russen eine Armee mobilisierten, um die Ordnung in Italien wiederherzustellen, ließen ihre Glaubensbrüder die Balkanfrage wieder aufleben. Kein Zar von Rußland konnte diese Herausforderung links liegen lassen, vor allem keiner, dessen Außenminister selbst Grieche war.

Ypsilanti war kein undurchsichtiger Agitator, sondern ein russischer General, ein Freund der Familie Sturdza und eine bekannte Persönlichkeit in der Wiener Gesellschaft während des Wiener Kongresses. Bei verschiedenen Anlässen hatte er Kapodistrias getroffen und hatte aus seiner Absicht, einen patriotischen Aufstand der Griechen anzuzetteln, keinen Hehl gemacht. Es ist sehr wahrscheinlich, daß er hoffte, er würde nach der Überquerung des Pruth Alexanders Unterstützung erhalten. Kurz vor Beginn der Befreiungsunternehmen sandte er einen Appell an den Zaren: »Retten Sie uns, Majestät, retten Sie unsere Religion, und schützen Sie uns vor denjenigen, die uns verfolgen. Gebt uns unsere Tempel und unsere Altäre zurück, damit das göttliche Licht noch einmal seine Strahlen ausbreiten kann über das große Reich, das Sie regieren!« [29] Es war schwierig für Alexander, diese dringende Bitte abzulehnen, die einem tief religiösen Gefühl entsprang. Aber der Zar befand sich in einer verzweifelten Lage, denn Ypsilantis Aufruhr begann nicht zum richtigen

Zeitpunkt. Solange Alexander mit Metternich und Kaiser Franz in Laibach war, mußte er die Revolution verdammen, ganz gleich, wo sie auch ausbrach. Daraufhin gab der Zar Kapodistrias die Anweisung, Ypsilanti mitzuteilen, daß diese Aktion niemals von ihm gutgeheißen werden könne. Die nationale Befreiung des griechischen Volkes durfte nicht durch eine bewaffnete Rebellion erfochten werden. Er teilte ihm ferner mit, daß er als russischer Offizier die Pflicht hätte, Buße zu tun und die Waffen niederlegen müsse. [30]* Alexander gab Metternich das feierliche Versprechen, daß Rußland auf dem Balkan von sich aus nichts unternehmen werde. Von Anfang an war Ypsilantis Aufstand zum Scheitern verurteilt. Der griechische Aufstand bewirkte, daß der Zar so rasch als möglich nach St. Petersburg zurückkehren wollte. Er wußte, daß die Gefühle seiner Untertanen, in der Mehrzahl Mitglieder der griechisch-orthodoxen Kirche, durch die Ereignisse auf dem Balkan erregt waren, und er konnte unmöglich noch länger im Ausland bleiben. In der ersten Woche des Juni war er wieder in Zarskoje Selo.

Das Dilemma Alexanders und der griechische Unabhängigkeitskrieg

Alexander kam sorgenvoll und deprimiert nach St. Petersburg zurück. Je weiter er nach Osten fuhr, desto schlechter wurden die Nachrichten. Was zuerst als der Piratenstreich einer Handvoll Freischärler begonnen hatte, wurde zu einem weitausgedehnten Aufstand, der das ganze süd-östliche europäische Gebiet in Flammen setzte. Sultan Machmud II. rief alle seine Gläubigen auf, die christlichen Griechen nicht zu unterstützen und ließ den Patriarchen Gregorios Ende April öffentlich vor seinem Palast in Konstantinopel hinrichten. In Kleinasien wurden die Griechen von den Türken in Blutbädern niedergemetzelt. Doch auch griechische Patrioten begingen im Peloponnes und auf den griechischen Inseln furchtbare Bluttaten. Der russische Botschafter in Konstantinopel wurde beleidigt, und die Türken versuchten Getreideschiffe, die von Odessa ins Mittelmeer

* Ypsilantis Aufstand blieb erfolglos, da er die Bauern nicht hinter sich hatte. Westlich von Bukarest wurde er von türkischen Truppen in der ersten Juniwoche geschlagen und floh zu den Österreichern, die ihn sieben Jahre gefangen hielten.

fuhren, aufzuhalten. Es kam zu Kämpfen, und einige russische Matrosen wurden getötet. Diese provokativen Akte riefen in Moskau und St. Petersburg Entrüstung hervor. [31] Sofort nach seiner Rückkehr protestierte Alexander bei den türkischen Behörden, aber er war vorsichtig und ließ sich nicht zu einer Kriegserklärung zwingen. »Gott ist mein Zeuge«, erklärte er, »mein einziger Wunsch, mein einziger Ehrgeiz ist, den Frieden zu wahren, der die Welt so viel kostet, ihn zu erhalten.« [32]

Und doch rückte die Kriegsgefahr immer näher. Kapodistrias versuchte alles, um vom Zaren die Unterstützung für seine Glaubensgenossen zu bekommen. Jede türkische Truppenbewegung an der russischen Grenze, jede Beleidigung der russischen Flagge, jede Ausschreitung gegen orthodoxe, christliche Gemeinschaften erfuhr der Zar, und Kapodistrias hoffte, das Gewissen des Zaren würde ihn zwingen, doch einzugreifen. Frau von Krüdener kam wieder ins Gerede, denn sie hatte den bevorstehenden Fall des Osmanischen Reiches prophezeit. »Alexander«, erklärte sie, »wird im Laufe des Jahres 1823 in Konstantinopel einziehen und später selbst in Jerusalem. Am Grabe des Heilands wird sich ihm die Herrlichkeit Gottes offenbaren.« Jetzt hatte er noch eine zweite Mission zu erfüllen: Denn nachdem er Paris vom Bösen befreit hatte, sollte er die Heiligen Stätten vom Islam befreien und die Einigkeit des Christentums proklamieren in einer Stadt, wo es nur »*eine* Herde und *einen* Hirten« geben sollte. [33]

Seine Vision ging viel weiter als Kapodistrias Plan. Der traditionelle russische Traum war immer gewesen, auf der Hagia Sophia in Konstantinopel das Kreuz der orthodoxen Kirche wieder aufzurichten. Es ist deshalb nicht verwunderlich, daß Alexander dem Fürsten Golizyn befahl, mit Juliane von Krüdener eine geheime Zusammenkunft zu arrangieren. Es wurde beschlossen, daß der Zar sie am 19. September in einem Bauernhaus, das an der Straße nach Zarskoje Selo lag, treffen sollte. Obwohl Golizyn und auch der Sekretär der Baronin anwesend waren, gibt es keine genauen Aufzeichnungen, was tatsächlich besprochen wurde. Alexander zeigte wieder seine rätselhafte Sanftmut, die auch in seinen Jugendjahren eine hervorstechende Eigenschaft von ihm gewesen war: Er hörte genau zu und sagte nichts von Bedeutung. Als er wegging, meinte er geheimnisvoll zu Golizyn, er hätte die Baronin genau »wie damals in Paris« gefunden. [34]

Alexander und Juliane sahen sich im Leben nie wieder. Der Zar kehrte aus Polen zurück, und die Baronin ging nach Lettland.

Zweifellos hatte Alexander wegen der Unsicherheit in der griechischen

Frage große Gewissensbisse. Im August 1821 erklärte er Kapodistrias, er könne unmöglich mit der Türkei einen Krieg anfangen, denn dies wäre eine Tat, auf die die »in Paris sitzenden Revolutionäre« nur warteten, um das wachsende Einverständnis zwischen den Großmächten zu zerstören. [35] Der Konflikt konnte einfach nicht gelöst werden, denn auf der einen Seite standen die alten Traditionen der Orthodoxie, auf der anderen Seite herrschte die Überzeugung, daß Europa unter allen Umständen eine Friedensperiode brauche, um die revolutionären Ideen mit aller Schärfe zu unterdrücken. Es ist nicht von der Hand zu weisen, daß Alexander den Alleinanspruch der orthodoxen Kirche und ihre Forderung, er solle einen »Heiligen Krieg« vom Zaun brechen, nicht mehr voll unterstützen konnte, denn wir wissen, daß er gleichzeitig dem Pietismus der englischen Quäker Sympathien entgegenbrachte. Und so versank er von Tag zu Tag in immer tiefere Melancholie. In der Heiligen Schrift suchte er nach einer Lösung, genau wie damals in den Krisenzeiten, als der Korse in sein Reich eingefallen war, doch diesmal erbarmte sich der Allmächtige seiner nicht, und er sandte ihm keine apokalyptische Vision. [36] Sein Schweigen beunruhigte die anderen europäischen Mächte. Es gab Augenblicke, in denen Metternich fürchtete, daß der Zar nach der Schneeschmelze seine Truppen gegen die Türken marschieren lassen würde. [37] Aber in der dritten Februarwoche 1822 hatte er seine Entscheidung getroffen: Er wollte den griechischen Konflikt friedlich lösen. Obwohl Kapodistrias noch bis Mitte des Sommers in russischen Diensten blieb, übte er auf den Zaren keinen Einfluß mehr aus, der sich mit einer Ministerkonferenz im Sommer in Wien einverstanden erklärte und sich wie üblich auf Reisen begab. Man kam überein, daß im Herbst in Norditalien ein weiterer Kongreß stattfinden sollte.

Wien und Verona (1822)

Alexander plante – es war die letzte Auslandsreise in seinem Leben –, in der ersten Augustwoche St. Petersburg zu verlassen. Vergebens versuchte die Kaiserin, ihm das auszureden, denn sie hielt es für unerläßlich, daß der Zar in St. Petersburg blieb und seine Regierungsgeschäfte fest in die Hand nahm. Es gelang niemandem, ihn umzustimmen.

Jetzt interessierte ihn plötzlich nicht nur die allgemeine Politik, sondern Spanien. Die spanische Frage, die zwei Jahre geruht hatte, sollte als erstes auf der Tagesordnung bei den Besprechungen in Wien und der darauffolgenden in Verona stehen. [38] Rußland hatte auf der Iberischen Halbinsel keine direkten Interessen, und Castlereagh war wahrscheinlich korrekt, wenn er annahm, daß Alexander die spanische Frage anschnitt, um von Griechenland abzulenken.
Metternich gefiel diese Entwicklung nicht, denn er wollte kein Expeditionskorps über die Pyrenäen schicken. Aber auch er begrüßte einen Kongreß, bei dem man aus »Höflichkeitsgründen, die Schwierigkeiten in der Türkei nicht erwähnte.« [39] Der österreichische Kanzler wollte alles daransetzen, durch die Zusammenarbeit mit Castlereagh die Russen von einer abenteuerlichen Politik abzuhalten.
Metternich wurde bitter enttäuscht, denn am 12. August beging der englische Außenminister Castlereagh Selbstmord, und Wellington wurde als sein Nachfolger nach Wien geschickt. Alexander verehrte Wellington, doch die Konferenz und der Kongreß machten aus den diplomatischen Tischgesprächen eine Farce. Gesellschaftlich war in Verona mehr los als in Laibach, Troppau und Aachen. In dem alten römischen Amphitheater hörte Alexander eine Oper, die der Komponist, Rossini, selbst dirigierte. Er flirtete mit Lady Londonderry und besuchte viele Einladungen. Bei den Verhandlungen wurde wenig erreicht. »Wenn die zivilisierte Welt in Gefahr ist«, erklärte Alexander, »so hilft weder eine englische, preußische noch österreichische Politik, sondern da hilft nur eine gemeinsame Politik, die von allen, d. h. von den Königen und ihren Völkern, gemeinsam akzeptiert wird.« [40] Seine Ideen waren gut, doch niemand nahm sie sich zu Herzen. Wellington, ein Fachmann in der spanischen Frage, lehnte eine Einmischung, um dort die Ruhe wieder herzustellen, glattweg ab. Er gab zu verstehen, daß sich England niemals bereit erkläre, zur »Rettung« fremder Völker sich in deren Innenpolitik einzumischen. Die Sieger in Verona waren die Franzosen, die die Erlaubnis erhielten, in Spanien militärisch einzugreifen, wenn die Lage in Madrid so prekär würde, daß es für die Erhaltung Europas notwendig schien. [41] Es war kaum der Mühe wert, von St. Petersburg nach Verona zu reisen, um Ludwig XVIII. einen Blankoscheck zu überreichen. Eine Abordnung griechischer Patrioten, die den Staatsmännern eine Bittschrift übergeben wollte, kam nur bis Ancona und wurde von der österreichischen Polizei zur Rückkehr ge-

zwungen, denn der Zar sollte unter keinen Umständen »belästigt« werden.
Diplomaten, die Alexander in Paris und Aachen gekannt hatten, fanden ihn in Verona sehr gealtert und in depressiver Stimmung. Chateaubriand dachte, daß das Gesicht des Zaren melancholische Züge aufweise, und einmal sagte Alexander zu Kaiser Franz, daß er »Vorahnungen eines frühen Todes« habe. [42] Er gab in Verona auch seinem alten Quäker-Freund William Allen, der durch die Vermittlung Wellingtons nach Verona gekommen war, eine Audienz. Die Stadt war nur für Kongreßteilnehmer zugänglich und für andere Besucher gesperrt. Auch Allen fand den Zaren sehr verändert; »er öffnete mir sein Herz«, schrieb er, »erzählte mir von seinen Sorgen und Versuchungen und verglich diese mit dem Dorn im Fleisch, wie es die Apostel beschrieben hatten.« Bedeutungsvoll fügte er hinzu, »daß er sich so schwach fühle, daß er gar nicht in die Zukunft vorauszusehen wage«. [43]
Leider öffnete er sein Herz anscheinend nur William Allen, der viel zu zurückhaltend war, um über die Versuchungen des Zaren sich weiter auszulassen. Alexanders Schwermut kann auch körperliche Gründe gehabt haben, denn seit fünf Jahren hatte er sich keine Ruhe gegönnt. Vielleicht – aber es gibt keinen Beweis dafür – hatte er auch wieder an der Geschlechtskrankheit gelitten, die ihm seit dem Wiener Kongreß zu schaffen machte. Es steht jedenfalls fest, daß er unter schweren Depressionen litt. Überraschenderweise bestand Metternich darauf, Alexander nach Innsbruck und Venedig zu begleiten, und es sah so aus, als ob er Wert darauf lege, daß der Zar sicher über die Grenze nach Bayern kam. [44] Niemand konnte die Pläne des Zaren voraussagen. Mit der Heimreise schien er es nicht eilig zu haben. [45] Langsam fuhr er durch Bayern und Württemberg, und als er in Warschau ankam, blieb er drei Wochen dort. Erst in der zweiten Februarwoche erreichte er St. Petersburg. An den Festlichkeiten und Karnevalsbällen nahm er nicht teil, sondern zog sich nach Zarskoje Selo zurück. [46] Als das Jubiläum seiner Thronbesteigung gefeiert wurde, war er in keiner guten körperlichen und seelischen Verfassung. Er war vor 22 Jahren gekrönt worden, doch so schlecht war es ihm gesundheitlich früher noch nie gegangen.

KAPITEL 18

»Eine Insel, von Sturmwellen umspült«

Verzögerungspolitik

Glücklicherweise ließ der Druck der Innen- und Außenpolitik im Frühjahr und Sommer 1823 nach. Alexander konnte sich ausruhen und seine körperlichen Kräfte wieder zurückgewinnen.

Die allgemeine Stimmung in Rußland blieb gedrückt, und viele waren enttäuscht. Von Nowossilzows Plänen einer neuen Verfassung hörte man nichts mehr. Auch wurde über Alexanders frühere Absichten, die Leibeigenschaft aufzuheben, kaum gesprochen. Beinahe unmerklich nahm die Regierung die Zügel fester in die Hand; die Meinungsäußerungen wurden erneut eingeschränkt, man fahndete nach atheistischer Literatur und in den Lehrplänen der Schulen und Universitäten nach Belegen von Gotteslästerung. Freimaurerlogen und Geheimgesellschaften wurden verboten. Die Zensur lief auf vollen Touren und traf willkürliche Entscheidungen, sie war im Grunde genommen erfolglos. Den jungen Puschkin verbannte man auf das Gut seiner Mutter. Manchen Russen wurde der Besuch deutscher Universitäten verboten. Die Schuld an dem, was getan wurde und was unerledigt liegen blieb, traf nur den Zaren. Trotz aller Verbote gab es junge Offiziere und auch Mitglieder der Aristokratie, die revolutionäre Zellen bildeten. Man sprach davon, der Zar solle entführt werden. Wieder andere behaupteten, Alexander und seine Brüder würden ermordet, ein erster Schritt, um eine russische Republik auszurufen. [1]

Ganz gleich, was man von ihm in Wien, Paris oder London hielt, zu Hause war »Alexander der Gesegnete« – Herrscher von Gottes Gnaden, der das Vaterland rettete und auf den seine Untertanen einmal große Hoffnungen gesetzt hatten – nichts anderes mehr als ein Mythos, an den man nicht mehr glauben konnte. Er hatte sich in eine heilige Ikone verwandelt, die keine Wunder mehr bewirkte.

Es war traurig, aber Alexander sah selbst ein, daß er nicht mehr in der Lage war, seinem Ruf Ehre zu machen. Wieder sprach er von Abdankung und daß er die Regierungsgeschäfte an seinen Bruder Nikolaus übergeben wolle. Offiziell war Konstantin der »Zarewitsch«, doch er wollte den Thron nicht besteigen, und darüber waren sich die zwei ältesten Brüder noch vor Alexanders Besuch in Krasnoje Selo 1819 schon klar geworden. Ein Jahr später annullierte Konstantin seine Ehe mit der Großfürstin Anna, von der er schon zwanzig Jahre getrennt lebte, was ihm in den Augen der Kirche sehr schadete. In morganatischer Ehe lebte er später mit der polnischen Gräfin Joanna Grudzinska, die katholisch war, zusammen. Es gab eigentlich keinen Grund, warum Konstantin auf den Thron verzichtete. Im Januar 1822 schrieb er an Alexander einen kurzen Brief, in dem er offiziell auf die »hohe Stellung, auf die er durch die Geburt ein Anrecht hatte, verzichtete«. [2] Damit wäre an und für sich die Sache erledigt gewesen. Aber Konstantins Worte waren zweideutig, und Fürst Golizyn drängte Alexander, eine Erklärung wegen der Thronfolge abzugeben. Im Sommer 1823 entschloß er sich dazu und arbeitete ein Dokument aus, das den freiwilligen Verzicht Konstantins enthielt und zu gleicher Zeit Nikolaus zu seinem rechtmäßigen Nachfolger machte. Das Dokument wurde in größter Verschwiegenheit ausgearbeitet, und seine beiden Brüder wußten bis zu seinem Tode nichts davon. Alexander übergab es dem Metropoliten von Moskau zur Aufbewahrung, [3] denn er wollte unter allen Umständen, daß die Angelegenheit geheim blieb, weil Nikolaus nicht schon zu seinen Lebzeiten als Thronfolger angesehen werden sollte, denn das hätte sowohl Konstantins Stellung wie auch seine eigene geschwächt. Aber gerade diese Geheimnistuerei, die der Zar so sehr liebte, machte das Ende seiner Regierungszeit so schwierig und trug zu der verworrenen Lage bei, die nach seinem Tode entstand.

In den Jahren 1823 und 1824 bereitete ihm das Verhalten seiner drei Brüder Sorgen. Konstantin war in Polen sehr beliebt. Nikolaus war ein richtiger Kommißkopf, der gerne der Türkei den Krieg erklärt hätte. [4] Sein jüngster Bruder Michail hatte außer militärischen Dingen keinerlei Interessen und schlief am liebsten. [5] Er heiratete später eine württembergische Prinzessin, die Friederike hieß und die nach ihrem Übertritt zum orthodoxen Glauben den Namen Jelena* erhielt, doch die Ehe wurde

* Die Großfürstin Jelena Pawlowna wurde in der russischen Geschichte eine bekannte Persönlichkeit, die man bewunderte. Nach Michails Tod im Jahre 1848 organisierte sie eine

nicht glücklich. Alexander und Elisabeth liebten die junge Schwägerin, die sie für intelligenter als ihren Gatten hielten, doch ihre Schwiegermutter und Nikolaus und seine preußische Gattin lehnten sie ab. Die Romanows hielten intern nicht zusammen und waren keine glückliche Familie, und Jelena paßte deshalb nicht zu ihnen.

Alexanders Krankheit – seine Versöhnung mit Elisabeth, und der Aufstieg Fotijs (Photius)

Wie schon erwähnt, brachte die junge siebzehnjährige Großfürstin Jelena in das Leben des kaiserlichen Paares eine beglückende Abwechslung. Trotz aller gesellschaftlichen Schwierigkeiten fühlte sie sich ganz besonders zu Elisabeth hingezogen, die wie sie selbst aus Süddeutschland stammte. Jelena besaß nicht nur ein warmes Herz, sondern hatte auch Mut und Initiative, und deshalb versuchte sie, Elisabeth, die beinahe dreißig Jahre älter war als sie selbst, und Alexander einander wieder näherzubringen. Zu einem absoluten Bruch zwischen Alexander und seiner ihm im Jugendalter angetrauten Gattin, die ihm seine Großmutter im Jahre 1793 ausgesucht hatte, war es allerdings nie gekommen. Im Mai 1808 hatten sie sich durch den Tod ihrer kleinen, achtzehn Monate alten Tochter, die in den Armen ihrer Mutter starb, wieder versöhnt. Elisabeth ist über den Tod ihres Töchterchens »Lisinka« nie hinweggekommen. Alexander, der auf Elisabeth wegen ihres Schmerzes verständlicherweise Rücksicht nahm, konnte sie doch nicht ganz verstehen, wurde oft ungeduldig und suchte deshalb Trost bei anderen Frauen. Mit den Jahren gewöhnte sich die Kaiserin an seine Ehebrüche. Mehr als einmal tröstete sie der interessante und charmante Pole Adam Czartoryski. Die Ehe des kaiserlichen Paares kann man als eine durch die Staatsräson bestimmte Konventions-Ehe bezeichnen. Jeder der beiden ertrug den anderen als ihm vom Schicksal auferlegt, und doch blieben sie immer Freunde, und der Zar besprach seine Sorgen oft mit seiner Gattin, die ihm über all die Jahre ein

Art Rotes Kreuz während des Krim-Krieges. Sie setzte sich auch ganz besonders für die russischen Bauern und ihre Rechte ein, und sie ermutigte ihren Neffen, Alexander II., im Jahre 1861 die Leibeigenschaft abzuschaffen. Sie selbst setzte ein Beispiel auf ihren eigenen Gütern, indem sie das Los der Unglücklichen von sich aus milderte.

guter Kamerad war. Seit seinem sechzehnten Lebensjahr stand sie ihm treu zur Seite und hatte sich immer für ihn eingesetzt und versucht, seinen sprunghaften Charakter zu verstehen. Anfang des Jahres 1824 fühlte sich der Zar ganz plötzlich wieder zu ihr hingezogen, denn Elisabeths Geduld und Liebe, die sie ihm unverbrüchlich zeigte, rührte ihn, und so kam es spät im Leben zu einem zweiten Liebesfrühling zwischen den beiden. [6] Der eigentliche Anlaß der Wiederannäherung der Gatten war der schlechte Gesundheitszustand des Zaren, der wie jedes Jahr am Epiphaniasfest an der Feier zur Segnung des Eises der Newa teilgenommen und ohne Kopfbedeckung auf den »Jordan-Stufen« gestanden hatte. Der Metropolit spritzte Weihwasser sowohl über die Häupter aller Anwesenden als auch über die Regimentsfahnen der Garnison St. Petersburgs. Zitternd vor Kälte kehrte der Zar in das Winterpalais zurück. Obwohl er sich gar nicht gut fühlte, drang er darauf, trotz schlechter Witterungsverhältnisse nach Zarskoje Selo zu fahren, mußte aber am Sonnabend, dem 24. Januar, wegen hohen Fiebers wieder in das Winterpalais zurückkehren. Er sah so krank aus, daß Elisabeth sich große Sorgen machte und seinen Leibarzt Wylie* befragte, der sie beruhigte und meinte, es würde sich nur wieder um eine Wundrose am Bein handeln, die der Zar schon früher zweimal gehabt hatte. [7] Und doch sprach der Zar auf die von Wylie vorgeschriebenen Behandlungen nicht an, und es kam zu Rückschlägen. Elisabeths Besorgnis wuchs, denn der Zar gab nur schwache Antworten und nahm seine Beschwerden völlig resigniert hin: »Niemals habe ich den Kaiser als so geduldigen Patienten erlebt wie dieses Mal«, schrieb sie am 27. Januar nach Baden, »und das quält und erstaunt mich gleichermaßen.« [8] Am 31. Januar schreibt sie ihrer Mutter, der Markgräfin: »Er sagt, ›Du wirst sehen, daß ich meine Gesundung nur Dir verdanke‹, denn er glaubte, sein erster gesunder Schlaf hinge mit einem Kopfpolster zusammen, das ich ihm gegeben hatte ... auch fand ich einen Schemel, der seinen Beinen wohl tut, und so konnte er besser im Lehnstuhl sitzen ... [9]«

---

* Sir James Wylie war seit 1798 der Leibarzt des Zaren in St. Petersburg und begleitete ihn 1814 auf seinen Wunsch nach England, wo er von dem Prinzregenten anläßlich des Staatsbesuches an Bord eines Kriegsschiffes im Hafen von Portsmouth zum Ritter geschlagen wurde. Er war der Gründer der russischen kaiserlichen Akademie der Medizin und viele Jahre ihr Präsident. Auf den Wunsch Maria Fjodorownas begleitete er ihren Sohn auf allen seinen Reisen, ob in Rußland selbst oder ins Ausland. Er stand in hohen Ehren als ein Arzt, dessen Diagnosen man nicht in Frage stellte.

Alle ihre Sorgen und Geheimnisse teilte die Kaiserin seit ihrer Ankunft in St. Petersburg im Jahre 1793 genau ihrer »liebsten Mamma«, der Markgräfin von Baden in Karlsruhe mit, denn am kaiserlichen Hofe in Rußland genossen nur wenige ihr Vertrauen. Tag und Nacht saß die Kaiserin am Bett ihres Gatten. Manchmal sprachen sie auch über alltägliche Dinge und lachten über lustige Begebenheiten, die in der Vergangenheit lagen. Endlich hatte das Herrscherpaar genügend freie Zeit, sich, ohne Störungen von außen, wieder näherzukommen. Sie schrieb nach Hause: »Lange und lärmvolle Besuche der Großfürsten Nikolaus und Michail ließen das Fieber wieder ansteigen, und er mußte wieder viel Ruhe haben«, und am 1. März fügte sie hinzu, »ich bat die Kaiserin (Maria Fjodorowna), ihn doch nicht mit Kleinigkeiten zu belästigen.« [10]

So berichtete Elisabeth ihrer Mutter auch über die idyllische Romanze, die sich am Krankenbett zwischen den beiden entwickelte:

> »Niemals zuvor habe ich ihn so krank gesehen, und noch niemals zuvor war er so geduldig und gut gewesen. Kannst Du verstehen, Mamma, daß diese Umstände meinen Schmerz vergrößerten, als ich ihn so leiden sah und daß große Sorgen in mir aufstiegen? ... Manchen Menschen käme das alles ganz natürlich vor und überhaupt nicht der Rede wert, es aufzuzeichnen, und wieder andere hielten es für Prahlerei, aber Prahlerei von was? ... etwas, was in anderen Familien die natürlichste Angelegenheit der Welt ist; und doch habe ich Dir einmal geschrieben, daß Leidenschaft und Rivalität in seiner Familie und um den Kaiser herum mich manchmal glauben lassen, daß ich nur seine Geliebte bin oder mit ihm nur im Geheimen verheiratet sei.« [11]

Die unbewußte Ironie des Briefes, in dem sich die Kaiserin als die Geliebte ihres Gemahls bezeichnet, muß ihrer Mutter komisch vorgekommen sein. Aber es schien kaum glaubwürdig, daß die Versöhnung des Paares fortdauern werde bis zu dem Augenblick, in dem sich der Zar seinen Untertanen wieder als der wahre Autokrat und Herrscher aller Reußen gesund zeigte. Auch Elisabeth hegte in ihrem Herzen Zweifel.

Ihre Sorgen waren berechtigt und traten am 29. Juni, als sich der Zar in Krasnoje Selo bei den jährlich dort stattfindenden Manövern aufhielt, klar zutage. Elisabeth, die alles Militärische haßte, blieb zurück. Doch die Großfürstin Jelena war anwesend, denn die Brigade ihres Verlobten, Michail, nahm an den Manövern teil. [12]

Am Morgen des Manöverbeginns stieg Alexander in den Sattel, doch merkte er bald, daß seine Adjutanten etwas vor ihm verheimlichen wollten. Sein Leibarzt Wylie, der zwar ein guter Diagnostiker war, aber wenig von der Psychologie seines Patienten verstand, teilte ihm kurz mit, er habe gerade Nachricht erhalten, daß des Zaren einzig noch lebende Tochter, Sophia, die aus der Beziehung zu Maria Naryschkina stammte, im Alter von achtzehn Jahren an Schwindsucht gestorben sei. Obwohl der Zar wußte, daß sie sehr schwach war, erlitt er durch die Todesbotschaft einen Schock und es sah in diesem Augenblick so aus, als ob er erneut krank würde. Später schrieb Elisabeth: »Es war ihm unmöglich, seinen Schmerz zu verbergen.« Er gewann seine Geistesgegenwart wieder und saß den ganzen Morgen passiv und ohne ein Wort zu verlieren im Sattel.
Doch in der darauffolgenden Nacht brach er zusammen. Jetzt war er ganz gewiß, daß der Tod seiner Tochter die Bestrafung für seine Sünden war. Jelena, die nichts von der längst vergangenen Liaison ihres Schwagers mit der schönen Polin wußte, wurde durch sein Unglück aus der Fassung gebracht, und dadurch, daß er behauptete, er sei ganz sicher, daß seine Seele bereits auf einen Haufen Staub geworfen sei. Doch sein »Schutzengel«, die Kaiserin Elisabeth, war leider nicht in Krasnoje Selo, sondern hielt sich in Zarskoje Selo auf. Die siebzehnjährige Großfürstin wußte sich nicht zu helfen und schrieb sofort an die Kaiserin, die höflich, doch etwas ärgerlich antwortete. Sie freute sich aber, daß der Zar in so schönen Worten über sie gesprochen hatte und sie an seine Seite wünschte, und deshalb nahm sie sich seiner wieder an. [13] Es gab noch einen anderen Grund, warum Alexander mehr und mehr Trost und Hilfe bei seiner Gattin suchte, denn in diesem Frühjahr verlor er einen treuen Ratgeber und Beichtvater, den Fürsten Golizyn, der ihm zwölf Jahre lang in religiösen Dingen zur Seite gestanden hatte. Der Fürst hatte viele Feinde, darunter den Metropoliten Serafim, der den Bibelgesellschaften und Sekten, die unter Golizyns Schutz standen, mißtraute. Der Publizist Magnizkij haßte alles Ausländische und fand, der Fürst ließe zu viel westliches Gedankengut in die Lehrpläne der Universitäten einsickern, und Araktschejew war eifersüchtig, daß es nicht nur ihn gab, der das Vertrauen des Herrschers genoß. [14] Die Kombination dieser drei Gegner, obwohl sie so verschieden voneinander waren, zwangen den Zaren, sich von Fürst Golizyn zu trennen.
Für diese Intrige bedienten sich die drei Rädelsführer einer Mittelsperson, des jungen Mönchs Fotij (Photius), der angeblich übernatürliche Kräfte

besaß und tagelang Fastenübungen machte. Er war in der St. Petersburger Gesellschaft außerordentlich angesehen und berühmt und genoß einen Einfluß, wie ihn während der Regierungszeit des letzten Zaren der russische Mönch Rasputin besessen hat, der ab 1907 die kaiserliche Familie völlig in Händen hatte und 1916 von dem Fürsten Jussupow ermordet wurde.

Fotij, ermutigt durch den Metropoliten und Araktschejew, verleumdete Golizyn als Gotteslästerer und Ketzer und behauptete, daß ihm Gott kundgetan habe, der Zar müsse den Fürsten Golizyn entlassen. Es war unmöglich, daß der Zar seinen Freund schützen konnte, und so blieb ihm in der letzten Maiwoche des Jahres 1824 nichts anderes übrig, als nachzugeben. Golizyn wurde praktisch gezwungen, von seinem Posten als Berater in religiösen Angelegenheiten und für Erziehung zurückzutreten. Der Kreis der wahren Freunde des Zaren verkleinerte sich zusehends, und es war kein Wunder, daß er Elisabeth für ihre loyale Freundschaft und echte Kameradschaft dankbar war.

Das Hochwasser im Jahre 1824

Sechs Monate später kam es in der russischen Hauptstadt zu einer Naturkatastrophe ganz besonderen Ausmaßes. In den ersten vierzehn Tagen des November regnete es vom Ärmelkanal bis zum Ural ununterbrochen, und südwestliche starke Winde fegten über Europa hinweg. Überall gab es Sturmwarnungen. Der Rhein, die Donau und die Weichsel traten über die Ufer, aber es war die Stadt St. Petersburg, die am schlimmsten heimgesucht wurde. In der Nacht vom 18. auf den 19. November erreichten die Stürme, die aus der Richtung des Finnischen Meerbusens kamen, die Windstärke eines Orkans. [15] Um elf Uhr morgens war der Fontanka-Kanal überschwemmt, und das Wasser ergoß sich in die Straßen. Die Newa stieg und stieg und überflutete die Kaimauern. Der Senatsplatz und der Hof des Winterpalais, wo die kaiserliche Familie wohnte, standen bald unter Wasser. Die Großfürstin Anna beschrieb in einem Brief an ihre Familie in den Niederlanden die Überschwemmung: »Ein schrecklicher Seewind ... der Finnische Meerbusen wurde überflutet ... und das Wasser der Newa floß deshalb in entgegengesetzter Richtung ... Innerhalb einer

Stunde waren der Platz vor dem Winterpalais, die Boulevards und alle Straßen, die zum Palast hinführten, überschwemmt. Es war ein schrecklicher Anblick, das aufgewühlte Meer mit hohen Wellen und Strudeln. Das Winterpalais schien eine von Sturmwellen umspülte Insel zu sein.« [16]
Fast den ganzen Freitag über stand der Zar auf dem Balkon des Winterpalais und sah auf die Hochwasserfluten der Newa hinaus. Er war über die Größe des Unglücks tief bewegt und sandte ein großes Langboot von den Stufen des Palais aus zu der Wassiljewskij-Insel, wo sich Menschen in Seenot befanden. Elisabeth blieb bei ihrem Gatten. Um halb zwei Uhr nachmittags schrieb sie an ihre Mutter, die Markgräfin: »Wir sind zwar im Winterpalais, doch wie in einem Schiff auf dem Meere ... Unsere Generation hat so etwas noch nie gesehen ... die Anlegebrücke wurde in Stücke gerissen; an der Flußmündung wurden Schiffe, die Heu geladen hatten, von den Fluten erfaßt und kenterten und treiben jetzt an unserem Palast vorbei ... Der Anblick der Zerstörung ist furchtbar; es ist viel schlimmer als ein Brand, denn man kann nichts dagegen tun.« [17]
Als der Abend hereinbrach, stand die Hälfte der Stadt unter Wasser, aber der Wind begann sich langsam zu legen. Am Samstag morgen – der Wasserstand an manchen Orten war 18 Fuß über Normal hoch* – ging die Flut zurück. Alexander bestand darauf, die verwüsteten Gegenden selbst zu besuchen und überwachte die Hilfsaktionen. Es wird geschätzt, daß allein in der Stadt St. Petersburg zwischen zwölf- und fünfzehnhundert Menschen von den Fluten weggespült wurden, während fünfhundert Dockarbeiter in Kronstadt ertranken, das noch nie vorher von einem Hochwasser heimgesucht worden war. Auch in Peterhof kamen etwa zweihundert Personen ums Leben. [18]
Die Abergläubischen und Frommen sahen die Sturmflut als eine Strafe Gottes für das lustige und frivole Leben, das in der Stadt geherrscht hatte, an. Selbst der offiziell »atheistische« Dichter Puschkin, den die Überschwemmung zu seinem späteren Gedicht »Der eherne Reiter«** inspirier-

---

* Der Wasserstand war an manchen Orten 5,50 m über dem normalen. (18 Fuß = ca. 5,50 m.)

** Mit dem »ehernen Reiter« nahm der Dichter Alexander Puschkin Bezug auf das Reiterstandbild Peters des Großen von Falconet. – Die Enthüllung dieses Denkmals am 7. August 1782 in St. Petersburg wird im 1. Kapitel dieses Buches, »Eine Krähe im Pfauenkleid«, beschrieben.

te, schrieb aus dem Exil, »daß es dem verfluchten Petersburg recht geschehe«. [19] Alexander ging durch die mit Schlamm bedeckten Straßen der ärmeren Viertel am Tage, nachdem das Hochwasser zurückgegangen war, und hörte eine Stimme rufen: »Es ist die Strafe Gottes, des Allmächtigen, der uns für unsere Sünden straft.« Er antwortete bitter, »nein, es ist die Strafe für meine Sünden.« Die Qualen eines unaufhörlichen Schuldbewußtseins, das ihn seit Jahren verfolgte, nahmen so zu, daß sie sein ganzes Denken beherrschten, ganz besonders als er sah, wie die Hauptstadt seines Reiches gezüchtigt wurde.
Die direkte Wirkung der Sturmflut war, daß das Leben in St. Petersburg, das nie eine besonders gesundheitsfördernde Stadt gewesen war, in den kommenden Monaten noch gefährdeter wurde. »Auf Grund der feuchten und schlecht gebauten Untergeschosse und Keller in den Häusern war die Sterblichkeitsrate im nächsten Winter beinahe doppelt so hoch, vor allem durch Typhuserkrankungen und Lungentuberkulose«, schrieb einer der bekanntesten Ärzte der Stadt, »und deshalb glaubten die Bewohner der Stadt, daß ihre rheumatischen Beschwerden und verschiedene andere Krankheiten in direktem Zusammenhang mit dem Unglück ständen.« [20] Noch lange Zeit nach der Überschwemmung zeigte St. Petersburg schwere Schäden. Und doch gewann der Zar in gewisser Hinsicht durch diese Katastrophe wieder einen Teil seiner Popularität zurück. Viel zu lange war er von seinem Volke isoliert gewesen. Jetzt kam er endlich wieder aus seinem Palais heraus, und sie konnten sich selbst überzeugen, wie stark ihn ihre große Not berührte.

Die Entscheidung, nach Taganrog zu gehen

Es war aber nicht nur die ärmere Bevölkerung, die gesundheitliche Schäden erlitten hatte. Es dauerte keine Woche und Elisabeth mußte sich mit schwerem Fieber zu Bett legen, mit einem Fieber, dessen Ursache sich ihre Ärzte nicht erklären konnten. Sie schob die Schuld zuerst auf den kalten, feuchten schrecklichen Freitag, denn »wir konnten an diesem Tag wegen des schweren Sturmwindes nicht riskieren, Feuer zu machen«. [21] Aber ihre Krankheit war viel ernsterer Natur als man angenommen hatte. Einen ganzen Monat mußte sie in ihrem Schlafzimmer bleiben, und erst Anfang Februar durfte sie das Winterpalais verlassen. Ihre vier Leibärzte waren sich in der Diagnose der Krankheit nicht einig. Ihre Konstitution war nie besonders widerstandsfähig gewesen, und schon seit vielen Jahren sehnte sie sich nach einem Ferienort, wo das Klima warm war und wo man im Meer baden konnte. Es steht fest, daß ihr Zusammenbruch im Winter 1824 auf 1825 durch eine Infektion ausgelöst wurde und nicht als allgemeiner Schwächezustand anzusehen ist. Sicherlich litt sie an einem rheumatischen Fieber, das ihr Herz angriff, von dem sie sich nie mehr richtig erholte. [22]

Der Frühling linderte den Schmerz Alexanders kaum. Elisabeths Gesundheit beunruhigte Wylie, der sich über die Unregelmäßigkeit ihres Herzschlages Sorgen machte, und wieder mußte sie das Zimmer hüten. Doch in der ersten Aprilwoche beschlossen Alexander und Elisabeth, St. Petersburg noch vor dem Herbst mit seinen Regenschauern und Nebeln zu verlassen. Zuerst wollten sie Moskau besuchen und dann in den Süden reisen. [23] Es dauerte vier Monate, bis die Reiseroute genau bestimmt war. Zuerst mußte Alexander nach Warschau fahren, um an den Sitzungen des Sejms (Reichstag) teilzunehmen. Anschließend wollte er mit Araktschejew in Grusino die Zukunft der Militärkolonien besprechen. Dazu kam, daß in den Sommermonaten 1825 die russische Außenpolitik eine Wendung erfuhr. Da Metternich die Russen in der griechischen Frage nicht unterstützte und während eines Besuches in Paris einige unglückliche Bemerkungen gemacht hatte, kamen dem Zaren Zweifel über seinen österreichischen Bundesgenossen. [24] Zu dieser Zeit bewirkte ein Besuch bei Dorothea Lieven, deren Gatte noch der russische Gesandte in London war, eine Änderung seiner Meinung über die Politik Cannings, den er bis dahin für einen »Neo-Jakobiner« gehalten hatte. [25] Anfang August sah es so aus, als ob die russisch-österreichische Vereinbarung wegen der Balkan-Frage durch ein russisch-englisches Abkommen ersetzt würde. [26]

Elisabeth wäre gerne nach Deutschland zu ihrer Familie gegangen, doch ihre Ärzte rieten ihr ab, denn sie glaubten nicht, daß ihr ein Winter im Badischen guttun könnte. Dazu kam, daß sie hoffte, Alexander würde sie begleiten. Doch die politische Situation erlaubte ihm nicht, Rußland für längere Zeit wieder zu verlassen. Endlich schlug Wylie vor, Elisabeth sollte einen Winter »in Taganrog, einem Hafen am Asowschen Meer« verbringen. [27] Zuerst konnte sich Elisabeth nicht für den Gedanken begeistern, doch dann war sie gewillt, jeden Aufenthaltsort anzunehmen, der von Alexander und Wylie gutgeheißen wurde. Im Frühjahr 1818, als der Hof den Winter in Moskau zugebracht hatte, war sie kurze Zeit in Taganrog gewesen. Das Herrscherpaar dachte, die Hafenstadt hätte ein angenehmes Klima und von dort aus könnte man mit den verschiedenen Provinzen des russischen Reiches guten Kontakt halten. So erklärte sich die Kaiserin bereit, den Winter dort zu verbringen. Auch der Zar erwärmte sich für die Idee und hoffte, sie würden einige Monate in der Residenz des dortigen Gouverneurs verbringen. Zu einem späteren Zeitpunkt wollten dann beide nach Astrachan und in das Wolgadelta reisen, in Gegenden, die bisher noch kein Zar seit der Eroberung dieser Gebiete durch Iwan den Schrecklichen, in der Mitte des sechzehnten Jahrhunderts, besucht hatte. Von Taganrog aus war es auch nach der Krim nicht weit. Alles in allem schien die Aussicht, am Asowschen Meer einen Winter zu verleben, ein sehr interessantes Projekt zu werden. [28]

Anfänglich versuchte man, diese Pläne geheimzuhalten. Aber man war gezwungen, einen Architekten und eine Gruppe von Bauarbeitern in den Süden vorauszuschicken, um sicher zu sein, daß das Haus des Gouverneurs in einem Zustand war, daß es dem kaiserlichen Paar auch als Wohnung dienen könnte. Außerdem mußten sowohl für den Zaren als auch für die Zarin Ärzte und Adjutanten ausgewählt werden, da sie beschlossen hatten, getrennt nach Taganrog zu reisen, denn die Gesundheit Elisabeths war so angegriffen, daß sie eine Reise im rücksichtslosen Tempo ihres Gemahls körperlich nicht durchgehalten hätte. Mitte August gingen im diplomatischen Korps Gerüchte über die geplante Reise um. Lebzeltern, der österreichische Gesandte, war sprachlos. Er schrieb Metternich am 17. August und teilte ihm mit, man hätte entschieden, »den Hof nach Taganrog zu verlegen«, weil die Gesundheit der Kaiserin dies verlange. Aber er verbarg nicht seine Überraschung, daß man von allen Plätzen im russischen Reich ausgerechnet das Asowsche Meer gewählt hatte. [29] Als im April 1812 Alexander seine Truppen inspizierte, hatte man offiziell bekanntgegeben, er besuche verschiedene Provinzen. War dieser Überraschungsbesuch im Süden vielleicht der Beginn eines neuen türkischen Krieges? Lebzelterns Lageberichte nach Wien beschäftigten sich weniger mit der Gesundheit der Kaiserin als mit den griechischen Problemen. [30] Auch die Engländer, genau wie die Österreicher, nahmen an, daß Alexander bei passender Gelegenheit einen Krieg anfangen würde, denn das war das einzige Mittel, »die Türken zu einem Abkommen über Griechenland« zu zwingen, schrieb der Gesandte später nach London. [31]

Doch als die Pläne endlich feststanden, sah es so aus, als ob die Bedenken der Diplomaten grundlos gewesen wären. Jedermann sah, daß sich zwischen dem Ehepaar eine neue Zuneigung entwickelt hatte, und gerade deshalb schien es verständlich zu sein, daß sie einen Ferienort suchten, wo sie sich zusammen ausruhen konnten. Hätte Alexander wirklich die Absicht gehabt, einen Krieg zu beginnen, so wäre er bestimmt nach Odessa oder Sewastopol gereist und hätte sicherlich einen viel größeren Stab mitgenommen. Ein Winter, weit von den politischen Sorgen der Hauptstadt entfernt, garantierte Ruhe und Frieden. Aber warum, so fragten die Leute, hatte man ausgerechnet Taganrog gewählt? Darauf konnte niemand eine befriedigende Antwort geben. Bald gab es in den letzten Monaten des Jahres 1825 viele mysteriöse Fragen, die man nicht beantworten konnte, und nach einiger Zeit war es nicht mehr möglich, Tatsachen von Legenden zu unterscheiden.

KAPITEL 19
Taganrog

Auf zu den Ufern des Asowschen Meeres

Über die letzten Tage, die Alexander in seiner Hauptstadt verbrachte, gibt es nichts Außergewöhnliches zu berichten. Am Sonntag, dem 11. September, besuchte er, wie jedes Jahr, den ausgedehnten Gedenk-Gottesdienst, der für seinen Schutzheiligen Alexander Newskij abgehalten wurde. Als alle Vorbereitungen getroffen waren, trat er am Dienstag, dem 13. September, noch vor Sonnenaufgang seine Reise an. Er fuhr in einer Kalesche, die von drei Pferden gezogen wurde, begleitet von einer kleinen Eskorte. Zuerst wollte Alexander nochmals das Alexander-Newskij-Kloster, das am anderen Ende der Stadt lag, aufsuchen. Das Kloster gehörte zu den drei heiligsten Wallfahrtsstätten des orthodoxen Rußland und war der Sitz des Metropoliten Serafim. Vor Antritt aller seiner langen Reisen hatte es sich Alexander zur Gewohnheit gemacht, sowohl im Frieden wie im Krieg, die Messe in einer Kirche zu besuchen. Diesmal wurde er an der Haupteingangspforte des Klosters vom Metropoliten und Archimandriten empfangen, die Meßgewänder trugen. Er stieg aus, kniete nieder, küßte das Kruzifix, das man ihm vorhielt, und wurde mit Weihwasser besprengt. Anschließend ging er in einer Prozession, bei der Kerzen getragen wurden, an den Heiligenschrein des Kriegshelden, während der Chor das Trisagion sang und man Gottes Vergebung für alle Sünder erbat. [1] Man behauptete, Alexander hätte auch an einer Seelenmesse für die Verstorbenen teilgenommen, und daß er nach der Liturgie dem Metropoliten ein versiegeltes Päckchen gegeben habe und durch die Ermahnungen eines Eremiten tief bewegt gewesen sei. [2] Es gibt keinen Grund, diese Berichte anzuzweifeln, aber sie sind nicht als Tatsache dafür zu werten, daß Alexander Todesahnungen hatte oder eine Veränderung seiner Stellung als Zar und Autokrat vorsah. Für einen tief religiösen Menschen wie Alexander war es ganz natürlich, vor einer so langen und anstrengenden Reise noch einmal vor dem Schrein seines Schutzpatrons zu beten.

Das Herrscherpaar hatte den Plan fallengelassen, zuerst Moskau zu besuchen, denn man wollte alle Städte vermeiden, wo es zu langen und ermüdenden Festlichkeiten Anlässe gab. Alles in allem war es eine Reise von mehr als 1900 Kilometern. Wenn das Wetter gut blieb, hoffte der Zar die Strecke in weniger als vierzehn Tagen zu bewältigen. [3]
Alexander erreichte das gesteckte Ziel! Die Kalesche fuhr planmäßig am Abend des 25. September in Taganrog ein, und es hatte genau dreizehn Tage gedauert, vom Finnischen Meerbusen zum Asowschen Meer zu fahren. Fast auf jeder Poststation hatte Alexander Elisabeth geschrieben und ihr Ratschläge erteilt. Die Kaiserin wurde von Alexanders altem Freund Wolkonskij begleitet, der zu ihrem Flügeladjutanten ernannt worden war, und sie kamen bei dem guten Wetter rasch vorwärts. Elisabeth war drei Tage später als ihr Gemahl abgefahren, und Wolkonskij tat alles, um sie nicht zu ermüden. Am 5. Oktober erreichte auch sie Taganrog, und Alexander ritt ihr entgegen und begleitete sie das letzte Stück ihrer langen Reise.
»Meine Räume«, schrieb sie ihrer Mutter, »sind hübsch und gemütlich, denn der Zar hat alle Einzelheiten mit großer Genauigkeit geplant.« [4] Es war kein besonders schönes Haus, sondern ein langgestreckter, niedriger Bau, der außerhalb der Stadt lag. Auf der einen Seite hatte man eine Aussicht auf das Meer, und auf der anderen Seite sah man sechs Kirchtürme und zwei Kuppeln, die die Einförmigkeit der Taganroger Silhouette angenehm unterbrachen. Der Garten war vor rauhen Winden geschützt, mit Sonnenplätzen, die die Kaiserin sehr erfreuten, wenn sie an die kalten St. Petersburger Winter dachte. [5] Die Räumlichkeiten waren etwas beengt, obwohl man Pläne machte, vielleicht später noch weitere Zimmer hinzuzunehmen. Elisabeth hatte ein Schlaf- und Ankleidezimmer und einen kleinen Wohnraum, während Alexander ein kombiniertes Arbeits- und Schlafzimmer bewohnte, an das sich ein Ankleidezimmer anschloß. Der Empfangsraum war so lang wie die Außenseite des ganzen Hauses. Er wurde für Diners und kleine Empfänge benutzt, die das Herrscherpaar in den ersten Wochen seines Aufenthaltes gab. »Hier gibt es einen Club«, schrieb Elisabeth, »wo einmal in der Woche ein Ball stattfindet, doch es wurde mir gesagt, daß es dort nicht sehr elegant ist, aber einmal werden wir schon hingehen müssen.« [6] Taganrog war tatsächlich sehr weit von St. Petersburg entfernt. Doch aus den Briefen an ihre Mutter in Baden geht hervor, daß Elisabeth zufrieden war. Noch nie während ihrer

ganzen Ehe hatten der Kaiser und die Kaiserin so ein glückliches und ruhiges Leben zusammen verbracht.
Bald wurde Alexander wieder unruhig. General Diebitsch, der wichtigste Adjutant des Zaren, ermutigte ihn, doch die Krim zu besuchen, ehe die Straßen unpassierbar würden. Der Zar, der nur im Mai 1818 kurze Zeit auf der Halbinsel verbracht hatte, neigte dazu, die Reise bis zum nächsten Frühjahr aufzuschieben, denn er hoffte, Elisabeth könne ihn dann begleiten. Er wollte vor allem Bachtschisaraj sehen, wo Potjomkin Alexanders Großmutter in des Khans früherem Palast feierlich zum Thron geleitet hatte. Außerdem hatte er die Absicht, Sewastopol und seine immer größer werdende Flotte im Schwarzen Meer zu inspizieren, aber die Reise eilte nicht. Doch Graf Michail Woronzow, Generalgouverneur von »Neu-Rußland« (nördliches Schwarzmeergebiet und Krim), der auch nach Taganrog reiste, um Alexander zu besuchen, überredete den Zaren, indem er die Köstlichkeiten der Landschaft entlang der südlichen Küste der Halbinsel in den schönsten Farben pries. [7] »Der Zar reist morgen in die Krim ab«, schrieb Elisabeth am Montag, dem 31. Oktober. »Er möchte lieber hier bleiben, aber es ist notwendig, denn er möchte selbst sehen, ob es möglich ist, den Winter auf der Krim zu verbringen. Jedermann lädt uns ein und beteuert, daß das Klima dort besser sei als hier. Erst in siebzehn Tagen will er wieder zurück sein.« [8]

Alexander auf der Krim

Rasch fuhr der Zar entlang den Ufern des Asowschen Meeres durch Mariupol und Berdjansk und erreichte die Landenge von Perekop am 4. November. Bis Simferopol blieb er in seinem Wagen, wo er in den Abendstunden des nächsten Tages ankam. Dann folgte eine aufregende, anstrengende und letzten Endes unglückliche Woche. Am 6. November besuchte er den Frühgottesdienst in der Kathedrale und überquerte den noch im Bau befindlichen Paß, der Simferopol mit der Küste von Gursuf verbindet. Obwohl er an diesem Tag vierzig Kilometer ritt, erreichte er Gursuf erst um vier Uhr nachmittags. Das Wetter war mild, und einige Bäume waren trotz des Herbstes noch grün. [9] Von dem großartigen Panorama der Bergketten vor dem großen Tataren-Ort war er begeistert. »Gibt es

eine schönere Szenerie?« rief er aus. Woronzow hatte alles getan, Gursuf in gutem Licht erscheinen zu lassen. Er hatte auch dafür gesorgt, daß sein Leibarzt, Dr. Robert Lee, den Tataren des Ortes, die seit Wochen schwer an Wechselfieber gelitten hatten, eine neue Kur von »Quecksilber (Kalomel) und Chinin-Sulfat« verschrieb [10]
Am Montag morgen wachte der Zar erfrischt auf und war guten Mutes. Langsam ritt er die subtropische Küste entlang und stieg vom Pferde, um die botanischen Gärten in Nikita zu besichtigen, die er vor vielen Jahren einmal gesehen hatte. In Oreanda, einige Kilometer südwestlich von Jalta, wollte er sogar ein Gut kaufen. Am gleichen Tag besuchte er auch die Fürstin Golizyn, die 5 Kilometer von Oreanda entfernt bei Kureis mit der Tochter und dem Schwiegersohn der Baronin von Krüdener lebte. Der Zar sagte seiner Gastgeberin, er hoffe, er könne Elisabeth über das Meer von Taganrog nach Jalta oder Gursuf bringen, damit sie beide den Winter zusammen in Oreanda verbrächten. [11] Er übernachtete auf dem Gut des Fürsten Woronzow in Alupka und aß sehr wenig zu Abend. In den Austern, die am Abend serviert wurden, fand man einen Wurm, doch sein Leibarzt Sir James Wylie beteuerte, daß dies »etwas ganz Alltägliches sei, was oft vorkomme, und deshalb ganz harmlos sei«. [12] Alexander war in glücklicher und zufriedener Stimmung. Er sagte, er wolle so bald als möglich ein Palais bauen und sich hierher zurückziehen, um mit Elisabeth friedlich an der Küste der Krim zu leben, wenn er von seinen Verpflichtungen als Souverän befreit sei.
Am Dienstag besichtigte der Zar Alupka, ließ gegen Mittag sein Pferd satteln und ritt westlich nach Balaklawa. Wieder saß er fünfzig Kilometer im Sattel. Dann ritt er durch das besonders schöne Tal von Bajdar, doch als er Bajdar erreichte, war er müde und fühlte sich sehr heiß. Ein Mitglied seiner Suite schrieb später: »Während des ganzen Tages war er sehr gereizt und mit seinem Pferd unzufrieden.« Von Bajdar fuhr er in einem offenen Wagen nach Sewastopol, aber drei Kilometer nach Balaklawa bestieg er wieder sein Pferd und ritt mit General Diebitsch zur Besichtigung eines Bataillons, das Griechen, die in der Krim wohnten, aufgestellt hatten. Endlich gab es einen Imbiß, und Alexander aß »ziemlich viel Fisch«. Ehe er die Festung besuchte, saß er nochmals zehn Kilometer im Sattel und besuchte das Kloster St. Georg. »Er trug weder einen Überzieher noch einen Rock, obwohl die Sonne schon untergegangen und die Luft kühl war.« Zwischen acht und neun Uhr abends fuhr er in seiner Kalesche nach

Sewastopol und besuchte bei Kerzenlicht nicht nur eine Kirche, sondern inspizierte auch Truppenteile, die entlang der Straße aufmarschiert waren. Beim Abendessen konnte er nichts zu sich nehmen. [13]
Am nächsten Morgen besichtigte er im Eiltempo zwei Forts, die Festungswälle, ein Militärspital, Docks, ein Arsenal und eine Anzahl Schiffe der Schwarzmeer-Flotte. Dann ließ er sich nach Bachtschisaraj fahren und schlief im Wagen vor Erschöpfung ein. In Bachtschisaraj blieb er zwei Nächte und besuchte am Freitag die historisch bekannte jüdische Gemeinde der Karaimen (Karäer) und die mit Mauern umgebene Stadt Tschufut-Kale, 6 Kilometer entfernt. Die Karaimen, die die Schrift orthodox auslegten, interessierten ihn. Er unterhielt sich mit den Ältesten und besuchte die wichtigste Synagoge, denn er herrschte über viele Völker, die keine Christen waren. Nach Tschufut-Kale ging er noch in ein griechisch-orthodoxes Kloster, das hoch oben auf dem Felsen lag, doch als er die Treppen hinaufstieg, »fühlte er sich sehr schwach und mußte ausruhen«. Nachmittags in Bachtschisaraj empfing er Abgeordnete des islamischen Glaubens und besuchte verschiedene Moscheen. [14] Mehrmals ließ er seinen Leibarzt kommen und sagte ihm, daß er sich um die Gesundheit der Kaiserin Sorgen mache, der er auch tatsächlich am Freitag einen sehr aufgeregten Brief schickte. [15] Zu gleicher Zeit ließ er den Arzt wissen, daß er sich unwohl fühle und daß er mehrere Nächte schlecht geschlafen habe. Es ist unklar, warum er dies Wylie mitteilte, denn kurz darauf erklärte er ihm, daß er weder Medizin noch Rat brauche: »Ich kann mich selbst kurieren«, antwortete er herausfordernd. [16]
Die Reise auf der Krim sollte noch weitere sechs Tage dauern. Obwohl der Zar müde war und nicht essen wollte, kam er sowohl in Jewpatorija als auch in Perekop seinen gesellschaftlichen Verpflichtungen nach. In der nordwestlichen Ecke der Halbinsel waren die Straßen besser. Als er am Mittwoch, dem 16. November, mit Diebitsch im Wagen saß, bekam er einen Schüttelfrost und begann mit den Zähnen zu klappern. In der Nacht trank er Glühwein, verweigerte die Nahrungsaufnahme und blieb in Mariupol (Shdanow) über Nacht. Am nächsten Morgen fuhr er in einer geschlossenen Kalesche weiter; seine Füße waren mit einem Bärenfell bedeckt, und er selbst ließ sich in einen Wintermantel einwickeln. Neun Stunden später sah Elisabeth ihren Gatten bei Kerzenbeleuchtung am Eingang ihrer Residenz in Taganrog wieder: Sie hatte eine Vorahnung eines bevorstehenden Unglücks. [17]

Zuerst war eigentlich niemand am Hofe besonders beunruhigt. Die Gesichtsfarbe des Zaren war gelb, und er litt an einem fast unstillbaren Durst. Sein Kopf war benommen, aber es hielt ihn nicht lange im Bett, denn bereits um acht Uhr morgens war er schon wieder angezogen und sprach freundlich mit Elisabeth, Wolkonskij und Wylie. Als die Kaiserin am Sonntag abend ihrer Mutter wieder schrieb, zeigte sie sich optimistisch, denn sie glaubte, die Fieberanfälle wären vorüber, und er beginne sich bereits zu erholen. Am folgenden Nachmittag setzte sie noch ein aufgeheitertes Postscriptum unter den Brief. Niemand hielt es für notwendig, nach St. Petersburg über die Erkrankung des Zaren zu berichten. [18]
Eigenartigerweise sagte Alexander, er wisse, daß er Fieber habe, denn er könne fast gar nichts mehr hören. Dies hatte man auch in den ersten Tagen seiner Wundrose-Erkrankung achtzehn Monate vorher festgestellt. »Ich bin taub wie ein Holzpfosten«, sagte er zu Wylie in englischer Sprache. [19] Wolkonskij riet dem Zaren, er müsse mehr auf seine Gesundheit achten, denn er sei keine zwanzig Jahre mehr und zu alt, um solche anstrengenden Reisen zu unternehmen.

Diese Bemerkung entsprach der Wahrheit. Für einen Mann von 47 Jahren waren die Ritte bei solchen Temperaturschwankungen zu anstrengend gewesen. Es war reiner Unsinn, seinem Körper, der durch die Krankheit im vergangenen Jahr schon geschwächt war, so viel zuzumuten. Auf der anderen Seite waren aber auch die Ratgeber des Zaren nicht vorsichtig genug. Es ist unverständlich, wie der Provinzgouverneur den Zaren auffordern konnte, in dieser Jahreszeit Alupka zu besuchen. Denn nur wenige Wochen vorher war Woronzow selbst auf der Krim gewesen und hatte mit eigenen Augen die ansteckenden Krankheiten bei der Bevölkerung gesehen, die in diesem »Erdenparadies« alles verseuchten. Sein Leibarzt, Robert Lee, schrieb: »In den Dörfern entlang der Küste zwischen Gursuf und Simeis fand und behandelte ich mehr als hundert Fälle von Wechsel- oder remittierendem Fieber.« [20]

Alexanders Gesundheitszustand wurde zusehends schlechter, und alle Symptome deuteten auf das »Krim-Fieber« hin. Es gab Tage der Besserung, denen Rückschläge folgten. Am 20. November verspürte er ein furchtbares Brennen im Kopf, dann wurde er ohnmächtig, schwitzte und erbrach sich. [21] Doch erst am 22. November abends bekam Elisabeth richtige Angst, denn er schien sehr schwach zu sein und wollte auch die Medizin, die ihm Wylie verordnet hatte, nicht mehr nehmen. Er verbot seinen Ärzten auch, ihm Blutegel anzusetzen. Nun beschloß man zum ersten Male, die Kaiserinwitwe, Maria Fjodorowna, in St. Petersburg und Konstantin in Warschau zu benachrichtigen, aber man verschwieg, daß für den Zaren Lebensgefahr bestehe. [22]

Mittwoch morgen fühlte sich Alexander frischer, denn er hatte gut geschlafen. Die Kaiserin besuchte ihn kurz nach elf Uhr und fand ihn besser. Bis zwei Uhr nachmittags sprachen sie über unwichtige Dinge. Er wollte von ihr Näheres über einen kalmückischen Reiter wissen, der in die Stadt gekommen war, und sie beratschlagten, wohin die Kaiserin ihren Nachmittagsspaziergang machen sollte. Elisabeth erzählte ihm, daß der englische Gärtner Gray, den sie von St. Petersburg mitgebracht hatte, einen großen Park drei Kilometer vom Stadtzentrum entfernt anlegen wolle. Etwa um zwei Uhr nachmittags bat Alexander, Elisabeth möchte doch jetzt gehen, damit sie die Hauptmahlzeit nicht versäume. Es war ein ganz normaler Morgen gewesen, wie ihn eine fürsorgende Gattin am Krankenbett ihres Ehemannes verbringt. [23]

Dieser Zeitpunkt ist sehr wichtig, denn eine Anzahl Schriftsteller sah in den Ereignissen des Mittwoch (23. November) den Schlüssel zu dem »Rätsel« von Taganrog. Für Maurice Paléologue zum Beispiel ist dies der »kritische Tag«, für den Fürsten Barjatinskij »ein ganz besonders geheimnisvoller Tag« und für Leonid Strakhovsky das Datum, das »definitiv den Wendepunkt in Alexanders letzten Regierungstagen als Herrscher über das russische Reich markiert«. [24] Diese Schriftsteller behaupten, der Zar hätte an diesem Mittwoch mit Elisabeth über seine in der allernächsten Zukunft liegenden Pläne gesprochen, von einem mysteriösen Verschwinden aus den Augen der Öffentlichkeit, worüber es keine Aufzeichnungen gibt. Diese Quellen behaupten auch, daß Elisabeth über die Eröffnung so aufgeregt war – Paléologue behauptet »sechs Stunden«, Strakhovsky dagegen spricht vom »ganzen Abend« –, daß sie ihren Schmerz und ihre Enttäuschung in einem verzweifelten, aber vorsichtigen kurzen Brief ihrer Mutter mitteilte. Sie weisen auch mit Recht darauf hin, daß es in Elisabeths täglich geführtem Tagebuch keinen Eintrag über Alexanders Krankheit gibt. Wenn sie tatsächlich während dieser Zeit ein Tagebuch geführt hat, so sind diese Seiten entweder verlorengegangen oder auf Befehl des späteren Zaren Nikolaus I. vernichtet worden. [25]

Diese Hypothesen halten einer genauen Untersuchung nicht stand. Es ist nicht verwunderlich, daß in dem Tagebuch keine Eintragungen zu finden sind, denn die Kaiserin führte immer nur von Zeit zu Zeit und mit größeren Abständen ihr Tagebuch. Wahrscheinlich war sie so aufgeregt über das, was in dem Schlafzimmer des Kaisers in dem etwas engen Haus vorging, daß sie gar nicht in der Lage war, ihre Gefühle aufzuschreiben. Außerdem saß Elisabeth die letzte Woche vor dem Tode des Zaren immer an seinem Bett. Der Bericht von dem anvertrauten Geheimnis am Mittwoch ist nicht stichhaltig, denn die Ehegatten hatten für eine Aussprache dieser Art am Mittwoch gar keine Zeit gehabt. Die Ereignisse des Vormittags wurden bereits beschrieben. Nach dem Mittagessen legte sich Elisbeth wie gewöhnlich nieder und ging dann bis fünf Uhr spazieren. Anschließend ließ sie Wylie kommen, der ihr über Alexanders Gesundheitszustand einen ermutigenden Bericht gab: Der Zar wäre immer noch sehr heiß, doch jetzt sei er aufgewacht, und sie könne ihn in seinem Schlafzimmer besuchen, ehe er wieder einschlafe. [26]

Doch Elisabeth kann nicht allzulange mit Alexander gesprochen haben, denn eine halbe Stunde nach ihrer Unterhaltung mit Wylie, begann sie, an ihre Mutter einen Brief zu schreiben mit der Überschrift, »Taganrog, 11./23. November 1825, Mittwoch, halb sechs Uhr.« Es ist dieser Brief, von dem behauptet wird, er zeige die Verzweiflung der Kaiserin, denn sie schreibt:

> »Noch immer ist der Kaiser nicht fieberfrei. Wie traurig ist es, daß er von dem schönsten Wetter, das es auf der Erde gibt, keinen Vorteil ziehen kann und daß auch ich nicht das Vorrecht habe, mich daran zu erfreuen, obwohl ich jeden Tag ausgehe! Wo kann man in diesem Leben Frieden finden? Man glaubt, man hätte alles auf das Beste bestellt und könnte nun Freude haben, dann kommt plötzlich eine unerwartete Prüfung, die uns die Möglichkeit nimmt, sich des Glücks zu erfreuen ...« [27]

Es fehlt der Beweis, daß Elisabeth am gleichen Abend mit Alexander nochmals gesprochen hat. Es steht fest, daß sie die angebliche Unterhaltung mit ihm nicht vor der Abfassung des Briefes hatte, und es ergibt sich in der Tat, daß sie nicht durch eine plötzliche Mitteilung in Unruhe versetzt wurde. Sie ist, sowohl für Alexander als auch für sich selbst, traurig, weil trotz schönen Wetters die Ferientage im ersten Wintermonat durch die unvorhergesehene Krankheit Alexanders beeinträchtigt wurden. Wie

sie später zugab, erkannte sie die schwere Krankheit, die durch das geheimnisvolle Fieber hervorgerufen wurde, zu spät. Denn ab und zu ließ das Fieber nach, um dann nach wenigen Stunden wiederzukommen. [28] Ihre Briefe in den ersten neun Tagen nach seiner Rückkehr von der Krim zeigen weniger Sorgen als in den Wochen, da er an einer Wundrose erkrankt war.
Aber am Wochenende erkannte sie plötzlich die ganze Schwere und Tragik der Situation, die auf sie zukam. »Oh, Mamma«, schrieb sie am Sonntag, dem 27. November, »wenn Gott uns nicht zu Hilfe kommt, sehe ich das größte Unglück. Heute früh gab ein griechischer Priester Alexander die Sakramente und drängte ihn, da es Pflicht eines Christen sei, die Medizin und Behandlungen seiner Ärzte anzuwenden.« [29] Nun merkte auch der Zar, daß er sehr schwer erkrankt war und legte seine Gesundheit in die Hände seiner Ärzte. Aber jetzt war es zu spät! Von Stunde zu Stunde wurde er schwächer, und die Zeiten der Bewußtlosigkeit nahmen immer mehr zu, bis er sich im Koma befand. Am Donnerstag, dem 1. Dezember 1825, zehn Minuten vor elf Uhr morgens starb er. An seinem Sterbebett standen Elisabeth, sein Flügeladjutant und sein Leibarzt. [30] Es fehlten noch 23 Tage bis zur Vollendung seines 48sten Lebensjahrs.

Das Nachspiel

Es folgten sechs Wochen voll Not und Verwirrung nicht nur für die kleine Gruppe in Taganrog, sondern in gewissem Sinne für ganz Rußland. Elisabeth verbrachte die Tage in Selbstkasteiung und betete ununterbrochen an Alexanders Sarg und später an dem Katafalk in der griechisch-orthodoxen Kirche, wo er aufgebahrt lag. Sie hoffte und sprach dies in mehr als einem Brief aus, daß sie bald mit ihm in einer anderen Welt vereinigt sein würde. Ihr Puls war so schwach, daß ihre nächste Umgebung dies nicht für ausgeschlossen hielt. [31] In ihrer Verzweiflung legte sie die täglichen Pflichten ihres verwaisten Hofes in die Hände des Fürsten Wolkonskij und von General Diebitsch, obwohl die Vorbereitungen für die Autopsie, und die Einbalsamierung Sir James Wylie überlassen wurden. Den Leichnam Alexanders untersuchten, 32 Stunden nach seinem Ableben, zehn Ärzte sowohl von der Garnison in Taganrog als auch von der kaiserlichen Hofhaltung. Bei der Leichenöffnung sah man, daß die Leber sehr vergrößert und von Blut angeschwollen war und eine dunkle Farbe hatte. Der Gallenkanal und der Dickdarm waren »außergewöhnlich erweitert«. Es sah aus, als ob starker Blutandrang zum Kopf geherrscht hätte.* In einer offiziellen Bekanntmachung hieß es, daß »unser erlauchter Herrscher zuerst an einer Erkrankung der Leber und anderer Organe, die Galle ausscheiden, gelitten hat. Diese Krankheit führte ganz langsam zu hohem Fieber, mit Deliriums-Anfällen, Absonderung und Ansammlung von Serum im Gehirn, was die Todesursache seiner Kaiserlichen Majestät ist.« [32]

Bis zum 23. Dezember blieb Alexanders Leichnam im Sterbezimmer im Hause des Gouverneurs und wurde erst dann in die Kirche überführt, wo er elf Wochen vorher bei der Ankunft seiner Gattin in Taganrog neben ihr gebetet hatte. Doch schon ehe man den toten Zaren in die Kirche brachte, setzte Verwesung ein, denn die Leichenbestatter in einer kleinen Stadt im Süden Rußlands, waren für ein langes Einbalsamieren nicht erfahren genug. Elisabeth, erschrocken, wie rasch seine Gesichtszüge verfielen, ließ schon am 11. Dezember ein Tuch über sein Gesicht legen. [33] Während der feierlichen Prozession vom Hause des Gouverneurs bis zur Kirche blieb der Sarg offen. Dort lag die Leiche aufgebahrt, doch die Gesichtszüge waren nicht mehr zu erkennen. [34] Erst am 10. Januar 1826, beinahe sechs Wochen nach dem Ableben Alexanders, setzte sich der Trauerzug nach St. Petersburg in Bewegung. Dort wurde er am 25. März bestattet.

Die Verzögerung der Abreise aus Taganrog war teilweise die Folge einer außerordentlichen Verwirrung in St. Petersburg, die wegen der Thronfolge eintrat. Wolkonskij durfte ohne Befehl des neuen Zaren die Leiche Alexanders nicht in die Hauptstadt überführen lassen. Aber wer war der neue Zar? Alexander mag über die Thronfolge mit seiner Mutter, seinen Brüdern, Golizyn und dem Metropoliten gesprochen und ihnen mitgeteilt haben, daß er nicht Konstantin, sondern Nikolaus als seinen Nachfolger betrachte. Doch in Taganrog wußte niemand von diesem Geheimnis, nicht einmal seine Gemahlin. [35] Sofort nach Alexanders Tod wurden

---

* Die veröffentlichte Version der Autopsie gab bekannt, daß die Milz normal war, doch Robert Lee hörte vom Leibarzt des Zaren, Wylie, eine Woche später, daß »die Milz vergrößert und sehr weich gewesen sei«. (Lee, The last Days of the Emperor Alexander, S. 48.) Diese außergewöhnliche Veränderung, zusammen mit Lees Ansicht, läßt auf Malaria schließen.

Kuriere nach St. Petersburg und Warschau geschickt. Die Nachricht erreichte die russische Hauptstadt am 9. Dezember mittags. [36] Obwohl ihm Fürst Golizyn abriet, bestand Nikolaus darauf, auf seine Thronrechte zu verzichten, die ihm in einem Geheimdokument von seinem Bruder zugesprochen worden waren. Nikolaus verlangte, daß die Palastwachen auf den Zaren Konstantin vereidigt wurden. Außerdem mußten alle Behörden und Militäreinheiten ohne Verzögerung Konstantin einen Treueid schwören. Aber der Kurier, der nach Warschau unterwegs gewesen war, traf dort bereits am 7. Dezember, also zwei Tage früher als der in St. Petersburg ein. Konstantin, der sich an die Abmachungen mit seinem Bruder Alexander hielt, schwor einen Eid auf Nikolaus. Er sandte seinen Bruder, den Großfürsten Michail, der mit ihm in Polen weilte, sofort nach St. Petersburg und gab ihm Anweisung, Nikolaus mitzuteilen, daß er ihm gegenüber loyal sei. Zu gleicher Zeit erließ er einen Ukas, der öffentlich in Warschau angeschlagen wurde, wonach Nikolaus der rechtmäßige Zar und König von Polen sei. [37]
Die Lage in St. Petersburg wurde immer verworrener: Nikolaus und der Senat erwarteten Konstantins Ankunft aus Warschau und waren deshalb erstaunt, als Michail, anstatt seines ältesten Bruders Konstantin, ankam. Als Maria Fjodorowna von Konstantins Proklamation und seinem Thronverzicht in Warschau hörte, drängte sie ihren Sohn Nikolaus, die Thronfolge sofort anzutreten. Dies war ein guter Ratschlag, denn unter so unklaren Verhältnissen konnte keine Autokratie bestehen. Und doch zögerte Nikolaus und sandte noch einmal Botschaften nach Warschau, in der Hoffnung, sein Bruder würde seine Meinung vielleicht doch noch ändern. Es ist klar, daß die Meinungsverschiedenheiten in der kaiserlichen Familie nicht geheim bleiben konnten; die ausländischen Beobachter in der Hauptstadt schüttelten nur den Kopf. Die geradezu absurde Situation beschrieb der Korrespondent der Londoner Zeitung *Times* richtig: »Das Reich befindet sich in einer eigenartigen Situation, denn es besitzt zwei Kaiser, die auf den Thron verzichten und deshalb keinen Herrscher, der regiert.« [38]
Dieser Führungsmangel hatte schwere Folgen. Schon früher waren Gerüchte dem Zaren Alexander zu Ohren gekommen, daß in den Garnisonsstädten der Ukraine Verschwörungen im Gange seien. Deshalb beauftragte man Geheimagenten, mehr über diese Konspirationen zu erfahren. Während seines Besuches auf der Krim und sofort nach seiner Rückkehr

hatte der Zar in Taganrog alarmierende Geheimberichte erhalten, aus denen hervorging, daß im Frühjahr eine Meuterei oder eine Revolte geplant war. Seine Krankheit verhinderte, daß er noch etwas dagegen unternehmen konnte. Auch Araktschejew erreichten ähnliche Mitteilungen, doch auch er tat vorerst nichts, denn er war über die Ermordung seiner Geliebten durch junge Leibeigene, die sie auf Gut Grusino schlecht behandelt hatte, tief traurig. [39] Nach dem Tode des Zaren ordnete General Diebitsch in Taganrog dessen Papiere und fand am 16. Dezember die Geheimberichte der Agenten. Er sorgte dafür, daß sofort Maßnahmen gegen die revoltierenden Offiziere in der Ukraine ergriffen wurden. Zu gleicher Zeit sandte er einen Eilkurier nach St. Petersburg, um den Großfürsten Nikolaus auf den Ernst der Lage aufmerksam zu machen, der ebenfalls erfahren hatte, daß unter den Offizieren zweier Regimenter in der Hauptstadt Unruhe bestehe. Es war ganz besonders die Angst vor einer Verschwörung, die letzten Endes Nikolaus bewog, die Thronfolge doch noch anzutreten. [40]
Am Morgen des 26. Dezember, nach zweieinhalb Wochen der Unentschlossenheit, gab Nikolaus Befehl, die Truppen der St. Petersburger Garnison zu einer Parade antreten zu lassen und auf ihn zu vereidigen. Ein Bataillon des Moskauer-Regiments und einige Kompanien des Ismailowskij-Regiments verweigerten den Eid. Sie sammelten sich herausfordernd auf dem Senatsplatz und schrien: »Konstantin und eine Verfassung!« Ihnen schlossen sich Marinewachen, ein Regiment Gardegrenadiere und Arbeiter, die gerade die neue Isaak-Kathedrale bauten, an. Als General Miloradowitsch die Truppen aufforderte, die Waffen niederzulegen, wurde er angeschossen und tödlich verwundet. Ein Aufruf des Metropoliten Serafim, der im reich bestickten Meßgewand vor die Meuterer trat, wurde etwas freundlicher beantwortet, doch riet man ihm, er solle sich lieber in die Kathedrale zurückziehen und dort für ihre Seelen beten. Endlich gab Nikolaus widerwillig Befehl, drei Kanonen mit Kartätschen zu laden: »Ich schicke Generalmajor Suchosanet«, schrie er, »und fordere euch auf, sofort die Waffen niederzulegen, oder ich lasse das Feuer eröffnen. Als Antwort schrien sie: ›Hurrah‹ und stellten die gleichen Forderungen wie zuvor, doch diesmal folgte eine Salve aus ihren Gewehren. Als ich sah, daß unter diesen Umständen nichts mehr zu machen war, befahl ich: ›Feuer‹«, [41] schrieb er später. Die Meuterer lösten sich in Unordnung auf, und überall sah man im Schnee zu Füßen des Reiterdenkmals

Peters des Großen Blutlachen. Es war ein unheilverkündender Anfang der Regierungszeit Nikolaus' I.
Oder war es vielleicht nicht eher ein Nachruf auf die Regierungszeit Alexanders, die Folge der Enttäuschung und des Mißerfolges seiner letzten Jahre? Der Dekabristenaufstand*, wie er in die Geschichte einging, war eine Verschwörung von Mitgliedern der aristokratischen Intelligenzija und von Kriegsveteranen, die sich in Geheimgesellschaften trafen, weil sie das Militärsystem Araktschejews ablehnten. Politisch war die Verschwörung ein Fehler und schlecht geplant, weshalb sie schon beim Ausbruch niedergeschlagen wurde. Es war für die Obrigkeit nicht schwer, die Haupträdelsführer, die in Kiew und Odessa saßen, zu verhaften. Nur eine ganz große Verschwörung, in jeder größeren Stadt und in der ganzen Armee, hätte Aussicht gehabt, die Struktur der russischen Autokratie zu verändern. Die Dekabristen hatten keine Chance, und Rußland erhielt keine neue Verfassung. Es war das erste Mal in der russischen Geschichte, daß eine kleine Gruppe von Offizieren, Aristokraten und Mitgliedern der Intelligenzija sich geschlossen gegen die Alleinherrschaft des Zaren wehrte. Frühere Revolten, z. B. der Aufstand Pugatschews zur Regierungszeit Katharinas der Großen, waren immer nur von Bauern und Leibeigenen gemacht worden.

Legendenbildung

Der neue Zar Nikolaus I. hielt es wegen des Dekabristenaufstandes für ratsam, daß Alexanders Beerdigung protokollgerecht nach dem Hofzeremoniell sobald als möglich stattfand. Es waren bereits Gerüchte über den plötzlichen, mysteriösen Tod des Herrschers im Umlauf. Warum hatte in St. Petersburg solange Ungewißheit geherrscht? War Alexander vielleicht in der entlegenen Stadt Taganrog, beinahe an der asiatischen Grenze, selbst das Opfer einer Verschwörung geworden? Hatte man ihn vergiftet oder wie Peter III. ermordet? Als der lange Trauerzug langsam durch den Schnee durch Charkow, Kursk, Orjol und Tula nach St. Petersburg zog,

* Der Dekabristenaufstand war eine Revolte junger Aristokraten, hauptsächlich Gardeoffiziere, die unter Alexander in Westeuropa gekämpft hatten und dort die Ideen der französischen Revolution kennenlernten und mit diesen sympathisierten.

umsäumten schweigende, traurige Menschenmengen die Straßenränder und sahen den großen Leichenwagen in nördlicher Richtung am Horizont verschwinden. Am 15. Februar kam die Prozession in Moskau an, die den gleichen Weg zog, wie ihn Alexander bei seiner Krönung genommen hatte. Zwei Tage lang blieb der Sarg hinter den Kremlmauern stehen und wurde in der Mariä-Himmelfahrts-Kathedrale, wo die früheren Herrscher der Romanow-Dynastie begraben liegen, aufgebahrt. Die Bevölkerung wünschte, daß der Sarg geöffnet werde, denn sie wollten noch einmal den Sieger des Jahres 1812 über Napoleon sehen. Die Behörden verweigerten dies, und es kam beinahe zu Aufständen. Zu diesem Zeitpunkt waren bereits zweieinhalb Monate seit der Einbalsamierung in Taganrog durch unerfahrene Leichenbestatter verstrichen, und die getroffene Entscheidung war deshalb sicherlich richtig. Aber diese Episode gab Anlaß zu neuen Spekulationen und Legenden. [42]
Als sich der Trauerzug Zarskoje Selo näherte, fuhr Maria Fjodorowna, von einer Eskorte begleitet, der Prozession entgegen, und der Sarg wurde in der Kapelle des Palais aufgebahrt. Sie bestand darauf, den Leichnam ihres Sohnes zu sehen. »Ja, das ist mein lieber Alexander!« hörte man sie ausrufen. »Oh, wie abgemagert er ist!« *(Ah, comme il a maigri!)*. [43] Diese Form der Identifizierung ist unwahrscheinlich. Doch gibt es noch einen anderen rätselhaften Umstand. Über eine Woche lang blieb der Sarg in einem Militärlazarett in Tschesma stehen, bis die Vorbereitungen der Beerdigung abgeschlossen waren. Nach diesem letzten Aufschub konnte die Beerdigung, die der Herzog von Wellington als »schreckliche Zeremonie« bezeichnete, stattfinden. [44] Der Sarg Alexanders wurde an der Nordseite der kleinen Kathedrale in der Peter-Paul-Festung, neben dem Sarkophag seines Vaters, beigesetzt. Um den Gerüchten, die damals schon bezweifelten, daß der Leichnam Alexanders in dem Sarge ruhte, entgegenzutreten, wurde sein Trauring, den er 32 Jahre getragen hatte, an einer Ikone aufgehängt, die sich gegenüber den beiden Särgen befand.
Die Witwe Alexanders, Elisabeth, sah sein Grab nie. Zuerst wollte sie mit dem Trauerzug nach St. Petersburg ziehen, doch der Schock über den Tod ihres Gatten war so schwer, daß sich ihr Gesundheitszustand verschlechterte, so daß ihr geraten wurde, nicht im Winter in den Norden zurückzukehren. Sie erwies ihrem toten Gatten die letzte Ehre am Tage, als sich die Leichenprozession in Bewegung setzte, und blieb mit ihrem Leibarzt und ihrer Hofdame, der Gräfin Roxana Edling, geborene Sturdza, bis

zur Schneeschmelze noch in Taganrog. Dann traf sie Vorbereitungen, in das Herz des Reiches zurückzukehren, denn sie wollte sich in der Nähe von Kaluga niederlassen und später nach Deutschland reisen, um sich dort zu erholen. [45] St. Petersburg wollte sie vorerst nicht wiedersehen.
Am 4. Mai um neun Uhr morgens betete sie allein in der Taganroger griechischen Kirche, die für sie so bedeutungsvoll geworden war, und fuhr dann langsam nach Charkow. Im Durchschnitt legte sie etwa achtzig Kilometer am Tag zurück. Am Abend des 15. Mai 1826 kam sie in der kleinen Stadt Beljow, etwa 130 Kilometer nördlich von Orjol, an. Frühzeitig ging sie zu Bett, weil sie am nächsten Tag den Besuch ihrer Schwiegermutter, des ersten Mitglieds der kaiserlichen Familie, das sie besuchte, erwartete. Die Aussicht auf diese Wiederbegegnung war wahrscheinlich zu viel für sie. Am 16. Mai morgens um fünf Uhr hörte ihr Herz auf zu schlagen. Nun war ihre Seele frei, ihrem »Engel«, den sie vierundzwanzig Wochen vorher verloren hatte, in den Himmel zu folgen. [46]
Ihr Tod kam für diejenigen, die sie persönlich gekannt hatten, nicht überraschend. Dagegen war es für Außenstehende ein weiterer Beweis dafür, daß das Ableben der Zarin doch in indirektem Zusammenhang mit dem mysteriösen Tod ihres Gemahls stand. Mit der Zeit nahmen die Zweifel, was wirklich in Taganrog geschehen war, verschiedene Formen an. Die Menschen waren jetzt plötzlich weniger daran interessiert, ob Alexander vergiftet worden war oder nicht. Die harte Disziplin der autoritären Regierung unter Nikolaus I. ließ eine Art Nostalgiewelle aufkommen, und die Jahre 1812–1814 erstrahlten in verklärtem Licht, denn damals hatte in Rußland ein Zar geherrscht, der seinem Volk Hoffnungen gegeben hatte. Das reaktionäre Regime Nikolaus' I. bewirkte, daß vor allem im einfachen Volk die Legendenbildung über den »guten« Zaren Alexander zu wuchern begann. Man behauptete, er sei gar nicht gestorben, sondern lebe als Mönch in einem weit von St. Petersburg entfernten Kloster. Es war weder das erste noch das letzte Mal, daß die Zweifler und Abergläubischen die Tatsache nicht hinnehmen wollten, daß die kaiserliche Familie wie alle anderen Menschen auch sterblich war.
Es gab viele Gründe, warum Alexander nach seinem Ableben so verklärt wurde. Während seiner Regierungszeit war er vielen seinen Untertanen immer als romantischer Held erschienen. Sein Charakter, der gerne Entscheidungen aufschob und immer wieder zögerte, begünstigte die Legendenbildung. Sein Tod, die Leichenprozession durch den dicht besiedelten

Teil Rußlands und seine Beerdigung ließen Zweifel aufkommen. Aber viele Vermutungen, die ausgesprochen wurden, entbehren jeder Glaubwürdigkeit. Man sprach davon, daß man in das Krankenzimmer in Taganrog einen Sterbenden eingeschmuggelt habe, während Alexander auf eine englische Yacht gebracht worden sei, auf der er jetzt durch den Bosporus, die Dardanellen und in das Heilige Land segle. [47] Dagegen ist einzuwenden, daß eine solche Heuchelei dem Charakter der Kaiserin Elisabeth völlig zuwider gewesen wäre. Sie hätte eine solche Komödie nie mitgemacht. Der Zar wollte in Oreanda ein Gut kaufen, warum hätte er vierzehn Tage später zu solch einem Trick Zuflucht nehmen sollen? Ein neues Leben konnte nach den Vorschriften der Kirche unter solchen Umständen des Betrugs nicht begonnen werden.

Die Annahme, daß Alexander noch am Leben sei, wurde durch Erzählungen aus Sibirien unterstützt. Denn dort erschien Anfang 1840 ein »Starez«, ein heiliger Mann, der mit Alexander Ähnlichkeit hatte. Er war kein Scharlatan wie Fotij (Photius) oder später Rasputin, sondern ein echter Asket, der ein Leben der Einkehr und des Gebets führte. Er wurde als Fjodor Kusmitsch bekannt. Niemand wußte, woher er kam und wie alt er war. Fest steht, daß er Beziehungen zum Hofe hatte und sich an die Regierungszeit Katharinas der Großen erinnerte. Ab und zu besuchten ihn auch hohe Persönlichkeiten des Reiches. Ende 1850, als er sich in einem Dorf in der Nähe von Tomsk niederließ, glaubten viele, daß er der Zar Alexander sei, der in freiwilliger Verbannung sein Leben im Gebet verbringe, um für seine Sünden zu büßen. [48]

Es unterliegt keinem Zweifel, daß Kusmitsch ein bemerkenswerter Mensch war, vielleicht ein unglückliches Mitglied der kaiserlichen Familie, aber er kann nicht Alexander gewesen sein, denn er lebte bis zum Februar 1864. Es ist unmöglich zu glauben, daß Alexander bei seiner angegriffenen Gesundheit ein Alter von 86 Jahren erreicht haben könnte. Aufzeichnungen über Gespräche, die Fjodor Kusmitsch führte, zeigen, daß er zum Beispiel über den Feldzug von 1812–14 eine ganz andere Ansicht als der Zar hatte, denn er pries immer wieder den Feldherrn Kutusow. Einmal machte er auch den seltsamen Fehler, als er beschrieb, wie der russische Zar 1814, mit Metternich an seiner Seite, im Triumph in Paris eingeritten war. [49] Seine Identität, wie die vieler heiliger Männer in Rußland, ist nicht geklärt. Er starb so wie er lebte, als ein geheimnisvoller Mann in einer Klause. Erst spätere Schriftsteller machten ihn berühmt.

Es ist so gut wie gewiß, daß Alexander am 1. Dezember 1825 in Taganrog verstorben ist. Es gibt allerdings einen ganz besonderen Umstand, für den es keine Erklärung gibt. Mehr als einmal wurde der Sarkophag in der Peter-Paul-Festung geöffnet, und man stellte fest, daß er leer war. [50] Entweder hatte man in den Sarg nie einen Toten gelegt oder man hatte die Leiche später entfernt. Es gibt Hinweise, daß unter geheimnisvollen Umständen während der Regierungszeit Alexanders II. im Jahre 1866 ein Leichnam aus der Festung entfernt und auf dem Friedhof des Alexander-Newskij-Klosters beerdigt wurde. [51] Über diese Umbettung liegt kein amtlicher Bericht vor. Sollte allerdings der Sarkophag in der Peter-Paul-Festung immer nur ein leeres Ehrengrab gewesen sein, dann ist es nicht ausgeschlossen, daß an der Geschichte des Eremiten Kusmitsch doch etwas Wahres ist.
Vielleicht gibt es aber eine viel weniger sensationelle Erklärung für den leeren Sarg, obwohl diese auf reiner Vermutung beruht. Alexander I. liebte den traditionellen Begräbnisort der russischen Zaren nicht, denn in seinen Gedanken war er verbunden mit dem Tode seines Vaters. Er hatte auf der anderen Seite eine besondere Vorliebe für den kriegerischen Heiligen Alexander Newskij, dessen Namen er trug und dem er als junger Mensch einmal ähnlich werden wollte. War es deshalb nicht ganz natürlich, daß er in den Mauern des Alexander-Newskij-Klosters beerdigt sein wollte? Vor Antritt jeder seiner Reisen, auch der letzten Expedition nach Taganrog, hatte er immer in dieser Kathedrale des Klosters gebetet. Hatte er vielleicht in den Händen des Metropoliten Serafim Anweisungen hinterlassen, daß man ihn, anstatt in der Festung, im Kloster beerdigen sollte? Ein geheimes Testament dieser Art lag ganz in seinem Charakter, denn auch das Dokument über die Thronbesteigung seines Bruders Nikolaus war im geheimen abgesprochen worden.
Doch eine solche Anordnung wäre für Nikolaus zu Beginn seiner Regierung unausführbar und politisch ausgesprochen gefährlich gewesen. Der einzige Herrscher, der je in der Kirche des Heiligen Alexander Newskij beerdigt wurde, war der ermordete Peter III., der Gemahl Katharinas der II. Seine Leiche wurde auf Befehl seines Sohnes Paul beim Staatsbegräbnis seiner Mutter, Katharinas der Großen, von der Kathedrale des Klosters in die Festungs-Kathedrale gebracht. Hätte man Alexander in aller Öffentlichkeit im Dezember 1826 nach dem Dekabristenaufstand im Kloster beerdigt, so hätten die Gerüchte über seinen mysteriösen Tod in

Taganrog nur neue Nahrung bekommen. Vorausgesetzt, Nikolaus wollte den letzten Willen seines Bruders erfüllen, so mußte er Alexander vor dem offiziellen Staatsbegräbnis in aller Stille beerdigen, und erst dann konnte in der Peter-Paul-Festung ein leerer Sarkophag aufgestellt werden. Es wäre auch möglich – dies ist nur eine Vermutung –, daß erst unter Alexander II. die Gebeine von der Festung in die Kloster-Kathedrale umgebettet wurden. Alexander II. hätte somit den letzten Wunsch seines Onkels, dessen Namen er trug, erfüllt. In diesem Fall befindet sich das Grab Alexanders im Kloster Alexander Newskij, das am Ende des Newskij Prospekts liegt, und nicht in der düsteren Festung über dem Newa-Fluß. Alle diese Spekulationen sind für eine Detektivgeschichte geeignet und fallen nicht in das Gebiet historischer Geschichtsschreibung. Die eindrucksvollste Erinnerung an Alexander I. jedoch ist weder eine Festung noch ein Kloster, sondern ein Denkmal vor dem Winterpalais, das mitten im Zentrum des modernen Leningrad steht: die Alexander-Säule. Im Jahre 1832 erhielt der Franzose Montferrand, den Alexander bewogen hatte, sich in Rußland niederzulassen und der die Isaak-Kathedrale wiederaufbaute, den Auftrag, eine Siegessäule zu errichten, die auf dem großen Platz vor dem Palais aufgestellt werden sollte. Ein Monolith steht auf einem Sockel aus Granit, auf dem Reliefs angebracht sind. Die Inschrift lautet: »Für den Gesegneten das dankbare Rußland.« In gewissem Sinne ist diese Säule ein Gegenstück zu Falconets Reiterstandbild, das etwa 800 Meter entfernt auf dem Senatsplatz steht, bei dessen Enthüllung Alexander I. als Kind anwesend war. Doch Montferrands Denkmal unterscheidet sich von anderen Siegessäulen dadurch, daß auf der Spitze des Monolithen kein Feldherr steht, dessen Armeen siegreich durch ganz Europa marschierten, sondern ein Engel mit Flügeln, der in Richtung des Reiterstandbildes Peters des Großen blickt. In seiner linken Hand hält er ein Kreuz, während seine Rechte die Stadt segnet, die früher nach dem Apostel Petrus und jetzt nach Lenin benannt ist. Das Bauwerk ist ein passendes Symbol, sozusagen ein zu Stein gewordenes Gleichnis und eine Erinnerung an einen Zaren, dessen göttliche Mission und dessen Sendungsbewußtsein ihn so hoch über alles Irdische emporhoben, bis er am Ende seiner Regierungszeit und seines Lebens mit der Bevölkerung seines großen Reiches, die er durch seine zähe Widerstandskraft und seinen Mut vor dem Untergang rettete, völlig den Kontakt verloren hatte.

Anmerkungen

Nachstehend die Abkürzungen von Buchtiteln und Artikeln, die ich häufiger im Anmerkungsteil zitiert habe. Die vollständigen bibliographischen Angaben dieser Titel findet man in Teil I der Bibliographie nach der englischen Originalausgabe.

Adams, *Memoirs of J. Q. Adams, comprising parts of his Diary,* Vol. 2.
Corr. Alex., Nicholas Mikhailovich, *Correspondance de l'Empereur Alexandre I avec sa Sœur la Grande-Duchesse Catherine.*
F. O., Foreign Office papers in the Public Record Office, London.
HHSA, Documents in the *Haus-, Hof- und Staatsarchiv,* Wien.
JMH, *Journal of Modern History.*
LPN, Nesselrode, *Lettres et Papiers du Chancelier Comte de Nesselrode.*
Nap. Corr., *Correspondance de Napoleon I.*
N. M., Alex. I, Nicholas Mikhailovich, *L'Empereur Alexandre I.*
N. M., Elis, Nicholas Mikhailovich, *L'Impératrice Elisabeth.*
Seer, *Slavonic and East European Review.*
Shilder, Alek. I., N. K. Shilder, *Imperator Aleksandr I.*
Shilder, Pavel, N. K. Shilder, *Imperator Pavel I.*
Sirio, *Sbornik Imperatorskogo Russkogo Istoricheskogo Obshchestva.*
Vandal, A. Vandal, *Napoléon et Alexandre.*
VPR, Ministry of Foreign Affairs U.S.S.R., *Vneshniaia Politika Rossi XIX i nachala XX veka.*
Waliszewski, K. Waliszewski, *La Russie il y a Cent Ans, Le Règne d'Alexandre.*
Webster, *Castlereagh,* C. K. Webster, *The Foreign Policy of Castlereagh.*
Weil, M. H. Weil, *Les Dessous du Congrès de Vienne.*
Western MSS. bod., Western Manuscripts in the Bodleian Library, Oxford.

Kapitel 1: EINE KRÄHE IM PFAUENKLEID

[1] Castera, *Catherine II,* III, pp. 15–16; Shilder, *Pavel,* pp. 170–1 (angeführt in einem Brief Katharinas an Paul vom 20. August 1782; Kochan, *Life in Russia under Catherine the Great,* p. 10 und p. 46
[2] Catherine II, *Memoirs,* p. 23, Castera, *op. cit.*, I, p. 74; Grey, *Catherine the Great,* pp. 98–110
[3] Katharina II. an Grimm, 25. Dezember 1777, SIRIO XXIII, p. 71

[4] Harris, *Diaries and Correspondence*, I, p. 140
[5] Grey, *op. cit.*, p. 147
[6] *Ibid.* (cf. Klyuchevsky, *History of Russia*, V, p. 32)
[7] Katharina II. an Grimm, 13. Februar 1780, SIRIO XXIII, p. 174
[8] Dieselbe an den gleichen; 11. Oktober und 25. November 1782, *ibid.*, pp. 250 und 252
[9] Katharina II. an Grimm, 4. Juni 1781, SIRIO XXIII, p. 205
[10] Dieselbe an den gleichen, 12. Juni und 16. Juli 1782, *ibid.*, pp. 236 und 246
[11] Dieselbe an den gleichen, 12. April 1782, *ibid.*, p. 233
[12] Dieselbe an den gleichen, 19. Mai 1784, *ibid.*, p. 307
[13] Shilder, *Alek. I*, I, pp. 29–30 und 225–6; SIRIO XXVII, pp. 301–30
[14] Shilder, *Pavel*, pp. 206–7 und Shilder, *Alek. I*, pp. 35–6 und 259–60
[15] Genet an Dumouriez, 8. Juni 1792, *ibid.*, p. 269
[16] Alexander an Katharina II., 11. April 1785, *ibid.*, p. 261
[17] Shilder, *Pavel*, pp. 238–40 und 243; Jenkins, *Arakcheev*, pp. 39–40; Gielgud, *Memoirs of Czartoryski*, I, p. 108
[18] Shilder, *Pavel*, pp. 209–11
[19] Katharina II. an Grimm, 11. Mai 1791, SIRIO XXIII, p. 520
[20] Jenkins, *Arakcheev*, p. 40
[21] Katharina II. an Grimm, 25. August, 10. November, 12. November 1792, SIRIO XXIII, pp. 573–4, 577 und 579
[22] N. M., *Elis.*, I, p. 20
[23] Shilder, *Alek. I*, p. 74
[24] Elisabeth an ihre Mutter, 7. Mai 1793, N. M., *Elis.*, I, p. 90
[25] Katharina II. an Grimm, 25. Mai 1793, SIRIO XXIII, p. 583
[26] Shilder, *Pavel*, pp. 257–9; Almedingen, *Emperor Alexander*, p. 31
[27] Katharina II. an Grimm, 16. August 1793, SIRIO XXIII, p. 506
[28] Shilder, *Alek. I*, p. 86
[29] Shilder, *Pavel*, p. 259
[30] Elisabeth an ihre Mutter, 13. Juni 1794, N. M., *Elis.*, I, p. 156; Protassov Journal, *Ibid.*, pp. 30 und 31
[31] Almedingen, *op. cit.*, p. 34
[32] Shilder, *Alek. I*, pp. 108–9 und 238
[33] *Ibid.*, pp. 115–16; Gielgud, *op. cit.*, pp. 109–14; Schiemann, *Geschichte Rußlands 1*, p. 10; Kukiel, *Czartoryski and European Unity*, p. 5
[34] *Ibid.*, pp. 3–17
[35] Mazade, *Mémoires de Czartoryski*, p. 268
[36] Jenkins, *Arakcheev*, p. 50
[37] Shilder, *Pavel*, pp. 263–4
[38] *Ibid.*, pp. 269–70
[39] Alexander an Katharina II., 11. Oktober 1796, *ibid.*, pp. 270–1
[40] Jenkins, *Arakcheev*, p. 51

Kapitel 2: EIN REICH TRITT ZUR PARADE AN

[1] Shilder, *Pavel,* p. 279

[2] Jenkins, *Arakcheev,* p. 54; Shilder, *Pavel,* p. 280

[3] Masson, *Memoirs of Catherine II and the Court,* pp. 145-8

[4] Shilder, *Pavel,* pp. 309-11

[5] Elisabeth an ihre Mutter, 10. Februar 1797, N. M., *Elis.,* I, pp. 239-40

[6] Shilder, *Pavel,* pp. 343, 565-72; Shilder, *Alek. I,* I, p. 363; N. M., *Elis.,* I, pp. 248-9; Mazade, *Mémoires de Czartoryski,* I, pp. 146-7

[7] Eine englische Übersetzung des Ukas siehe: Vernadsky, *Source Book for Russian History,* II, p. 473

[8] Seton-Watson, *Russian Empire,* pp. 74-5; siehe Artikel Narkiewiecz »Alexander I and the Senate Reform«, SEER, Vol. 49, pp. 117-19

[9] Shilder, *Alek. I,* I, p. 153; Elisabeth an ihre Mutter, 14. und 19. Mai 1797, N. M., *Elis.,* I, pp. 284-5

[10] Alexander an La Harpe, 8. Oktober 1797, der gesamte französische Text befindet sich in Shilder, *Alek. I,* I, pp. 280-2 (gekürzte englische Übersetzung, Vernadsky, *op. cit.,* p. 477)

[11] Jenkins, *Arakcheev,* p. 66; Shilder, *Alek. I,* I, pp. 284-5

[12] Maria Fjodorowna an Katharina Nelidowa, 15., 16. August und 22. Dezember 1797; Shilder, *Pavel,* pp. 573-5. Siehe auch Briefe der Kaiserinwitwe in *Corr. de Marie Feodorovna,* pp. 39-43

[13] Kukiel, *Czartoryski and European Unity,* pp. 21-3; Grimsted, *Foreign Ministers of Alexander,* p. 109, angeführt im Briefwechsel Czartoryskis mit seiner Schwester; Paléologue, *Enigmatic Czar,* p. 28

[14] Shilder, *Pavel,* pp. 461-2

[15] Temperley, *Unpublished Diary of Princess Lieven,* p. 247

[16] Shilder, *Pavel,* pp. 467 und 471-2

[17] Die Briefe sind abgedruckt in Shilder, *Pavel,* p. 416.
Über Pauls Gesinnungswandel gegenüber Frankreich siehe Artikel von Hugh Ragsdale über »The Origins of Bonaparte's Russian Policy« in *Slavic Review,* Vol. 27, pp. 85-90

[18] Strong, »Russia's Plans for an Invasion of India«, *Canadian Slavonic Papers,* Vol. 7, pp. 114-26

[19] Shilder, *Pavel,* p. 463

[20] Almedingen, *Emperor Alexander,* p. 55; *Corr. de Marie Feodorovna,* p. 75

[21] Genaue Pläne des Michajlowskij-Palastes befinden sich in Shilder's *Pavel,* pp. 417-81, *passim*

[22] Strakhovsky, *Alexander I,* p. 19

[23] Shilder, *Pavel,* p. 473; Loewenson, Artikel über »Death of Paul«, SEER, Vol. 29, p. 224

[24] Jenkins, *Arakcheev,* pp. 79-80

[25] Strakhovsky, *op. cit.*, p. 22
[26] Shilder, *Pavel*, p. 489
[27] Loewensons Artikel, *loc. cit.*, pp. 212–13; Almedingen, *op. cit.*, pp. 60–2; Strakhovsky, *op. cit.*, pp. 22–4
[28] Loewensons Artikel, *loc. cit.*, pp. 225–7
[29] N. M., *Elis.*, I, p. 267; Temperley, *op. cit.*, p. 246
[30] *Ibid.*, p. 258
[31] *Ibid.*, p. 261
[32] Elisabeth an ihre Mutter, 25. März 1801, N. M., *Elis.*, I, p. 268

Kapitel 3: TAUWETTER

[1] Shilder, *Alek. I*, II, pp. 312–23
[2] *Ibid.*, pp. 309–11; cf. Grimsted, *Foreign Ministers*, pp. 52–3
[3] Shilder, *Alek. I*, II, p. 6
[4] Siehe Artikel von Olga Narkiewicz, »Alexander I and the Senate Reform«, SEER, Vol. 49, p. 120
[5] Raeff, *Michael Speransky*, pp. 41–2
[6] Narkiewicz Artikel, *loc. cit.*, p. 120; N. M., *Stroganov*, II, pp. 30–2; N. M., *Alek. I*, II, appendix 8, no. 101
[7] Narkiewicz Artikel, *loc. cit.*, p. 122; Raeff, *op. cit.*, p. 43; N. M., *Stroganov*, II, pp. 185–96
[8] N. M., *Stroganov*, I, p. 66
[9] *Ibid.*, II, pp. 30–93
[10] Vernadsky, *Source Book for Russian History*, II, pp. 482–6; Artikel von Narkiewicz, *loc. cit.*, pp. 115–16
[11] N. M., *Elis.*, II, p. 11; Shilder, *Alek. I*, II, pp. 65 und 274
[12] Elisabeth an ihre Mutter, 18. September 1801, N. M., *Elis.*, II, p. 43
[13] Siehe die Bevölkerungsstatistik bei Blackwell, *Beginnings of Russian Industrialization*, p. 430
[14] Shilder, *Alek. I*, II, p. 69; Waliszewski, p. 57
[15] Elisabeth an ihre Mutter, 21. September 1801, N. M., *Elis.*, II, p. 45
[16] Elisabeth an ihre Mutter, 28. September 1801, N. M., *Elis.*, II, p. 47
[17] Shilder, *Alek. I*, II, p. 68; Waliszewski, p. 58; Bogdanovich, *Aleksander*, I, pp. 56–61
[18] Mazade, *op. cit.*, p. 292
[19] Elisabeth an ihre Mutter, 2. November 1801, N. M., *Elis.*, II, p. 51

Kapitel 4: SCHATTEN DES KRIEGES

[1] N. M., *Stroganov,* II, pp. 44–54
[2] VPR, I, p. 98–9
[3] N. M., *Stroganov,* II, pp. 110–11 und 118–19
[4] Almedingen, *Emperor Alexander,* pp. 64–5
[5] Friedrich Wilhelm III. an Alexander, 15. Oktober 1801, Bailleu, *Briefwechsel,* p. 11
[6] Derselbe an den gleichen, 13. Januar 1802, *ibid.*, p. 14; Alexander an Friedrich Wilhelm, 8. Februar 1802, *ibid.*, p. 15
[7] Kochubey an Simon Vorontsov, 19. Mai 1802, Anmerkung bei Grimsted, *op. cit.*, p. 88; N. M., *Stroganov,* II, pp. 138–9
[8] Wright, *Louise Queen of Prussia,* p. 60–3
[9] Kochubey an Simon Vorontsov, 14. Juni 1802, Anmerkung bei Grimsted, *op. cit.*, p. 89
[10] Almedingen, *op. cit.*, p. 77
[11] Mazade, *Mémoires de Czartoryski,* I, pp. 294–8
[12] Kochubey an Simon Vorontsov, 30. Juli 1802, Anmerkung bei Grimsted, *op. cit.*, p. 89
[13] Vernadsky, *Source Book for Russian History,* II, pp. 483–4
[14] Raeff, *Speransky,* p. 106
[15] Lefebvre, *Napoléon,* I, pp. 164–78
[16] VPR I, pp. 468–9
[17] Jenkins, *Arakcheev,* p. 94
[18] Elisabeth an ihre Mutter, 26. Februar 1803, N. M., *Elis.*, II, p. 73
[19] Dieselbe an die gleiche, 21. Mai und 1. Juni 1803, *Ibid.*, II, pp. 87 und 89
[20] Dieselbe an die gleiche, 10. Mai 1803, *ibid.*, II, p. 83
[21] Dieselbe an die gleiche, 15. Dezember 1801, *ibid.*, II, p. 53.
[22] Grunwald, *Alexandre I,* pp. 74–7; N. M., *Elis.*, II, pp. 23–4
[23] Almedingen, *op. cit.*, pp. 84–6
[24] Elisabeth an ihre Mutter, 26. Februar 1803, N. M., *Elis.*, II, p. 73
[25] *Ibid.*, II, p. 24; Elisabeth an ihre Mutter, 3. Dezember 1804, *ibid.*, II, p. 146
[26] Temperley, *Unpublished Diary,* p. 262; Elisabeth an ihre Mutter, 3. April 1801, N. M., *Elis.*, II, pp. 37–8; *ibid.*, II, p. 2
[27] Elisabeth an ihre Mutter, 5. April 1803, *ibid.*, II, p. 79
[28] Alexander an Katharina Pavlovna, 1. Oktober 1805, *Corr. Alex.*, p. 4
[29] Martha Wilmot an ihre Mutter, 31. Juli 1803, Londonderry and Hyde, *Russian Journals,* p. 27
[30] Elisabeth an ihre Mutter, 13. September 1803, N. M., *Elis.*, II, p. 103
[31] Grimsted, *Foreign Ministers,* pp. 104–5; Warren an Hawkesbury, 4. Juni 1803, F. O. 65/52/Privat

[32] Seton-Watson, *Russian Empire*, p. 85
[33] *Ibid.*; Mazade, *Mémoires de Czartoryski*, I, pp. 354–5
[34] Lefebvre, *op. cit.*, p. 202
[35] Anderson, *Eastern Question*, p. 34; Czartoryski an Alexander, 29. Februar 1804, VPR, I, pp. 620–4
[36] Anderson, *op. cit.*, pp. 34–5
[37] Aufzeichnungen des Protokolls des Staatsrates am 17. April 1804, VPR, I, pp. 686–92
[38] Duff Cooper, *Talleyrand*, p. 143; Paléologue, *Enigmatic Czar*, p. 31
[39] Czartoryski an Alexander, 17. Mai 1804, VPR, I, pp. 57–9
[40] Grimsted, *op. cit.*, pp. 117–21
[41] Kukiel, *op. cit.*, p. 60; Seton-Watson, *op. cit.*, pp. 87–8
[42] Metternich, *Mémoires*, II, pp. 38–66; Palmer, *Metternich*, pp. 42–3; Kraehe, *Metternich's German Policy*, pp. 37–9
[43] Gielgud, *Memoirs of Czartoryski*, II, p. 125; Mazade, *op. cit.*, pp. 104–31
[44] Kukiel, *op. cit.*, p. 63
[45] Almedingen, *Emperor Alexander*, p. 81
[46] Alexander an Friedrich Wilhelm, 7. August 1805, Bailleu, *Briefwechsel*, pp. 68–70; Grimsted, *op. cit.*, p. 137
[47] Mazade, *op. cit.*, II, p. 243; Beer, *Zehn Jahre*, p. 460
[48] Elisabeth an ihre Mutter, 21. September 1805, N. M., *Elis.*, II, p. 168
[49] Kukiel, *op. cit.*, pp. 64–5; Bailleu, *op. cit.*, pp. 75–83
[50] Nicholas Mikhailovich, *Die Fürsten Dolgorukij*, pp. 12–13 und 84–6
[51] Kukiel, *op. cit.*, p. 65; Nicholas Mikhailovich, *Dolgorukij*, pp. 146–52
[52] Alexander an Katharina Pawlowna, Oktober 1805, *Corr. Alex.*, pp. 3–6
[53] Kukiel, *op. cit.*, p. 65; Nicholas Mikhailovich, *Dolgorukij*, pp. 85–6; Friedrich Wilhelm an Alexander, 7. Oktober 1805, Bailleu, *op. cit.*, pp. 82–3
[54] Dolgoruky an Alexander, 15. Oktober 1805, Nicholas Mikhailovich, *Dolgorukij*, pp. 87–8
[55] Metternich, *Mémoires*, II, pp. 73–74; Kraehe, *op. cit.*, pp. 40–2; VPR, II, pp. 613–16, 619–20 und 625–6
[56] Wright, *op. cit.*, p. 85; Shilder, *Alek. I*, II, p. 132

Kapitel 5: AUSTERLITZ UND SEINE NACHWIRKUNGEN

[1] Shilder, *Alek. I*, II, p. 132; Mazade, *Mémoires de Czartoryski*, I, p. 402
[2] Palmer, *Napoleon in Russia*, pp. 93–5; Duffy, *Borodino*, pp. 63–5
[3] Waliszewski, I, p. 171; Manceron, *Austerlitz*, p. 121
[4] Shilder, *Alek. I*, II, p. 283
[5] Manceron, *op. cit.*, p. 155
[6] *Ibid.*, p. 183

[7] Manceron, *op. cit.*, pp. 152–6. Alexander in Olmütz siehe auch N. M., *Stroganov,* II, pp. 210–11
[8] Chandler, *Campaigns of Napoleon,* pp. 417–20; Shilder, *Alek. I,* II, p. 138
[9] Memoirs of Langeron, angeführt bei Manceron, *op. cit.*, p. 183
[10] *Ibid.*
[11] Garros, *Quel Roman que ma Vie!,* p. 252; Manceron, *op. cit.*, pp. 210–13
[12] Shilder, *Alek. I,* II, p. 140 (beruft sich auf Mikhailovsky-Danilevsky, diese Quelle wird auch von Tolstoi für diesen Vorfall in *Krieg und Frieden,* Buch 3, Kapitel 13, angeführt)
[13] Mazade, *op. cit.*, I, p. 407; Chandler, *op. cit.*, p. 425
[14] Mazade, *op. cit.*, I, pp. 408–9
[15] Chandler, *op. cit.*, p. 426
[16] *Ibid.*, p. 431
[17] *Ibid.*, p. 432
[18] Mazade, *op. cit.*, I, p. 410
[19] Manceron, *op. cit.*, pp. 299–300
[20] Elisabeth an ihre Mutter, 23. Dezember 1805, N. M., *Elis.*, II, p. 175 Diese Version bei Czartoryski (Mazade, *op. cit.*, I, p. 410) ist bei weitem weniger dramatisch
[21] Chandler, *op. cit.*, p. 438
[22] Alexander an Friedrich Wilhelm, 6. Dezember 1805, Shilder, *Alek. I,* II, pp. 349–50
[23] *Ibid.*
[24] Lefebvre, *Napoleon,* I, p. 242
[25] Grunwald, *op. cit.*, pp. 109–10
[26] Elisabeth an ihre Mutter, 23. Dezember 1805, N. M., *Elis.*, II, p. 174
[27] *Ibid.*
[28] *Ibid.*, II, p. 176
[29] *Ibid.*
[30] Nowossilzow an Stroganow, 18. Januar 1806, N. M., *Stroganov,* III, pp. 106–8
[31] Gräfin Stroganow an ihren Gatten, 24. Dezember 1805, *Ibid.*, III, pp. 123–4
[32] *Ibid.*

Kapitel 6: MIT DEM BANNFLUCH BELEGT

[1] Elisabeth an ihre Mutter, 22. Januar 1806, N. M., *Elis.*, II, p. 178
[2] Nowossilzow an Stroganow, 18. Januar 1806, N. M., *Stroganov,* III, pp. 106–8; Gräfin Stroganow an ihren Gatten, 31. Januar 1806 und 11. Februar 1806, *ibid.*, III, pp. 125–6
[3] Nowossilzow an Stroganow, 18. Januar 1806, *loc. cit.;* Stroganow an seine Gattin, 18. Februar 1806, N. M., *Stroganov,* III, p. 107

[4] Mazade, *Mémoires de Czartoryski,* II, pp. 162–4
[5] Czartoryski an Stroganow, 18. Februar 1806, N. M., *Stroganov,* II, p. 226
[6] Stroganow an seine Frau, 18. Februar 1806, N. M., *Stroganov,* III, p. 127
[7] Czartoryski an Stroganow, 15. Mai 1806, N. M., *Stroganov,* II, pp. 381–2
[8] Czartoryski an Alexander, 1. April 1806, Mazade, *op. cit.*, II, pp. 95–103
[9] Grimsted, *op. cit.*, p. 144
[10] Czartoryski an Oubril, 12. Mai 1806, VPR, III, pp. 134–7 (Cf. *ibid.*, pp. 672–3)
[11] Kukiel, *Czartoryski and European Unity,* p. 76; Czartoryski an Stroganow, 25. Mai 1806, N. M., *Stroganov,* II, p. 384; Mazade, *op. cit.*, II, pp. 99–100
[12] Nowossilzow an Stroganow, 29. März 1806, N. M., *Stroganov,* III, p. 172
[13] Rostoptschin, angeführt bei Almedingen, *Emperor Alexander,* p. 95
[14] Kukiel, *op. cit.*, pp. 78–9
[15] Die Markgräfin von Baden an Elisabeth, 3. April 1806, N. M., *Elis.*, II, pp. 195–6
[16] Die Markgräfin von Baden an Elisabeth, 24. Januar und 3. April 1806, N. M., *Elis.*, II, pp. 195 und 196
[17] Elisabeth an ihre Mutter, November 1806, *ibid.*, II, p. 187
[18] Dieselbe an die gleiche, November 1806, ibid., II, p. 186
[19] Napoleon an Talleyrand, 9. Juni 1806, *Nap. Corr.*, XII, no. 10339, pp. 146–7
[20] Anderson, *Eastern Question,* pp. 37–8
[21] Markham, *op. cit.*, pp. 126–7
[22] Almedingen, *op. cit.*, pp. 97–8; N. M., *Alek. I,* I, pp.46–7
[23] Paléologue, *Enigmatic Czar,* p. 57; Wright, *op. cit.*, pp. 134–8
[24] Shilder, *Alek. I,* II, p. 154
[25] Shilder, *Alek. I,* II, pp. 357–61; Paléologue, *op. cit.*, p. 56
[26] Shilder, *Alek. I,* II, p. 164
[27] Chandler, *Campaigns of Napoleon,* pp. 535–45 und 555
[28] Shilder, *Alek. I,* II, p. 165
[29] Elisabeth an ihre Mutter, 4. April 1807, N. M., *Elis.*, II, p. 241
[30] Der Vertrag von Bartenstein, April 1807, VPR, III, pp. 557–61
[31] Shilder, *Alek. I,* II, p. 168
[32] Chandler, *op. cit.*, pp. 572–84

Kapitel 7: TILSIT

[1] Alexander an Budberg, 16. Juni 1807, angeführt in den Papieren Budbergs bei Grimsted, *Foreign Ministers,* p. 161. (Cf. Briefe mit demselben Datum an Friedrich Wilhelm, Bailleu, *Briefwechsel,* p. 157)
[2] Vandal, I, pp. 50–1
[3] Napoleon an Talleyrand, 24. Juni 1807, *Nap. Corr.*, XV, no. 12813, p. 366
[4] Vandal, I, p. 53; Waliszewski, I, pp. 225–6

[5] Shilder, *Alek. I,* II, pp. 179 und 292
[6] Napoleon an Talleyrand, 24. Juni 1807, *loc. cit.*
[7] Chandler, *Campaigns of Napoleon,* p. 586; Shilder, *Alek. I,* II, p. 181
[8] Vandal, I, p. 57; Garros, *Quel Roman . . .!,* p. 282
[9] Vandal, I, pp. 53–7; Waliszewski, I, pp. 225–7. (Siehe auch den 86. Heeresbericht, Bulletin der Großen Armee, *Nap. Corr.*, XV, pp. 372–3)
[10] Shilder, *Alek. I,* II, p. 186
[11] Angeführt bei Almedingen, *op. cit.*, p. 101
[12] Napoleon an Josephine, 25. Juni 1807, *Nap. Corr.*, XV, no. 12825, p. 372
[13] Napoleon an Talleyrand, 25. Juni 1807, *ibid.*, no. 12826, p. 372
[14] Shilder, *Alek. I,* II, pp. 190–1
[15] *Ibid.*, II, p. 192
[16] Wright, *Louise,* pp. 166–7
[17] Alexander an Maria Fjodorowna, Juni 1807, angeführt in französischer Originalsprache bei Almedingen, *op. cit.*, p. 101
[18] Alexander an Katharina Pawlowna, 29. Juni 1807, *Corr. Alex.*, p. 18
[19] Katharina Pawlowna an Alexander, 7. Juli 1807, *Ibid.*, p. 19
[20] Vandal, I, pp. 73–81; Waliszewski, p. 224, Lefebvre, *Napoléon,* I, p. 272
[21] *Ibid.*, I, p. 273; Vandal, I, p. 82
[22] *Ibid.*, I, pp. 95–6; Paléologue, *Enigmatic Czar,* p. 69; Luise an Alexander, 25. Juni 1807; Bailleu, *Briefwechsel,* p. 190
[23] Paléologue, *op. cit.*, p. 66; cf. Alexander an Friedrich Wilhelm, 27. Juni 1807, Bailleu, *Briefwechsel,* p. 158
[24] Vandal, I, p. 89; Kukiel, *Czartoryski and European Unity,* p. 85
[25] Shilder, *Alek. I,* II, p. 295; Anderson, *Eastern Question,* pp. 40–1
[26] Vandal, I, pp. 107–9

Kapitel 8: SCHICKSALSBRÜDER

[1] Anderson, Britain's Discovery of Russia, pp. 213–14. Seihe auch in einem anonymen Flugblatt *Key to the Recent Conduct of the Emperor of Russia,* pp. 33–8, herausgegeben in London im Herbst 1807. Erst Anfang Dezember wurden die im Tilsiter Frieden eingegangenen Verpflichtungen in vollem Umfang erkannt
[2] Shilder, *Alek. I,* II, pp. 298–9; Savary, *Mémoires,* II, p. 265
[3] Shilder, *Alek. I,* II, pp. 211 und 299; Tatischev, *Alexandre et Napoléon,* p. 192
[4] Grimsted, *op. cit.*, pp. 167–69
[5] Elisabeth an ihre Mutter, 10. September 1807, N. M., *Elis.*, II, pp. 250–4
[6] Dieselbe an die gleiche, 11. Oktober 1807, *Ibid.*, p. 258
[7] Shilder, *Alek. I,* II, pp. 210 und 298; Paléologue, *Enigmatic Czar,* p. 71
[8] Tatischev, *op. cit.*, p. 203

[9] Siehe bei den Aufzeichnungen Savarys über Persönlichkeiten am russischen Hof, herausgegeben von Vandal in *Revue d'Histoire Diplomatique* für das Jahr 1890, no. 3, besonders pp. 402–7
[10] Caulaincourt, *Mémoires,* I, p. 245; Waliszewski, I, pp. 250–1
[11] Vandal, I, pp. 378–9
[12] Garros, *Quel Roman...!,* p. 300; Napoleon an Alexander, 7. September 1807, *Nap. Corr.*, XVII, no. 14304, pp. 496–7
[13] Vandal, I, pp. 379–82
[14] Maria Fjodorowna an Alexander, 25. August 1808, Shilder, ›Nakanune Erfurtskogo svidaniia 1808 goda‹, *Russkaya Starina,* XCVIII, pp. 4–17
[15] Alexander an Maria Fjodorowna, 5. September 1808, *ibid.*, pp. 17–24
[16] Waliszewski, I, p. 265
[17] Wright, *Louise,* pp. 200–4
[18] Schmitt, ›Stein, Alexander I and the Crusade against Napoleon‹, JMH, Vol. 31, p. 326
[19] Shilder, *Alek. I,* II, p. 301
[20] Garros, *op. cit.*, p. 301; Vandal, I, pp. 411–13
[21] *Ibid.*, I, p. 417
[22] Napoleon an Josephine, 2. Oktober 1808, *Lettres de Napoléon à Josèphine,* p. 144
[23] Vandal, I, p. 453
[24] Napoleon an Josephine, 9. Oktober 1808, *Nap. Corr.*, XVII, no. 14366, p. 542
[25] Alexander an Katharina Pawlowna, 8. Oktober 1808, *Corr. Alex.*, p. 20
[26] Palmer, *Metternich,* p. 63
[27] Caulaincourt, *Mémoires,* I, p. 273
[28] Vandal, I, p. 435
[29] Metternich, *Mémoires,* II, p. 248; Shilder, *Alek. I,* II, p. 302
[30] Text der Übereinkunft siehe bei VPR, IV, pp. 359–61
[31] Vandal, I, p. 464
[32] Caulaincourt, *op. cit.*, I, pp. 274–5
[33] Tatischev, *op. cit.*, pp. 458–9; Savary, *Mémoires,* IV, p. 6

Kapitel 9: DIE VORMACHTSTELLUNG SPERANSKIJS

[1] Raeff, *Speransky,* pp. 1–2
[2] Vandal, I, p. 408; Raeff, *op. cit.*, p. 55; Grimsted, *Foreign Ministers,* p. 185; Shilder, *Alek. I,* IV, p. 472
[3] Raeff, pp. 16–17
[4] Raeff, pp. 19–22, 243 und 253

[5] *Ibid.*, pp. 90–2
[6] Vernadsky, *Source Book for Russian History,* II, pp. 490–3
[7] Raeff, *op. cit.*, pp. 67, 126–7
[8] *Ibid.*, p. 76
[9] Jenkins, *Arakcheev,* p. 149
[10] Raeff, *op. cit.*, pp. 172–3
[11] Vernadsky, *op. cit.*, II, pp. 493–4
[12] Raeff, *op. cit.*, p. 115
[13] Shilder, *Alek. I,* II, p. 261; Jenkins, *op. cit.*, p. 134
[14] Araktschejew an Alexander, 5. Januar 1810, Shilder, *Alek. I,* II, pp. 261-2
[15] Alexander an Araktschejew, Januar 1810, *ibid.*, pp. 262–3. Es befinden sich lange Auszüge dieses Briefwechsels in der englischen Übersetzung von Jenkins, *op. cit.*, pp. 134–7
[16] Vernadsky, *op. cit.*, II, pp. 494–5
[17] Raeff, *op. cit.*, pp. 153, 158–9
[18] *Ibid.*, pp. 183–4

Kapitel 10: ERNEUTES BLUTVERGIESSEN

[1] Caulaincourt, *op. cit.*, I, p. 247; Paléologue, *Enigmatic Czar,* p. 131
[2] Königin Luise führte während des Besuches ein Tagebuch. Es ist abgedruckt in Bailleu, *Briefwechsel,* pp. 542–3
[3] Vandal, II, pp. 37–40; Paléologue, *op. cit.*, p. 100
[4] Luise an Alexander, 9. Februar 1809, Bailleu, *op. cit.*, p. 435
[5] Siehe Luises Tagebuch, *ibid.*, p. 549
[6] Adams, p. 89
[7] Lefebvre, *Napoléon,* II, p. 69
[8] Seton-Watson, *Russian Empire,* p. 120
[9] Vandal, II, p. 169
[10] Alexander an Katharina Pawlowna, 4. Januar 1810, *Corr. Alex.*, p. 27
[11] Waliszewski, I, pp. 301–8; VPR, V, pp. 403 und 690
[12] Maria Fjodorowna an Katharina Pawlowna, 4. Januar 1810, *Corr. Alex.*, pp. 251–7
[13] Katharina Pawlowna an Maria Fjodorowna, 7. Januar 1810, *Corr. Alex.*, pp. 259–60; Vandal, II, pp. 271–80
[14] Palmer, *Metternich,* pp. 74–5
[15] Vandal, II, pp. 290–2
[16] *Ibid.*, II, p. 222; Kukiel, *Czartoryski and European Unity,* p. 92
[17] Vandal, II, p. 363, angeführt bei *Nap. Corr.*, XXI, no. 16180 vom August 1810

[18] Kukiel, *op. cit.*, pp. 92–3; Mazade, *Mémoires de Czartoryski*, II, pp. 229–234
[19] Grimsted, *Foreign Ministers*, p. 185 (angeführt wird Tarlés Studie über Talleyrand)
[20] LPN, III, pp. 225–370
[21] *Ibid.*, III, p. 317
[22] Adams, p. 130
[23] *Ibid.*
[24] Paléologue, *op. cit.*, p. 130
[25] Adams, *loc. cit.*
[26] Lefebvre, *Napoléon*, II, pp. 133 ff.; Tarlé, *Nashestvie Napoleona*, p. 14
[27] Shilder, *Alek. I*, II, pp. 397–8
[28] Rumjanzews Bericht an den Senat, Oktober 1811, VPR, V, pp. 558–66
[29] *Ibid.*, p. 641
[30] *Ibid.*, p. 644; Seton-Watson, *Russian Empire*, p. 123; Adams, p. 213; Raeff, *op. cit.*, p. 78
[31] Alexander an Katharina Pawlowna, 7. Januar 1810, *Corr. Alex.*, pp. 35–6
[32] Gielgud, *op. cit.*, II, pp. 218–22
[33] Alexander an Comte de Mocenigo, 2. Februar 1811, VPR, VI, pp. 21–4
[34] Kukiel, *Czartoryski and European Unity*, p. 95; Gielgud, *loc. cit.*
[35] Palmer, *Napoleon in Russia*, p. 26; Adams, p. 230
[36] N. M., *Alex. I*, I, p. 351; Palmer, *Metternich*, pp. 82–3; Metternich, *Mémoires*, II, p. 418
[37] Napoleon an Alexander, 28. Februar 1811, *Nap. Corr.*, XXI, no. 17395; Vandal, III, p. 89
[38] *Ibid.*, III, p. 115–17 und 127; SIRIO, XXI, pp. 49–67
[39] Lefebvre, *op. cit.*, II, pp. 149–50
[40] Adams, p. 245
[41] Rumjanzew an Kurakin, 21. März 1811, VPR, VI, pp. 136–8
[42] Vandal, III, pp. 170–71
[43] Caulaincourt, *Mémoires*, I, pp. 117–18 und 279–80; N. M., *Alex. I*, I, p. 412; Adams, p. 262
[44] Caulaincourt, *op. cit.*, I, p. 280; Edling, *Mémoires*, p. 50; Tarlé, *op. cit.*, p. 21
[45] Palmer, *Napoleon in Russia*, p. 27; Caulaincourt, *op. cit.*, I, p. 285; Vandal, III, p. 185
[46] Alexander an Katharina Pawlowna, 17. Juli 1811, *Corr. Alex.*, p. 51
[47] Metternich, *Mémoires*, II, pp. 194–6; Botzenhart, *Metternichs Pariser Botschafterzeit*, pp. 239–41
[48] Vandal, III, pp. 211–17; VPR, VI, p. 146
[49] Vandal, III, pp. 217–18; Palmer, *Napoleon in Russia*, p. 28
[50] Shilder, *Alek. I*, III, p. 364; Adams, p. 329
[51] Tolstoy, *War and Peace*, Buch 8, Kapitel 22
[52] Vandal, III, pp. 41–2, 127–34, 311–22

[53] Tarlé, *op. cit.*, pp. 21–2; Kurakin an Rumjanzew, 10. November 1811, VPR, VI, pp. 217–18

[54] Alexander an Katharina Pawlowna, 3. Dezember 1811 und 5. Januar 1812, *Corr. Alex.*, pp. 59 und 61

[55] Adams, p. 72; Waliszewski, I, pp. 22–6

[56] Eine andere Beurteilung der Eigenschaften Barclays befindet sich in Duffy, *Borodino,* pp. 38–41, und die fesselnde Analyse über die wechselnden Ansichten der Sowjets, Barclays militärische Qualitäten betreffend, bei Barry Hollingsworth über »The Napoleonic Invasion of Russia and recent Soviet historical writing«, JMH, Vol. 38, especially pp. 41–50

[57] Barclay de Tolly an Alexander, 3. Februar 1812, VPR, VI, pp. 267–8

[58] Palmer, *Napoleon in Russia,* p. 29

[59] Raeff, *Speransky,* p. 187

[60] *Ibid.*, p. 190

[61] *Ibid.*, pp. 190–1

[62] *Ibid.*, Jenkins, *Arakcheev,* p. 149; Shilder, *Alek. I,* III, p. 48

[63] LPN, II, pp. 75–6

[64] Raeff, *op. cit.*, pp. 174–8

[65] *Ibid.*, pp. 170–3 und 191–2

[66] Waliszewski, II, p. 62

[67] Adams, p. 353

[68] *Ibid.*, p. 352

[69] Siehe Artikel von Hans Schmitt über Stein und Alexander I., IMH, Vol. 31, p. 327

[70] Vandal, III, pp. 373–4; Seton-Watson, *op. cit.*, p. 126

[71] Adams, p. 365

[72] Tarlé, *op. cit.*, p. 29

[73] Elisabeth an ihre Mutter, 22. April 1812, N. M., *Elis.*, II, p. 525

Kapitel 11: ALS OBERKOMMANDIERENDER IM FELD

[1] Waliszewski, II, pp. 13–18

[2] Choiseul-Gouffier, *Historical Memories,* p. 67; Waliszewski, II, pp. 14–15 und 21–3

[3] Choiseul-Gouffier, *op. cit.*, pp. 66 und 84–7; Narichkine, *Rostopchine et son Temps,* p. 110

[4] Choiseul-Gouffier, *op. cit.*, pp. 72–4

[5] *Ibid.*, p. 82

[6] *Ibid.*, p. 90

[7] Duffy, *Borodino,* p. 54

[8] Nesselrode Memoirs, LPN, II, p. 75; Nesselrode an seine Frau, 25. Mai 1812, LPN, IV, p. 32
[9] Grimsted, *op. cit.*, pp. 190–1; Rumjanzew an Alexander, 5. Juli 1812, VPR, VI, pp. 452–3
[10] Tarlé, *op. cit.*, p. 24; Palmer, *Napoleon in Russia*, pp. 43–4
[11] Katharina Pawlowna an Alexander, Juni 1812, *Corr. Alex.*, p. 76
[12] Alexander an Katharina Pawlowna, 9. Juni 1812, *ibid.*, p. 73
[13] Vandal, III, pp. 402–25; Palmer, *op. cit.*, pp. 17–23
[14] Rambuteau, *Mémoires*, pp. 67–8; Fain, *Manuscrit de 1812*, I, p. 77
[15] Rambuteau, *loc. cit.*, und Fain, *loc. cit.;* Vandal, III, pp. 429–31
[16] Fain, *op. cit.*, I, p. 77
[17] Tarlé, *op. cit.*, p. 24; Waliszewski, II, p. 26; Palmer, *op. cit.*, p. 44
[18] Waliszewski, II, p. 33
[19] Choiseul-Gouffier, *op. cit.*, pp. 91–3
[20] Choiseul-Gouffier und Oginski, *loc. cit.;* Garros, *Quel Roman ...!*, p. 380
[21] Castellane, *Journal*, I, pp. 108–9; Palmer, *op. cit.*, p. 48
[22] W. Löwenstern, *Mémoires*, I, p. 190; Tarlé, *op. cit.*, pp. 44–5
[23] *Ibid.;* N. M., *Alex. I*, I, p. 97; Shilder, *Alek. I*, III, p. 374
[24] VPR, VI, p. 443
[25] Adams, p. 382; Shilder, *Alek. I*, III, p. 375
[26] Rumjanzew an Alexander, 25. Juni 1812, VPR, VI, p. 441
[27] Tarlé, *op. cit.*, pp. 43–5; Vandal, III, pp. 515–28
[28] Choiseul-Gouffier, *op. cit.*, p. 94
[29] W. Löwenstern, *op. cit.*, I, p. 190
[30] Choiseul-Gouffier, *op. cit.*, p. 95
[31] Palmer, *op. cit.*, pp. 48–51
[32] Napoleon an Alexander, 1. Juli 1812, *Nap. Corr.*, XXIV, no. 18878 (englische Übersetzung in Thompson, *Napoleon's Letters*, pp. 268–70)
[33] Caulincourt, *Mémoires*, I, p. 360
[34] W. Löwenstern, *op. cit.*, I, p. 377
[35] Jenkins, *Arakcheev*, p. 153
[36] Palmer, *op. cit.*, p. 57
[37] Alexander an Tschitschagow, 12. Juli 1812, VPR, VI, p. 461
[38] Clausewitz, *op. cit.*, pp. 41–2; Tarlé, *op. cit.*, p. 56; Wilson, *Narrative of Events*, pp. 44–8
[39] VPR, VI, pp. 468–82
[40] Duffy, *op. cit.*, pp. 55–6
[41] Tarlé, *op. cit.*, p. 57
[42] *Ibid.;* Jenkins, *op. cit.*, p. 153
[43] W. Löwenstern, *op. cit.*, I, p. 208
[44] Palmer, *op. cit.*, p. 58
[45] Jenkins, *op. cit.*, p. 153

[46] W. Löwenstern, *op. cit.*, I, p. 209; Brett-James, *op. cit.*, p. 78
[47] Tarlé, *op. cit.*, p. 58 (cf. Shilder, *Alek. I*, III, pp. 86–7)

Kapitel 12: AUF MESSERS SCHNEIDE

[1] Narichkine, *Comte Rostopchine*, pp. 126–7; Olivier, *L'Incendie de Moscou*, pp. 31–2
[2] Alexander an Katharina Pawlowna, 24. Juli 1812, *Corr. Alex.*, p. 79
[3] Waliszewski, II, pp. 78–9; Tarlé, *Nashestvie Napoleona*, p. 110; Christian, *Tolstoy's War and Peace*, pp. 67–8 und 72
[4] Waliszewski, II, p. 73
[5] Aleshkin und Golovnikow in einem Artikel, die Moskauer Miliz 1812 betreffend, *Voprosy Istorii* (1962), no. 9, p. 27
[6] Alexander an Katharina Pawlowna, 20. August 1812, *Corr. Alex.*, p. 82
[7] Alexander an Katharina Pawlowna, 20. August 1812, *loc. cit.*
[8] Elisabeth an ihre Mutter, 10. August 1812, N. M., *Elis.*, II, p. 530
[9] Alexander an Katharina Pawlowna, 20. August 1812, *Corr. Alex.*, p. 82
[10] Duffy, *op. cit.*, pp. 65–6; Tarlé, *op. cit.*, p. 113
[11] Alexander an Katharina Pawlowna, 30. September 1812, *Corr. Alex.*, p. 87
[12] *Ibid.*
[13] Georg von Oldenburg an Alexander, 17. August 1812, *Corr. Alex.*, p. 263
[14] Katharina Pawlowna an Alexander mit gleichem Datum, *ibid.*, p. 81
[15] Clausewitz, *Campaign of 1812*, p. 115
[16] Elisabeth an ihre Mutter, 13. September 1812, N. M., *Elis.*, II, p. 535
[17] Palmer, *op. cit.*, pp. 131–2
[18] Adams, p. 404
[19] Katharina Pawlowna an Alexander, 15. September 1812, *Corr. Alex.*, p. 83; Olivier, *op. cit.*, p. 131
[20] Edling, *Mémoires*, p. 79
[21] Adams, pp. 408 und 409–10
[22] Webster, *Castlereagh*, I, p. 99
[23] Napoleon an Alexander, 20. September 1812, *Nap. Corr.*, XXIV, no. 19213 (englische Version, Thompson, *Napoleon's Letters*, pp. 273–4)
[24] Strakhovsky, *Alexander I*, pp. 136–8
[25] Elisabeth an ihre Mutter, 6. Oktober 1812, N. M., *Elis.*, II, p. 539
[26] Caulaincourt, *Mémoires*, II, pp. 30–45
[27] *Ibid.*, II, pp. 46–7
[28] Ségur, *History of the Expedition to Russia*, II, p. 72; Caulaincourt, *op. cit.*, II, pp. 60–1
[29] Wilson. *op. cit.*, pp. 203–5; Tarlé, *op. cit.*, pp. 189 und 222
[30] Adams, p. 414

[31] *Ibid.*, pp. 416–17
[32] Elisabeth an ihre Mutter, 27. Oktober 1812, N. M., *Elis.*, II, pp. 541–2
[33] Wilson, *op. cit.*, pp. 222–8; Ségur, *op. cit.*, II, pp. 110–13
[34] Shilder, *Alek. I*, III, pp. 116–17 und 378; N. M., *Alex. I*, I, pp. 160–4
[35] *Ibid.*, I, pp. 159–60
[36] Adams, p. 420
[37] Ségur, *op. cit.*, II, pp. 155–9
[38] Alexander an Katharina Pawlowna, 20. November 1812, *Corr. Alex.*, p. 103
[39] Derselbe an dieselbe, 22. November 1812, *ibid.*, p. 105; Palmer, *op. cit.*, pp. 215–16
[40] Alexander an Katharina Pawlowna, 20. November 1812, *Corr. Alex.*, p. 103
[41] Adams, pp. 422–3
[42] Denniée, *Itinéraire*, pp. 166–7; Castellane, *Journal*, I, p. 201; Caulaincourt, *op. cit.*, II, pp. 205–7
[43] Arndt Memoiren, angeführt bei Brett-James, 1812, pp. 285–6
[44] Beskrovny, *Pokhod Russkoi Armii Protiv Napoleona*, 1813, pp. 1–4

Kapitel 13: DER ZAR MIT EINER MISSION

[1] Choiseul-Gouffier, *Historical Memoirs*, pp. 131–44
[2] Rumjanzew an Alexander, 11. Januar 1813, VPR, VI, p. 475
[3] Wilson. *Narrative*, p. 352; Predtechensky Artikel über Verluste 1812, *Istorichevsky Zhurnal*, 1941, combined nos. 7 und 8, p. 99
[4] Siehe Schmitts Artikel über Stein und Alexander, JMH, Vol. 31, pp. 327–8
[5] Ramm, *Germany*, p. 96; Wilson, *op. cit.*, pp. 360–3
[6] Beskrovny, *Pokhod Russkoi ... 1813*, p. 10; Choiseul-Gouffier, *op. cit.*, pp. 155–6
[7] N. M., *Alex. I*, p. 175; Strakhovsky, *Alexander I*, pp. 131–2
[8] Shilder, *Alek. I*, III, p. 142
[9] Alexander an Katharina Pawlowna, 7. März 1813, *ibid.*, p. 132
[10] Lefebvre, *Napoléon*, II, p. 327
[11] Shilder, *Alek. I*, III, p. 142
[12] Alexander an Katharina Pawlowna, 28. April 1813, *Corr. Alex.*, pp. 141–2
[13] Tarlé, *op. cit.*, p. 273; Brett-James, *General Wilson's Journal*, p. 151
[14] Chandler, *Campaigns of Napoleon*, p. 881
[15] Shilder, *Alek. I*, III, p. 147, führt die Memoiren des Grafen Donnersmarck an
[16] LPN, V, p. 91; Katharina Pawlowna an Alexander, 10. Mai 1813, *Corr. Alex.*, pp. 142–3
[17] Shilder, *Alek. I*, III, p. 154; Chandler, *op. cit.*, p. 892
[18] Palmer, *Metternich*, p. 95; Kissinger, *World Restored*, pp. 70–5
[19] Caulaincourt, *Mémoires*, II, p. 390; Lefebvre, *op. cit.*, II, p. 330

[20] Kissinger, *op. cit.*, p. 72
[21] Adams, p. 579
[22] Kukiel, *Czartoryski and European Unity*, p. 104
[23] Palmer, *op. cit.*, p. 97
[24] Alexander an Katharina Pawlowna, 14. Juni 1813, *Corr. Alex.*, p. 154
[25] Metternich, *Mémoires*, I, pp. 250–3
[26] Kissinger, *op. cit.*, pp. 81–2
[27] Metternich, *op. cit.*, I, pp. 165–6
[28] *Ibid.*; Palmer, *op. cit.*, p. 104; Shilder, *Alek. I*, III, pp. 166–7 und 383
[29] Chandler, *op. cit.*, pp. 903–10
[30] *Ibid.*, p. 912
[31] Chandler, *op. cit.*, pp. 912–36
[32] Alexander an Golizyn, 21. Oktober 1813, N. M., *Alex. I*, I, p. 511
[33] Palmer, *op. cit.*, p. 109
[34] Kissinger, *op. cit.*, pp. 100–1
[35] Webster, *Castlereagh*, I, pp. 167–9
[36] Palmer, *op. cit.*, p. 111
[37] Alexander an La Harpe, 3. Januar 1814, SIRIO, V, pp. 42–5
[38] Metternich an Gentz, 13. Januar 1814, Wittichen und Salzer, *Briefe ... Gentz*, III, pt, I, p. 204
[39] Shilder, *Alek. I*, III, p. 182
[40] Webster, *Castlereagh*, I, pp. 203 und 218; Metternich an Hudelist, 23. Januar 1814, HHSA, Inter. Korrespondenz, 77
[41] Chandler, *op. cit.*, pp. 972–5
[42] Webster, *Castlereagh*, pp. 226–7
[43] Shilder, *Alek. I*, III, pp. 195 und 386
[44] *Ibid.*, III, pp. 200 und 387
[45] Caulaincourt, *Mémoires*, III, p. 69
[46] Shilder, *Alek. I*, III, pp. 203–4
[47] Caulaincourt, *op. cit.*, III, pp. 72–6
[48] *Ibid.*, III, pp. 87–9; Shilder, *Alek. I*, III, pp. 209–10
[49] *Ibid.*, III, pp. 210, 213; Cooper, *Talleyrand*, p. 224; N. M., *Alex. I*, I, p. 133
[50] Caulaincourt, *op. cit.*, III, p. 94

Kapitel 14: EUROPÄISCHER AUSBLICK

[1] Shilder, *Alek. I*, III, pp. 213–15; Cooper, *Talleyrand*, pp. 225–8
[2] Nicolson, *Congress of Vienna*, pp. 85–6; Lefebvre, *Napoléon*, II, p. 351
[3] Webster, *British Documents*, pp. 147–8
[4] Nicolson, *op. cit.*, p. 91

[5] Caulaincourt, *op. cit.*, III, pp. 226–30
[6] *Ibid.*, III, pp. 255–338
[7] Metternich, *Mémoires*, I, pp. 194–5
[8] Lefebvre, *op. cit.*, II, p. 252; Nicolson, *op. cit.*, pp. 94–6
[9] Webster, *Castlereagh*, I, pp. 263–4
[10] Bartlett, *Castlereagh*, p. 133
[11] Siehe Brief Alexanders an Maria Fjodorowna aus Paris vom 15. April 1814, *Russkaya Starina* für 1914, p. 488
[12] Alexanders Großmut betreffend, siehe Almedingen, *Emperor Alexander*, pp. 151–3
[13] N. M., *Alex. I*, I, p. 137; Nicolson, *op. cit.*, p. 105
[14] Knapton, *Empress Josephine*, p. 341
[15] Alexander an Josephine, 18. April 1814, zitiert von Georges Maugin bei Knapton, *loc. cit.*
[16] Knapton, p. 343
[17] *Ibid.*; Nicolson, *op. cit.*, p. 108
[18] Palmer, *Metternich*, p. 124; Webster, *Castlereagh*, I, pp. 280–1
[19] *Ibid.*, pp. 287–8; Kissinger, *World Restored*, pp. 142–4
[20] Ziegler, *William IV*, p. 116
[21] *The Times*, 9. Juni 1814; Grieg, *Farington Diary*, VII, p. 256
[22] Nicolson, *op. cit.*, p. 114
[23] *Annual Register, 1814*, pp. 552–67
[24] Colchester, *op. cit.*, II, p. 502
[25] Lieven Memoirs, *Corr. Alex.*, pp. 242–3
[26] Scott, *Quakers in Russia*, p. 43
[27] *Ibid.*, pp. 52–3
[28] W. Allen, *Life and Correspondence*, I, pp. 193–9
[29] *Ibid.*, pp. 52–3
[30] Scott, *op. cit.*, pp. 55–6
[31] Adams, p. 655; Alexander an Katharina Pawlowna, 29. Juni 1814, *Corr. Alex.*, pp. 191–2
[32] N. M., *Elis.*, II, p. 488
[33] Choiseul-Gouffier, *Historical Memoirs*, p. 188
[34] Grimsted, *Foreign Ministers*, p. 210
[35] *Ibid.*, pp. 219–21
[36] N. M., *Alex. I*, I, p. 340; Edling, *Mémoires*, p. 146; SIRIO, III, p. 303; Grimsted, *op. cit.*, pp. 231 ff.
[37] Weil, I, no. 10, pp. 8–9 (cf. *ibid.*, no. 190, p. 153)
[38] Talleyrand, *Mémoires*, II, p. 329; Seton-Watson, *Russian Empire*, pp. 149–51; Waliszewski, II, p. 270; Weil, I, p. 574
[39] Kukiel, *Czartoryski and European Unity*, pp. 119–20
[40] Waliszewski, II, p. 272; N. M., *Alex. I*, I, p. 143

[41] Weil, I, no. 108, p. 92
[42] Grimsted, *op. cit.*, p. 35; Metternich, *Mémoires*, II, p. 477
[43] Siehe die Einleitung in Weil, I, und Nicolson, *op. cit.*, pp. 204–5
[44] Weil, I, no. 277, p. 223
[45] *Ibid.*, I, no. 292, pp. 233–4
[46] Weil, I, no. 252, p. 205
[47] *Ibid.*, I, no. 233, p. 193
[48] *Ibid.*, I, no. 292, p. 234
[49] Webster, *Castlereagh*, I, pp. 342–47
[50] Nicolson, *op. cit.*, pp. 169–70; Palmer, *The Lands Between*, p. 24
[51] Webster, *Castlereagh*, I, pp. 347–8
[52] Grimsted, *op. cit.*, p. 211
[53] Shilder, *Alek. I*, III, pp. 534–47
[54] Weil, I, no. 457, p. 339 und no. 531, p. 384
[55] Shilder, *Alek. I*, III, p. 279
[56] Palmer, *Metternich*, pp. 136–7 mit angeführten Quellen, *ibid.*, pp. 357–8
[57] Weil, I, no. 598, pp. 422–3 und no. 608, pp. 427–8
[58] Webster, *British Diplomacy*, p. 222
[59] Webster, *Castlereagh*, I, p. 347; Nicolson, *op. cit.*, p. 177
[60] Weil, I, no. 1036, p. 669; no. 1066, p. 687; and no. 1091, p. 699
[61] Webster, *Castlereagh*, I, pp. 362–75; Palmer, *Metternich*, pp. 141–2
[62] Webster, *Castlereagh*, I, p. 389
[63] Webster, *Castlereagh*, I, p. 495
[64] Nicolson, *op. cit.*, pp. 180–1; Palmer, *Metternich*, p. 142
[65] Grimsted, *op. cit.*, pp. 231–3; Palmer, *op. cit.*, p. 141
[66] Weil, I, no. 1068, p. 687
[67] *Ibid.*, I, no. 1068, p. 687
[68] *Ibid.*, I, no. 416, pp. 317–18 und no. 417, p. 318
[69] *Ibid.*, I, no. 1006, p. 651
[70] *Ibid.*, I, no. 994, p. 647
[71] Metternich, *Mémoires*, I, pp. 315–16
[72] N. M., *Elis.*, II, p. 485
[73] Knapton, *Lady of the Holy Alliance*, pp. 140–1; Edling, *Mémoires*, pp. 217–18; Ley, *Madame de Krudener et son Temps*, p. 434
[74] Knapton, *op. cit.*, p. 140
[75] *Ibid.*, p. 141
[76] Metternich, *op. cit.*, I, pp. 204–6
[77] Paléologue, *Enigmatic Czar*, p. 231
[78] Nicolson, *op. cit.*, p. 230
[79] Palmer, *op. cit.*, pp. 146–8
[80] Metternich, *op. cit.*, I, p. 328; Palmer, *op. cit.*, p. 145
[81] Longford, *Wellington, The Years of the Sword*, p. 389

[82] Weil, II, no. 2336, p. 539
[83] Knapton, *op. cit.*, p. 141
[84] Weil, II, no. 2460, pp. 595–6
[85] Edling, *op. cit.*, p. 231; N. M., *Alex. I*, p. 167

Kapitel 15: DIE HEILIGE ALLIANZ

[1] Knapton, *Lady of the Holy Alliance*, pp. 144–5; Edling, *Mémoires*, p. 232; Ley, *Madame de Krudener et son Temps*, pp. 449–51
[2] Knapton, *op. cit.*, p. 153
[3] Edling, *op. cit.*, p. 234; Knapton, *op. cit.*, pp. 154–6
[4] N. M., *Alex. I*, II, pp. 215–21
[5] Ley, *op. cit.*, p. 458
[6] Waliszewski, II, p. 358
[7] Shilder, *Alek. I*, III, p. 335
[8] Longford, *Wellington, Pillar of State*, p. 6
[9] Palmer, *Metternich*, p. 154
[10] Grimsted, *Foreign Ministers*, pp. 243–4
[11] Shilder, *Alek. I*, III, p. 348; Cooper, *Talleyrand*, p. 286
[12] Webster, *Castlereagh*, I, p. 481; Knapton, *op. cit.*, pp. 155–6; Guedalla, *The Duke*, p. 286
[13] *Ibid.*, p. 157
[14] Knapton, *op. cit.*, p. 157
[15] *Ibid.;* Schwarz, *Die Heilige Allianz*, p. 55; Ley, *op. cit.*, pp. 491–6
[16] Empaytaz, *Notice sur Alexandre*, p. 40
[17] Schwarz, *Die Heilige Allianz*, pp. 50–2
[18] Webster, *British Diplomacy*, p. 381; Palmer, *op. cit.*, p. 153
[19] Longford, *Wellington, Pillar of State*, p. 31
[20] Schwarz, *op. cit.*, pp. 52–7
[21] Knapton (*op. cit.*, p. 159) führt einen Brief von Roxana Sturdza an Kapodistrias an, der zuerst in *Russkii Arkhiv* no. 11 (1891), p. 421, abgedruckt wurde. Aber es scheint, daß ihr Bruder Alexander Sturdza den Ansprüchen der Baronin mehr Sympathien entgegenbrachte (Ley, *op. cit.*, p. 498)
[22] Knapton, *op. cit.*, pp. 160–5
[23] N. M., *Alex. I*, I, p. 524
[24] N. M., Alex. I, II, pp. 215–23; Knapton, *op. cit.*, p. 158; Ley, *op. cit.*, pp. 470 und 472
[25] Knapton, p. 155
[26] *Ibid*, pp. 211–12 und 125; Ley, *op. cit.*, pp. 564–5 und 578–9
[27] Alexander an Katharina Pawlowna, 1. Oktober 1815, *Corr. Alex.*, p. 202
[28] Webster, *Castlereagh*, I, pp. 483–4

[29] Alexander an Katharina Pawlowna, 1. Oktober 1815, *Corr. Alex.*, p. 203
[30] Shilder, *Alek. I*, III, pp. 348–9

Kapitel 16: GEGENSÄTZE

[1] Choiseul-Gouffier, *Historical Memoirs*, pp. 206–7
[2] *Ibid.*, p. 209; N. M., *Alex. I*, I, pp. 188–90
[3] Auszüge aus der polnischen konstitutionellen Verfassung sind abgedruckt in Vernadsky, *Source Book for Russian History*, II, pp. 500–2
[4] Raeff, *Speransky*, p. 39
[5] Shilder, *Alek. I*, III, pp. 551–2
[6] Schiemann, *Geschichte Rußlands ... Nikolaus I*, I, pp. 112–78
[7] Shilder, *Alek. I*, IV, pp. 1–2 und 449
[8] Waliszewski, II, p. 403
[9] Siehe die Memoiren des Dekabristen Fonvizin, von denen Auszüge in Vernadsky, *Source Book*, II, pp. 522–5, abgedruckt sind. Siehe auch Riha, *Readings*, p. 99
[10] Vernadsky, *loc. cit.;* Jenkins, *Arakcheev*, p. 205
[11] Jenkins, *Arakcheev*, p. 187
[12] *Ibid.*, p. 179
[13] *Ibid.*, p. 175
[14] Shilder, *Alek. I*, IV, pp. 30–2
[15] Jenkins, *op. cit.*, p. 186; Artikel von Pipes, JMH, Vol. 22, pp. 208–9
[16] Jenkins, *op. cit.*, pp. 188–9; Vernadsky, *Source Book*, II, pp. 503–4
[17] *Ibid.*, II, p. 504 (führt einen Ukas an, der von Alexander am 26. August 1818 unterschrieben wurde)
[18] Seton-Watson, *op. cit.*, pp. 160–1
[19] Pipes, JMH, Vol. 22, pp. 212–14; Lee, *Last Days of Alexander*, p. 85
[20] N. M., *Alex. I*, pp. 159–84
[21] Strakhovsky, *Alexander I*, pp. 131 und 173
[22] Seton-Watson, *op. cit.*, pp. 164–71
[23] *Ibid.*, p. 166; N. M., *Alex. I*, I, pp. 178–9
[24] Scott, *Quakers in Russia*, pp. 59 und 60–1; Wheeler, *Memoirs*, p. 58
[25] Scott, *op. cit.*, p. 84
[26] N. M., *Alex. I.* (Russian edition), I, p. 574, siehe bei Seton-Watson, *op. cit.*, p. 164
[27] N. M., *Corr. Alex.*, pp. 30, 39 und 59
[28] *Russkii Arkhiv*, XXVI, pp. 373–7; Palélogue, *Enigmatic Czar*, p. 267
[29] Alexander an Castlereagh am 2. April 1816, F. O. 65/105/privat. Siehe auch diese Frage, die Abrüstung betreffend, Webster, *Castlereagh*, II, pp. 97–9 und 103

[30] *Ibidem*
[31] *Ibid.*, II, p. 99
[32] Grimsted, *Foreign Ministers*, pp. 226–50
[33] Webster, *Castlereagh*, II, p. 195; Palmer, *Metternich*, pp. 187 und 193
[34] Webster, *Castlereagh*, II, p. 123
[35] Grimsted, *op. cit.*, pp. 244–5
[36] Una Pope-Hennessey, *A Czarina's Story*, p. 28; Shilder *Alek. I*, IV p. 108
[37] Webster, *Castlereagh*, II, pp. 148–9 und 162; Longford, *Wellington, Pillar of State*, pp. 50–1
[38] Palmer, *op. cit.*, p. 177, führt einen Brief Maria Esterhazys an, der in *Metternich und die Frauen*, II, p. 82, abgedruckt ist
[39] Metternich, *Mémoires*, I, p. 316
[40] Siehe Broschüre von Thomas Clarkson, *Interview with the Emperor Alexander*, und Webster, *Castlereagh*, II, pp. 167–72
[41] N. M., *Alex. I*, I, pp. 199–200
[42] Metternich, *op. cit.*, III, pp. 170–6
[43] N. M., *Alex. I*, I, p. 202

Kapitel 17: DER ABWESENDE ZAR

[1] Una Pope-Hennessey, op. cit., p. 43
[2] *Ibid.*, p. 44; N. M., *Elis.*, III, p. 7
[3] Metternich, Mémoires, III, pp. 284–97
[4] Seton-Watson, *Russian Empire*, p. 157
[5] Hollingsworths Artikel über Kunitsyn, SEER, Vol. 43, p. 122; Seton-Watson, *op. cit.*, p. 170
[6] Shilder, *Alek. I*, IV, p. 204
[7] Paléologue, *Enigmatic Czar*, p. 262
[8] Alexandra Memoir, Una Pope-Hennessey, *op. cit.*, pp. 44–5
[9] Ley, *op. cit.*, p. 565
[10] *Ibid.*, pp. 563–5; N. M., *Alex. I*, II, pp. 227–8
[11] Shilder, *Alek I*, IV, pp. 176–80; Ley, *op. cit.*, p. 567
[12] Webster, *Castlereagh*, II, pp. 207–14
[13] Palmer, *op. cit.*, p. 192
[14] Elisabeth an ihre Mutter, 28. November 1820, N. M., *Elis.*, III, p. 157
[15] Metternich, Mémoires, III, pp. 173–4
[16] Schroeder, *op. cit.*, p. 69; Webster, *Castlereagh*, II, p. 525
[17] Waliszewski, III, pp. 57–64; Jenkins, *Arakcheev*, pp. 211–13; N. M., *Alex.I*, pp. 233–8
[18] Waliszewski, III, p. 63; Jenkins, *op. cit.*, pp. 212–13
[19] Alexander an Arakcheev, 17. November 1820, Shilder, *Alek. I*, IV, p. 185

[20] Grimsted, *Foreign Ministers*, pp. 249–50
[21] Kissinger, *World Restored*, pp. 264–5; Webster, *Castlereagh*, II, p. 525
[22] Metternich, *Mémoires*, III, pp. 380 bis 382–3
[23] *Ibid.*, III, pp. 425–55; Palmer, *op. cit.*, p. 197
[24] Metternich, *Mémoires*, III, p. 454
[25] Alexanders Brief an Golizyn, »angefangen am 8. und fertiggeschrieben am 15. Februar 1821« (? alter Stil), N. M., *Alex. I*, I, pp. 521–9. Nur auf den ersten zwei Seiten wird Metternichs Meinung wiedergegeben; die restlichen sechs Seiten zeigen ein tiefes Studium der Heiligen Schrift
[26] Schroeder, *op. cit.*, pp. 104–6
[27] Palmer, *op. cit.*, p. 200
[28] *Ibid.*, Kissinger, *op. cit.*, p. 278
[29] Grimsted, *op. cit.*, p. 259; Ley, *op. cit.*, p. 575
[30] Grimsted, *op. cit.*, pp. 260–1
[31] Anderson, *Eastern Question*, pp. 59–60; Kissinger, *op. cit.*, pp. 290–1
[32] Metternich, *Mémoires*, III, pp. 472 und 587; SIRIO, III, p. 276; Grimsted, *op. cit.*, p. 262
[33] N. M., *Alex. I*, II, pp. 356–7
[34] Ley, *op. cit.*, p. 578
[35] Kapodistrias, *Aperçu*, SIRIO, III, p. 269
[36] Metternich, *Mémoires*, III, p. 483; Schroeder, *op. cit.*, p. 177
[37] Palmer, *op. cit.*, p. 210
[38] Schroeder, *op. cit.*, pp. 200–3
[39] Dieser Satz stammt von Gentz; siehe Palmer, *op. cit.*, p. 215
[40] Über den Kongreß in Verona siehe bei Schroeder, *op. cit.*, pp. 211–36
[41] Temperley, *Foreign Policy of Canning*, pp. 67–8
[42] Metternich, *Mémoires*, p. 320
[43] Scott, *Quakers in Russia*, p. 96–7, Zitat Allen, *Life*, II, p. 30
[44] Metternich, *Mémoires*, III, pp. 563–5
[45] Alexander an Anna Pawlowna, 16. November 1822, Jackman, *Romanov Relations*, p. 89
[46] Elisabeth an ihre Mutter, 11. März 1823; N. M., *Elis.*, III, p. 231

Kapitel 18: »EINE INSEL, VON STURMWELLEN UMSPÜLT«

[1] Seton-Watson, *Russian Empire*, pp. 193–4
[2] Konstantin an Alexander, 14. Januar 1822, Vernadsky, *Source Book*, II, p. 510
[3] Alexanders Geheimbefehl, die Thronfolge betreffend, 16. August 1823, *ibid.*
[4] Nikolaus' Entwicklung betreffend, siehe Una Pope-Hennessey, *A Czarina's Story*, pp. 50–1

[5] Konstantin an Anna Pawlowna, 11. März 1824, Jackman, *Romanov Relations*, p. 95
[6] Paléologue, *Enigmatic Czar*, p. 288
[7] Briefe von Elisabeth an ihre Mutter, 27. Januar bis 4. Februar 1824, N. M., *Elis.*, III, pp. 268–71
[8] Dieselbe an die gleiche, 27. Januar 1824, *ibid.*, III, p. 269
[9] Dieselbe an die gleiche, 31. Januar 1824, *ibid.*, III, p. 270
[10] Dieselbe an die gleiche, 1. März 1824, *ibid.*, III, p. 275
[11] Im selben Brief, p. 276
[12] Elisabeth an ihre Mutter, 30. Juni 1824, *ibid.*, III, p. 294
[13] Dieselbe an die gleiche, 4. August 1824, *ibid.*, III, pp. 300–1
[14] Jenkins, *Arakcheev*, pp. 224–6
[15] Elisabeth an ihre Mutter, 19. November 1824, N. M., *Elis.*, III, pp. 312–14
[16] Anna Pawlowna an Mademoiselle de Sybourg, 22. November 1824, Jackman, *op. cit.*, pp. 103–4
[17] Elisabeths Brief vom 19. November 1824, *loc. cit.*
[18] Elisabeth an ihre Mutter, 23. November 1824, N. M., *Elis.*, III, p. 314; Lee, *Last Days of Alexander*, p. 8
[19] Shaw, *Letters of Pushkin*, p. 189
[20] Lee, *Last Days of Alexander*, p. 8
[21] Elisabeth an ihre Mutter, 24. November 1824, N. M., *Elis.*, III, pp. 314–15
[22] *Ibid.*, III, pp. 29–30
[23] Elisabeth an ihre Mutter, 8. April 1825, N. M., *Elis.*, III, p. 416
[24] Grimsted, *op. cit.*, p. 284; Schiemann, *Geschichte Rußlands ... Nik. I*, I, pp. 608–10
[25] Temperley, *Unpublished Diary*, pp. 85–100
[26] Temperley, *Foreign Policy of Canning*, pp. 347–8
[27] Shilder, *Alek. I*, IV, p. 349
[28] *Ibid.*, IV, p. 350; Elisabeth an ihre Mutter, 10. August 1825, N. M., *Elis.*, III, p. 432
[29] Lebzeltern an Metternich, 19. August 1825, HHSA, Dipl. Korrespondenz, Rußland 1825, Karton 68
[30] Depeschen von Lebzeltern an Metternich am 6., 13. und 20. September 1825, siehe auch HHSA, Karton 68
[31] Grimsted, *op. cit.*, pp. 284–5

Kapitel 19: TAGANROG

[1] Shilder, *Alek. I*, IV, pp. 352–5 und 482
[2] Bariatinsky, *Le Mystère d'Alexandre I*, pp. 25–7
[3] Lebzeltern an Metternich, 6. September 1825, HHSA, Dipl. Korr. Rußland, Karton 68

[4] Elisabeth an ihre Mutter, 5. Oktober, *loc. cit.*
[5] Dieselbe an die gleiche, 8. Oktober 1825, *Ibid.*, III, pp. 447-8
[6] Dieselbe an die gleiche, 12. Oktober 1825, *Ibid.*, III, p. 449
[7] »Unpublished Details relative to the death of Emperor Alexander«, *Western Mss. Bod.*
[8] Elisabeth an ihre Mutter, 21. Oktober 1825, N. M., *Elis.*, III, p. 455
[9] »Unpublished Details«, *Western Mss. Bod.*
[10] Lee, *Last Days of Alexander*, pp. 25 und 27
[11] Ley, *Madame de Krudener*, pp. 596-7
[12] Lee, *op. cit.*, p. 30; Shilder, *Alek. I*, IV, p. 376
[13] »Unpublished Details«, *loc. cit.;* Lee, *op. cit.*, p. 43
[14] »Unpublished Details«, *loc. cit.*
[15] Alexander an Elisabeth, 10. November 1825, N. M., *Elis.*, III, pp. 538-9
[16] »Unpublished Details«, *loc. cit.*
[17] Elisabeths Tagebuch, N. M., *Elis.*, III, p. 333
[18] Briefe Elisabeths an ihre Mutter, 20. und 21. November 1825, *ibid.*, III, pp. 459-60
[19] Elisabeths Tagebuch, *ibid.*, III, p. 335
[20] Lee, *op. cit.*, p. 21
[21] Elisabeths Tagebuch, N. M., *Elis.*, III, pp. 335-44
[22] Bariatinsky, *op. cit.*, p. 47
[23] Elisabeths Tagebuch, N. M., *Elis.*, III, pp. 342-4
[24] Paléologue, *Enigmatic Czar*, p. 304; Bariatinsky, *op. cit.*, p. 73; Strakhovsky, *Emperor Alexander I*, p. 226
[25] Paléologue, *op. cit.*, p. 305
[26] Elisabeths Tagebuch, N. M., *Elis.*, III, p. 344
[27] Elisabeth an ihre Mutter, 23. November 1825, *ibid.*, III, p. 460
[28] Dieselbe an die gleiche, 14. Dezember 1825, *ibid.*, III, pp. 466-7
[29] Dieselbe an die gleiche, 27. November 1825, *ibid.*, III, p. 460
[30] Dieselbe an die gleiche, 1. Dezember 1825, *ibid.*, III, p. 461; Shilder, *Alek. I*, IV, pp. 384-6 und 485
[31] Siehe Elisabeths Briefe an ihre Mutter, N. M., *Elis.*, III, pp. 461-76, und andere Korrespondenz im gleichen Band, pp. 630 und 641-2
[32] Shilder, *Alek. I,* IV, pp. 573-4; Bariatinsky, *op. cit.*, pp. 87-90
[33] *Ibid.*, pp. 90-1; Elisabeth an ihre Mutter, 11. Dezember 1825, N. M., *Elis.*, III, p. 464
[34] Lee, *op. cit.*, p. 40
[35] Siehe Elisabeths Briefe an ihre Mutter vom 17. und 19. Dezember 1825, N. M., *Elis.*, III, pp. 468 und 469
[36] Lebzeltern an Metternich, 9. Dezember 1825, HHSA, Dipl. Korr. Rußland 1825, Karton 68
[37] Una Pope-Hennessey, *op. cit.*, p. 55

[38] *The Times,* 3. Februar 1826
[39] Jenkins, *Arakcheev,* pp. 252–4
[40] *Ibid.*, pp. 254–5
[41] Die Darstellung von Nikolaus ist abgedruckt in Vernadsky, *Source Book,* II, pp. 528–30
[42] Shilder, *Alek. I,* IV, pp. 436–7. Ein Gerücht, daß Alexander in Taganrog ermordet worden sei, wahrscheinlich durch Gift, erschien in der Londoner *Times* am 3. März 1826
[43] *Ibid.*, IV, p. 437; Bariatinsky, *op. cit.*, p. 108
[44] *Ibid.*, p. 166; Longford, *Wellington, Pillar of State,* p. 126
[45] Elisabeth an ihre Mutter, 12. März 1826, N. M., *Elis.*, III, p. 513
[46] Die Autopsie von Elisabeth, *Ibid.*, III, pp. 619–20
[47] Strakhovsky, *op. cit.*, pp. 237, 256 und 259; cf. Grimsted, *Foreign Ministers,* p. 333
[48] Bariatinsky, *op. cit.*, pp. 129–63; Strakhovsky, *op. cit.*, p. 258; Okun und Delianchikovs Artikel über Kusmich in *Voprosy Istorii 1967,* no. 1, besonders pp. 193–5; Krupensky, *Taina Imperatora,* pp. 41–60
[49] Bariatinsky, *op. cit.*, pp. 150 und 146–7
[50] *Ibid.*, p. 166; Strakhovsky, *op. cit.*, p. 258; Krupensky, *op. cit.*, pp. 88–9; *The Times,* 18. November 1965
[51] Strakhovsky, *op. cit.*, pp. 267, 270 und 273. Über die Abneigung Alexanders, die traditionelle Begräbnisstätte der Zaren betreffend, siehe Loewensons Artikel über die Memoiren Bennigsens, SEER, Vol. 29, p. 229

Peter III. ∞ Katharina II.
* 1728
† 1762
(Zar 1761–62)

Katharina II.
* 1729
† 1796
(Kaiserin 1762–1796)

Paul I. ∞ Sophie Dorothee v. Württemberg
* 1754
† 1801
(Zar 1796–1801)

Sophie Dorothee v. Württemberg
(Maria Fjodorowna)
* 1759
† 1828

Alexander I. ∞ Luise v. Baden
* 1772
† 1825
(Zar 1801–1825)

Luise v. Baden
(Elisabeth
Alexejewna)
* 1779
† 1826

Alexandra ∞ Erzherzog Joseph
* 1783
† 1801

Erzherzog
Joseph
* 1776
† 1847

Helene ∞ Friedrich Ludwig v. Mecklenburg-Schwerin
* 1784
† 1803

Friedrich Ludwig
v. Mecklenburg-
Schwerin
* 1781
† 1828

Julia Henriette (1) ∞ Konstantin ∞ Johanna (2)

Julia Henriette (1)
v. Sachsen-Coburg
(Anna Fjodorowna)
* 1781
† 1860

Konstantin
* 1778
† 1831

Johanna (2)
Grudzińska
* 1781
† 1831

Maria
* 1799
† 1800

Elisabeth
(»Lisinka«)
* 1806
† 1808

VEREINFACHTER STAMMBAUM
DER ROMANOW-DYNASTIE

Maria ∞ Karl Friedrich v. Sachsen-Weimar
* 1786 † 1859 — * 1783 † 1853
1 Sohn, 1 Tochter

Anna ∞ Wilhelm II. der Niederlande
* 1793 † 1865 — * 1792 † 1849
4 Söhne, 1 Tochter

Michael ∞ Friederike v. Württemberg (Jelena Pawlowna)
* 1798 † 1849 — * 1806 † 1873
5 Töchter

(1) Georg v. Oldenburg ∞ Katharina ∞ Wilhelm v. Württemberg (2)
Georg: * 1784 † 1812 — Katharina: * 1788 † 1819 — Wilhelm: * 1781 † 1819
(1) 2 Söhne
(2) 2 Töchter

Nikolaus I. ∞ Charlotte v. Preußen (Alexandra Fjodorowna)
* 1796 † 1855 — * 1798 † 1860

Alexander II. ∞ Marie v. Hessen-Darmstadt (Maria Alexandrowna)
* 1818 † 1881 (Zar 1855–1881) — * 1824 † 1880
3 Söhne
3 Töchter

Alexander III. ∞ Dagmar v. Dänemark (Maria Fjodorowna)
* 1845 † 1894 (Zar 1881–1894) — * 1847 † 1928
4 Söhne
1 Tochter

Nikolaus II. ∞ Alexandra v. Hessen-Darmstadt (Alexandra Fjodorowna)
* 1868 † 1918 (Zar 1894–1917) — * 1872 † 1918
1 Sohn
4 Töchter

Ausgewählte Bibliographie

Für dieses Buch wurden vorwiegend die unten angeführten Werke benutzt. Ich habe aber außerdem Akten des Außenministeriums im Public Record Office, London, und von Metternichs Briefwechsel im Haus-, Hof- und Staatsarchiv, Wien, mit herangezogen. Einzelheiten dieses Archivmaterials können aus den Anmerkungen ersehen werden. Ich habe auch zurückliegende Nummern der *»The Times«* vom Jahre 1814 an und ein sechzehnseitiges Manuskript in der Universitäts-Bibliothek Oxford, mit dem Titel »Unpublished details relative to the death of Emperor Alexander« (Unveröffentlichte Einzelheiten, den Tod Kaiser Alexanders betreffend) (MS, Eng. Hist. d. 263) benutzt; dies ist tatsächlich eine Auswahl von übersetzten Auszügen eines privaten Tagebuchs eines »Russischen Adeligen«, das ursprünglich aus der Manuskripten-Sammlung von Sir Robert Ker Porter, dem bekannten Weltreisenden und Historienmaler, stammte.

A. W. P.

I. *Bibliographie nach der englischen Originalausgabe:*

Adams, C. F., *Memoirs of John Quincy Adams, comprising portions of his Diary,* Band 2 (Philadelphia, 1874).

Aleshkin, P. Y. und Golovnikov, V. K., »Moskovskoye Narodnoye Opolchenie v Otechestvennoi Voine 1812 Goda«, *Voprosy Istorii* (Moskau) Nr. 9, 1962, pp. 22–33.

Alexander I, Zar, »Pis'ma Imperatora Aleksandra I-go i drugikh osob tsarstvennogo doma k F. Ts. Lagarpu«, *Sbornik Imperatorskogo Russkogo Isotricheskogo Obshchestva* (St. Petersburg) Band 5 (1871), pp. 1–121.

Alexander I, Zar, »Pis'ma Imperatora Aleksandra Pavlovicha k R. S. Sturdze (Grafine Edling)«, *Russkii Arkhiv* (St. Petersburg) Band 26 (1888), pp. 373–7.

Allen, W., *Life and Correspondence,* Bände 1 und 2 (London, 1846).

Almedingen, E. M., *Emperor Alexander I* (London, 1964).

Altshuller, R. E. und Tartakovsky, V., *Listovki Otechestvennoi Voini 1812 Goda* (Moskau, 1962).

Anderson, M. S., *Britain's Discovery of Russia, 1553–1815* (London, 1958).

– *The Eastern Question 1774–1923* (London, 1966).

Anglesey, The Marquis of, *The Capel Letters, 1814–1817* (London, 1955).

Andolenko, S., *Histoire de l'Armée Russe* (Paris, 1967).

Annual Register for 1814 (London, 1815).
Anon., *A Key to the Recent Conduct of the Emperor of Russia* (London, 1807).
– *The Christian Conqueror: or Moscow burnt and Paris saved* (London, 1814).
– *The Christian Virtues of the Emperor of Russia and Others* (London, 1814).
– *Correct Account of the Visit of HRH The Prince Regent and his Illustrious Guests to the University and City of Oxford in June 1814* (Oxford, 1814).
– *An Important and Authentic Life of Alexander, Emperor of Russia* (London, 1814).
Außenministerium, USSR, *Vneshniaia Politika Rossi XIX i nachala XX veka*, Bände 1–6 (Moskau, 1960–1967).
Bailleu, Paul (Hrsg.), *Briefwechsel König Friedrich Wilhelms III. und der Königin Luise mit Kaiser Alexander I.* (Leipzig, 1900).
Bakounina, V., »Dvenadtsati God«, *Russkaya Starina* (St. Petersburg), Band 47 (1885), pp. 391–410.
Bariatinsky, V., *Le Mystère d'Alexandre I[e]* (Paris, 1929).
Bartlett, C. J., *Castlereagh* (London, 1966).
Beer, Adolf, *Zehn Jahre Österreichischer Politik, 1801–1810* (Leipzig, 1877).
Bertier de Sauvigny, G. de, *Metternich and His Times* (London, 1962).
– *»L'extravagante equipée de la prophétesse Marseillaise à la cour du tsar Alexandre I«, Le Figaro Littéraire* (Paris, 10. Dezember 1960), pp. 5–6.
Beskrovny, L. G. (Hrsg.), *Pokhod Russkoi Armii Protiv Napoleona v 1813 Godu i Osvobozhdenie Germanii* (Moskau, 1964).
Blackwell, W. L., *The Beginnings of Russian Industrialization 1800–1860* (Princeton, 1968).
Blum, Jerome, *Lord and Peasant in Russia* (Princeton, 1961).
Bogdanovich, M. I., *Istoriya Tsarstvovanie Imperatora Alexandra I.* 6 Bände (St. Petersburg, 1869).
Bonnefons, André, *Un Allié de Napoléon, Frédéric Auguste, Premier Roi de Saxe, 1763–1827* (Paris, 1902).
Botzenhart, Manfred, *Metternichs Pariser Botschafterzeit* (Münster, 1967).
Brett-James, Anthony (Hrsg.), *General Wilson's Journal, 1812–1814* (London, 1964).
– *1812: Eyewitness Accounts of Napoleon's Defeat in Russia* (London, 1966).
Broughton, Lord (John Cam Hobhouse), *Recollections of a Long Life.* 2 Bände (London, 1909–1911).
Bryant, Arthur, *The Age of Elegance 1812–1822* (London, 1950).
Castellane, Boniface de, *Journal du Maréchal de Castellane*, Band I (Paris, 1895).
Castera, J. H., *History of Catherine II, Empress of Russia* (London, 1800).
Caulaincourt, Armand de, *Mémoires,* 3 Bände (Paris, 1935).
Chambonas, Graf A. de la Garde, *Anecdotal Recollections of the Congress of Vienna* (London, 1902).
Chandler, D. G., *The Campaigns of Napoleon* (London, 1967).

Choiseul-Gouffier, Gräfin von, *Historical Memoirs of the Emperor Alexander I* (London, 1904).
Christian, R. F., *Tolstoy's War and Peace* (Oxford, 1962).
Clarkson, Thomas, *Thomas Clarkson's interview with the Emperor Alexander I of Russia at Aix-la-Chapelle as told by himself* (Wisbech, 1931).
Clausewitz, Carl von, *Campaign of 1812 in Russia* (London, 1843).
Colchester, Lord, *Diary and Correspondence of Charles Albert, Lord Colchester* (London, 1861).
Cooper, A. Duff, *Talleyrand* (London, 1932).
Crawley, C. W., *The Question of Greek Independence, 1821–1833* Cambridge, 1930).
– »John Kapodistrias and the Greeks before 1821«, *Cambridge Historical Journal*, Band 13, Nr. 2 (1957), pp. 162–82.
Cross, Anthony, *Russia under Western Eyes, 1517–1825* (London, 1971).
Dashkova, Prinzessin, *Memoirs*, 2 Bände (London, 1840).
Denniée, P. P., *Itinéraire de l'Empereur Napoléon* (Paris, 1842).
Duffy, Christopher, *Borodino, Napoleon against Russia* (London, 1972).
Edling, Roxane, *Mémoires de la Comtesse Edling* (Moskau, 1888).
Empaytaz, H. L., *Notice sur Alexandre, empereur de Russie* (Genf, 1840).
Esposito, V. F. und Elting, J. B., *Military History and Atlas of the Napoleonic Wars* (London, 1964).
Eynard, Charles, *Vie de Madame de Krudener.* 2 Bände (Paris, 1849).
Fain, P., *Manuscrit de mil huit cent douze* (Paris, 1827).
Fournier, A., *Der Congress von Chatillon* (Wien und Leipzig, 1900).
Garros, L. P., *Quel Roman que ma Vie! – Itinéraire de Napoléon Bonaparte* (Paris, 1947).
Gielgud, Adam (Hrsg.), *Memoirs of Prince Adam Czartoryski.* 2 Bände (London, 1888). [Contains material not in the French version of the *Memoirs*, edited by Mazade.]
Gleason, John H., *The Genesis of Russophobia in Great Britain* (Cambridge, Mass., 1950).
Gore, John (Hrsg.), *The Creevey Papers* (verb. Auflage, London, 1963).
Grey, Ian, *Catherine the Great* (London, 1961).
Grieg, J. (Hrsg.), *The Farington Diary.* Band 7 (London, 1926).
Grimsted, Patricia K., *The Foreign Ministers of Alexander I* (Berkeley, 1969).
– »Kapodistrias and a New Order for Restoration Europe«. *Journal of Modern History* (Chicago), Band 40, Nr. 2 (1968), pp. 166–91.
Grunwald, C. de, *Alexandre I* (Paris, 1955).
– *La Campagne de Russie,* 1812 (Paris, 1963).
Guedalla, Philip, *The Second Empire* (London, Nachdruck 1946, Originalausgabe 1922).

Gulick, Edward V., *Europe's Classical Balance of Power* (New York, 1955).
Hans, N., »Tsar Alexander I and Jefferson: Unpublished Correspondence«. *Slavonic and East European Review* (London), Band 32 (Dezember 1953), pp. 215 bis 225.
Harris, James, Earl of Malmesbury, *Diaries and Correspondence.* Band 1 (London, 1844).
Herold, J. Christopher, *Mistress to an Age, Madame de Stael* (London, 1959).
– *The Mind of Napoleon* (New York, 1961).
– *The Age of Napoleon* (London, 1964).
Holbrand, Carsten, *The Concert of Europe* (London, 1970).
Hollingsworth, Barry, »A. P. Kunitsyn and the Social Movement in Russia under Alexander I«. *Slavonic and East European Review* (London), Band 43 (Januar 1964), pp. 115–31.
– »The Napoleonic Invasion of Russia and Recent Soviet Historical Writing«. *Journal of Modern History* (Chicago), Band 38 (März 1966), pp. 38–62.
Jackman, S. W., *Romanov Relations* (London, 1969).
Jackson, W. F. G., *Seven Roads to Moscow* (London, 1957).
Jenkins, Michael, *Arakcheev: Grand-Vizier of the Russian Empire* (London, 1969).
Kapodistrias, John, »Aperçu de ma carrière publique depuis 1798 jusqu'a 1822«, *Sbornik Imperatorskogo Russkogo* Istoricheskogo Obshchestva (St. Petersburg), Band 3 (1868), pp. 163–292.
Katharina II, Kaiserin, *Memoirs* (London, 1955).
– »Pis'ma Imperatritsy Ekateriny II k Grimmu«, *Sbornik Imperatorskogo Russkogo Istoricheskogo Obshchestva* (St. Petersburg), Band 23 (1878), pp. 1–660.
Kissinger, H. A., *A World Restored* (London, 1957).
Klyuchevsky, V. O., *History of Russia,* Band V (New York, 1931).
Knapton, E. J., *The Lady of the Holy Alliance* (New York, 1939).
– *Empress Josephine* (Cambridge, Mass., 1963).
Kochan, M., *Life in Russia under Catherine the Great* (London, 1969).
Kraehe, Enno E., *Metternich's German Policy, the Contest with Napoleon, 1799 bis 1814* (Princeton, 1963).
Krupensky, P. N., *Taina Imperatora* (Paris, 1927).
Kukiel, Marion, *Czartoryski and European Unity, 1770–1861* (Princeton, 1955).
Lee, Robert, *The Last Days of Alexander and the First Days of Nicholas* (London, 1854).
Lefebvre, Georges, *Napoléon* (London, 1969).
Lempitskii, M., »Aleksandr I v Pulavakh«, *Russkaia Starina* (St. Petersburg), Band 55 (Juli 1887), pp. 165–82.
L'Estrange, A. G., *Life of Mary Russel Mitford,* Band I (London, 1870).
Ley, Francis, *Madame de Krudener et son Temps* (Paris, 1961).
Lobanov-Rostovsky, A. A., *Russia and Europe 1789–1825* (North Carolina, 1947).
Loewenson, L., »The Death of Paul I and the Memoirs of Count Bennigsen«, *Sla-*

vonic and East European Review (London), Band 29 (Dezember 1950), pp. 212 bis 232.
Londonderry, Lady und Hyde, H. M. (Hrsg.), *The Russian Journals of Martha and Catherine Wilmot* (London, 1934).
Longford, Elizabeth, *Wellington: The Years of the Sword* (London, 1969).
- *Wellington, Pillar of State* (London, 1972).
Löwenstern, E. von, *Mit Graf Pahlens Reiterei gegen Napoleon* (Berlin, 1910).
Löwenstern, W. H. von, *Mémoires du General-Major Russe, Baron de Löwenstern*, 2 Bände (Paris, 1903).
Lyall, R., *The Character of the Russians and a Detailed History of Moscow* (London, 1823).
Maistre, Joseph de, *Correspondance diplomatique*, 2 Bände (Paris, 1860).
Manceron, Claude, *Austerlitz* (London, 1966).
Maria Feodorovna, Zarin, *Correspondance de Marie Feodorovna à Md. de Nelidoff* (Paris, 1896).
Markham, Felix, Napoleon (London, 1963).
Masson, C. F. P., *Secret Memoirs of the Court of St Petersburg* (London, 1895).
Masson, D. (Hrsg.), *The Collected Writings of Thomas de Quincey*, Band 3 (Edinburgh, 1889).
Mazade, Charles de (Hrsg.), *Mémoires du prince Adam Czartoryski*, 2 Bände (Paris, 1887). [Contains material not in the English version of the Memoirs, edited by Gielgud.]
Mazour, Anatole, G., *The First Russian Revolution* (Berkeley, 1937).
Metternich, Richard (Hrsg.), *Mémoires, Documents et Écrits laissés par le Prince de Metternich*, 8 Bände (Paris, 1880–84).
Morley, Charles, »Alexander I and Czartoryski, The Polish Question from 1801 bis 1813«, *Slavonic and East European Review* (London), Band 25 (April 1947), pp. 405–26.
Muehlenbeck, E., *Etude sur les Origines de la Sainte Alliance* (Paris, 1887).
Naeff, Werner, *Zur Geschichte der Heiligen Allianz* (Bern, 1928).
Napoleon, I. Kaiser, *Correspondance de Napoleon I*, Bände XI–XXVII (Paris, 1863–8).
- (Hrsg. Cerf), *Lettres de Napoléon à Josephine* (Paris, 1928).
Narichkine, Natalie, *1812: Le Comte Rostopchine et son Temps* (St. Petersburg, 1912).
Narkiewiecz, Olga A., »Alexander I and the Senate Reform«, *Slavonic and East European Review* (London), Band 49 (Juni 1969), pp. 115–36.
Nesselrode, A. de, *Lettres et Papiers du Chancelier Comte de Nesselrode*, Bände 1, 2, 3 (Paris, 1904–1907).
Nicholas Mikhailovich, Großfürst, *Die Fürsten Dolgorukij* (Leipzig, 1902).
- *Le Comte Paul Stroganov*, 3 Bände (St. Petersburg, 1905).
- *L'Impératrice Elisabeth*, 3 Bände (St. Petersburg, 1908–9).

– *Correspondance de l'Empereur Alexandre Ier avec sa Sœur la Grande Duchesse Catherine* (St. Petersburg, 1910).
– *L'Empereur Alexandre I*, 2 Bände (St. Petersburg, 1912).
Nichols, Irby C., Jr., »The Eastern Question and the Vienna Conference, September 1822«, *Journal of Central European Affairs* (Boulder, Colorado), Band 21, Nr. 1 (1961), pp. 53–66.
Nicolson, Harold, *The Congress of Vienna* (London, 1946).
Okun, S. B. und Delianchikov, N. N., »Suschestvuet li ›Taina Fedora Kuzmicha‹?«, *Voprosy Istorii* (Moskau), Nr. 1 (1967), pp. 191–201.
Olivier, Daria, *L'Incendie de Moscou* (Paris, 1964).
Paléologue, Maurice, *The Enigmatic Czar* (London, 1938).
Palmer, Alan, *Napoleon in Russia* (London, 1967).
– *The Lands Between* (London, 1970).
– *Metternich* (London, 1972).
Pares, Bernard, *A History of Russia* (Letzte Auflage, New York, 1953).
Phillips, W. Allison, »An Imperial Idealist«, *The Times* (London), 3. Dezember 1925.
Pingaud, L., »L'empereur Alexandre I et la grande-duchesse Catherine Pavlovna«, *Revue d'histoire diplomatique* (Paris), Band XXV (1911), pp. 379–95
Pipes, Richard, »The Russian Military Colonies, 1810–1831«, *Journal of Modern History* (Chicago), Band 22 (1950), pp. 205–18.
Pope-Hennessey, Una, *A Czarina's Story* (London, 1948).
Porter, Robert Ker, *Travelling Sketches in Russia and Sweden* (London, 1809–13).
Predtechensky, A., »Otechestvennaya Voinna 1812 Goda«, *Istorichevsky Zhurnal* (Moskau), Nr. 7–8 (1941), pp. 81–101.
Putnam, P., *Seven Britons in Imperial Russia*, 1698–1812 (Princeton, 1952).
Raeff, Marc, *Michael Speransky* (Den Haag, 1961).
– *Plans for Political Reform in Imperial Russia* (Englewood Cliffs, 1966).
Ragsdale, Hugh, »The Origins of Bonaparte's Russian Policy«, *Slavic Review*, Band 27 (März 1968), pp. 85–90.
Rambuteau, P., *Memoirs of the Count of Rambuteau* (London, 1908).
Ramm, Agatha, *Germany, 1789–1919* (London, 1967).
Remusat, Paul de, *Mémoires de la Comtesse de Rémusat* (Paris, 1893).
Richardson, William, *Anecdotes of the Russian Empire* (London, 1784).
Riha, Thomas, *Readings in Russian Civilization – The Decembrists* (Chicago, 1964).
Rolo, P. J. V., *George Canning* (London, 1965).
Rose, J. Holland, *Select Documents from the British Foreign Office Archives relating to the formation of the Third Coalition against France, 1804–1805* (London, 1904).
Savary, General, *Mémoires du duc de Rovigo*, 8 Bände (Paris, 1828).
Schenk, H. G., *The Aftermath of the Napoleonic Wars* (London, 1947).

Schiemann, T., *Geschichte Rußlands unter Kaiser Nikolaus I*, Band I (Berlin, 1904).
Schmitt, Hans A., »1812: Stein, Alexander I and the Crusade against Napoleon«, *Journal of Modern History* (Chicago), Band 31 (Dezember 1959), pp. 325–8.
Schroeder, P. W., *Metternich's Diplomacy at its Zenith, 1820–23* (Austin, Texas, 1962).
Schwarz, Wilhelm, *Die Heilige Allianz* (Stuttgart, 1935).
Scott, Franklin D., *Bernadotte and the Fall of Napoleon* (Cambridge, Mass., 1935).
Scott, Richenda C., *Quakers in Russia* (London, 1964).
Seebohm, B. (Hrsg.), *Memoirs of Stephen Grellet*, 2 Bände (London, 1861).
Ségur, Philip de, *History of the Expedition to Russia* (London, 1825).
Seton-Watson, Hugh, *The Russian Empire, 1807–1917* (Oxford, 1967).
Shaw, J. Thomas (Hrsg.), *The Letters of Alexander Pushkin* (Madison, 1967).
Shilder, N. K., *Imperator Aleksandr I, ego zhizn' i Tsarstvovanie*, 4 Bände (St. Petersburg, 1897).
– *Imperator Pavel I* (St. Petersburg, 1901).
– »Nakanune Erfurtskogo nidaniia 1808 goda«, *Russkaia Starina* (St. Petersburg), Band 98 (April 1899), pp. 3–24.
Shumigorskii, E., »Pismo imperatora Aleksandra I imperatritse Marii Feodorovne posle vziatia Parizha«, *Russkiaia Starina* (St. Petersburg), Band 157 (März 1914), pp. 483–90.
Sorel, Albert, *Lectures Historiques* (Paris, 1894).
Spiel, Hilde, *Der Wiener Kongreß in Augenzeugenberichten* (Düsseldorf, 1965).
Squire, P. S., »Nicholas I and the Problem of Internal Security in Russia in 1826«, *The Slavonic and East European Review* (London), Band 38 (1960), pp. 431–58.
Staël, Germaine de, *Dix Années d'Exil* (Paris, 1904).
Strakhovsky, Leonid, I., *Alexander I of Russia* (London, 1949).
Strong, John W., »Russia's Plans for an Invasion of India in 1801«, *Canadian Slavonic Papers* (Toronto), Band 7 (1965), pp. 114–26.
Talleyrand, Périgord, C. M. de, *Correspondance Inédite du Prince de Talleyrand et du Roi Louis XVIII Pendant le Congrès de Vienne* (Paris, 1881).
Tarlé, E., *Nashestvie Napoleona na Rossiyu – 1812 god* (Moskau, 1938).
Tatischev, Sergei, *Alexandre I et Napoléon d'après leur correspondance inédite, 1801–1812* (Paris, 1891).
Temperley, H. W. V., *The Foreign Policy of Canning, 1822–27* (London, 1925).
– (Hrsg.), *The Unpublished Diary and Political Sketches of Princess Lieven* (London, 1925).
Thompson, J. M., *Napoleon Bonaparte: His Rise and Fall* (Oxford, 1952).
– *Napoleon's Letters* (London, 1964).
Ullrichova, Maria, *Clemens Metternich, Wilhelmine von Sagan – Ein Briefwechsel, 1813–15* (Graz und Köln, 1966).
Vallotton, H., *Le Tsar Alexandre I* (Paris, 1966).
Vandal, A., *Napoléon et Alexandre I*, 3 Bände (Paris, 1897).

– (Hrsg.), »La Cour de Russie en 1807–1808, Notes ... par le général Savary«, *Revue d'histoire diplomatique* (Paris), Band 3 (März 1860), pp. 399–419.
Vernadsky, G., *La Charte Constitutionelle de l'Empire Russe de 1820* (Paris, 1833).
– (Hrsg.), *Source Book for Russian History,* Band 2 (New Haven, 1972).
Waliszewski, K., *La Russie il y a Cent Ans, Le Règne d'Alexandre,* 3 Bände (Paris, 1923).
Webster, C. K., *The Congress of Vienna 1814–15* (London, 1919).
– *British Diplomacy, 1813–15* (London, 1921).
– *The Foreign Policy of Castlereagh,* Band I (London, 1931); Band 2 (London, 1925).
Wheeler, Daniel, *Memoirs of the Life and Gospel Labours of the Late Daniel Wheeler* (London, 1842).
Weil, M. H., *Les Dessous de Congrès de Vienne,* 2 Bände (Paris, 1917).
Wilson, Sir Robert, *Narrative of Events during the Invasion of Russia* (London, 1860).
Wittichen, F. C. und Salzer, E., *Briefe von und an Friedrich von Gentz,* 3 Bände (München, 1909–13).
Wright, Constance, *Louise, Queen of Prussia* (London, 1970).
Zamoyska, P., *Arch Intriguer, a Biography of Dorothea de Lieven* (London, 1957).
Ziegler, Philip, *The Duchess of Dino* (London, 1962).
– *King William II* (London, 1971).

II. *Ergänzende Bibliographie zur deutschen Ausgabe:*

Onassis, Jacqueline (Hrsg.), In the Russian Style. New York, 1976.
Paléologue, Maurice, Alexander I., der rätselhafte Zar, Berlin, 1950.
Sementowsky-Kurilo, Nikolaus von, Alexander I. von Rußland, Frankfurt/M., 1967.
Vallotton, Henry, Alexander der Erste – Ein Zar gegen Napoleon, eine Biographie, Hamburg, 1967.
Wienbruch, Anny, Das Geheimnis um Zar Alexander, Lahr-Dinglingen, 1973.
Winkler, Zarenlegende, 2. Auf., 1949.

Abbildungsverzeichnis

I. BILDER AUF KUNSTDRUCK

II. KARTEN

QUELLENVERZEICHNIS DER ABBILDUNGEN

Bildarchiv Preußischer Kulturbesitz, Berlin	1, 4, 5, 7, 8, 9, 13
Bild-Archiv Kultur und Geschichte G. E. Habermann, Gräfelfing	2
Süddeutscher Verlag, Bilderdienst, München	3
Weidenfeld and Nicolson, London	6, 10, 11, 12, 14, I, II, III
F. A. Brockhaus, Wiesbaden	IV

Wilhelm von Schramm

CLAUSEWITZ

Leben und Werk

612 Seiten · 25 s/w-Abbildungen · Leinen

Die aktuelle Biographie über Leben, Werk und Wirkung des klassischen Kriegsphilosophen von weltweiter Bedeutung:

Eindrucksvolle Analogien zu den Problemen der Zeit wie von Krieg und Frieden überhaupt ergeben sich fortschreitend mit den Kapiteln dieses Buches. So ist es durch eine starke innere Spannung gekennzeichnet. Es ist anschaulich, geschichtsnah, von literarischem Rang und mit wissenschaftlicher Zuverlässigkeit geschrieben.

Auch die tiefe Liebe zwischen Carl von Clausewitz und seiner späteren Frau, Gräfin Marie v. Brühl, wird in diesem Buch lebendig, eine Liebe, die nach harten Prüfungen nicht nur zu einer vorbildlichen Ehe, sondern zu einer einzigartigen geistigen Ergänzung geführt hat. Ihr reicher Briefwechsel wurde hier ausgewertet; ihre gemeinsame Freundschaft mit den bedeutendsten Männern der Befreiungskriege zu neuem Leben erweckt: mit Scharnhorst, Gneisenau, dem Reichsfreiherrn vom Stein.

BECHTLE

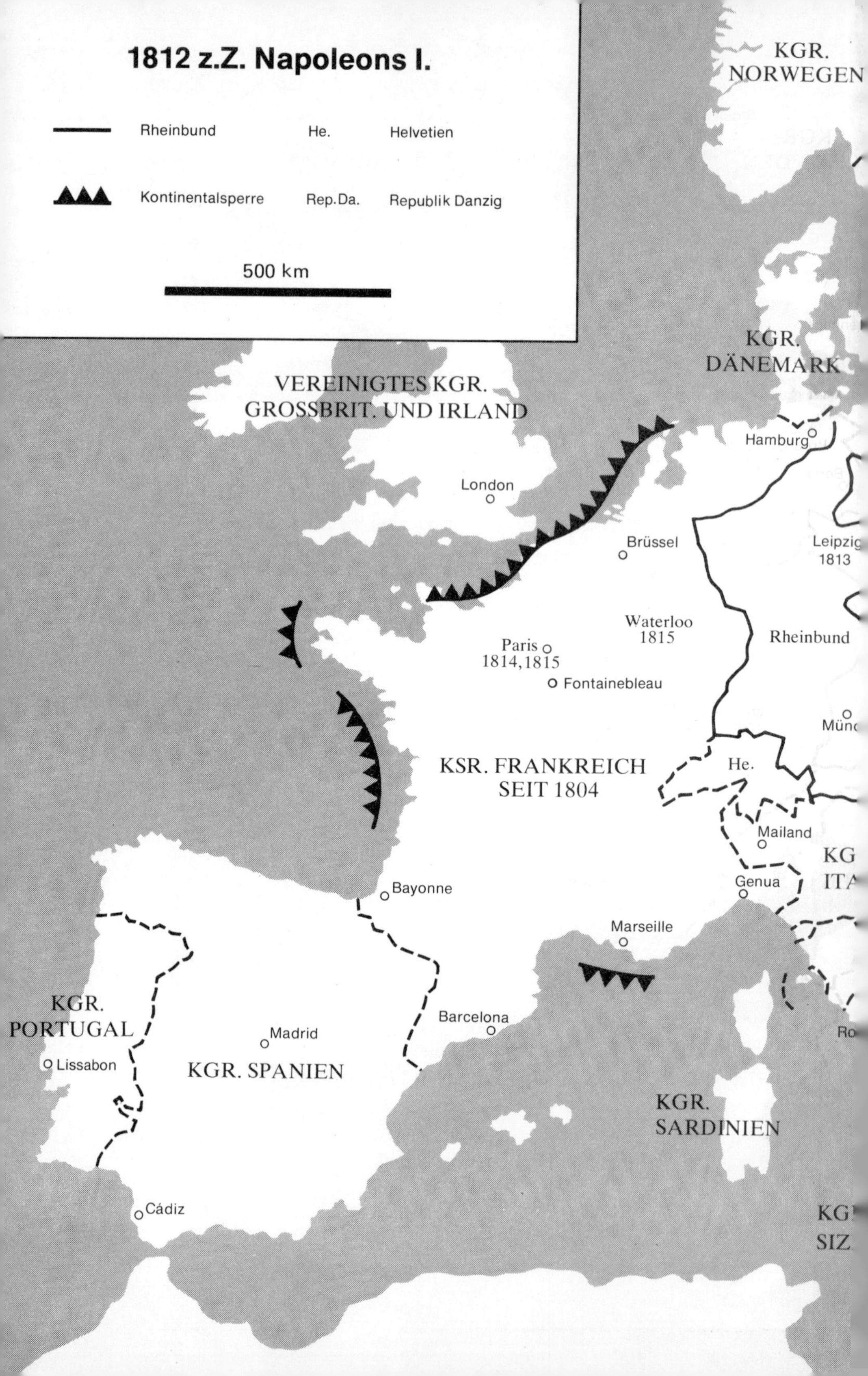
1812 z.Z. Napoleons I.
Rheinbund
He. Helvetien
Kontinentalsperre
Rep.Da. Republik Danzig
500 km
KGR. NORWEGEN
KGR. DÄNEMARK
VEREINIGTES KGR. GROSSBRIT. UND IRLAND
Hamburg
London
Brüssel
Leipzig 1813
Waterloo 1815
Paris 1814, 1815
Fontainebleau
Rheinbund
KSR. FRANKREICH SEIT 1804
He.
Mailand
Genua
Bayonne
Marseille
Barcelona
KGR. PORTUGAL
Lissabon
Madrid
KGR. SPANIEN
KGR. SARDINIEN
Cádiz